Couverture:
Zaouia Sidi Nasr, coupoles, une blanchie
à la chaux et l'autre recouverte
de carreaux de faïence verts,
XIe/XVIIe siècle, Testour.

Les guides thématiques *Museum With No Frontiers (MWNF)*

L'ART ISLAMIQUE EN MÉDITERRANÉE | **TUNISIE**

Ifriqiya

Treize siècles d'art et d'architecture en Tunisie

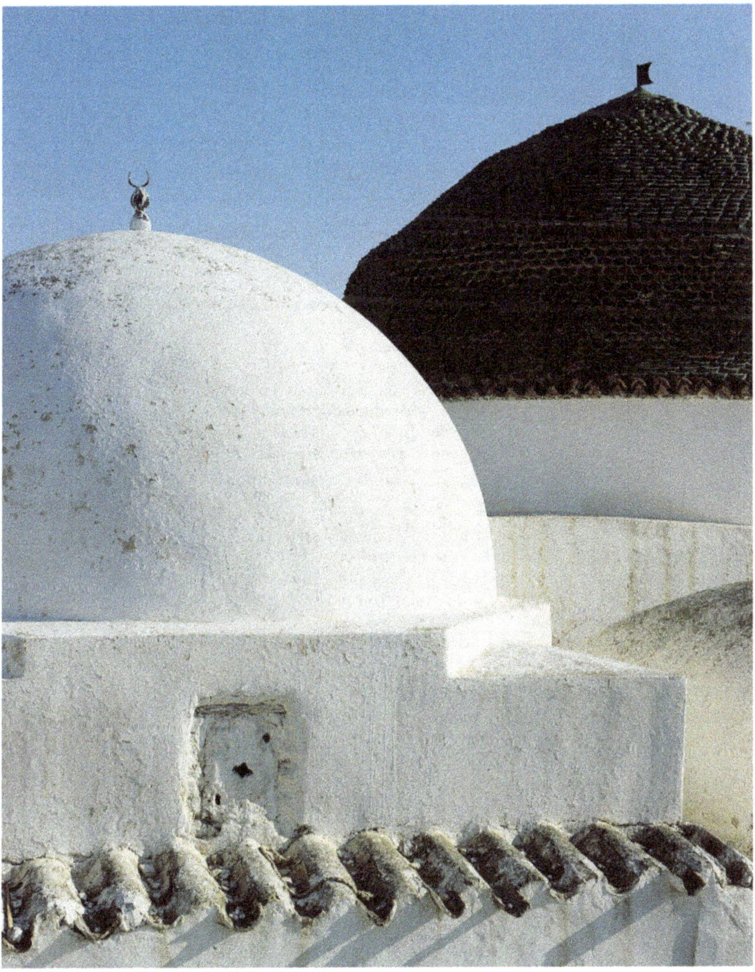

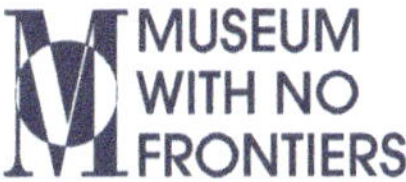

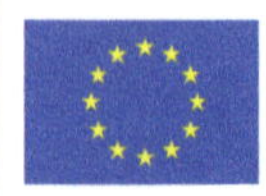
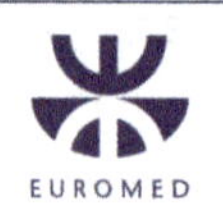

UNION EUROPÉENNE
Programme Euromed Héritage

La réalisation de l'Itinéraire-Exposition *IFRIQIYA : Treize siècles d'art et d'architecture en Tunisie* a été cofinancée par l'Union Européenne dans le cadre du programme Euromed Héritage et a bénéficié du soutien des institutions tunisiennes et internationales suivantes:

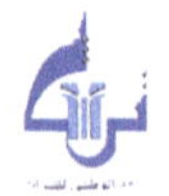
INSTITUT NATIONAL DU PATRIMOINE

Ministère de la Culture, Institut National du Patrimoine (INP)

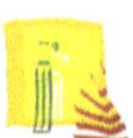
AGENCE DE MISE EN VALEUR DU PATRIMOINE ET DE PROMOTION CULTURELLE

Agence de Mise en Valeur du Patrimoine et de Promotion Culturelle (AMVPPC) de la République Tunisienne

Ministère du Tourisme de la République Tunisienne

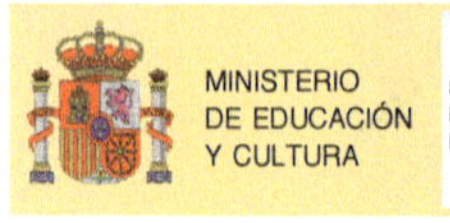

Le Ministère de l'Education et de la Culture de l'Espagne qui a financé la coordination scientifique du cycle international *L'Art Islamique en Méditerranée* et contribué à l'élaboration du programme scientifique des différents Itinéraires-Expositions, en collaboration avec:
le Ministère des Affaires Étrangères, Autriche
le Ministère des Biens et Affaires Culturelles
(Musée National des Arts Orientaux, Rome), Italie
le Secrétariat d'État au Tourisme, Portugal
le Musée des Antiquités de la Méditerranée et du Proche-Orient, Stockholm, Suède

ISBN 978-3-902782-41-0 (eBook)
978-3-902782-40-3 (livre de poche)

Informations: **www.museumwnf.org**

Musée Sans Frontières
Idée et conception générale
Eva Schubert

Directeurs du projet
Boubaker Ben Fraj
Directeur Général
de l'Institut National du Patrimoine
Moncef Guellaty, Tunis
Président de l'OING
Musée Sans Frontières

Comité scientifique
Jamila Binous, Tunis
Naceur Baklouti, Sfax
Aziza Ben Tanfous, Jerba
Kadri Bouteraa, Tunis
Mourad Rammah, Kairouan
Ali Zouari, Sfax

Catalogue

Introduction à l'exposition
Jamila Binous
Mounira Chapoutot-Remadi

Présentation des circuits
Comité scientifique

avec la collaboration de
Ahmed Saadaoui, Tunis
Mohamed Tlili, Le Kef

Textes techniques
Sélim Benattia

Introduction générale
L'Art islamique en Méditerranée

Textes
Jamila Binous, Tunis
Mahmoud Hawari, Jérusalem-Est
Manuela Marín, Madrid
Gönül Öney, Izmir

Édition
Jamila Binous
Mounira Chapoutot-Remadi
Sélim Benattia
Sophie Erraïs

Coordination édition
Myriam Erraïs Borges

Traduction
Anne-Marie Lapillonne, Marseille

Photographies
Salah Jabeur
Guillermo Maestro Casado
Sélim Benattia

Carte générale
Marie-Charlotte Saaiden

Tracé des circuits
Riadh Fakhfakh
Sergio Viguera

Plans des monuments
Şakir Çakmak
Ertan Daş
Yekta Demiralp

Maquette et design
Agustina Fernández,
Electa España, Madrid
Christian Eckart,
Museum With No Frontiers, Vienna
(2ème édition)

Coordination technique

Directeurs de production
Sélim Benattia
Sophie Erraïs

Coordination internationale

Coordination générale
Eva Schubert

Coordination comités scientifiques,
traductions, révision des textes
et production des catalogues
Sakina Missoum, Madrid

Remerciements

Nous remercions pour leur collaboration et soutien les personnes et institutions sans lesquelles ce projet n'aurait pu être réalisé:

Les Anciennes de l'École de la rue du Pacha
Association de la Sauvegarde de la Médina (A.S.M.) de Ghar el-Melh
Association de la Sauvegarde de la Médina (A.S.M.) de Bizerte
M. Habib Belhedi, Tataouine
M. Lazhar Cherif, Gafsa
Label Communication, Tunis
M. Mnouchi (Café Mnouchi), Tunis
Les mairies ainsi que les propriétaires et les responsables des monuments de l'Itinéraire-Exposition Musée Sans Frontières.

Et tout particulièrement M. Mohamed Benani qui a mis à notre disposition son fonds privé d'illustrations.

Par ailleurs, Musée Sans Frontières remercie:

le Ministère des Affaires Étrangères Espagnol pour avoir manifesté son soutien au projet dès ses débuts, à travers l'Agence Espagnole pour la Coopération Internationale (AECI) et les Ambassades d'Espagne dans les Pays Méditerranéens participants,

ainsi que le gouvernement de la région du Tyrol (Autriche) où a été mis en place le projet pilote des Itinéraires-Expositions Musée Sans Frontières.

Références photographiques

Voire page 5
ainsi que Ann & Peter Jousiffe (Londres), page 20 (citadelle d'Alep)
Archives Oronoz photographes (Madrid), page 23 (Alhambra, Grenade)

Avertissement

Translittération de l'arabe

Nous avons conservé l'orthographe usuelle des mots arabes passés dans l'usage et introduits dans le dictionnaire tels que fondouk, oued, souk, beylik, diwan, hammam… Les mots (arabes ou berbères) qui apparaissent en italique, comme *mihrab, qibla, timchent, sabbat, wast al-dar, balata, ahellil, taguerrabt* … sont soit accompagnés de leur traduction immédiate (entre parenthèses ou dans le corps du texte), soit repris dans le glossaire où ils sont définis. Pour tous les autres mots, nous avons utilisé un système de transcription simplifié pour lequel nous avons choisi de ne pas transcrire la *hamza* initiale et de ne pas faire de différence entre les voyelles brèves et longues qui sont transcrites en *a*, *i*, *ou/u*. Nous avons décidé de ne pas respecter la règle pour certains noms de lieu, comme el-Ateuf, el-Biar, el-Kantara, el-Khemis … et de lui préférer la transcription en usage en Algérie.

ء	'	ح	*h*	ز	*z*	ط	*t*	ق	*q*	ه	*h*
ب	*b*	خ	*kh*	س	*s*	ظ	*z*	ك	*k*	و	*u/w*
ت	*t*	د	*d*	ش	*sh*	ع	ʿ	ل	*l*	ي	*y/i*
ث	*th*	ذ	*dh*	ص	*s*	غ	*gh*	م	*m*		
ج	*j*	ر	*r*	ض	*d*	ف	*f*	ن	*n*		

Les mots qui apparaissent en italique dans le texte, sauf s'ils sont accompagnés de leur traduction entre parenthèses, sont repris dans le glossaire et suivis d'une brève définition.

Ère musulmane

Les dates antérieures à l'ère musulmane (Préhistoire, Antiquité et Antiquité tardive) ne sont données que selon le calendrier chrétien, de même que celles qui sont postérieures à l'établissement du colonialisme en 1830.

Cette émigration est fixée au 1er jour du mois de *Muharram* de l'an 1 de l'Hégire qui correspond au 16 juillet 622 de l'ère chrétienne. L'année musulmane est composée de douze mois lunaires, chaque mois de 29 ou 30 jours. Trente années constituent un cycle dans lequel les 2e, 5e, 7e, 10e, 13e, 16e, 18e, 21e, 24e, 26e, et 29e années sont des années bissextiles de 355 jours; les autres sont des années communes de 354 jours. L'année lunaire musulmane est de dix ou onze jours plus courte que l'année solaire chrétienne. Chaque jour commence, non pas juste après minuit, mais immédiatement après le coucher du soleil, au crépuscule. La majorité des pays musulmans utilisent le calendrier hégirien (qui marque toutes les fêtes religieuses) en parallèle avec le calendrier chrétien.

Mention des dates

Les dates antérieures à l'ère musulmane (Préhistoire, Antiquité et Antiquité tardive) ne sont données que selon le calendrier chrétien, de même que celles qui sont postérieures à l'établissement de la colonisation en 1830.

Abréviations:
début = d.; moitié = m.; première moitié = p. m.; deuxième moitié = d. m.; fin = f.

Indications pratiques

L'Exposition Ifriqiya qui s'étend du Nord au Sud du pays, comprend onze circuits d'une à deux journées.

L'usage d'une carte routière ou d'un plan de ville vous sont conseillés. Toutefois, sur les plaques apposées sur les monuments, les étapes (indiquées en chiffres arabes) de chaque circuit (chiffres romains) sont précédées par des indications relatives aux choix des routes proposées (texte en italique).

Les circuits comprennent des visites principales et d'autres optionnelles distinguées dans le texte du catalogue par un caractère différent. Les monuments dont la visite nécessite un long détour ainsi que certains de ceux inclus dans un circuit particulièrement riche font partie de cette catégorie.

Les paragraphes qui suivent les noms des monuments donnent les informations techniques (par exemple comment arriver au monument, horaires d'ouverture, etc.), en vigueur lors de la rédaction du présent catalogue. Il est donc recommandé de vérifier par soi-même avant de programmer une visite. Musée Sans Frontières décline toute responsabilité quant aux éventuelles modifications apportées.

Les paragraphes imprimés sur fond gris sont des descriptions de paysages choisis pour leur richesse.

Certains des monuments inclus dans les circuits ne sont actuellement pas visitables. Veuillez vous renseigner pour connaître l'éventuelle évolution de cette situation.

Nous rappelons aux visiteurs d'adopter un comportement discret et respectueux dans les monuments religieux accessibles. La visite de ces derniers ne peut être effectuée que dans la matinée, avant la prière de la mi-journée *(salat el-dhohr).* Il est important de veiller à adopter une tenue vestimentaire qui soit compatible avec les usages. D'autre part, la plupart des musées nationaux sont fermés le lundi.

Musée Sans Frontières décline toute responsabilité quant aux incidents qui pourraient survenir lors de la visite de l'Itinéraire-Exposition.

Sélim Benattia
Sophie Erraïs
Directeurs de Production

Sommaire

LES DYNASTIES ISLAMIQUES EN MÉDITERRANÉE

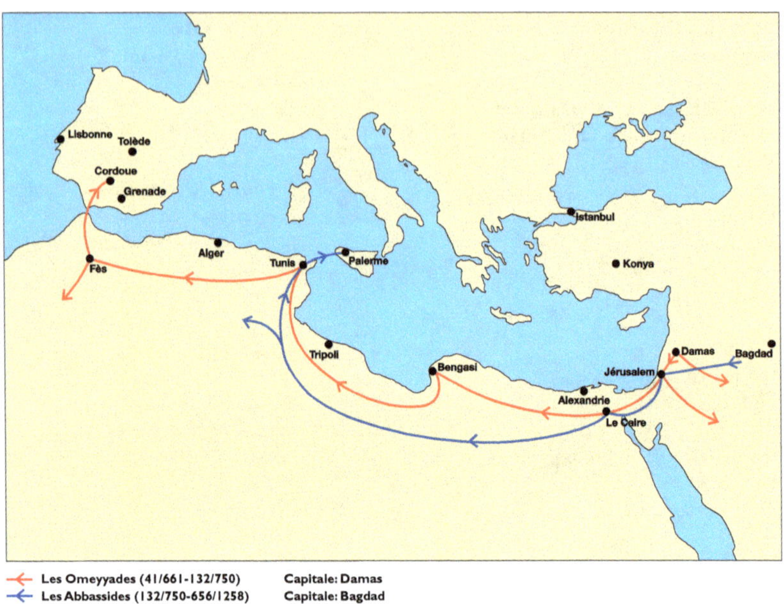

Les Omeyyades (41/661-132/750) Capitale: Damas
Les Abbassides (132/750-656/1258) Capitale: Bagdad

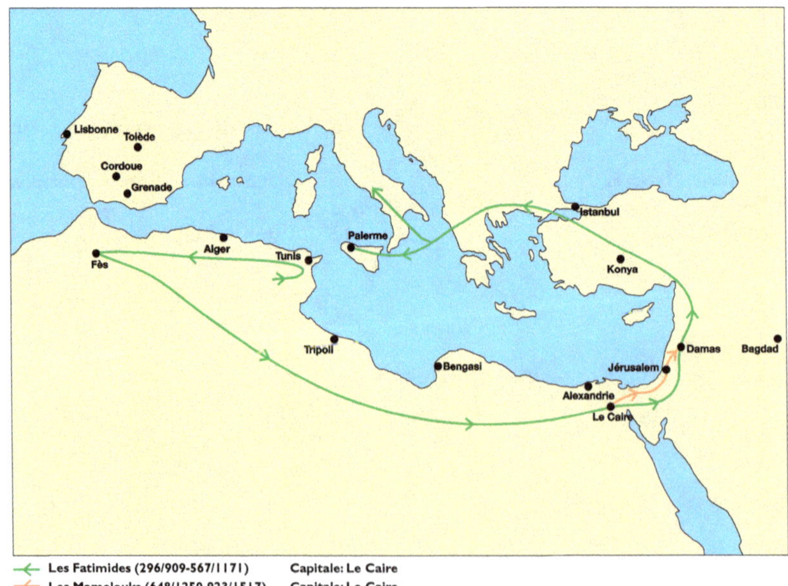

Les Fatimides (296/909-567/1171) Capitale: Le Caire
Les Mamelouks (648/1250-923/1517) Capitale: Le Caire

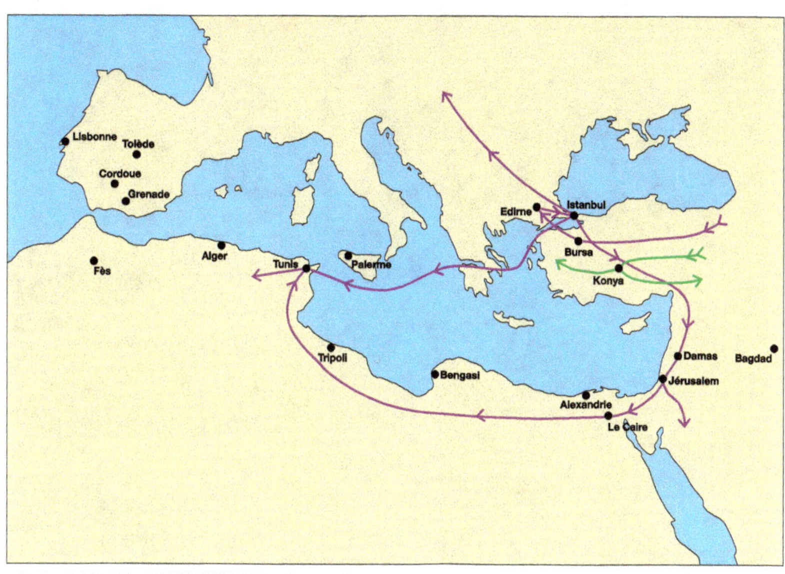

Les Seldjoukides (571/1075-718/1318) Capitale: Konya
Les Ottomans (699/1299-1340/1922) Capitale: Istanbul

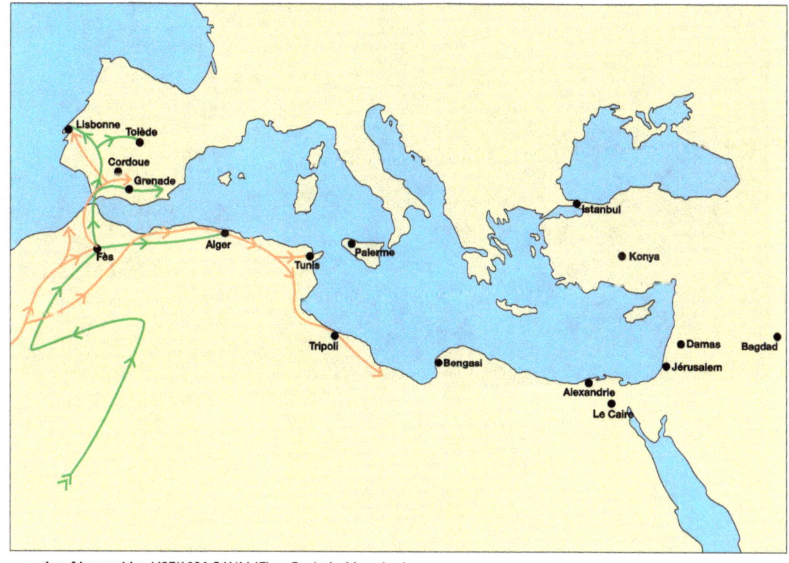

Les Almoravides (427/1036-541/1147) Capitale: Marrakech
Les Almohades (515/1121-667/1269) Capitale: Marrakech

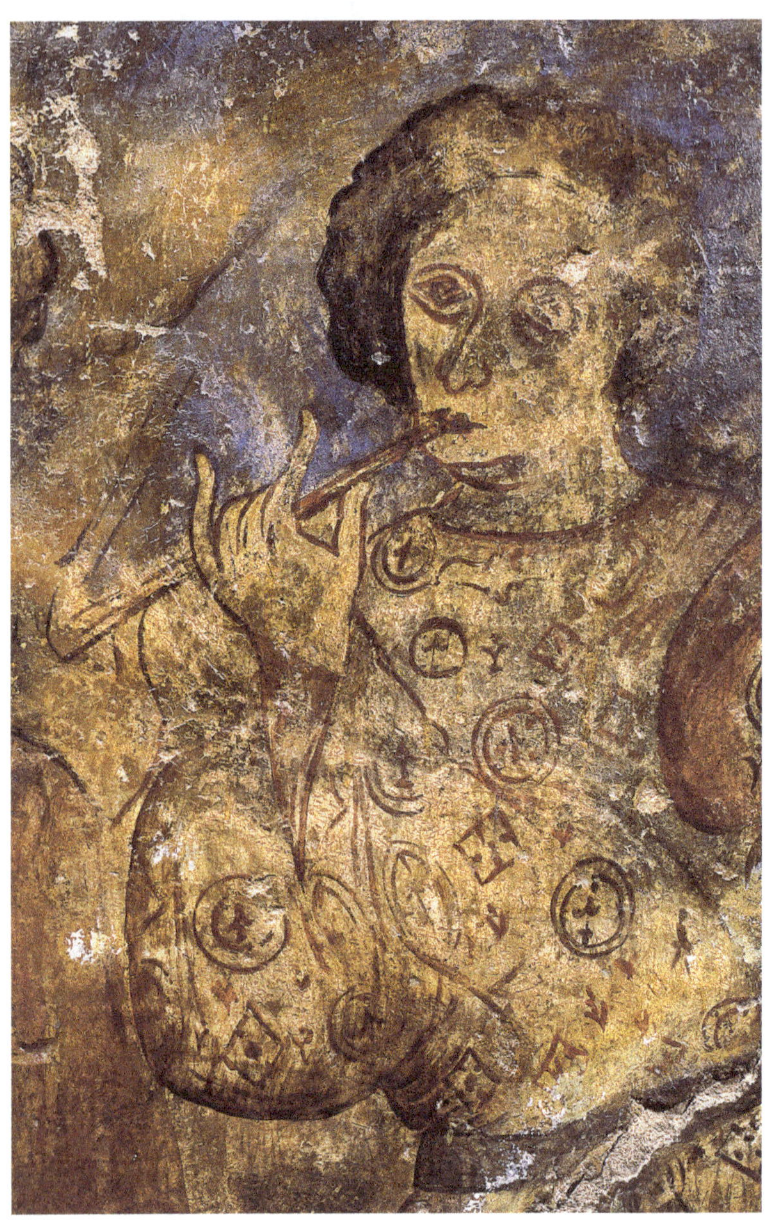

Qusayr 'Amra,
peinture murale de la
Salle d'Audiences,
Badiya de Jordanie.

L'ART ISLAMIQUE EN MÉDITERRANÉE

Jamila Binous
Mahmoud Hawari
Manuela Marín
Gönül Öney

Le patrimoine islamique en Méditerranée

Depuis la première moitié du Ier/VIIe siècle, l'histoire du bassin méditerranéen se partage, de façon étonnamment équitable, entre deux cultures, la culture islamique d'une part et la culture chrétienne occidentale d'autre part. Cette très longue histoire de conflits et de contacts a contribué à créer un mythe largement répandu dans l'imaginaire collectif, fondé sur l'image de l'autre comme étant l'ennemi irréductible, étranger et inconnu et, par là même, incompréhensible. Il est vrai que ces siècles sont ponctués de batailles, depuis les temps où les musulmans s'étendent à partir de la péninsule Arabique et prennent possession du Croissant Fertile, de l'Égypte et, plus tard, de l'Afrique du Nord, de la Sicile et de la péninsule Ibérique – et pénètrent en Europe occidentale jusqu'au sud de la France. Au début du IIe/VIIIe siècle, la Méditerranée est sous contrôle islamique.

Cette énergie à se déployer, d'une intensité rarement égalée dans l'histoire de l'humanité, ne peut se développer qu'au nom d'une religion qui se considère comme l'héritière des deux religions qui la précèdent, le judaïsme et le christianisme. Mais ce serait extrêmement réducteur d'expliquer le développement de l'islam en termes de religion uniquement. L'une des images très répandues en Occident présente l'islam comme une religion de simples dogmes, adaptée aux besoins du petit peuple, disséminée par de vulgaires guerriers sortis du désert, le Coran gravé sur la lame de leurs épées. Cette image grossière est très éloignée de la complexité intellectuelle d'un message religieux qui transforme le monde dès son commencement. Elle identifie ce message à une menace militaire et justifie par conséquent une réaction dans les mêmes termes. En fait, elle réduit l'ensemble d'une culture à l'une de ses composantes uniquement – la religion – et la dépossède ainsi de son potentiel à évoluer et à changer.

Les pays méditerranéens qui sont progressivement intégrés dans le monde musulman commencent leur parcours à des points de départ très différents. Les formes de vie islamique qui commencent à se développer dans chacun de ces pays sont par conséquent distinctes malgré l'unité qui résulte de leur adhésion commune au nouveau dogme religieux. La capacité à assimiler les éléments de cultures antérieures (hellénistique, romaine, etc.) constitue précisément l'une des caractéristiques qui définissent les sociétés islamiques. Lorsque les observations se limitent à la zone géographique de la Méditerranée, qui est extrêmement diversifiée au plan culturel à l'époque de l'émergence de l'islam, on remarque rapidement que ce moment initial ne présente aucune rupture avec le passé et on en vient à réaliser qu'il n'est pas concevable d'imaginer un monde islamique monolithique et immuable, suivant aveuglément un message religieux inaltérable.

S'il convient de choisir un *leitmotiv* définissant tout le bassin méditerranéen, c'est bien la diversité d'expression mêlée à l'harmonie de sentiment, sentiment plus culturel que religieux. Dans la péninsule Ibérique – pour commencer par le périmètre occidental de la Méditerranée –, la présence de l'islam, imposée initialement par les conquêtes militaires, génère une société qui se différencie clairement de la société chrétienne, tout en étant continuellement en contact avec elle. L'importance de l'expression culturelle de cette société islamique se ressent encore même après qu'elle a cessé d'exister en tant que telle et donne naissance à ce qui constitue probablement l'un des éléments les plus originaux de la culture hispanique, l'art mudéjar. Au Maroc et en Tunisie, l'héritage d'al-Andalus (l'Espagne musulmane) est assimilé dans les formes artistiques locales et continue d'exister de nos jours. La Méditerranée occidentale produit des formes d'expression originales qui reflètent son évolution historique conflictuelle et plurielle.

Insérée entre l'Orient et l'Occident, la mer Méditerranée est dotée d'enclaves terrestres, lieux historiques majeurs témoins des siècles passés, notamment la Sicile. Conquise par les Arabes établis en Tunisie, la Sicile continue de perpétuer la mémoire culturelle et historique de l'islam, longtemps après que la présence politique des musulmans sur l'île eut disparu. La présence de formes esthétiques siculo-normandes que révèlent les monuments architecturaux démontre clairement que l'histoire de ces régions ne peut s'expliquer sans la compréhension de la diversité des expériences sociales, économiques et culturelles qui s'épanouissent sur ces terres.

Tout à fait à l'opposé, donc, de l'image immuable et constante à laquelle il est fait allusion plus haut, l'histoire de l'islam en Méditerranée se caractérise par une surprenante diversité, née de la fusion entre peuples et ethnies, déserts et terres fertiles. S'il apparaît clairement que la religion adoptée par la majorité est l'islam depuis le Moyen Âge, il est également vrai que les minorités religieuses maintiennent historiquement leur présence. La langue du Coran, l'arabe classique, coexiste avec d'autres langues de même qu'avec d'autres dialectes arabes. Dans ce cadre d'indéniable unité (religion musulmane, langue et culture arabes), chaque société évolue et relève les défis de l'histoire à sa façon propre.

L'émergence et le développement de l'art islamique

Sur l'ensemble des territoires de civilisations aussi anciennes que diverses, un nouvel art apparaît, mêlé aux images de la foi islamique qui émerge à la fin du

IIe/VIIIe siècle et qui, en moins d'un siècle, s'impose avec succès. À sa façon, cet art donne naissance à des créations et à des innovations qui reposent sur des formules et des procédés architecturaux et décoratifs d'unification régionale. Il s'inspire simultanément des traditions artistiques qui le précèdent : traditions gréco-romaine et byzantine, sassanide, wisigothique, berbère ou encore d'Asie centrale.

L'objectif initial de l'art islamique consiste à répondre aux besoins de la religion et aux divers aspects de la vie socio-économique. De nouveaux édifices religieux voient le jour, notamment les mosquées et les sanctuaires. L'architecture joue ainsi un rôle central dans l'art islamique, puisque de nombreux arts s'y rattachent. Cependant, hormis l'architecture, un ensemble d'arts mineurs apparaît et trouve son expression artistique dans une variété de matériaux, notamment le bois, la poterie, les métaux, le verre, etc. En poterie, une grande variété de techniques de vernissage est employée, notamment, parmi les groupes les plus utilisés, les céramiques peintes polychromes. Du verre d'une grande beauté est produit, atteignant le sommet de l'art avec le verre orné de couleurs dorées et vives vernissées. Le bronze incrusté d'argent ou de cuivre constitue la méthode la plus sophistiquée du travail du métal. Des textiles et des tapis d'excellente qualité, à motifs géométriques, animaliers ou humains, sont confectionnés. Des manuscrits enluminés de miniatures représentent l'aboutissement spectaculaire de l'art du livre. Ces différentes formes d'art mineur témoignent de l'éclat remarquable de l'art islamique.

Toutefois, l'art figuratif est exclu du domaine liturgique islamique, ce qui signifie qu'il est banni du cœur de la civilisation islamique et qu'il n'est toléré qu'à sa périphérie. Les reliefs sont rares dans la décoration des monuments et les sculptures sont pratiquement planes. Mais l'extrême richesse des ornementations des panneaux de stuc somptueusement ciselés, des panneaux de bois sculptés, des faïences murales et des mosaïques vernissées de même que des frises à stalactites, ou *mouqarnas*, compensent cette absence. Les éléments décoratifs empruntés à la nature – feuilles, fleurs, branches – sont généralement stylisés à l'extrême et sont si complexes qu'ils font rarement penser à leur source d'origine. L'entrelacement et la combinaison de motifs géométriques, notamment les losanges et les polygones étoilés, forment des réseaux entrelacés qui recouvrent entièrement les surfaces, créant des formes qui prennent souvent le nom d'arabesques. L'introduction d'éléments épigraphiques dans l'ornementation des monuments, des meubles et de divers objets représente une innovation du répertoire décoratif. Les artisans musulmans savent utiliser la beauté de la calligraphie arabe, la langue du Livre sacré, le Coran, non seulement pour transcrire des versets coraniques mais dans toutes ses variantes, comme simple motif de décoration de l'ornementation des panneaux de stuc et des encadrements de panneaux.

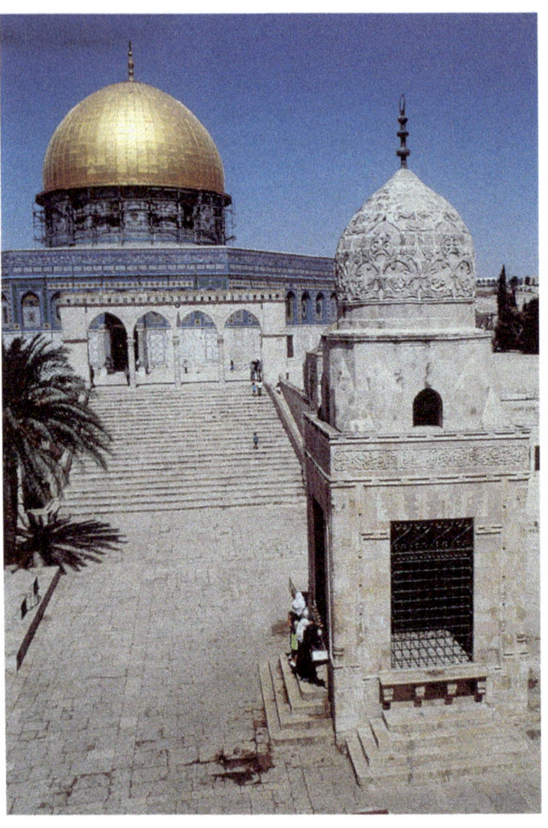

Dôme du Rocher, Jérusalem.

L'art se met également au service des souverains. Les architectes construisent, pour leurs mécènes, des palais, des mosquées, des écoles, des hôpitaux, des bains publics, des caravansérails et des mausolées qui portent parfois leur nom. L'art islamique est, avant tout, un art dynastique. Chaque tendance y contribue en apportant un renouvellement partiel ou complet des formes artistiques, en fonction du cadre historique, de la prospérité dont jouissent les États et des traditions de chaque peuple. L'art islamique, malgré son unité relative, permet la diversité, donnant naissance à différents styles, chacun étant assimilé à une dynastie.

La dynastie omeyyade (41/661-132/750), qui transfère la capitale du califat à Damas, représente un aboutissement singulier de l'histoire de l'islam. Elle absorbe et intègre l'héritage hellénistique et byzantin de façon à refondre la tradition classique méditerranéenne en un nouveau moule innovateur. L'art islamique naît donc en Syrie et l'architecture, nettement islamique du fait de la personnalité de ses fondateurs, continue également à offrir cette relation à l'art hellénistique et byzantin. Le Dôme du Rocher à Jérusalem, premier sanctuaire islamique monumental, la Grande Mosquée de Damas, qui sert de modèle aux mosquées ultérieures, et les palais du désert de Syrie, de Jordanie et de Palestine en constituent les monuments les plus importants.

Lorsque le califat abbasside (132/750-656/1258) succède à la dynastie omeyyade, le centre politique de l'islam se déplace de la Méditerranée vers Bagdad, en Mésopotamie. Ce facteur contribue à influencer le développement de la civilisation islamique et tous les aspects culturels et artistiques portent les stigmates de ce changement. L'art et l'architecture abbassides subissent l'influence de trois traditions majeures : sassanide, asiatique et seldjoukide.

L'influence de l'Asie centrale est déjà présente dans l'architecture sassanide, mais à Samarra, cette influence se retrouve dans le style du stuc avec ses ornementations en arabesques qui se répandent rapidement dans le monde islamique. L'influence des monuments abbassides se ressent dans les édifices construits au cours de cette période dans les autres provinces de l'Empire, tout particulièrement en Égypte et en Ifriqiya. Au Caire, la mosquée Ibn Touloun (262/876-265/879) est un véritable chef-d'œuvre, admirable pour son plan et son unité de conception. La Grande Mosquée abbasside de Samarra lui sert de modèle, tout particulièrement son minaret hélicoïdal. À Kairouan, capitale de l'Ifriqiya, les vassaux des califes abbassides, les Aghlabides (184/800-296/909), embellissent la Grande Mosquée, l'une des plus exemplaires du Maghreb dont le *mihrab* est recouvert de faïences de Mésopotamie.

Les Fatimides (296/909-567/1171) règnent sur une période remarquable de l'histoire des pays méditerranéens islamiques, l'Afrique du Nord, la Sicile, l'Égypte et la Syrie. Seuls restent quelques exemples de ces constructions architecturales, témoins de leur gloire passée : dans le Maghreb central, la Qal'a des Beni Hammad et la mosquée de Mahdia ; en Sicile, la Cuba (*Koubba*) et la Zisa (*al-'Aziza*) à Palerme, construites par les artistes fatimides sous le règne du roi normand Guillaume II ; au Caire, la mos-

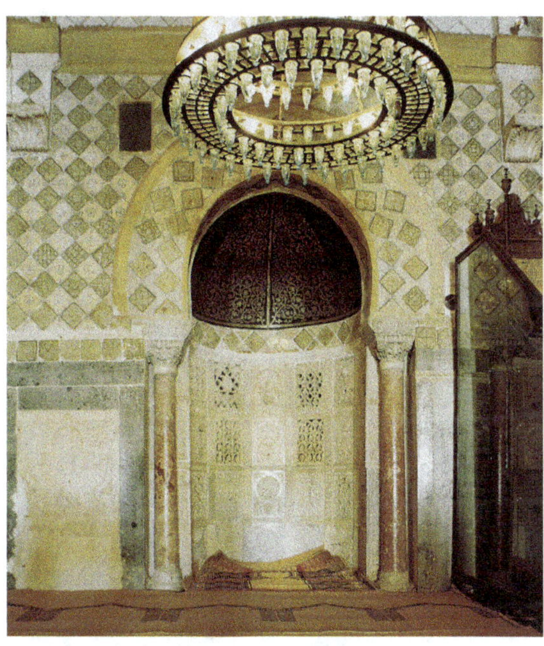

Mosquée de Kairouan, mihrab, Tunisie.

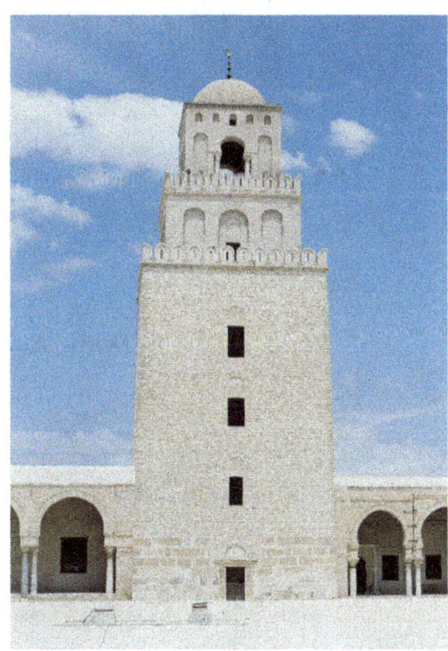

Mosquée de Kairouan, minaret, Tunisie.

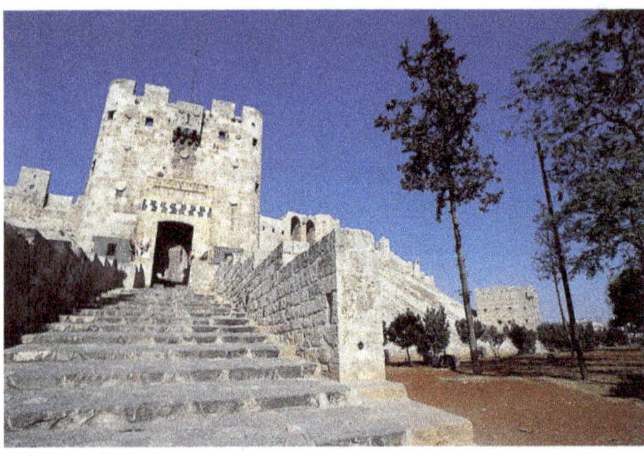

Citadelle d'Alep, vue de l'entrée, Syrie.

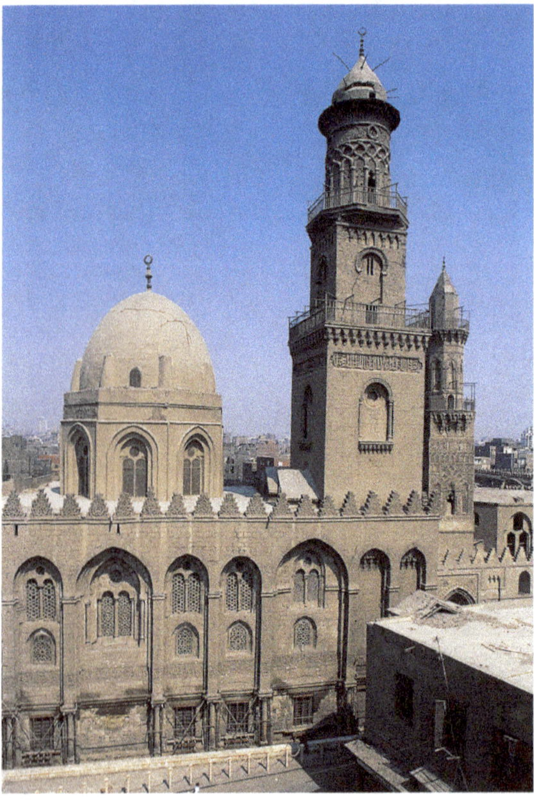

Complexe Qalawun, Le Caire, Égypte.

quée al-Azhar constitue l'exemple le plus remarquable de l'architecture fatimide en Égypte.

Les Ayyoubides (567/1171-648/1250), qui renversent la dynastie fatimide au Caire, sont des mécènes importants dans le domaine de l'architecture. Ils fondent des institutions religieuses (*madrasas*, *khanqas*) afin de propager l'islam sunnite, des mausolées et des établissements de bienfaisance sociale, de même que des fortifications imposantes en vue de faire front aux conflits militaires avec les Croisés. La Citadelle d'Alep en Syrie constitue un magnifique exemple de leur architecture militaire.

Les Mamelouks (648/1250-922/1517), successeurs des Ayyoubides, résistent vaillamment aux Croisés et aux Mongols, parviennent à obtenir l'unité de la Syrie et de l'Égypte et fondent un puissant empire. La richesse et le luxe de la cour du sultan mamelouk au Caire poussent les artistes et les architectes à atteindre un style d'architecture extraordinairement élégant. Pour le monde islamique, la période mamelouke marque un essor et une renaissance. L'enthousiasme à créer des édifices religieux et à reconstruire les édifices existants place les Mamelouks parmi les plus grands mécènes dans les domaines de l'art et de l'architecture dans l'histoire de l'islam. La mosquée de Hassan (757/1356), mosquée funéraire construite selon un plan cruciforme, les branches de la croix étant formées de quatre *iwans* autour d'une cour centrale, est typique de cette époque.

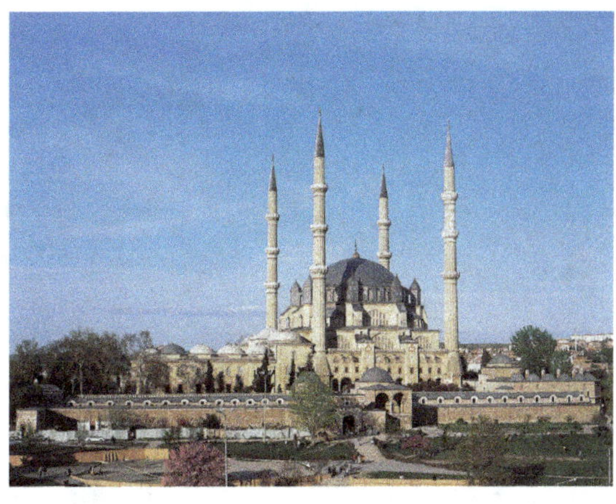

Mosquée Selimiye, vue générale, Edirne, Turquie.

L'Anatolie est le berceau de deux grandes dynasties islamiques : les Seldjoukides (571/1075-718/1318), qui introduisent l'islam dans la région, et les Ottomans (699/1299-1340/1922), qui entraînent la fin de l'Empire byzantin avec la prise de Constantinople et assoient leur hégémonie dans la région.

Un style distinctif de l'art et de l'architecture seldjoukides s'épanouit avec des influences d'Asie centrale, d'Iran, de Mésopotamie et de Syrie qui s'entremêlent à des éléments du patrimoine de l'Anatolie chrétienne et de l'Antiquité. Konya, la nouvelle capitale de l'Anatolie centrale, ainsi que d'autres villes, s'enrichissent d'édifices dans le nouveau style seldjoukide. De nombreuses mosquées, *madrasas*, *turbés* et *caravansérails*, richement décorés de stuc et de faïence aux diverses représentations figuratives, survivent encore.

Avec la désintégration des Émirats seldjoukides et le déclin de Byzance, les Ottomans peuvent étendre leur territoire et transfèrent rapidement leur capitale d'Iznik à Bursa puis à Edirne. La conquête de Constantinople en 858/1453 par le sultan Mehmet II donne l'élan nécessaire à la transition entre un État émergeant et un grand empire. Une superpuissance qui étend ses frontières jusqu'à Vienne, y compris les Balkans à l'ouest et l'Iran à l'est, de même qu'en Afrique du Nord, de l'Égypte à l'Algérie, transformant la Méditerranée orientale en mer ottomane. La course en vue de surpasser la grandeur des églises byzantines héritées, dont la Sainte-Sophie constitue l'exemple le plus frappant, culmine avec la construction de grandes mosquées à Istanbul. La mosquée Süleymaniye, construite au Xe/XVIe siècle par le célèbre architecte ottoman Sinan, en est l'exemple le plus significatif et incarne le point culminant de l'harmonie architecturale des édifices à coupoles. La plupart des grandes mosquées ottomanes font

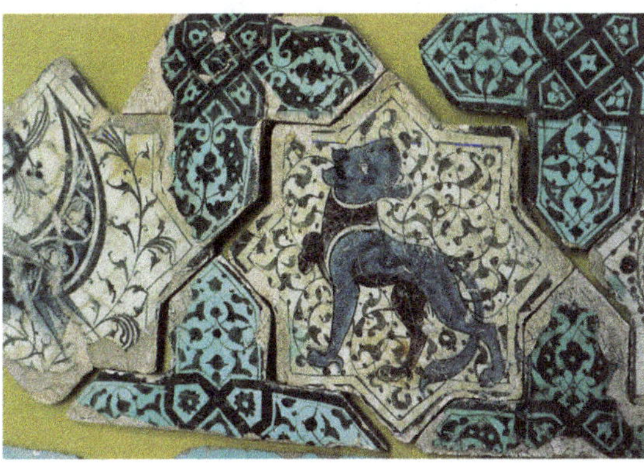

Céramique du palais Kubadabad, Musée Karatay, Konya, Turquie.

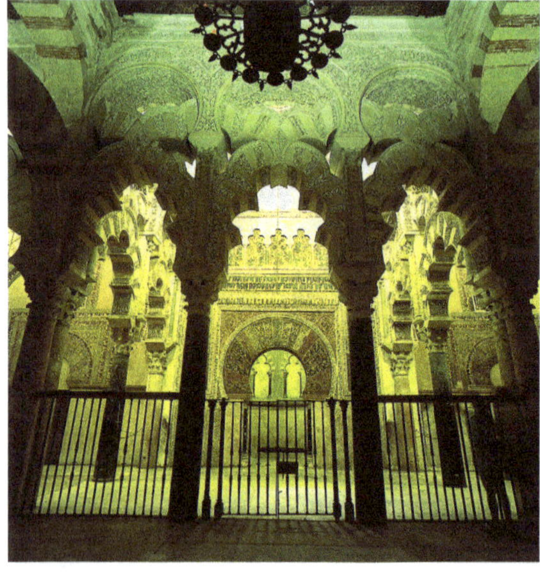
Grande Mosquée de Cordoue, mihrab, Espagne.

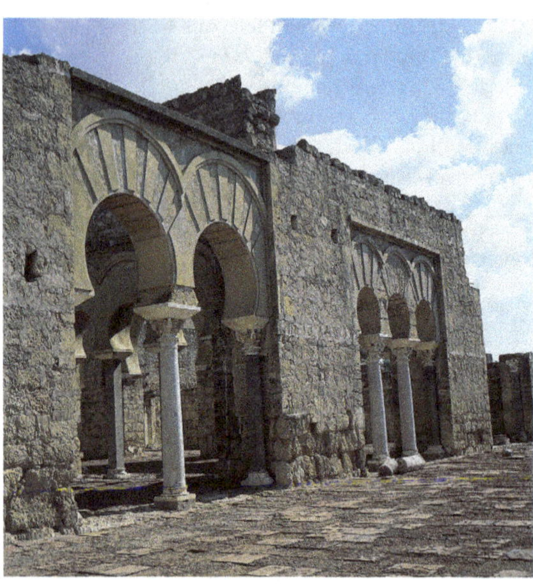
Dar al-Jund, Madinat al-Zahra', Espagne.

partie d'un grand ensemble d'édifices, *külliye,* comprenant des *madrasas*, une école coranique, une bibliothèque, un hôpital (*darüssifa*), une auberge (*tabkhane*), une cuisine publique, un *caravansérail* et des mausolées (*turbés*). À partir du début du XIIe/XVIIIe siècle, au cours de la "Période des Tulipes", l'architecture et le style décoratif ottomans reflètent l'influence du style baroque et rococo français, annonçant la période d'occidentalisation de l'art et de l'architecture.

Al-Andalus, dans la partie occidentale du monde islamique, devient le berceau d'une expression artistique et culturelle brillante. Abd al-Rahman Ier y fonde un califat ommeyade indépendant (138/750-422/1031) avec Cordoue pour capitale. La Grande Mosquée de cette ville ouvre la voie aux tendances artistiques innovatrices, notamment avec les doubles arcs bicolores superposés et les panneaux à ornementation végétale, qui sont passées dans le répertoire des formes artistiques andalousiennes.

Au cours du Ve/XIe siècle, le califat de Cordoue se divise en de multiples principautés qui ne sont pas en mesure d'éviter l'avancée progressive de la reconquête initiée par les États chrétiens au nord-ouest de la péninsule Ibérique. Ces roitelets ou rois de Taïfa font appel aux Almoravides en 479/1086 et aux Almohades en 540/1145 en vue de repousser l'arrivée des chrétiens et de rétablir l'unité partielle d'al-Andalus.

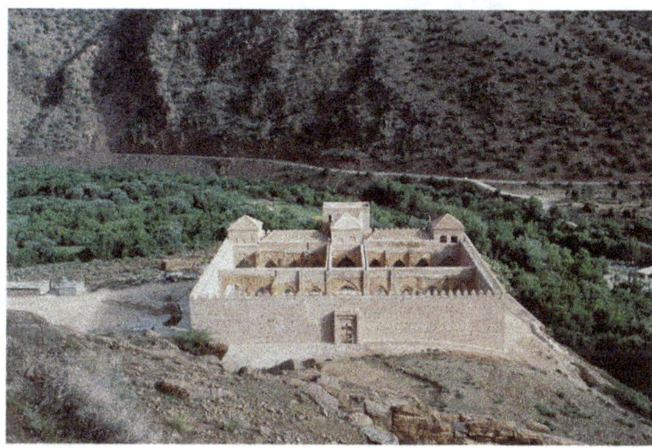

Mosquée de Tinmel, vue aérienne, Maroc.

Par leur intervention dans la péninsule Ibérique, les Almoravides (427/1036-541/1147) entrent en contact avec une nouvelle civilisation et tombent rapidement sous le charme du raffinement de l'art andalousien, comme le reflète leur capitale, Marrakech, où ils construisent une grande mosquée et des palais. L'influence de l'architecture de Cordoue et d'autres capitales, notamment Séville, se ressent dans tous les monuments almoravides de Tlemcen, Alger ou Fès.

L'art islamique occidental atteint son apogée sous le règne des Almohades (515/1121-667/1269), qui étendent leur hégémonie jusqu'en Tunisie. Au cours de cette période, la créativité artistique favorisée par les souverains almoravides se renouvelle et des chefs-d'œuvre de l'art islamique font leur apparition. La Grande Mosquée de Séville avec son minaret la Giralda, la Koutoubiya à Marrakech, la mosquée Hassan à Rabat et la mosquée de Tinmal érigée au sommet des montagnes de l'Atlas au Maroc en sont les exemples les plus remarquables.

Avec la dissolution de l'Empire almohade, la dynastie nasride (629/1232-897/1492) s'installe à Grenade et vit une période de splendeur au cours du VIIIe/XIVe siècle. La civilisation de Grenade devient un modèle culturel pour les siècles à venir en Espagne (l'art mudéjar) et, particulièrement, au Maroc, où cette tradition artistique a bénéficié d'une grande popularité et est préservée jusqu'à nos jours dans les domaines de l'architecture, de la décoration, de la musique et de la gastronomie. Les célèbres palais et forts de *al-Hamra'* (l'Alhambra) à Grenade marquent l'aboutissement suprême de l'art andalousien, avec toutes les caractéristiques de son répertoire artistique.

Parallèlement, au Maroc, les Mérinides (641/1243-876/1471) succèdent aux Almohades, alors qu'en Algérie règnent les Abd al-Wadids (633/1235-922/1516) et en Tunisie

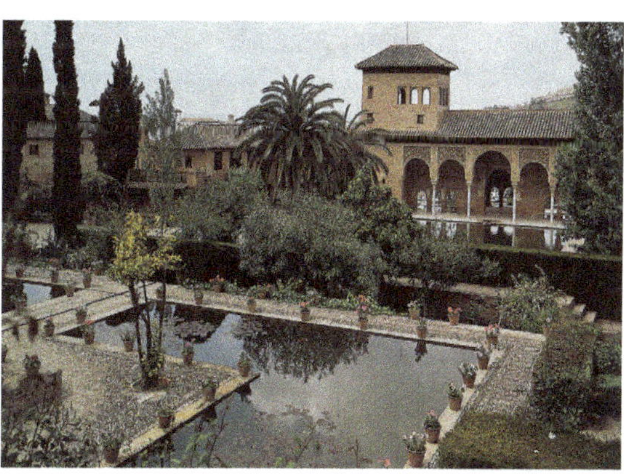

Tour des Dames et jardins, l'Alhambra, Grenade, Espagne.

Mértola, vue générale, Portugal.

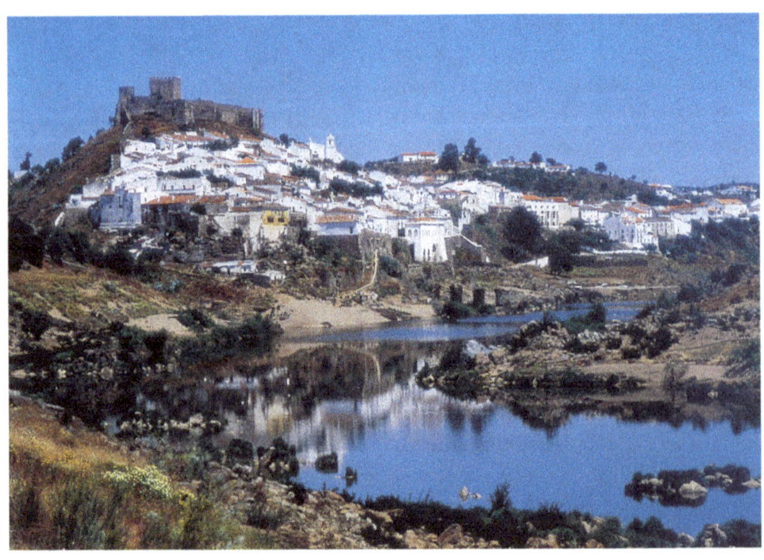

les Hafsides (625/1228-941/1534). Les Mérinides perpétuent l'art andalousien, l'enrichissant de nouveaux éléments. Ils embellissent leur capitale Fès par une abondance de mosquées, palais et *madrasas*, considérés comme étant, avec leurs mosaïques de céramique et leurs revêtements de *zellige* dans les décorations murales, les œuvres les plus parfaites de l'art islamique. Les dynasties marocaines suivantes, les Saadiens (933/1527-1070/1659) et les Alaouites (1070/1659 à nos jours), perpétuent la tradition artistique des Andalous exilés de leur terre natale en 897/1492. Ils continuent de construire et de décorer leurs monuments en utilisant les mêmes formules et les mêmes thèmes décoratifs que les dynasties précédentes, ajoutant des touches innovatrices caractéristiques de leur génie créatif. Au début du XIe/XVIIe siècle, les immigrés d'al-Andalus (les Morisques), qui s'établissent dans les villes du nord du Maroc, introduisent de nombreuses

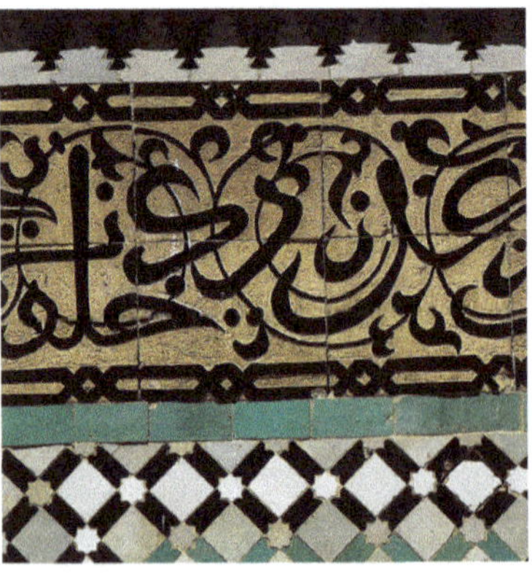

Frise épigraphigue en caractères cursifs sur carreaux de faïence, Madrasa Bouinaniya, Meknès, Maroc.

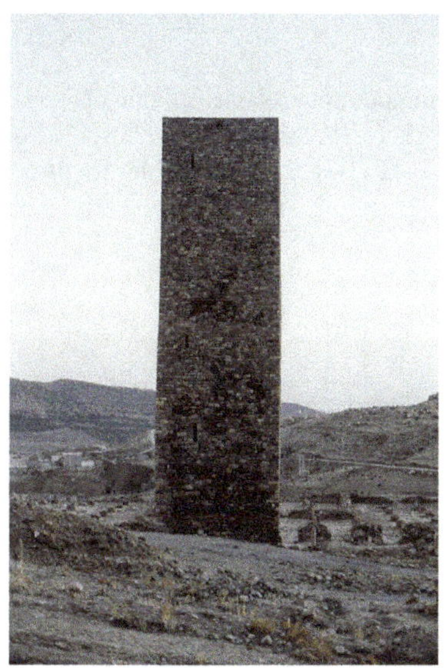

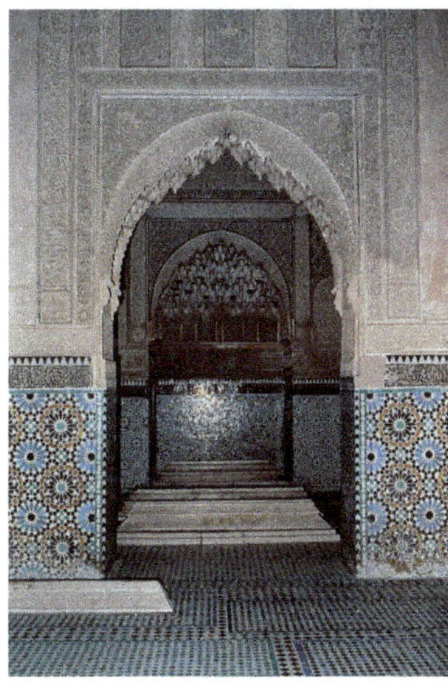

Qal'a des Beni Hammad, minaret, Algérie.

Tombeau des Saadiens, Marrakech, Maroc.

caractéristiques de l'art andalousien. Aujourd'hui, le Maroc est l'un des rares pays à perpétuer les traditions andalousiennes dans son architecture et son ameublement, modernisées par l'introduction de techniques et de styles architecturaux du XXe siècle.

L'ARCHITECTURE ISLAMIQUE

De façon générale, l'architecture islamique peut être classée en deux catégories : religieuse, avec notamment les mosquées, les *madrasas*, les mausolées, et séculaire, tout particulièrement avec les palais, les *caravansérails*, les fortifications, etc.

Architecture religieuse

Les mosquées

Pour des raisons évidentes, la mosquée se trouve au cœur de l'architecture islamique. Elle représente le clair symbole de la foi qu'elle sert. Très tôt, les musulmans comprennent ce rôle symbolique qui constitue un facteur important dans la création d'indices visuels appropriés dans le domaine de la construction : les minarets, coupoles, *mihrabs*, *minbars*, etc.

La cour de la maison du Prophète à Médine représente la première mosquée de l'islam, sans raffinements architecturaux. Les premières mosquées construites par les musulmans au fur et à mesure de l'expansion de leur empire sont simples. À partir de ces édifices se développe la mosquée du vendredi (*jami'*), dont les traits essentiels n'ont pas changé depuis 1400 ans. Son plan général consiste en une grande cour entourée d'arcades, avec un nombre de rangées plus élevé sur le côté orienté vers La Mecque (*qibla*) que sur les autres côtés. La Grande Mosquée omeyyade de Damas, dont le plan s'inspire de celui de la mosquée du Prophète, sert de modèle aux nombreuses mosquées construites dans les différentes provinces du monde islamique.

Mosquée omeyyade de Damas, Syrie.

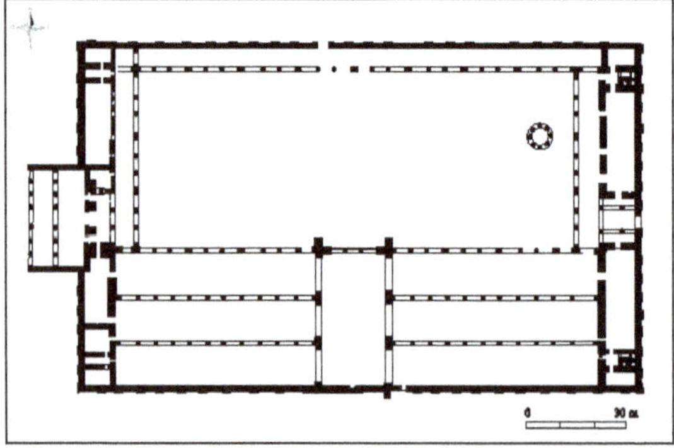

Deux autres types de mosquées se développent en Anatolie et, plus tard, sur les territoires ottomans : les mosquées basilicales et les mosquées à coupoles. Le premier type consiste en une simple salle à piliers ou basilique, style influencé par la tradition romaine tardive et par la tradition byzantine de Syrie, introduite avec quelques modifications au Ve/XIe siècle.

Le deuxième type de mosquées, qui se développe au cours de la période ottomane, organise l'espace intérieur sous un dôme unique. Les architectes ottomans créent dans les grandes mosquées impériales un nouveau style de construction à coupoles qui réunit la tradition de la mosquée islamique et la construction des édifices à coupoles en Anatolie. Le dôme principal repose sur une structure hexagonale et les baies latérales sont couronnées de coupoles plus petites. L'importance d'un espace intérieur dominé par un dôme unique devient le point de départ d'un style diffusé au Xe/XVIe siècle. Au cours de cette période, les mosquées deviennent des complexes multifonctionnels à caractère social, composés d'une *zaouïa*, d'une *madrasa*, d'une cuisine publique, de bains, d'un *caravansérail* et du mausolée du fondateur. La mosquée Süleymaniye à Istanbul, construite en 965/1557 par le grand architecte Sinan, constitue l'exemple suprême de ce style.

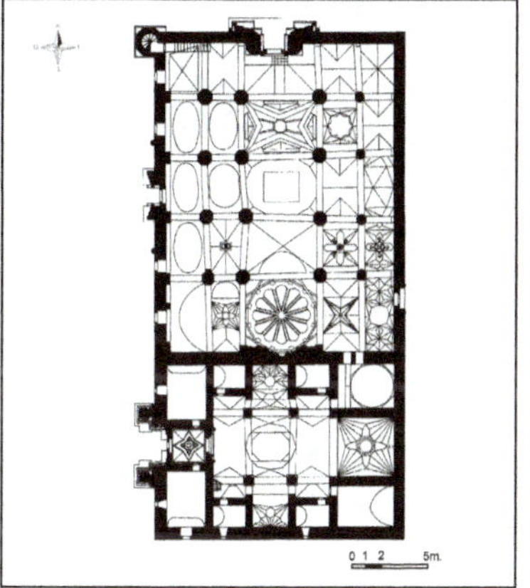

Grande Mosquée de Divriği, Turquie.

Le minaret du haut duquel le *muezzin* appelle les fidèles à la prière constitue l'indice le plus saillant de la mosquée. En Syrie, le minaret traditionnel consiste en une tour carrée construite en pierre. Dans l'Égypte mamelouke, les minarets sont divisés en trois zones distinctes : une section carrée à la base, une section médiane octogonale et une section cylindrique au sommet, surplombée d'une petite coupole. Les fûts sont richement décorés et la transition entre deux sections se fait au moyen d'un bandeau de *mouqarnas*. Les minarets d'Afrique du Nord et d'Espagne, qui partagent leur tour carrée avec la Syrie, sont décorés de panneaux à motifs autour de fenêtres jumelées. Pendant l'époque ottomane, les minarets octogonaux ou cylindriques remplacent la tour carrée. Il s'agit souvent de hauts minarets effilés, et bien que les mosquées ne possèdent généralement qu'un seul minaret, dans les grandes villes, elles peuvent avoir deux, quatre, voire six minarets.

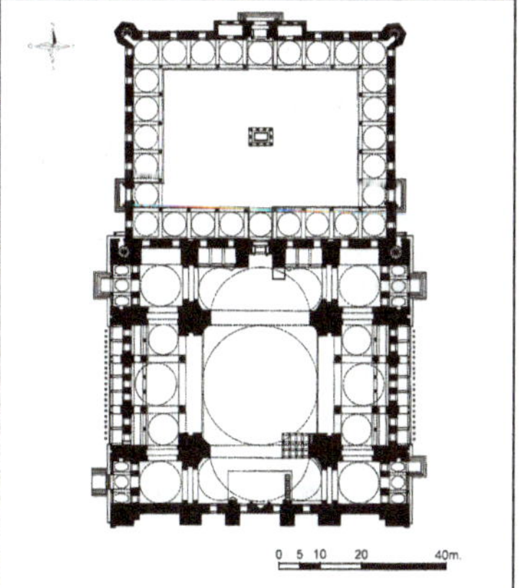

Mosquée Süleymaniye, Istanbul, Turquie.

Typologie de minarets.

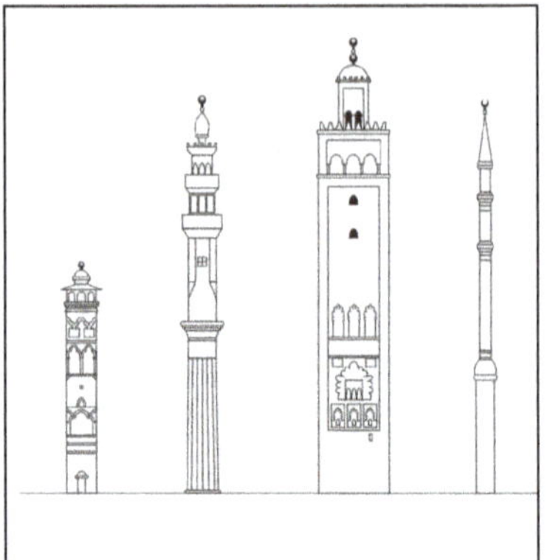

Les madrasas

Il est probable que les Seldjoukides ont construit leurs premières *madrasas* en Perse au début du Ve/XIe siècle. Il ne s'agit encore que de petites structures dotées d'une cour surmontée d'un dôme et de deux *iwans* latéraux. Un autre type de *madrasas* se développe ultérieurement avec une cour ouverte et un *iwan* central entouré d'arcades. Au cours du VIe/XIIe siècle en Anatolie, la *madrasa* devient multifonctionnelle et sert d'école de médecine, d'hôpital psychiatrique, d'hospice équipé d'une cuisine publique (*imaret*) et d'un mausolée.

Le développement de l'islam sunnite orthodoxe atteint un nouvel apogée en Syrie et en Égypte avec les Zengides et les Ayyoubides (VIe/XIIe-début VIIe/XIIIe siècles). Cette époque voit l'introduction de la *madrasa* fondée par un dirigeant civique ou politique, dans le but de développer la jurisprudence islamique. Ce type d'établissement est financé par des biens de mainmorte (*waqf*), généralement les revenus de terres ou de propriétés, comme les vergers, les échoppes dans un marché (*souk*) ou les bains publics (*hammam*). La *madrasa* suit généralement un plan cruciforme avec une cour centrale entourée de quatre *iwans*. Très vite, la *madrasa* devient une forme architecturale dominante avec des mosquées adoptant leur plan à quatre *iwans*. La *madrasa* perd progressivement son seul rôle religieux et de fonction politique comme instrument de propagande et tend à avoir une fonction civique plus large, servant de mosquée du prêche et de mausolée pour le bienfaiteur.

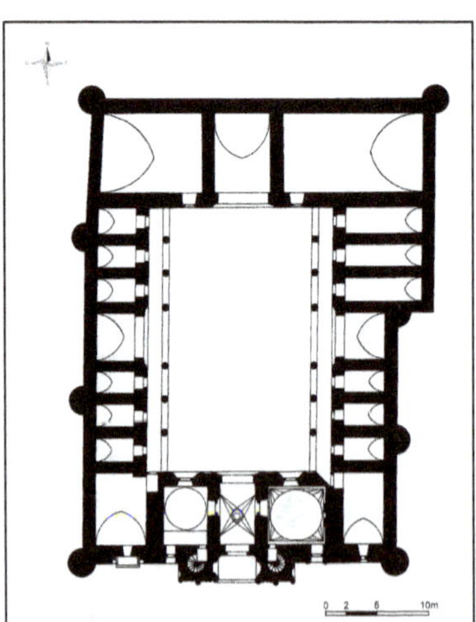

Madrasa de Sivas Gök, Turquie.

La construction de *madrasas* en Égypte, et tout particulièrement au Caire, apporte un nouveau souffle avec l'arrivée des Mamelouks. La *madrasa* cairote typique de cette époque est une structure multifonctionnelle à quatre *iwans* avec un portail à stalactites (*mouqarnas*) et de splendides façades. Avec l'arrivée des Ottomans au début du Xe/XVIe siècle, la double fondation – généralement une mosquée-*madrasa* – devient un grand centre très répandu qui jouit de la protection impériale. L'*iwan* disparaît progressivement, remplacé par une salle à coupole dominante. L'augmentation considérable du nombre de cellules pour étudiants surmontées de coupoles constitue l'un des éléments qui caractérisent les *madrasas* ottomanes.

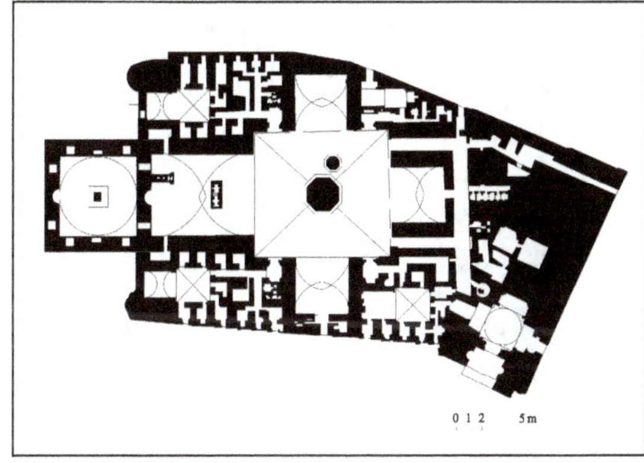

Mosquée et Madrasa Sultan Hassan, Le Caire, Égypte.

La *khanqa* constitue l'un des types d'édifices qui, du fait de sa fonction et de sa forme, peut être associé à la *madrasa*. Ce terme indique une institution plutôt qu'un type particulier d'édifice, qui abrite les membres d'un ordre mystique musulman. Il existe de nombreux autres termes synonymes de *khanqa*, utilisés par les historiens musulmans : au Maghreb, *zaouïa* ; dans les territoires ottomans, *tekke* et, le terme le plus généralement utilisé, *ribat*. Le soufisme domine constamment la *khanqa*, en provenance de Perse orientale au cours du IVe/Xe siècle. Dans sa forme la plus simple, une *khanqa* est une maison rassemblant un groupe d'étudiants autour d'un maître (*cheikh*). Celle-ci est dotée de salles de réunion, de prière et communautaires. La création de *khanqas* se développe sous les Seldjoukides au cours des Ve/XIe et VIe/XIIe siècles et bénéficie de l'étroite association entre le soufisme et le *madhhab* (doctrine) shafiite favorisés par l'élite au pouvoir.

Les mausolées

Dans les sources islamiques, la terminologie servant à désigner le type de construction des mausolées est très riche. Le terme descriptif usuel *turbé* se réfère à la fonction d'inhumation de l'édifice. Un autre terme, la *koubba*, se réfère à son élément le plus identifiable, la coupole, et s'applique souvent à une construction qui commémore les prophètes bibliques, les compagnons du Prophète Muhammad et des notables religieux ou militaires. La fonction des mausolées ne se limite pas simplement à un lieu d'inhumation et de commé-

Qasr al-Khayr oriental, Syrie.

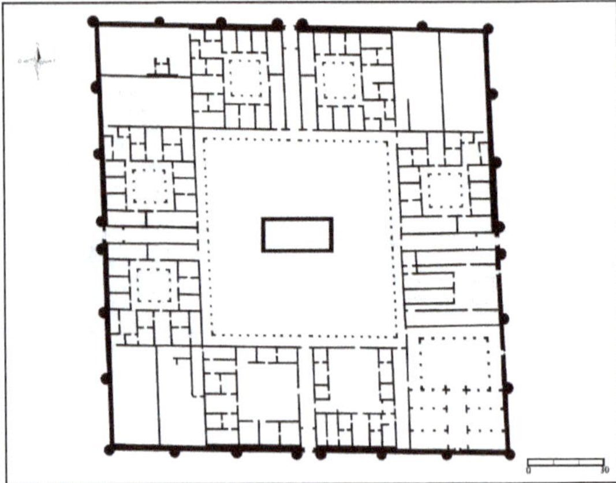

moration, mais joue également un rôle important dans la religion "populaire". Ils sont vénérés comme des tombeaux de saints locaux et sont devenus des lieux de pèlerinage. Très souvent, la structure du mausolée est embellie par des citations du Coran et est dotée d'un *mihrab*, afin d'en faire un lieu propice à la prière. Dans certains cas, le mausolée fait partie d'une institution commune. Les formes des mausolées islamiques de l'époque médiévale sont variées mais la forme traditionnelle consiste en un quadrilatère recouvert d'une coupole.

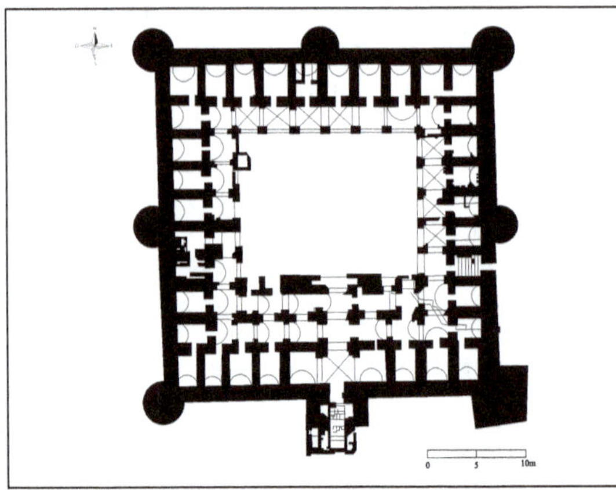

Ribat de Sousse, Tunisie.

Architecture séculaire

Les palais

La période omeyyade se caractérise par des palais et des bains publics somptueux dans les lointaines régions désertiques. Leur plan de base découle des modèles de campements militaires romains. Malgré leur décoration éclectique, ils constituent les meilleurs exemples du style décoratif islamique naissant. Les mosaïques, les peintures murales, les sculptures en stuc ou en pierre sont les moyens utilisés pour cette remarquable variété de décorations et de thèmes. Les palais abbassides en Irak, notamment ceux de Samarra et d'Ukhaidir, suivent le même plan que leurs prédécesseurs omeyyades mais se caractérisent par des dimensions plus imposantes, par l'utilisation de grands *iwans*, de coupoles et de cours, et par l'utilisation intensive de décorations en stuc. Les palais de la fin de la période islamique élaborent un nouveau style distinctif, plus décoratif et moins monumental. L'Alhambra constitue probablement l'exemple le plus remarquable de palais royaux ou princiers. La grande superficie du palais est fragmentée en une série d'unités indépendantes : jardins, pavillons et cours.

Cependant, l'élément le plus singulier de l'Alhambra est la décoration qui produit un effet extraordinaire à l'intérieur de l'édifice.

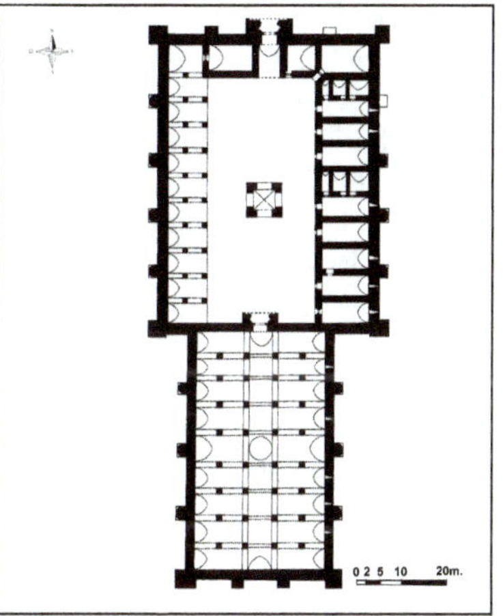

Han Sultan Aksaray, Turquie.

Les caravansérails

Un *caravansérail* se réfère généralement à une grande structure qui offre le gîte aux voyageurs et aux commerçants. Il s'agit normalement d'un espace carré ou rectangulaire, avec une entrée monumentale en saillie et des tours qui flanquent l'enceinte extérieure. Une cour centrale est entourée de portiques et de pièces réservées à l'hébergement des voyageurs et au stockage des marchandises, et qui abritent également des écuries pour les animaux.
Cette typologie d'édifice répond à une grande variété de fonctions, comme le démontrent ses différentes dénominations : *khan, han, fondouk, ribat*. Ces termes ne sont que le reflet de différences linguistiques régionales et ne désignent pas véritablement des fonctions ou des types distinctifs. Les sources architecturales des différents types de *caravansérails* ne sont pas aisément identifiables. Certaines découlent probablement du *castrum* ou campement militaire romain, dont les palais omeyyades du désert se rapprochent. D'autres types d'édifices qui existent en Mésopotamie et en Perse sont associés à l'architecture domestique.

Organisation urbaine

À partir du IIIe/Xe siècle, chaque ville, quelle que soit son importance, se dote d'enceintes fortifiées et de tours, de grandes portes élaborées et d'une puissante citadelle (*qal'a* ou *casbah*), symbole du pouvoir établi. Celles-ci sont des constructions massives réalisées avec des matériaux typiques de la région où elles sont édifiées : pierre de taille en Syrie, Palestine et Égypte ou brique, pierre de taille et terre battue dans la péninsule Ibérique et en Afrique du Nord. Le *ribat* constitue un exemple unique d'architecture militaire. Techniquement, il s'agit d'un palais fortifié conçu pour les guerriers de l'islam engagés, temporairement ou de façon permanente, à défendre les frontières. Le *ribat* de Sousse en Tunisie comporte des similitudes avec les premiers palais islamiques, mais présente des différences dans l'organisation intérieure pour ce qui est de la grande salle, de la mosquée et du minaret.

La division de la plupart des villes islamiques en quartiers est basée sur l'affinité ethnique et religieuse et constitue, par ailleurs, un système d'organisation urbaine qui facilite l'administration de la population. La mosquée est toujours présente dans le quartier. Un bain public, une fontaine, un four et un ensemble de magasins se trouvent soit à l'intérieur du périmètre du quartier, soit à proximité. Sa structure se compose d'un réseau de rues et d'impasses, et d'un ensemble de maisons. En fonction de la région et de l'époque, les maisons présentent différentes caractéristiques régies par les traditions historiques et culturelles, le climat et les matériaux de construction disponibles.

Le marché (*souk*), qui fonctionne comme le centre névralgique du commerce local, constitue l'élément le plus caractéristique des villes islamiques. Sa distance par rapport à la mosquée détermine l'organisation spatiale par corps de métiers. Par exemple, les professions considérées comme propres et honorables (libraires, parfumeurs, tailleurs) se trouvent à proximité immédiate de la mosquée, tandis que les métiers bruyants et nauséabonds (forgerons, tanneurs, teinturiers) s'en éloignent progressivement. Cette distribution géographique répond à des impératifs qui s'appuient sur des critères purement techniques.

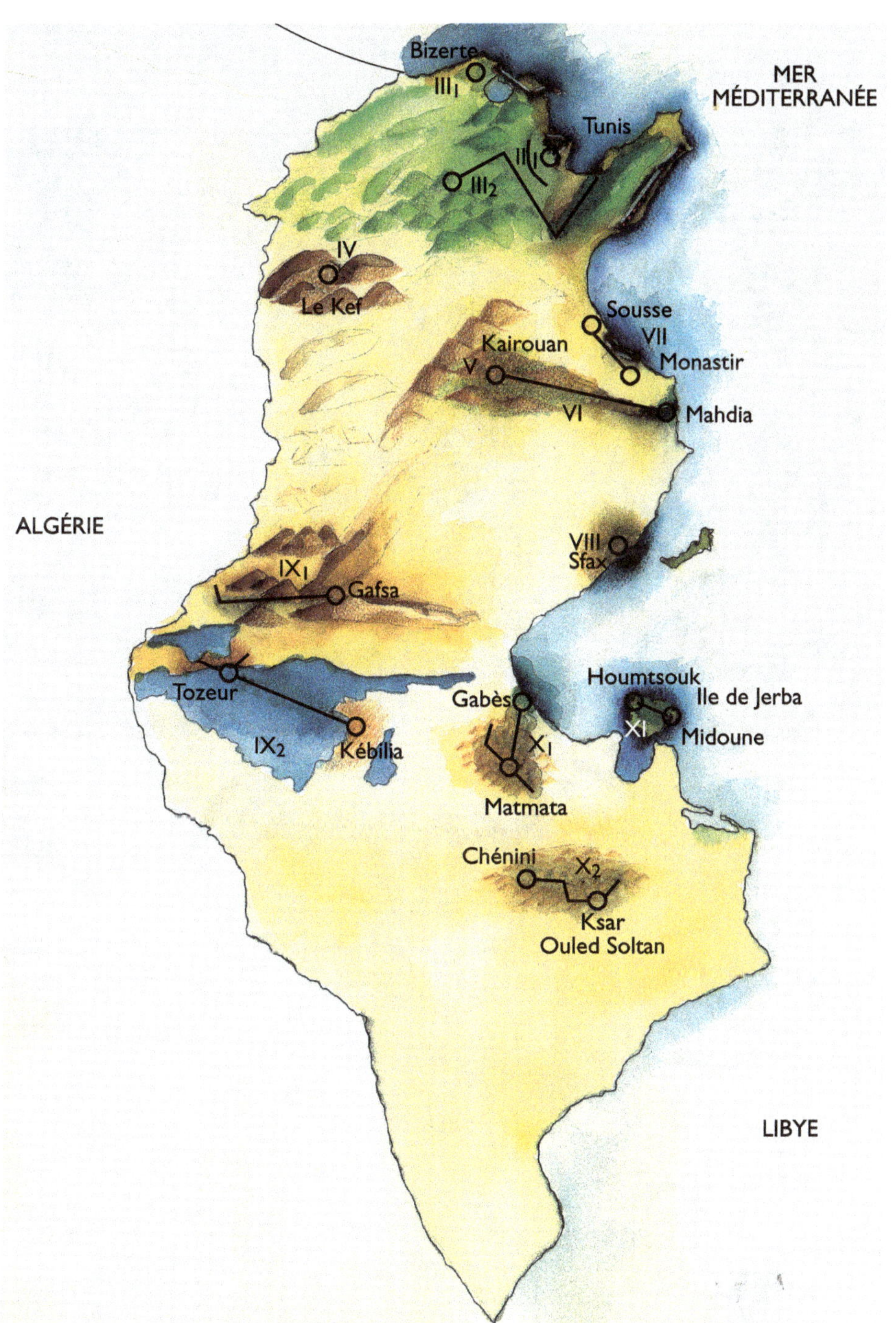
MER
MÉDITERRANÉE
Bizerte
III_1
Tunis
II
I
III_2
IV
Le Kef
Sousse
VII
Monastir
Kairouan
V
VI
Mahdia
ALGÉRIE
VIII
Sfax
IX_1
Gafsa
Tozeur
IX_2
Kébilia
Gabès
Houmtsouk
Ile de Jerba
XI
Midoune
X_1
Matmata
Chénini
X_2
Ksar
Ouled Soltan
LIBYE

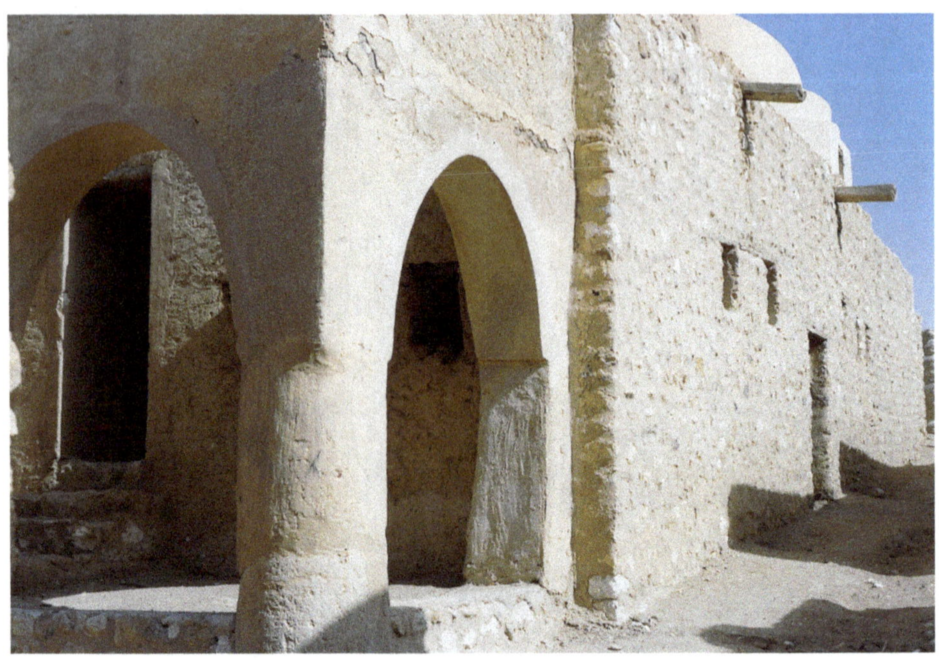

Mosquée Sidi Touati,
entrée, Tamerza.

APERÇU HISTORIQUE

Mounira Chapoutot-Remadi

Vue sur une carte, la Tunisie ressemble à une belle femme qui, étendue face la mer, s'offre aux caresses des vagues et aux chants monotones des vents. Mais, comme Ulysse qui avait demandé à ses marins de l'attacher au mât pour jouir du chant des sirènes sans succomber ni se perdre, elle est solidement adossée à la terre, bien ancrée au continent, aux montagnes, aux plaines et au désert.

L'Afrique était un pays très anciennement occupé par des populations appelées Libyens, Maures, Numides, Berbères de «barbarus», étrangers à la civilisation romaine, ils se nommaient dans leur langue *Imazighen*, c'est-à-dire «hommes fiers du Couchant», et vivaient en tribus regroupées en deux grandes confédérations, les Botr et les Baranis.

Région orientale de «l'île du Maghreb», elle est très proche de l'Europe: Kélibia se trouve à 140 kilomètres de la Sicile et à 200 kilomètres de la Sardaigne. Sa position, à la charnière des deux bassins de la Méditerranée, traduit sa double destinée d'orientale et d'occidentale. Le pays s'étend entre le 30e et le 37e degré de latitude nord; largement ouvert sur la mer avec ses 1 300 kilomètres de côtes, il est bordé au sud par une mer de sable, le Sahara. La Tunisie est tout à la fois africaine et méditerranéenne.

La douceur de son relief et de son climat, ses golfes de Tunis, de Hammamet et de Gabès baignant de vastes plaines, ne pouvaient qu'attirer les navigateurs. Les Phéniciens, les premiers, établirent des comptoirs vers 1100 avant J.-C., puis fondèrent Carthage en 814 avant J.-C. Kart Hadash, la «Ville Nouvelle» d'Elyssa-Didon, surpassa bientôt Tyr et devint la capitale d'un empire maritime. Dans son expansion, Carthage se trouva bientôt confrontée à Rome qui finit par la détruire au terme de trois «guerres puniques» (entre 264 et 146 avant J.-C.). Décrétée «territoire maudit», la ville fut incendiée et rasée par les Romains; mais, tel le Phénix qui renaît de ses cendres, Carthage fut rebâtie. Pendant les six siècles de domination romaine, la Méditerranée était un «lac romain» et la Tunisie faisait partie de cet ensemble. Après un siècle d'occupation vandale, les Byzantins, après les Phéniciens, arrimèrent de nouveau l'Africa Romana à l'Orient en 533. Jusqu'à sa conquête par les Arabes, elle fut par deux fois rattachée à l'Occident et par deux fois à l'Orient.

A partir de 24/645, sa destinée allait prendre un tournant décisif sous l'impulsion de nouveaux occupants, les Arabes, qui avaient entamé une marche irrésistible vers l'est et vers l'ouest depuis la mort du Prophète Muhammad en 10/632. Plus que tous les autres peuples qui avaient accosté sur ses rives, les Arabes allaient marquer pour toujours le pays de leur empreinte. Alors que Phéniciens, Romains et Byzantins étaient venus de la mer, ils arrivèrent par voie de terre, par une route séculaire qui reliait l'Egypte à la Tunisie. Ils avaient le même genre de vie que les Berbères et contrairement à leurs devanciers, ils s'installèrent d'abord à l'intérieur des terres, à l'abri du littoral encore aux mains des Byzantins.

Une conquête longue et difficile

La conquête de l'Ifriqiya —nom arabisé de l'Africa romaine— fut lente, semée d'embûches et de revers. Les Arabes se trouvaient bien loin de leur péninsule et un chroniqueur rapporte que le calife Omar refusait de tenter l'aventure: «Ce n'est pas l'Ifriqiya, disait-il, c'est un pays perfide qui égare et qui trompe et auquel

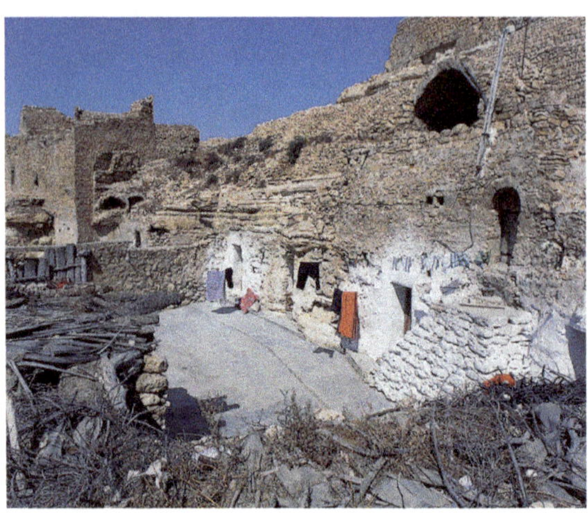

Habitat semi-troglodytique d'origine berbère, village de Kesra.

personne ne s'attaquera tant que je serai en vie». Alors qu'une dizaine d'années seulement avaient suffi pour prendre la Syrie et la Mésopotamie, puis l'Iran et l'Egypte, il faudra presque cinquante ans avant de pacifier durablement le pays.

Le calife Othman décida de reprendre l'avance vers l'ouest. Il confia cette mission à Abd Allah ibn Abi Sarh qui remporta une brillante victoire à Sbeïtla, Sufetula en 26/647 contre le patrice Grégoire. Le chef byzantin mourut dans la bataille, les Arabes amassèrent un butin considérable et négocièrent un tribut de 300 talents d'or. Mais ce fut une victoire sans lendemain. Si Byzance comme la Syrie et l'Egypte s'avérait un colosse aux pieds d'argile, la résistance berbère fut autrement plus tenace. Les Arabes entreprirent quelques expéditions mais en se repliant toujours vers la Tripolitaine.

La «grande discorde» qui divisa les musulmans en Orient, au sujet du successeur légitime de Othman assassiné, contribua à ralentir les opérations. Ali, cousin et gendre du Prophète, quatrième calife après lui, dut affronter Moawiya, gouverneur de Syrie et parent de Othman. La guerre civile allait déchirer la jeune communauté musulmane mais les combattants réclamèrent un arbitrage pour éviter l'effusion de sang. Ali accepta et une partie de ses partisans mécontents quittèrent les rangs: ils furent appelés les *khawarij*, les sortants. Moawiya l'emporta sur son rival et il fonda la première dynastie musulmane, dite des Omeyyades. Le parti de Ali et de sa descendance, *chi'a*, se sépara de la Communauté, *Umma,* à son tour. Deux doctrines, kharijite et chiite, naquirent ainsi au sujet de la direction légitime des musulmans et des conditions requises pour y accéder. Elles allaient se répandre dans l'ensemble de l'empire et donner naissance à plusieurs sectes.

En 44/665, Moawiyya ibn Hodayj quitta l'Egypte avec une armée de 20 000 hommes; il fit la jonction avec les troupes restées en Tripolitaine sous la direction de Oqba ibn Nafi. Ni la prise de Jalula en Tunisie centrale, ni les incursions victorieuses contre Sousse (Hadrumete), Bizerte et Jerba ne convainquirent les Arabes de rester après la bataille. En 49/670, Oqba ibn Nafi tenta une nouvelle expédition qui s'acheva par la fondation de Kairouan. Un premier point d'ancrage était enfin choisi dans cet environnement qui restait hostile et incertain. Rappelé en Orient, Oqba fut de nouveau chargé en 61/681 de poursuivre la conquête du «pays du Couchant». Oqba sembla faire une promenade victorieuse qui le mena jusqu'à l'océan, la mer environnante, redoutable barrière liquide qui marquait la fin du monde connu. Mais de retour vers ses bases, il fut attaqué et tué par Kosseïla, chef de la puissante tribu des Awraba, à Tahuda, près de Biskra, en Algérie, en 63/683. Tout semblait remis en question. Durant quelques années, Kosseïla conserva l'avantage, puis il fut battu et tué par une armée dirigée par Zohayr ibn Qays el-Balaoui en 66/686. Les Berbères, soumis, n'avaient pourtant pas dit leur dernier mot. Le flambeau sera repris par une femme, Dahia, ou comme l'ont appelée les sources arabes, la Kahena, la prêtresse, de la tribu des Djarawa, chef de la confédération des Berbères de l'Aurès oriental, qui put entraîner tout le pays dans la révolte. Les crises, qui déchiraient le califat en Orient, retardèrent la réaction des Arabes, puis Hassan ibn Noman fut envoyé à la rescousse. Malgré quelques échecs, c'est lui qui bouta les Byzantins hors du pays en 78/698 et qui surtout vainquit la Kahena. Dès lors l'Ifriqiya et les Berbères allaient participer à la poursuite de la conquête du reste du Maghreb puis de l'Espagne. Hassan ibn Noman, maître de Carthage, lui préféra Tunis, petite cité numide proche mais plus à l'abri de la mer. Il y installa une ville-camp qui pour un moment resta à l'ombre de Kairouan, capitale incontestée de la nouvelle province de l'Empire arabe.

En l'espace d'un demi-siècle, l'Empire byzantin fut amputé de la Syrie, de l'Egypte et de l'Africa conquises par les Arabes. Lorsque les Aghlabides prendront la Sicile, il ne restera plus à Byzance que des lambeaux de ses possessions occidentales en Italie du sud. L'Occident était morcelé en petits royaumes issus de la première vague des invasions barbares. Le plus important d'entre eux était le royaume franc fondé par Clovis, premier roi de la dynastie mérovingienne (481-751).

L'Ifriqiya des Wullat

L'Ifriqiya faisant partie de l'empire, les califes omeyyades de Damas désignèrent des gouverneurs pour l'administrer en leur nom. Ils avaient pour mission d'y répandre l'islam et de l'arabiser: ces deux opérations se firent en douceur, dans un climat de tolérance et de coexistence, au sein d'une capitale qui se développait peu à peu. Il faut replacer la fondation de Kairouan dans un contexte plus large et rappeler certains faits. C'était à la fois la première ville musulmane en terre d'Ifriqiya et du Maghreb et la quatrième ville fondée, après Basra et Koufa en Irak et Fustat, le vieux Caire, en Egypte, par les Arabes sur le modèle même de l'installation du Prophète à Médine. Par ce geste, accompli chaque fois par un des compagnons de Muhammad ou de leurs successeurs, les fondateurs signifiaient à leurs hommes qu'ils avaient trouvé une maison de l'hégire, un lieu d'émigration où ils pourront observer, en toute sécurité, les préceptes de l'islam. Comme lui, leur première préoccupation sera de choisir l'emplacement de la mosquée et de la résidence du chef de la communauté; on procédait ensuite à la distribution de lots pour l'habitation des différentes tribus constituant son armée. Habitats provisoires mués peu à peu en cités, ces premières occupations étaient appelées des villes-camps. Les difficultés rencontrées, les souffrances expliquent peut-être pourquoi Kairouan fut très vite considérée comme la quatrième ville sainte de l'Islam après La Mecque, Médine et Jérusalem. Au dire des chroniqueurs, la ville abrita un nombre très élevé de ces

Vue panoramique de Tunis, gravure du XIXe siècle.

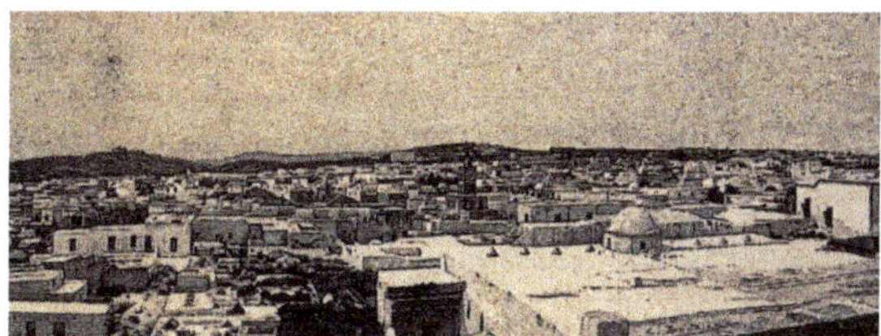

fameux successeurs des compagnons de Muhammad, ce qui ne pouvait qu'accroître son prestige et sa sainteté. Les gouverneurs envoyés par les Omeyyades eurent fort à faire pour imposer leur autorité sur la province. Une administration sur le modèle de Damas se développa peu à peu tandis que le rattachement à l'empire se traduisait par l'envoi d'une partie de l'impôt foncier et d'esclaves, hommes et femmes qui furent très appréciés par les Orientaux.
Parmi les nombreux gouverneurs qui administrèrent la province, au nom des Omeyyades puis de leurs successeurs Abbassides, certains émergent particulièrement: Hassan ibn Noman, fondateur de Tunis, Moussa ibn Nossayr, artisan de l'achèvement de la conquête de l'Occident musulman, son lieutenant Tariq ibn Ziyad, qui franchit le détroit et conquit l'Espagne, donnant son nom à Gibraltar, montagne de Tariq, *jabal* Tariq. Cette première phase de l'histoire de l'Ifriqiya dura près d'un siècle. Le kharijisme recruta des partisans parmi les Berbères. La nouvelle foi servit de prétexte à de nouvelles flambées entre 122/740 et 154/771 et ces croyants rigoureux qui prônaient une théorie égalitaire du pouvoir, chassés de Kairouan, fondèrent des Etats dissidents plus ou moins durables au Maghreb central et occidental. L'un des derniers gouverneurs, el-Aghlab ibn Sélim el-Tamimi, allait faire souche et donner naissance à la première dynastie autonome, celle des Aghlabides.
En 132/750, des prétendants se réclamant de leurs liens de parenté avec Muhammad s'emparèrent du pouvoir. Les califes abbassides fondèrent une dynastie qui régna pendant plus de cinq siècles, au point d'être considérée par les sunnites comme le seul califat légitime. Un Omeyyade survivant parvint à s'enfuir et restaura en Espagne une dynastie omeyyade de Cordoue qui régna sur l'Andalousie pendant un peu moins de trois siècles mais dont l'éclat rivalisa avec le califat d'Orient.

L'Émirat aghlabide

Les bouleversements orientaux ne furent pas sans incidences sur l'Ifriqiya. En 183/800, Ibrahim ibn Aghlab, nommé gouverneur par Haroun el-Rachid, institua un gouvernement autonome viable qui mit à profit son éloignement du pouvoir central. Certes, ils ne furent pas les premiers: juste avant eux, les Muhallabides gouvernèrent pendant une trentaine d'années.
Les sources occidentales mentionnent une ambassade envoyée en 765-768 par Charlemagne à Bagdad. Elle offrit des draps flamands au calife Haroun el-Rachid qui, en retour, envoya une horloge. Les messagers du calife comptaient parmi eux un représentant des Aghlabides. Le 25 décembre 800, Charlemagne, refaisant l'unité d'une partie de l'Occident, se faisait couronner empereur à Rome. Il avait certes restauré l'empire, mais ce dernier n'était pas centré sur la Méditerranée. L'Empire carolingien était un empire franc, continental et rural et sa capitale était Aix-la Chapelle.
La principauté aghlabide connut une belle période d'épanouissement. Les émirs furent de grands bâtisseurs; Kairouan se développa et s'affirma comme l'une des capitales les plus brillantes de l'Occident musulman. La ville était à l'heure bagdadienne, la Grande Mosquée de Oqba fut agrandie et modifiée. La ville fut entourée de remparts; le ravitaillement en eau fut facilité par la construction de bassins qui firent l'admiration des géographes et

des voyageurs. Le modèle irakien fut suivi en plusieurs autres domaines encore. Ibrahim Ier fonda el-Abbasiyya en 184/801, à 3 kilomètres de Kairouan, dont le nom même rappelle son obédience aux califes. En 132/750, près de Fustat, la résidence royale d'el-Askar l'avait précédée. Les gouverneurs d'Egypte et d'Ifriqiya suivaient le modèle des premiers Abbassides qui abandonnèrent Damas, considérée comme peu sûre, pour d'autres lieux. Ils érigèrent plusieurs résidences royales avant de fonder Bagdad en 144/762. Peut-être faudrait-il établir un lien également entre el-Qata'i', résidence royale d'Egypte fondée en 254/868 par les Tulunides sur le modèle de Samarra (221/836), et relever la même coïncidence chronologique avec la fondation de la nouvelle résidence aghlabide de Raqqada en 262/876 près de Kairouan.

Au moment où l'Empire abbasside connaissait une véritable explosion urbaine, l'Occident barbare vivait le phénomène inverse de repli et de disparition des villes.

L'émir aghlabide copia les institutions califales: vizir, chambellans, maître des postes, secrétaires, souvent chrétiens, l'assistaient pour administrer le pays et ses revenus. Il gouvernait comme un monarque, et alors que le calife avait une garde de Turcs, il se constitua une garde d'esclaves noirs. Une société plurielle associant Berbères, anciens Byzantins, *Rum*, autochtones bilingues, *Afariqa*, Arabes de Syrie et d'Iraq, Yéménites, Persans du Khurassan formait la population des villes; juifs, chrétiens et musulmans vivaient en bonne intelligence.

Les juifs avaient abordé en Ifriqiya après la destruction du Temple de Jérusalem en 70 après J.-C. et les sources arabes mentionnent des tribus berbères judaïsées. L'Eglise d'Afrique du Nord compte des personnages aussi prestigieux que saint Augustin, saint Cyprien et Tertullien. Ces communautés qui étaient nombreuses dans les villes, jouèrent un rôle important dans l'économie de l'Ifriqiya.

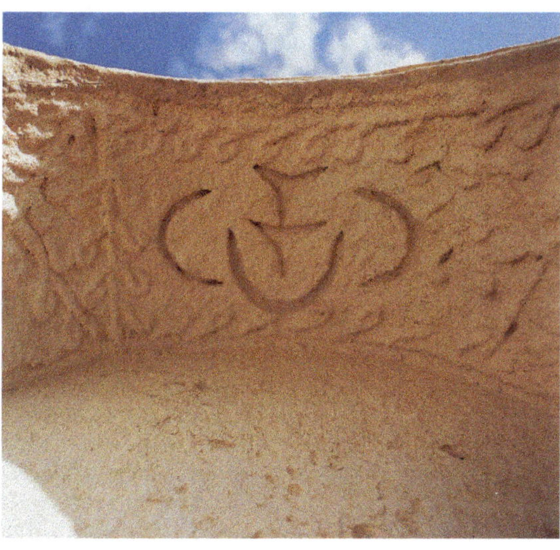

Intrados portant décoration berbère, Douiret.

Les Aghlabides attirèrent à Kairouan les lettrés et les savants et fondèrent une Maison de la sagesse, *Bayt el-Hikma*, comme à Bagdad. Des médecins d'Orient vinrent à la cour aghlabide et contribuèrent à la formation d'une véritable école de médecine de Kairouan. Le malékisme, qui devint le rite sunnite majoritaire de l'Occident musulman, eut alors ses plus grands savants comme Asad ibn el-Furat (141/759-213/829) et Sahnoun (159/776-239/854). Ce dernier avec son traité, la *Mudawwana*, définit la «vulgate du malékisme nord africain».

L'action des Aghlabides ne se limita pas à Kairouan, elle s'étendit à l'ensemble de l'Ifriqiya. Les villes comme Tunis, Sousse, Monastir et Sfax bénéficièrent elles aussi de leurs soins. La grande mosquée

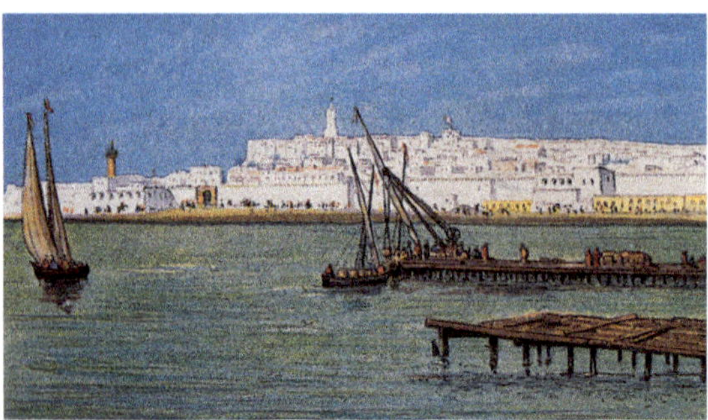

Vue de la ville de Sousse, aquarelle du XIXe siècle.

de Tunis fut agrandie et embellie, les remparts reconstruits, des palais furent édifiés extra-muros, au nord et à l'ouest de la ville. Les émirs protégèrent la côte par toute une série de forteresses appelées *ribat* et gardées par des moines-soldats, les mieux conservées étant celles de Monastir et de Sousse. On attribue à l'émir Abou Ibrahim Ahmed la construction de «dix mille forteresses en pierre et en chaux, dotées de portes en fer». On ne peut mieux mesurer l'effort des Aghlabides que par l'impression qu'ils ont faite sur leurs contemporains. Assurés dans leur domination, ils conquirent la Sicile (211/827-289/902), la Sardaigne, prirent pied dans le sud de l'Italie et parvinrent jusqu'à Rome en 231/846. Les Aghlabides régnèrent près d'un siècle sur l'Ifriqiya (184/801-296/909) et contribuèrent à sa prospérité, mais le pays ne pouvait rester à l'abri des luttes entre chiites et sunnites qui agitaient l'ensemble de l'Empire abbasside.

Le califat fatimide

Un propagandiste, le Daï Abou Abd Allah el-Sanaani, réussit à gagner à la cause de son maître Obeyd Allah el-Mahdi les Berbères Kutama de Kabylie. Une nouvelle révolte berbère éclata, cette fois pour porter au pouvoir un homme qui prétendait être un imam caché de la descendance du septième Imam qui avait donné son nom au chiisme ismaïlien ou septimain. En 296/909, il s'empara de Kairouan, chassant ainsi un des derniers émirs aghlabides, Ziyadat Allah III, dont la réputation fut ternie par une assez grande cruauté. Se posant dès le départ en rival des Abbassides, Obeyd Allah se para du titre d'émir des Croyants. Il se tailla un territoire, qui dépassa les possessions aghlabides pour s'étendre sur le Maghreb central, et sut s'emparer en particulier des routes sahariennes de l'or. Les Fatimides, qui ne comptaient pas en rester là, constituèrent une armée forte et un trésor de guerre en rapport avec leurs ambitions impériales. Ils se dotèrent d'une flotte importante et eurent une politique maritime offensive.

Au IXe siècle, l'Europe fut assaillie par la deuxième vague d'invasions «barbares». Les Scandinaves au nord et à l'ouest, les Arabes le long des côtes méditerranéennes et les Hongrois à l'est aggravèrent son repli et causèrent bien des ravages. Le triomphe de la féodalité ayant fait disparaître l'Etat, la contre-offensive ne pouvait être que locale. La mer était dominée par les Arabes.

Deux ans après son avènement, en 299/912, Obeyd Allah el-Mahdi fonda une capitale maritime plus conforme à ses visées de domination de la Méditerranée et à laquelle il donna son nom, Mahdia. En vingt-quatre ans de règne, il parvint à s'imposer au-dedans et au dehors, luttant sans relâche contre les Byzantins et menaçant les deux califats rivaux de Cordoue et de Bagdad. Dans la nouvelle capitale de l'Ifriqiya un beau palais fut édifié, ainsi

que, peu après, un souk, un arsenal et enfin des remparts. La cour de Mahdia attira à son tour les savants et les médecins, les lettrés et poètes.
Mais le prosélytisme chiite provoqua des résistances et de nouvelles révoltes kharijites, dont la plus grave fut celle d'Abou Yazid, surnommé «l'homme à l'âne», parce qu'il conduisait les insurgés juché sur un âne. Kharijite extrémiste de la secte des Nukkar, fraction de la confédération des Berbères Zénata, il était originaire du Djérid. La rébellion se répandit comme une traînée de poudre depuis les Aurès jusqu'à Kairouan à partir de 322/934 et dura jusqu'en 333/945. La paix revenue, le calife Ismaïl prit le titre d'el-Mansour, le Victorieux, retourna à Kairouan et fonda une nouvelle résidence royale en 336/948, Sabra el-Mansouriyya, qui reprit son rôle de capitale politique et économique.
Les Fatimides, fidèles à leur projet de conquérir l'Orient abbasside, ne se contentèrent pas de leurs acquis. Avec el-Moïzz, ils s'imposèrent en Méditerranée en menaçant l'Andalousie, Byzance et l'Egypte. Une armée partie d'Ifriqiya réussit à imposer l'imperium fatimide jusqu'à Fès. En 358/969, el-Moïzz envoya une expédition sous la direction de son affranchi, Jawhar el-Siqilli, qui put s'emparer de l'Egypte et fonder le Caire au nord de Fustat. El-Moïzz quitta alors l'Ifriqiya qu'il confia à son lieutenant, Buluggin ibn Ziri, pour la gouverner en son nom.
Le IVe/Xe siècle fut appelé «le siècle ismaïlien de l'Islam»: en même temps que le califat fatimide, il faut rappeler que les califes abbassides durent accepter la protection des émirs chiites imamites, originaires du Daylam, les Buyides (333/945-441/1050). Les Zaydites au Tabaristan et au Yémen, les Qarmates au Bahrayn, représentent autant de sectes chiites qui triomphèrent en ce siècle mais, divisés de la sorte, ils ne purent triompher définitivement.

L'Ifriqiya ziride

Pour la première fois depuis la conquête, l'Ifriqiya fut gouvernée par des Berbères. Les émirs zirides étaient des Sanhaja du Maghreb central qui avaient aidé les Fatimides à écraser la révolte de «l'homme à l'âne». Ils résidèrent dans leur capitale, Achir, pendant un certain temps puis la quittèrent pour Kairouan puis pour Mahdia. Le pays laissé par les Fatimides s'était relevé de ses ruines après la grande révolte kharijite. De nouveau, Kairouan apparaissait comme la capitale intellectuelle et économique du pays. Le pouvoir des Zirides fut cependant affaibli par des opérations militaires dans le centre et l'est contre les Zénatas pro-omeyyades et les Kutamas pro-fatimides. Leurs cousins, les

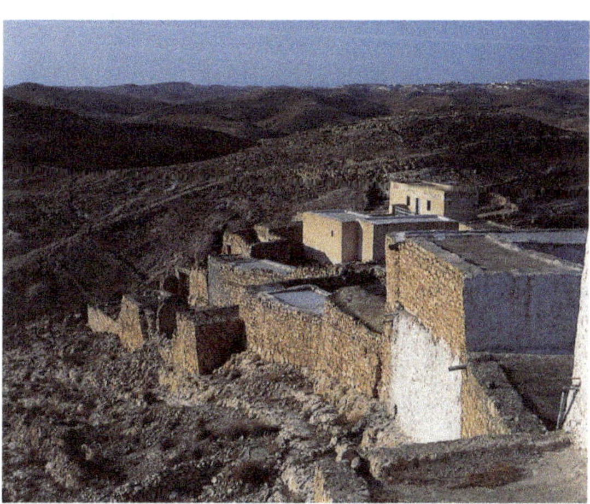

Village de crête berbère, Tamezret.

Banou Hammad, créèrent une principauté autonome en Algérie orientale et fondèrent une capitale, la Qal'a. Les Kairouanais, pressés de rétablir le malékisme, firent pression sur les Zirides. Vers 441/1050, l'émir el-Moïzz ibn Badis rompit avec Le Caire et renoua avec Bagdad. Au même moment, le chiisme reculait en Orient avec l'arrivée des Turcs seljukides. Le calife el-Mustansir réagit en livrant l'Ifriqiya à des tribus arabes remuantes qui déferlèrent sur le pays: les Hilaliens.

Les Hilaliens: histoire et épopée

Les Banou Hilal, «Fils du croissant de lune», étaient des nomades arabes qui avaient quitté leur *Najd* natal, dans la péninsule, depuis longtemps et avaient en partie émigré en Haute Egypte. Pour les inciter à migrer de nouveau, un vizir fatimide leur aurait dit: «Je vous donne le Maghreb et le royaume d'el-Moïzz ibn Badis, l'esclave révolté. Ainsi, vous ne serez plus dans le besoin». La perfide Ifriqiya apparaissait donc comme la terre promise ! Voilà comment les sources ont perçu ce tournant fondamental que connut l'Empire musulman au cours du Ve/XIe siècle et qui se marqua par le retour au nomadisme et le recul de la cité. Alors que les Hilaliens émigraient en Ifriqiya, les Turcs seljoukides, nomades eux aussi, faisaient leur entrée à Bagdad, chassant les protecteurs chiites du calife et s'imposant à leur place.

Kairouan, pillée et ruinée par les Hilaliens, perdit à jamais son rôle de capitale et les campagnes revinrent à l'économie pastorale. Les descriptions catastrophiques de la présence hilalienne proviennent toutes de chroniqueurs et de témoins citadins «civilisés» hostiles au bédouin présenté comme prédateur, destructeur des cultures, artisan de toutes les ruines. C'est l'éternel conflit entre l'éleveur transhumant et le paysan sédentaire qui resurgit aussi. La présence des Hilaliens acheva d'arabiser profondément les campagnes et donna en Tunisie une très forte cohérence ethnique et culturelle. La mémoire populaire a conservé à la fois le souvenir de cette fracture dans l'histoire que représente leur arrivée et des récits mythiques racontant sur le mode épique la geste de ces tribus. De très longs poèmes chantés relatent la longue migration vers l'ouest, les amours de Jazya et d'Abou Zayd el-Hilali, tandis que les peintures sous verre retracent en des formes naïves certains de ces épisodes.

Les villes qui résistèrent comme Tunis, Sfax, Tozeur, Gabès, Tripoli, se donnèrent à des chefs de tribus berbères qui assurèrent leur protection. Ces petites cités-Etats furent gouvernées par des dynasties autonomes comme les Banou el-Ward à Bizerte, les Banou el-Rand à Gafsa, les Banou Malil à Sfax, les Banou el-Jami à Gabès. Mahdia resta quant à elle entre les mains des Zirides jusqu'au milieu du VIe/XIIe siècle. Tunis en particulier fut gouvernée par les Banou Khourassan pendant près d'un siècle et connut alors une certaine sécurité. Non seulement la ville fut protégée, mais la population des faubourgs augmenta et les juifs purent s'installer intra-muros. Ces émirs construisirent un palais et une mosquée au sud-ouest de la Zitouna, déplaçant ainsi le centre de gravité de la ville, et la préparèrent à devenir la troisième capitale de l'Ifriqiya.

La situation n'est guère plus brillante en Andalousie. Le califat omeyyade déclina tandis que les royaumes chrétiens du nord-ouest de l'Espagne se renforçaient et allaient entamer la *Reconquista*. L'Espagne musulmane fut politiquement morcelée en minuscules petits royaumes rivaux, les *Reyes de Taifa*, qui souvent s'alliaient aux chrétiens pour se combattre les uns les autres.

L'Occident était redevenu offensif au cours de ce long v^e^/xie siècle. Les Normands représentaient incontestablement l'élément européen le plus dynamique. Installés en Normandie en 911, les uns conquirent l'Angleterre en 1066 tandis que d'autres s'emparèrent de l'Italie du sud et de la Sicile. Une fois sur les rives de la Méditerranée, ils rêvèrent de fonder un vaste empire maritime englobant l'Empire byzantin, l'Ifriqiya et l'Egypte. Leurs attaques faillirent aboutir mais si dans aucun de ces trois pays ils ne parvinrent à se maintenir, ils créèrent une monarchie sicilo-normande très brillante et originale; ils participèrent à la première croisade à la fin de ce même siècle (490/1097) et l'un d'eux fonda la principauté d'Antioche. C'est à la cour de Palerme de Roger II que le géographe arabe el-Idrisi composa son fameux traité «L'agrément de celui qui est rempli du désir de découvrir les horizons», appelé aussi «livre de Roger» car il le dédia à ce roi.

Pendant ce temps, l'Orient était aux prises avec les croisés. Mais si la première croisade se traduisit par la création de quatre Etats latins de Terre Sainte, à savoir les principautés d'Edesse, Antioche, le comté de Tripoli et le royaume de Jérusalem, les sept croisades qui suivirent eurent seulement pour but de maintenir ces États alors que l'esprit de guerre sainte poussait les Zengides, puis les Ayyoubides et les Mamelouks à reconquérir ces territoires.

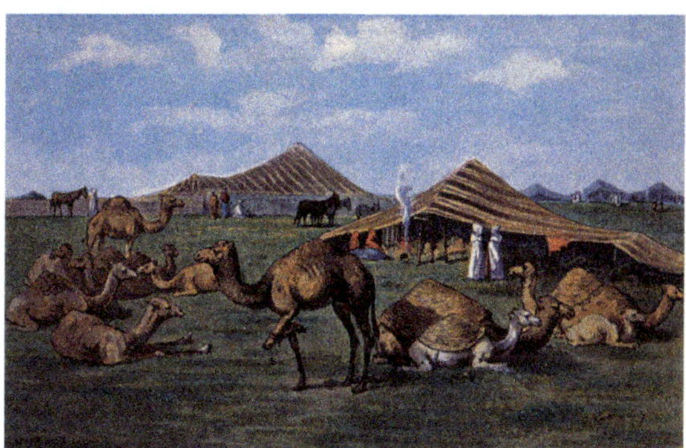

Halte de caravane, aquarelle du XIXe siècle.

Maîtres de la mer, les marchands italiens, francs, catalans affluèrent dans les ports du Maghreb et de l'Orient. Ils négocièrent des traités leur accordant la protection des biens et des personnes, des privilèges fiscaux et des fondouks.

Les profondes transformations du monde musulman se traduisirent par des tentatives de réactions, à l'est comme à l'ouest. Si les Fatimides puis les Zirides avaient tenté de faire l'unité du Maghreb à partir de l'Ifriqiya, deux dynasties berbères originaires du sud du Maroc, les Almoravides puis les Almohades, essayèrent successivement de le faire sur le Maghreb et l'Andalousie. Les seconds y parvinrent mais ce qui galvanisa leurs troupes n'était pas un simple appétit de conquête. Dirigés par deux hommes, le «Mahdi» Ibn Tumart et son disciple, Abd el-Mu'min, ils se posaient en partisans rigoureux de l'unicité de Dieu, d'où leur nom de *Muwahhidoun,* Almohades. Leur chef était donc un «imam» infaillible, assisté d'un conseil des dix regroupant les disciples les plus proches, et d'un conseil des cinquante représentant les populations. Les Almohades battirent les Hilaliens et appelèrent à la guerre sainte contre les Normands qui profitant des désordres, s'étaient emparés de Sousse, Mahdia, Sfax et Jerba. Un gouverneur fut nommé à Tunis, choisie comme capitale de la province, tandis qu'ils siégeaient à Marrakech.

L'Ifriqiya hafside

Un grand cheikh almohade, Abd el-Wahid ibn Abi Hafs, membre de la tribu marocaine des Hentatas, fut désigné en 602/1206 pour gouverner l'Ifriqiya. Il dut faire face à une situation difficile car le pays était menacé par les princes de Majorque et par Qaraqouch, le lieutenant de Saladin, allié aux Hilaliens. Au bout de quelque temps, l'éloignement de Marrakech, la capitale almohade, permit au gouverneur Abou Zakariyya ibn Abi Hafs en 630/1233 de saisir le premier prétexte pour rompre et affirmer son autonomie. Une nouvelle dynastie tenait les rênes en Ifriqiya et elle s'y maintiendra pendant plus de trois siècles. Abou Zakariyya avait pris seulement le titre d'émir; son fils Abou Abd Allah prit le titre de Prince des croyants, *Emir el-Mu'minin,* et le titre honorifique d'el-Mustansir.
Ses ambitions s'expliquent en partie par la situation en Orient. Les Mongols, qui avaient commencé leur marche vers l'ouest sous Gengis Khan, étaient arrivés en Irak en 655/1258. Les Abbassides assassinés, Bagdad détruite, el-Mustansir prétendit donc au califat. Il fut reconnu par La Mecque pendant quelques années, mais les choses n'allèrent pas plus loin. Le califat abbasside fut restauré au Caire trois ans plus tard par les Mamelouks qui avaient coup sur coup pris le pouvoir, sauvé l'Egypte, en chassant les Francs de la septième croisade puis surtout, arrêté les Mongols en 658/1260. Une nouvelle puissance s'affirmait ainsi en Orient, parée du prestige extraordinaire d'avoir stoppé l'avance mongole et sauvé l'Islam. Saint Louis, vaincu en Egypte, porta ses regards sur l'Ifriqiya hafside en 668/1270. Il voulait traverser le pays et emprunter la route terrestre menant en Egypte, considérée comme le seul pays capable d'empêcher les croisés de se maintenir en Syrie-Palestine. Mais il était poussé aussi par son frère, Charles d'Anjou, roi de Sicile, qui voulait reprendre à son compte les ambitions normandes sur l'Ifriqiya. Mais Saint Louis mourut à Tunis et fut enterré sur la colline de Carthage. Le danger fut écarté et ce fut la dernière croisade organisée en Occident.
La peste noire de 748/1348 fut une terrible pandémie. Venue d'Asie, elle ravagea tous les pays européens et les pays de la rive sud de la Méditerranée, causant des vides démographiques considérables. Elle sévit par la suite à l'état endémique jusqu'au XIIIe/XIXe siècle et était particulièrement redoutée dans les ports.
Au milieu du VIIIe/XIVe siècle, les visées expansionnistes d'un nouveau pouvoir formé à l'ouest du Maghreb menaça sérieusement Tunis et les Hafsides: celui des Mérinides. Tunis fut occupée à deux reprises en 749/1349 et en 756/1356 mais, malgré les crises et les graves dangers, les Hafsides purent se maintenir.
L'Ifriqiya connut un beau IXe/XVe siècle de renaissance, en particulier sous le règne d'Abou Faris Abd el-Aziz (796/1394-837/1434) et de son fils Othman (838/1435-899/1494).
Tunis, désormais capitale intellectuelle et économique, se para de ses plus beaux atours. Des monuments nombreux, témoins de cette période, nous sont parvenus. Le palais de la casbah devint le nouveau centre de la ville avec sa mos-

quée. Des agrandissements de la mosquée de la Zitouna, la construction d'un bassin des ablutions, *midha el-Sultan,* la restauration et l'adaptation de l'aqueduc romain sont à mettre à leur compte. Mais surtout la densification de la population se traduisit non seulement par l'agrandissement des faubourgs de la ville, mais aussi par l'édification d'une deuxième muraille les englobant. L'extension de la ville s'accompagna de la multiplication de grandes mosquées et de mosquées de quartiers, de médersas, collèges, et de zaouïas. L'art ifriqiyen reflète assez bien la double influence de l'Orient d'une part et de l'Andalousie d'autre part.

L'invention de l'imprimerie par Gutenberg constitue à elle seule un moment primordial pour la culture; les progrès de la navigation allaient permettre en Europe de se lancer à la découverte du nouveau monde. La circumnavigation de l'Afrique permit aux Portugais de découvrir la route des Indes. La Méditerranée semblait perdre de son intérêt; l'Europe se tourna vers les colonies d'outre-Atlantique tandis qu'elle connaissait un renouveau civilisateur très important. L'humanisme et la Renaissance s'expriment, dans toute l'Europe, par une floraison artistique et littéraire qui rompt avec les siècles passés.

Cependant, des jours sombres s'annonçaient pour la dynastie des Hafsides alors que l'Europe franchissait les étapes décisives qui la menaient vers la modernité. Après la chute de Grenade en 897/1492, la croisade africaine des Espagnols menaçait le littoral maghrébin jusqu'à Tunis. Dans le même temps, pourtant, une nouvelle puissance montait à l'est: les Turcs conquirent Constantinople en 856/1453 et avancèrent eux aussi en Europe et en Méditerranée, occupant la Syrie et l'Egypte en 922/1517. Espagnols et Turcs allaient désormais se disputer la maîtrise de la Méditerranée. Des corsaires, les frères Baba Arrouj et Khéreddine Barberousse, qui occupaient Alger depuis 921/1516, s'emparèrent de Tunis en 940/1534 et chassèrent le sultan Moulay el-Hassan, mettant fin à la dynastie hafside. Mais une flotte considérable de Charles Quint et de ses alliés reprit la ville en 941/1535. Les Espagnols rétablirent le sultan déchu et édifièrent un fort abritant une garnison de 12 000 hommes à la Goulette pour défendre l'accès du port et le fort de Nova Arx à l'entrée de la ville, du côté de Bab el-Bahr, la Porte de la Mer. Le protectorat espagnol dura jusqu'en 981/1574, et ce fut une période très troublée de l'histoire de Tunis et du pays. Les corsaires, désespérant de les chasser avec leurs seules forces, appelèrent alors les Turcs à la rescousse et la flotte ottomane de Sinan Pacha s'empara définitivement de la ville en 981/1574.

Fernand Braudel notait avec raison que les deux puissances allaient s'affronter «à la jointure de deux mers» à Tripoli (916/1511, 957/1551), à Jerba (915/1510, 926/1520, 967/1560), à Tunis (941/1535, 980/1573, 981/1574), à Bizerte (980/1573, 981/1574), à Malte (972/1565), et enfin à Lépante (978/1571).

La Régence de Tunis

Un nouveau chapitre de l'histoire de l'Ifriqiya commence avec les débuts de l'époque moderne. Pendant trois siècles, le pays allait devenir une province de l'Empire ottoman. L'Ifriqiya se retrouve cette fois rattachée à l'Orient ottoman, et le centre de gravité du nouvel empire devient Istanbul, grande capitale méditerranéenne. Mais étant donné son éloignement de la métropole, la Régence, *Iyala,* de Tunis gardera une autonomie de fait puisqu'elle sera gouvernée par des dynasties locales.

L'agrandissement des horizons européens par la découverte du Nouveau Monde, le triomphe du capitalisme marchand et l'avènement d'une «économie planétaire», l'adoption des armes à feu étaient autant de facteurs qui marquaient l'entrée de la modernité en Europe. L'ensemble du Maghreb devait s'adapter à ces nouvelles conditions. Le pays avait été désorganisé par la guerre et la résurgence de forces centrifuges comme celle des tribus. Les pachas nommés par Istanbul, puis les deys, durent reconstruire l'économie et restaurer la sécurité, mettre en place une administration politique et militaire adaptée aux nouvelles conditions. Une milice de janissaires, l'*Oujak*, de 4 000 hommes, composée d'unités de 100 hommes commandées par des deys, tenait garnison dans les villes de la côte. Dotée d'armes à feu, initiée aux nouvelles techniques guerrières, elle était chargée de faire régner l'ordre. Le pacha était secondé par le *Diwan*, une assemblée de 40 deys de la milice, pour gouverner le pays. Turcs, renégats et Andalous occupèrent les plus hautes charges administratives.

Une fiscalité lourde et complexe, reposant sur l'exploitation des populations locales, nécessitait l'intervention bisannuelle de l'armée. Dans les villes et les régions actives, les impôts étaient affermés par de riches notables locaux. Des revenus importants étaient tirés du commerce et de la Course.

Le pouvoir se mua peu à peu en deylicat vers le Xe-XIe/f. XVIe siècle. La milice révoltée avait en effet désigné l'un des deys, Ibrahim Rodseli, pour diriger le pays et confina le pacha à un rôle purement honorifique. Othman Dey (1002/1594-1018/1610) et Youssef Dey (1018/1610-1046/1637) jouèrent un rôle important dans la reconstruction du pays. Une nouvelle vague d'émigration morisque, par suite de l'édit d'expulsion de 1017/1609 promulgué par Philippe III, amena au pays une population industrieuse qui introduisit avec elle une tradition horticole séculaire et un artisanat de la chéchia qui allait alimenter un commerce maritime prospère.

De nouveaux souks apparaissent, liés à la présence des Turcs: souk *el-Trouk*, des Turcs, réunissant les tailleurs spécialisés dans la confection des costumes turcs; le souk des *bachmakiya,* où l'on fabrique les babouches; le souk *el-Ghazl,* de la laine filée, le souk *el-Bey* et surtout le souk des *chaouachis*. Des mosquées de rite hanéfite, celui des Turcs, apparaissent. C'est d'abord la mosquée de la casbah, puis Youssef Dey en fait construire une au cœur des souks; Hammouda Pacha en fera édifier une autre, la mosquée de Sidi Ben Arous en 1065/1655. Le bey Mohamed, en faisant construire la mosquée à coupoles de Sidi Mahrez, en 1103/1692, donna à Tunis un édifice semblable aux monuments d'Istanbul. Il faut ajouter à ces monuments à l'architecture originale les médersas de Mourad II et de Youssef Dey.

Au début du XIe/XVIIe siècle, le bey commandant l'armée chargée de la collecte de l'impôt, la *mhalla,* prit de plus en plus d'importance, aux dépens du dey. Le bey Osta Mourad Corso, un renégat d'origine corse, réussit à imposer un principe de succession dynastique, par ordre de primogéniture, au sein de sa famille et à transmettre sa charge à son fils Hammouda Pacha. Les Mouradites conservè-

rent le pouvoir de la sorte durant un demi-siècle. Tunis fut rénovée et embellie, de même que d'autres villes comme Bizerte, Sousse et Sfax. Les Andalous fondèrent des villages agricoles comme el-Alya, Qal' at el-Andalous, Testour et Soliman. Mais la rivalité entre les deys et les beys ouvre une ère de troubles et d'instabilité qui durera jusqu'en 1116/1705.
Le XVIe et le XVIIe siècle furent les siècles de la Réforme, de la contre-réforme, des guerres de religion qui embrasèrent l'Europe. Ce fut aussi le siècle de Louis XIV, du classicisme et du baroque dans l'art, de Molière, Racine, Corneille, Pascal et Descartes et bien d'autres grands noms.

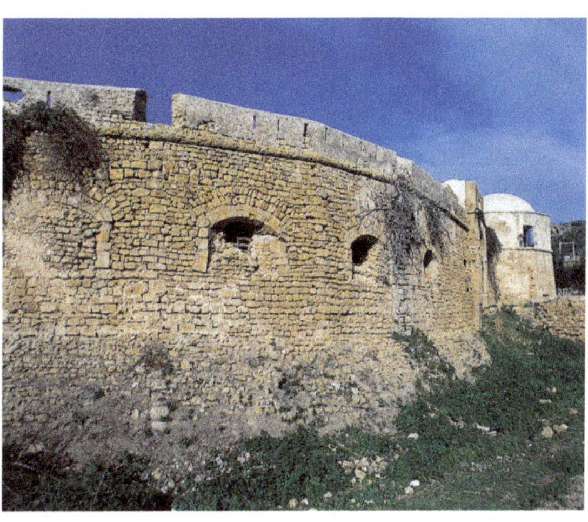

Fort occidental, enceinte, Ghar El-Melh.

La Tunisie husseinite

Le bey Hussein ben Ali sortit vainqueur de la crise et fonda une dynastie qui régnera sur la Tunisie jusqu'en 1376/1957. Certes, les premières années de cette dynastie furent assombries par des dissensions familiales opposant les *Husseiniya* à leurs cousins les *Bachiya,* mais les premiers finirent par l'emporter en 1179/1766 avec l'aide des deys d'Alger. La monarchie beylicale se consolida progressivement, tandis que la société cosmopolite dans son essence, avec des Turcs, des renégats, des Andalous, des juifs livournais, des marchands européens et des autochtones, s'harmonisait peu à peu grâce à un partage des activités.
L'aristocratie turque se réserve les activités gouvernementales; elle est composée, à l'origine d'Ottomans venus surtout des Balkans et du Levant, de Mamelouks ou de renégats d'origine européenne, Provençaux et Italiens surtout enlevés en mer, réduits en esclavage puis convertis à l'islam et affranchis, et de *kouloughlis*. Ces derniers étaient des métis, fils de Turcs et de femmes autochtones. Une bourgeoisie d'affaires émerge, liée à la Course, instituée officiellement au XIe/XVIIe siècle, et au commerce extérieur tandis que les *chaouachis*, fabricants de chéchias, dominent le monde artisanal avant les libraires, les parfumeurs, les selliers, les orfèvres, les tisserands de soie et les fabricants de babouches. La vieille classe des ulémas, qui jouait un rôle si important sous les Hafsides, réapparaît peu à peu dans son rôle de détentrice du savoir et fournit les cadres de l'administration et de la justice. Ces grandes familles s'allient entre elles et forment l'élite de la société tunisoise. Les juifs livournais, *guerni*, se distinguent de leurs coreligionnaires locaux, *twansa*, par la langue, par l'habit et par les activités. Ils dominent le commerce méditerranéen et les finances tandis que les *twansas* sont surtout bijoutiers et boutiquiers, et ils ne cherchent pas à se confondre avec eux, habitant des quartiers séparés et ayant leur propre synagogue. Dans le reste du pays, les notables locaux, chei-

khs de tribus, familles maraboutiques et fermiers généraux s'allient au régime et le soutiennent. Les tribus *makhzen,* alliées au pouvoir, appuient les campagnes de la *mhalla* pour la collecte des impôts.

Le commerce avec l'Europe occidentale s'intensifie surtout à partir de la deuxième moitié du XVIIe siècle, et les marchands français s'imposèrent au point de devenir les intermédiaires de la Régence avec les pays européens. Mais les choses changèrent au XVIIIe siècle: la marine espagnole, jusque-là si redoutable, déclina; en route pour l'Egypte, Bonaparte mit fin à l'Etat des Chevaliers de l'ordre de saint Jean de Malte en 1798; le royaume de Naples et des Deux Siciles se trouva isolé; les guerres napoléoniennes enfin provoquèrent le déclin du commerce français en Méditerranée et mirent un terme à l'exclusive dont il jouissait en Tunisie.

Les beys husseinites revendiquèrent les titres de deys et de pachas, afin d'être les seuls représentants du sultan ottoman, confondant les trois dignités et leurs responsabilités dans leur personne. Tout en jouissant d'une autonomie de fait, le lien avec la Porte ottomane se marquait surtout par une certaine imitation de leurs institutions. Aux fonctions déjà connues de dey et de bey, s'ajoutaient en effet celles de *sahib el-taba'a*, garde du sceau, de *bach-katib*, ministre de la plume, de *khaznadar*, ministre des finances, d'*agha*, de *kahiya* et d'autres encore. Certes, la monnaie et la prière du vendredi rappelaient la suzeraineté du sultan d'Istanbul, mais ce lien n'était que nominal. L'armée beylicale absorba l'ancienne milice des Janissaires et la conscription par tirage au sort en assura dès lors le recrutement. Hammouda Pacha (1195/1781-1228/1813) fut l'artisan de la réorganisation de l'armée, et assura la défense du pays. Il réforma la fiscalité, améliora le réseau portuaire et fit bâtir à Tunis le Dar el-Bey et, dans sa banlieue, le Palais de la Rose.

C'est une période cruciale pour l'Europe. La France surtout met fin à la monarchie des Bourbons par la Révolution de 1789. Une révolution qui a pour slogan «Liberté, Egalité, Fraternité», pour acquis «la Déclaration des Droits de l'Homme et du Citoyen», pour chant, «la Marseillaise» et qui rêve de s'exporter dans le reste de l'Europe. Après des événements sanglants et des guerres avec les pays voisins, la révolution, bourgeoise dans son essence, débouche sur un consulat ayant à sa tête un soldat corse, Napoléon Bonaparte, promis à un grand avenir puisqu'il deviendra empereur en 1804. L'aventure fut brillante mais relativement de courte durée. Au congrès de Vienne de 1815, l'Europe coalisée met fin au rêve napoléonien.

Un changement radical survint après le congrès de Vienne. L'Europe exige la suppression de la Course et de l'esclavage, c'est la crise. Une série de catastrophes s'abattent sur le pays: la Course est abolie, la milice des Janissaires se révolte en 1230/1816, deux graves épidémies de peste et de choléra ravagent le pays en 1230/1816 et 1232/1818; la monnaie subit une dévaluation importante en 1240/1825; la flotte est détruite à la bataille de Navarin deux ans plus tard; en 1244/1829, c'est la sécheresse. Pis encore, l'économie du pays connaît désormais avec l'Europe un échange inégal; tandis que le prix de ses matières premières exportées baisse, les produits européens envahissent le marché. Une étape encore plus grave pour l'avenir survient avec la prise d'Alger en 1830 par la France. Peu après, elle impose au bey un traité lui accordant le privilège de la pêche au corail et garantissant les privilèges commerciaux des nations européennes.

Les Husseinites furent eux aussi des bâtisseurs: ils firent construire plusieurs médersas à Tunis, plusieurs monuments funéraires dont le plus important, le Tourbet el-Bey, abrite les sépultures des beys husseinites. Cependant, le monument le plus original a été édifié dans la faubourg nord de Bab Souika: c'est le complexe associant la mosquée, un *tourbet*, deux médersas et un *kuttab* qui fut édifié par le ministre Youssef Sahib el-Taba'a à Halfaouine. Pour leur résidence, ils préférèrent le palais du Bardo au Dar el-Bey des Mouradites.

De grands bouleversements politiques et économiques se produisent en Europe. La Restauration puis la Monarchie de Juillet essayent de renouer avec le passé pré-révolutionnaire de la France mais échouent. La IIe République de 1848, en France, s'accompagne de révolutions en Europe, mais ne dure guère. Saint-Simon, Marx et Engels dominent les courants idéologiques du siècle. En 1852, Napoléon III restaure l'Empire qui dure jusqu'en 1870. Le XIXe siècle est le siècle de la Révolution industrielle. L'ère des nationalités s'ouvre en Europe, en particulier en Allemagne et en Italie mais aussi dans les Balkans.

Les beys husseinites décident alors d'engager un train de réformes; au moment même où le sultan Mahmoud II engage les réformes, *Tanzimat,* Ahmed Bey (1252/1837-1271/1855) fait de même. Il abolit l'esclavage, fonde l'École Polytechnique du Bardo, réforme l'armée et l'enseignement, en particulier celui de la Zitouna (1258/1842) et créé des institutions d'enseignement moderne. Il fonde une manufacture de draps en 1260/1844, des ateliers, des arsenaux, et entreprend la construction du palais de la Mohammedia sur le modèle de Versailles. Ses successeurs, Mhamed Bey (1271/1855-1275/1859) et Sadok Bey (1276/1859-1299/1882), poursuivront dans le même sens: le Pacte fondamental promulgué en 1273/1857 proclame l'égalité de tous devant la loi et la liberté de conscience. La municipalité de Tunis est créée le 9 *Muharram* 1274/30 août 1857. Une imprimerie gouvernementale est fondée et un Journal officiel institué. Mohamed Sadok Bey promulgue une Constitution, Destour, en 1277/1861.

Toutes ces réformes qui contribuent à la modernisation du pays arrivent trop tard; elles ne peuvent stopper le processus qui s'est déclenché. De nouvelles épidémies de choléra en 1264/1848-1266/1850, une mauvaise récolte en 1268/1852,

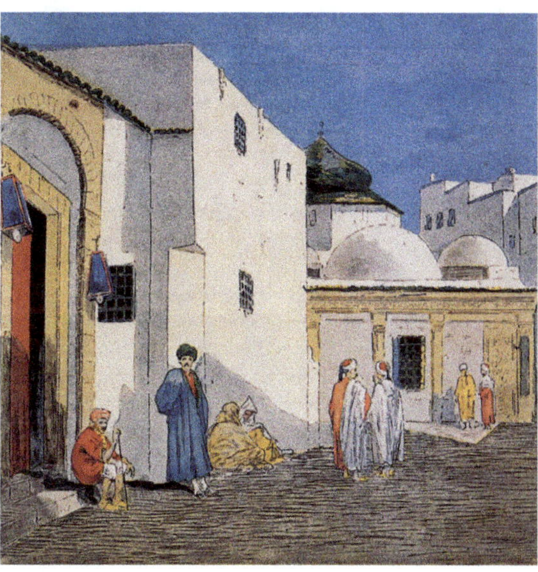

Tourbet el-Bey, Tunis, aquarelle du XIXe siècle.

l'envoi d'un contingent tunisien dans la guerre de Crimée, contribuent à l'aggravation de la situation. L'alourdissement des impôts, lié à la politique beylicale de rénovations d'une part et aux malversations de Mustapha Khaznadar d'autre part, ne fait qu'obérer le budget de l'État. L'institution d'un impôt de capitation déclenche la grave insurrection de 1280/1864 menée par Ali Ben Ghedahem. C'est la banqueroute qui a pour corollaire l'intervention européenne, sous la forme d'une commission financière internationale en 1285/1869. Après une trentaine d'années de mauvaise gestion et de tyrannie, Mustapha Khaznadar est écarté au profit de Khéreddine, un homme de grande valeur, qui est chargé alors de redresser la situation. Mamelouk circassien vendu au bey, il reçut une solide instruction et fut envoyé par le bey à plusieurs reprises en Europe. Il entama un courageux programme de réformes visant à alléger l'impôt pesant sur les ruraux, restaurer l'autorité de l'Etat sur l'ensemble du pays, réformer la justice, la gestion des *habous* et les douanes, développer un enseignement moderne en réformant l'enseignement de la Zitouna et en créant le collège Sadiki et il préconisa le rapprochement avec la Sublime Porte. Mais tous ses efforts furent compromis par l'alliance des conservateurs tunisiens et des hommes d'affaires européens.

Au congrès de Berlin de 1878, «la question tunisienne» qui fait partie de «la question d'Orient» est réglée par l'Europe; elle autorise la France à intervenir en Tunisie. Un incident de frontière fournit le prétexte aux troupes françaises d'envahir le pays. Le 12 mai 1881, Sadok Bey signe le traité du Bardo, puis la convention de la Marsa qui établissent le Protectorat français en Tunisie.

L'histoire monumentale islamique de l'Ifriqiya puis de la Tunisie, s'achève au moment où commence le Protectorat. Une longue histoire coloniale allait s'écrire durant la première moitié du XXe siècle, pour bien des pays africains et asiatiques. Dans les villes, au bâti traditionnel allaient s'ajouter de nouveaux noyaux urbains, occupés d'abord par les Français et les autres étrangers non musulmans puis, peu à peu, par les musulmans eux-mêmes. Le nationalisme tunisien ne tarda pas à s'organiser autour du Parti de la Constitution, Destour, en 1919, et du mouvement syndicaliste tunisien en 1920. Une élite éclairée l'animait et œuvrait pour libérer le pays du joug colonial. Le Protectorat dura jusqu'en 1955; l'autonomie interne, puis l'indépendance, le 20 mars 1956, mirent un terme à cette domination. Le 25 juillet 1957, la république fut proclamée, mettant fin à un régime monarchique désuet. La Tunisie d'aujourd'hui est le fruit de quarante années de labeur, d'options importantes, de tâtonnements à la recherche d'un avenir meilleur, une grande page était tournée et aujourd'hui, à la veille du XXIe siècle, la Tunisie, consciente de la richesse de son patrimoine, lui consacre tous ses soins. Elle avait depuis longtemps pris la mesure de la valeur de son passé et créé des institutions pour leur conservation, leur restauration et leur étude. Ces monuments, qui marquent tant de moments de sa longue histoire depuis la plus haute antiquité, sont autant de lieux de mémoire pour l'ensemble des Tunisiens et montrent combien leur pays fut un creuset des civilisations. Ils sont également le témoignage de treize siècles d'art et d'architecture dont il importe de présenter les origines et les différents courants.

IFRIQIYA: TREIZE SIÈCLES D'ART ET D'ARCHITECTURE EN TUNISIE

Jamila Binous

Pour comprendre la naissance de l'art musulman, il est indispensable de s'arrêter sur l'extraordinaire aventure que fut la conquête arabe. En moins d'un siècle, les tribus arabes étendaient leur domination du Turkestan jusqu'en Espagne, englobant le royaume sassanide, héritier de la culture millénaire perse et les provinces les plus riches et les plus civilisées de l'empire byzantin dont la Syrie et la Palestine, berceau des lieux saints chrétiens, l'Egypte avec Alexandrie, capitale de la civilisation hellénistique, ainsi que le littoral Méditerranéen de l'Afrique du Nord. Cette conquête, qui étonne par sa rapidité et son immensité, ne peut s'expliquer par le seul élan impulsé par la nouvelle religion. Il est certain que les tribus arabes désunies avaient trouvé la cohésion à travers l'islam, mais elles ont également bénéficié de l'épuisement des grands empires pour accomplir leur fulgurant exploit. Les Sassanides étaient essoufflés par une guerre qu'ils venaient de mener contre Byzance, celle-ci était elle-même minée de l'intérieur par les divisions entre chrétiens grecs et chrétiens monophysites, représentés par les Arméniens, les jacobites de Syrie et les coptes d'Egypte.

Dès la première heure, les monophysites s'étaient alliés aux musulmans car l'islam se présentait comme respectueux des «gens du livre», juifs et chrétiens, garantissant leur liberté de culte et l'intégrité de leurs biens. La «cohabitation» fut des plus féconde, elle aboutit à l'enrichissement de l'islam par l'apport culturel de ces vieilles civilisations. Un travail considérable de traduction de la plupart des œuvres des savants et philosophes grecs fut commandé par les califes eux-mêmes. La traduction fut organisée en véritable institution étatique installée dans une bibliothèque spécialisée, appelée la «Maison de la Sagesse», *Bayt el-Hikma*, inaugurée à Bagdad en 217/832. Peu après, la cour de Kairouan eut sa propre bibliothèque, baptisée du même nom.

De tous les philosophes grecs, c'est Platon qui marqua le plus de son influence la pensée islamique. Sa «théorie des idées» fut intériorisée sans difficulté. L'homme peut grâce à son intelligence atteindre les «Vérités» éternelles. L'idée de l'amour absolu trouva sa transposition dans l'amour des soufis pour Dieu. El-Jahiz parle du «beau» absolu dans les mêmes termes que Platon. «Le beau, *hosn*, écrit-il, étant synonyme de liberté, de mérite, de noblesse et d'absolu, ne laisse aucune prise au temps, qui ne le flétrit ni ne l'altère, il se moque des amulettes, des précautions, des cachotteries, des pinceaux et des fards». Les Nombres, que Platon considérait comme la Réalité la plus pure, la plus essentielle, ont nourri chez les Arabes leur passion pour les mathématiques. La forme végétale que l'imagination pourra transmuer en forme géométrique abstraite possède une «valeur métaphysique». Cette évolution très profonde est bien platonicienne puisqu'elle fait apparaître les «Formes mathématiques» qui sous-tendent «la nature végétale».

Peu à peu, l'idéalisation des formes naturelles, sur laquelle se fonde l'art gréco-romain, cède le pas à une expression stylisée et abstraite. L'abstraction de l'art musulman n'a rien à voir avec l'art abstrait occidental. Ce dernier se définit comme une tentative d'évasion «du monde difforme» et de «la réalité devenue insupportable» vers la création d'un monde meilleur. L'abstraction dans l'art musulman n'est point une alternative «au monde des sens et de la raison», mais un effort

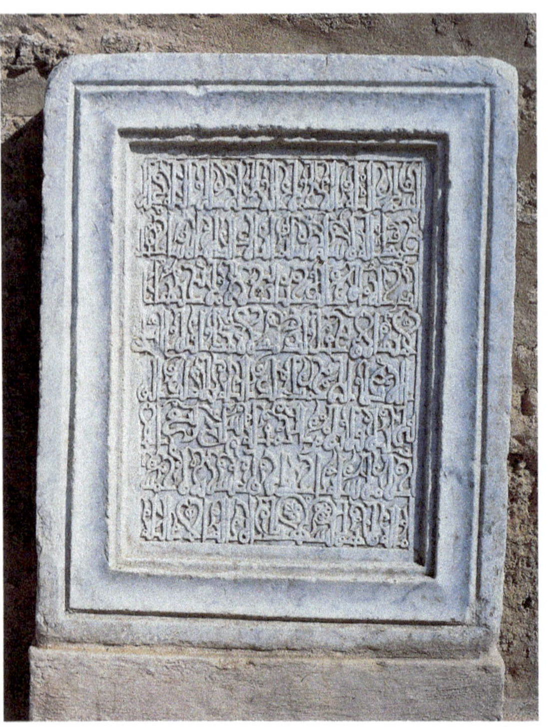

Ribat, inscription en caractères coufiques, Monastir.

pour atteindre la réalité profonde des choses, réalité qui suggère l'omniprésence de Dieu.

Par cette quête de l'infini, l'art musulman rejoint la tradition artistique nomade, décelée non à travers l'œuvre architecturale, puisque celle-ci est inexistante, mais à travers d'autres formes de création comme le tissage, la broderie, la ciselure et l'incrustation des métaux. L'art sédentaire donne une vision statique de la vie, la ligne contourne l'objet et le contient, la ligne dans l'art nomade est «un sillage ou la trajectoire d'un mouvement infini comme l'infini du désert ou de la steppe». Ce sillage infini n'est-il pas le principe même qui régit l'arabesque, élément de base du décor musulman, tout aussi bien que les ramifications de la trame urbaine d'une médina ? Ici et là, la répétition rythmique du même élément qui peut s'étendre à volonté, traduit visuellement l'infini.

«Chaque travée de la mosquée, chaque enroulement de l'arabesque, comme chaque verset du Coran est un vecteur de mouvement pour notre imagination et pour notre vie et nous lance sur un cheminement aux étapes infinies, étapes spirituelles ou lecture d'une frise d'architecture».

Cette spécificité fait l'unité de l'art musulman, malgré l'étendue de son aire géographique, et nous autorise à nuancer l'analyse qui le taxe d'art d'emprunt. Il est vrai que les chefs arabes, en s'installant dans les vieilles contrées, ont imité leurs prédécesseurs pour édifier résidences, lieux de culte et lieux publics. Ils ont fait appel aux architectes et aux artisans trouvés sur place pour réaliser ces premières œuvres. Ceux-ci se sont exprimés en puisant dans leur propre répertoire stylistique et en mettant en œuvre leur savoir-faire ancestral, mais non sans suivre l'éthique prônée par leur nouvelle religion. On assiste alors à l'émergence d'un art original, différent de ceux qui l'auraient généré et dont l'unité est un fait indéniable. Evoluant dans un tel contexte, comment l'art en Ifriqiya est passé de l'Antiquité à l'Islam?

L'art musulman en Ifriqiya

L'Ifriqiya occupe une place prépondérante dans l'histoire de l'art de l'Occident musulman et ce à plus d'un égard. Profondément urbanisée à l'époque antique, elle s'enrichit de nombreux monuments et se présente comme l'héritière d'une vieille tradition architecturale et urbanistique dont elle assure la transmission à l'art musulman. Elle possède un riche patrimoine architectural s'échelonnant sur douze siècles d'histoire et se présente comme l'un des pays maghrébins qui a conservé le plus grand nombre de premières œuvres, notamment celles élevées par les Aghlabides au IIIe/IXe siècle.

L'examen attentif de ces monuments, appuyé par les recherches archéologiques qui se sont intensifiées ces dernières années, a permis une meilleure connaissance de cet art.

A travers l'œuvre architecturale, nous toucherons aux différentes expressions artistiques telles que la sculpture sur pierre, la ciselure sur plâtre, la peinture sur bois, la calligraphie et bien d'autres formes d'expression artistique et artisanale. Par ailleurs, les biens meubles comme le mobilier, le costume, le tapis et les objets de la vie courante, seront étudiés à l'occasion de la présentation des différents musées spécialisés, ainsi qu'à travers les parenthèses ou «fenêtres» ouvertes à cet effet.

Les œuvres architecturales aghlabides nous renseignent sur deux phénomènes importants au IIIe/IXe siècle: le rôle de premier ordre joué par les chrétiens islamisés dans le domaine de la construction et l'utilisation massive du matériel de réemploi de provenance antique. La main - d'œuvre chrétienne était recrutée sur place ou «importée» comme ce fut le cas lorsque, à la fin du Ier/VIIe siècle, le gouverneur d'Egypte dépêcha à Tunis mille familles coptes pour les employer à la construction du premier atelier de construction navale en pays d'Islam. Une inscription, située sous la coupole du *mihrab* de la mosquée de la Zitouna, nous apprend que le calife de Bagdad el-Mustaïn ordonna la construction de cette coupole sous la direction de son affranchi Nacir et «par la main» de l'architecte Fath. Les esclaves affranchis, ou *mawali* demeuraient dans la clientèle de l'ancien maître. Ils étaient chargés entre autres fonctions importantes de la surintendance des bâtiments. Leurs noms, qui figurent sur les inscriptions, ne sont pas suivis d'un patronyme, ce qui atteste leur origine chrétienne. Mansour, l'affranchi de Ziyadet Allah, supervisa l'édification de la tour du *ribat* de Sousse, Khalaf el-Fata donna son nom à la tour à signaux qui occupe l'angle sud-ouest de l'enceinte de la ville. L'émir Abou el-Abbas préposa son affranchi Moudam à la surveillance des travaux de la Grande Mosquée de cette même ville.

Le Ribat, vue intérieure, Monastir.

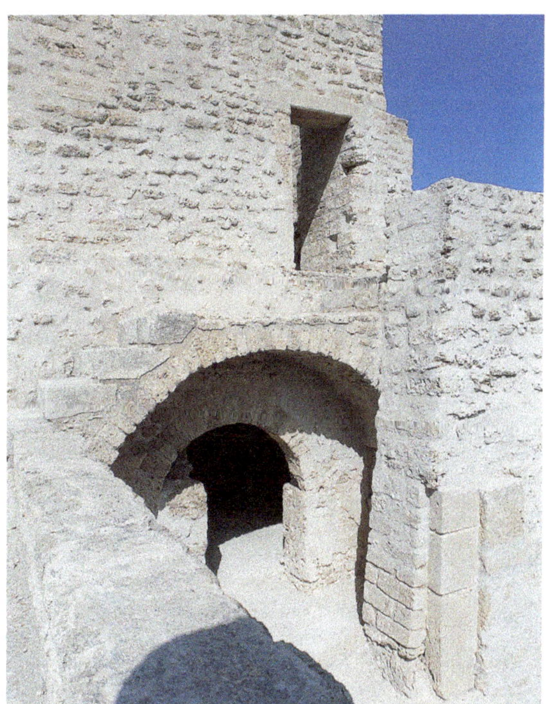

Remparts, vue extérieure, Sousse.

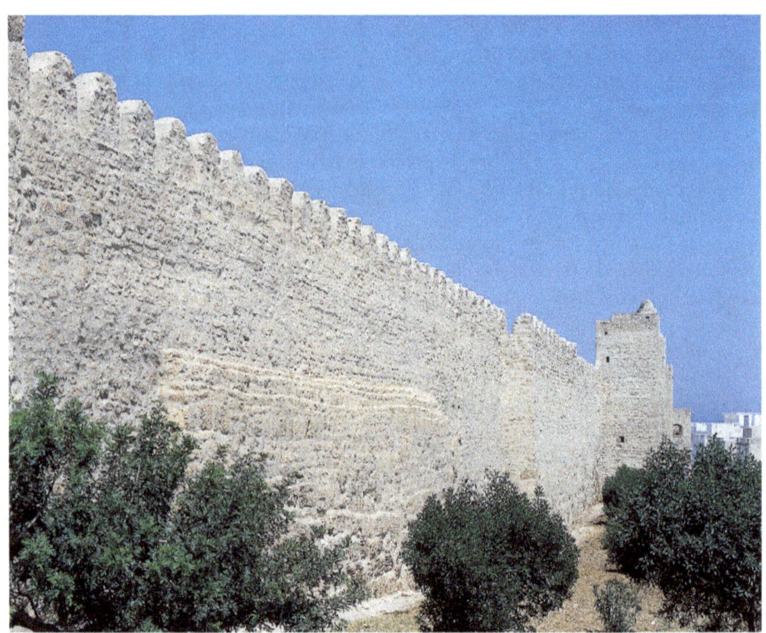

Les ruines de l'Africa romaine offraient non seulement des modèles d'architecture mais aussi d'importantes carrières de matériaux où le marbre sculpté, la pierre taillée se trouvaient à profusion. Ils étaient recherchés, on se les procurait par voie d'achat, de réquisition ou de donation. Yazid Ibn Hatem (103/772) paya cher une colonne de marbre vert. El-Bekri rapporte que «les musulmans s'empressèrent d'enlever à une basilique et de transporter à la mosquée de Kairouan deux splendides colonnes rouge tachetées de jaune, apprenant que l'empereur de Constantinople voulait les acheter au poids de l'or».

Lorsque l'Europe orientaliste découvrit l'art musulman à la fin du XIXe siècle, une grande polémique s'ouvrit autour de la pratique du réemploi de matériaux antiques. Les intellectuels vont de la condamnation à la fascination. Henry Bordeaux compare les colonnes de la mosquée de Kairouan à «des femmes en captivité... Voilà bien l'art arabe, fait d'imitation et de rapt» ajoute-t-il. Georges Duhamel, lui, reconnaît que «tout est ici romain ou byzantin: colonnes, dalles, chapiteaux». Mais «l'espace est arabe. Le vide lumineux, ménagé entre tous ces débris, est arabe. L'esprit qui ordonna ces épaves somptueuses est arabe. Tu ne penseras pas à Rome».

Guy de Maupassant reste admiratif devant ce peuple qui, «mû par une inspiration sublime élève une demeure à son Dieu, demeure faite de morceaux arrachés aux villes croulantes, mais aussi parfaite et aussi magnifique que les pures conceptions des plus grands tailleurs de pierres».

Léandre Vaillant s'étonne qu'on puisse s'indigner contre les bâtisseurs musulmans «dont le seul tort est d'avoir fait feu de tout bois... De quoi se plaint-on? De ce que les Arabes aient relevé les matériaux, les colonnes romaines qui gisaient à terre, jetés à bas par les chrétiens, par les Vandales et qu'ils avaient eu l'ingéniosité de faire avec ces débris inertes, désormais privés de vie, une belle et sainte mosquée ? Ne discerne-t-on pas l'artifice de cette colère?»

L'art musulman en Ifriqiya, dont les racines plongent dans l'héritage antique, s'ouvre aux influences orientales, venues essentiellement d'Egypte et de Mésopotamie. Malgré les mêmes conditions historiques et économiques, l'Ifriqiya a vu, tout au long du IIIe/IXe siècle, l'épanouissement de deux écoles architecturales nettement différentes, à savoir celle de Kairouan et celle de Sousse. La première est représentée par des mosquées telles que la mosquée Oqba et la mosquée des Trois Portes à Kairouan, la Grande Mosquée de Sfax et celle de Tunis. Elle utilise, exclusivement, les colonnes de marbre antiques comme organes de support, adopte le plafond en bois et privilégie le décor foisonnant. La mise en œuvre des colonnes et chapiteaux antiques n'est pas sans rappeler l'architecture romaine. Le chapiteau ne supporte pas directement la retombée de l'arc. L'abaque est surmonté d'un sommier ou surabaque en forme d'un tronc de pyramide, mouluré ou sculpté. Le surabaque supporte une imposte en forme de parallélépipède plus au moins élancé, afin de compenser l'inégalité des fûts qui sont de différentes tailles, étant donné leur provenance diverse. Souvent, d'ailleurs, l'adaptation de ces colonnes aux nouveaux bâtiments se fait également à partir de la base. Les colonnes peuvent, selon le cas, reposer directement sur le sol ou sur des bases dont on peut augmenter la hauteur afin de rattraper l'inégalité des fûts. Grâce à ces adaptations, les arcs prennent naissance au même niveau, procurant à l'œuvre architecturale une parfaite harmonie.

L'empilement de volumes, interposés entre l'arc et la colonne, est un procédé certes connu des Romains mais devenu, assez tôt, classique dans l'art musulman. On le retrouve dans la mosquée Amr à Fostat, reconstruite en 91/710. C'est donc à travers l'Egypte que l'Ifriqiya redécouvre ce procédé. Comme l'anatomie des supports, l'emploi des plafonds

La Casbah, porte principale, Le Kef.

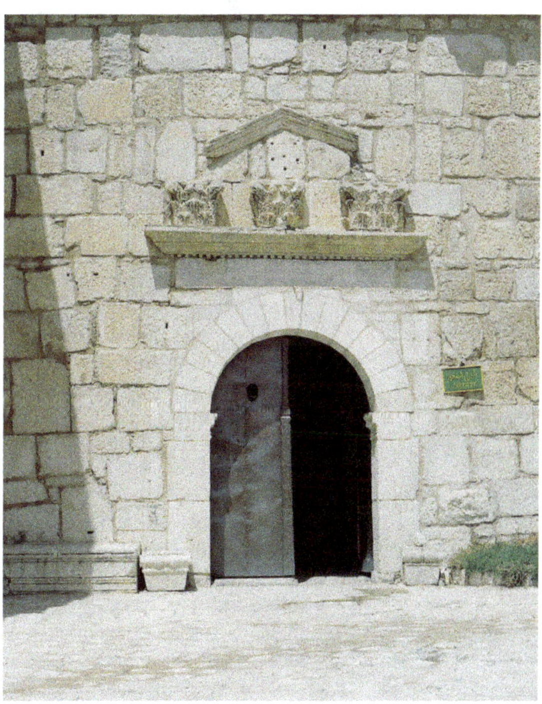

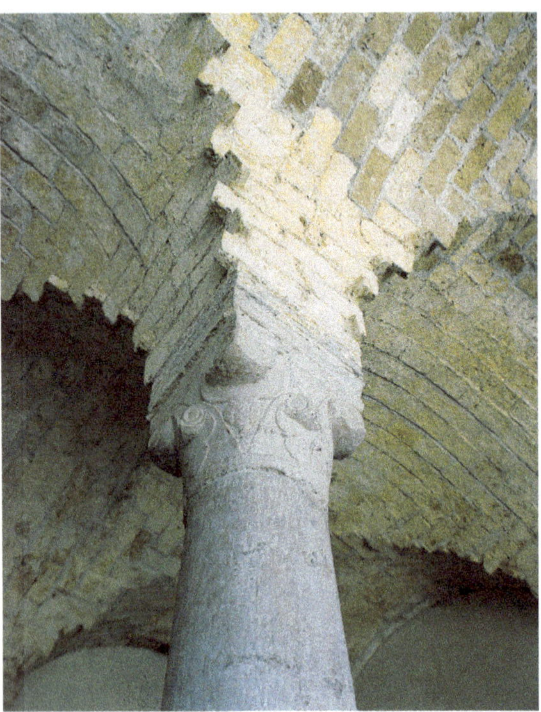

Palais el-Abdelliya, départ de voûte, La Marsa.

en bois semble un emprunt de l'école kairouanaise à l'Egypte. La coupole à calotte hémisphérique, s'appuyant sur des trompes d'angle en coquille, se rattache, quant à elle, à une tradition locale. Ce mode de couverture semble courant chez les architectes ifriqiyens, puisqu'une quarantaine d'années auparavant, l'oratoire du *ribat* de Sousse nous en offre un exemple.

L'école kairouanaise se distingue également par l'usage de l'arc outrepassé, dit en fer à cheval, dont nous n'avons pas d'exemple antérieur à l'islam. Nous sommes en présence d'une importation de l'Orient qui a d'ailleurs transité par l'Egypte. L'arc romain en plein cintre, appelé à un grand avenir dans l'école de Sousse, est encore utilisé pour les fenêtres et les arcatures décoratives de petites dimensions. L'existence de l'arc découpé en lobes circulaires est liée à la demi-coupole en coquille (coupole du *mihrab* des Grandes Mosquées de Kairouan et Tunis). Leur origine mésopotamienne n'est pas à démontrer.

De même que la structure, la décoration des monuments affiche une double appartenance locale et orientale. Les riches sculptures réalisées dans le marbre ou dans la pierre (coupole de la Mosquée Oqba, façade de la mosquée des Trois Portes, coupole du *mihrab* de la Zitouna) procèdent d'un même décor. Il se décompose en deux éléments: un élément végétal comportant la feuille, le fruit et rarement la fleur, où l'on reconnaît l'acanthe, la feuille de vigne, la grenade, la grappe de raisin, inspirées du répertoire hellénistique stylisé, et d'autre part le support sous forme de tige ou de rameau qui fait figure d'élément géométrique aux multiples involutions. Cet entrelacs, constitue la trame du décor dont la flore vient remplir les intervalles.

Cependant, une ornementation spéciale, caractéristique de la période aghlabide, mérite une place particulière. Elle tient à la fois de la flore et de la géométrie et se compose de rosaces étalant des pétales arrondis ou pointus, variant de quatre à douze et rayonnant du centre. Ces motifs sont inscrits dans des carrés posés sur la pointe, tout comme le sont les carreaux de faïence plaqués sur le mur du *mihrab* de la mosquée Oqba. Des exemples de ces motifs décorent le cadre de la *midha* de cette même mosquée ainsi que la façade de la mosquée des Trois Portes et deux tympans de la Grande Mosquée de Sousse. L'analogie frappante de ces motifs avec des carreaux en terre cuite estampée, d'époque chrétienne, fréquents dans le pays, ne laisse aucun doute sur cette tradition locale, conservée par les artistes ifriqiyens du IIIe/IXe siècle.

L'écriture employée dans les monuments du IIIe/IXe siècle est exclusivement l'écriture monumentale, angulaire, dite coufique, très voisine des inscriptions égyptiennes du nilomètre de Rauda et des frises d'Ibn Touloun. Les lettres sculptées dans la pierre du monument forment une longue ligne horizontale. La sobriété de ces inscriptions affirme le désir du fondateur de revendiquer le mérite de sa création sans aucune prétention esthétique. Des exemples d'inscriptions aghlabides sont visibles à Kairouan, à Sousse comme à Tunis.

L'école de Sousse est représentée essentiellement par des monuments tels que les *ribats* de Monastir, de Sousse et de Lemta, la citerne dite la Soufra, la Grande Mosquée et le *masjed* Bou Fetata situés également à Sousse. Massive et austère, l'architecture produite par cette école, se distingue nettement de celle de Kairouan et reflète bien le rôle défensif conféré à ces avant-postes de garde que sont les villes côtières du Sahel. Afin de prévenir les incendies, le mode couverture n'est plus le plafond en bois mais exclusivement la voûte en berceau que renforcent des arcs doubleaux en plein cintre. Les supports ne sont plus les colonnes de marbre antique mais de solides piliers, trapus et au plan cruciforme, exception faite du *ribat* de Monastir où les arcs reposent sur de larges piles. Les joints ruban utilisés par les Romains persistent.

Le décor est quasi inexistant en dehors des merlons arrondis qui couronnent les édifices ou les quelques éléments concédés à la Grande Mosquée. Rien ne distingue le *ribat* de l'Ifriqiya des châteaux bâtis au IIe/VIIIe siècle par les califes omeyyades dans le désert ou les montagnes de Syrie. Le même plan général inscrit dans une enceinte rectangulaire, flanquée de tours aux angles et au milieu des côtés, l'entrée unique, les salles ados-

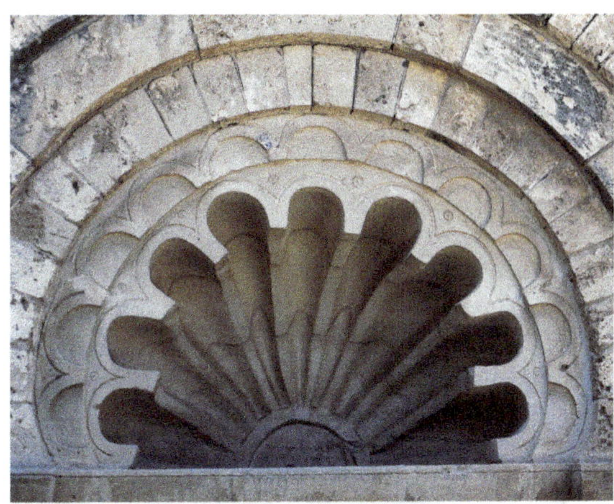

Qoubba Bin el-Qhaoui, coquille, Sousse.

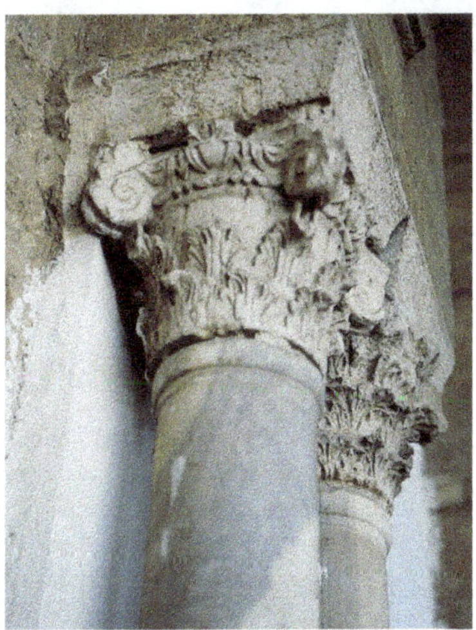

Médersa el-Bachiya, chapiteau à feuilles d'acanthe, Tunis.

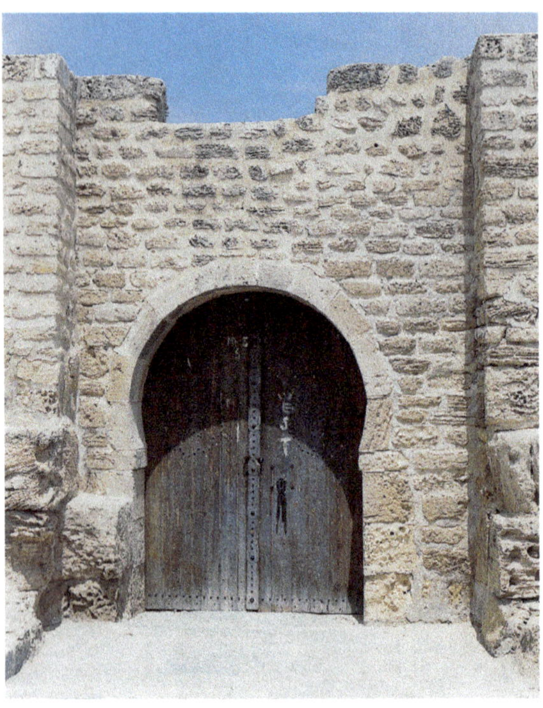

Le Ribat, entrée, Lemta.

sées aux murs extérieurs, la disposition des rampes ou escaliers coudés placés aux angles. Seul l'oratoire et la tour à signaux expriment le caractère mixte du *ribat* et son double rôle militaire et religieux.

En dépit de la rupture politique, l'art fatimide apparaît comme le prolongement de celui du IIIe/IXe siècle. Il y a continuité dans l'anatomie des supports alors que le mode de couverture rompt avec les traditions. La voûte d'arête est substituée à la voûte en berceau et au plafond à charpente dont l'abandon peut se justifier par la pénurie de bois de construction. Ce modèle de voûte est d'une importation orientale; le premier spécimen couvre le porche d'entrée du *ribat* de Sousse.

L'examen de la Grande Mosquée de Mahdia, première fondation du califat fatimide, confirme l'analogie du plan avec celui de la Mosquée Oqba: une salle de prière hypostyle, précédée d'une cour, reprend la disposition en T de la nef axiale et du transept. La nouveauté, outre l'existence d'un porche d'entrée monumental, réside dans le choix du parti décoratif dont le porche et le *mihrab* de cette mosquée annoncent les principales caractéristiques. Ce décor se distingue par un usage quasi général des défoncements en niches, des arcatures et des voussures concentriques, meublant de larges façades. Les éléments se répartissent, dans la hauteur, à différents niveaux et dans la largeur, symétriquement de part et d'autre d'un axe. Ces riches façades étonnent par la variété des niches: celles-ci sont tantôt à fond plat, tantôt semi-cylindrique, marquées par des arcs de tête simples, polylobés ou recticurvilignes. Elles sont parfois circonscrites de voussures concentriques, d'arcs de différentes formes ou de simples triangles. Les plus beaux exemples de ce répertoire ont été réalisés à l'époque ziride. Ils nous sont offerts par la façade orientale de la Grande Mosquée de Sfax, le *masjed* Sidi Ammar à Sousse, la coupole du *bahou* de la Zitouna, la façade ouest de la mosquée el-Qsar à Tunis...

Les premières applications de ce principe décoratif par les architectes ifriqiyens sont apparues dès le IIIe/IXe siècle dans la décoration des coupoles kairouanaises, dont nous avons relevé la ressemblance avec les niches des palais d'Okhaydir et du Qasr el-Achiq près de Samarra. Toutefois, l'époque fatimide puis ziride en généralise l'emploi, sous l'influence plus accrue de l'Orient. Cette école architecturale née en Ifriqiya connaîtra des variations, accomplies plus à l'ouest par les Béni Hammad à la *Qal'a* puis à Bougie, leurs capitales successives. De même qu'elle n'a pas manqué d'influencer la Sicile normande, où les maîtres de Palerme réaliseront des œuvres chrétiennes qui attestent l'influence ziride, intimement liée à l'apport andalou.

Par ailleurs, avec le départ du calife el-Mu'iz en Egypte, peut-on parler de «transfert d'ouest en est» de formes qui ont vu le jour en Ifriqiya? Il semble que cet apport soit perceptible dans certaines fondations comme la mosquée el-Azhar et la mosquée el-Hakim où la nef médiane, dirigée en profondeur, se trouve magnifiée en étant bordée de colonnes jumelées et dotées de deux coupoles à ses extrémités. L'entrée en avant-corps sur la façade de la mosquée d'el-Hakim rappelle le porche de la mosquée el-Mahdi de Mahdia.

Cependant les enrichissements que l'Ifriqiya doit à l'Orient s'affirment autrement plus nombreux, au «point d'oblitérer ce qui subsiste de tradition antique», d'après Georges Marçais. L'auteur ajoute que ces importations «vont même se multiplier après le départ des Fatimides et l'installation en leur lieu et place des émirs sanhajiens... En sorte que l'on peut porter ce jugement paradoxal: l'art musulman d'Ifriqiya, où l'on relève encore des survivances locales tant que les maîtres du pays sont des Orientaux, devient purement oriental avec l'apparition de la première dynastie autochtone».

Dès le Ve/XIe siècle, l'émergence des forces politiques berbères au Maghreb, avec l'entrée en scène des Almoravides puis des Almohades, annonce une différenciation plus nette entre l'art musulman occidental et l'art oriental. Les

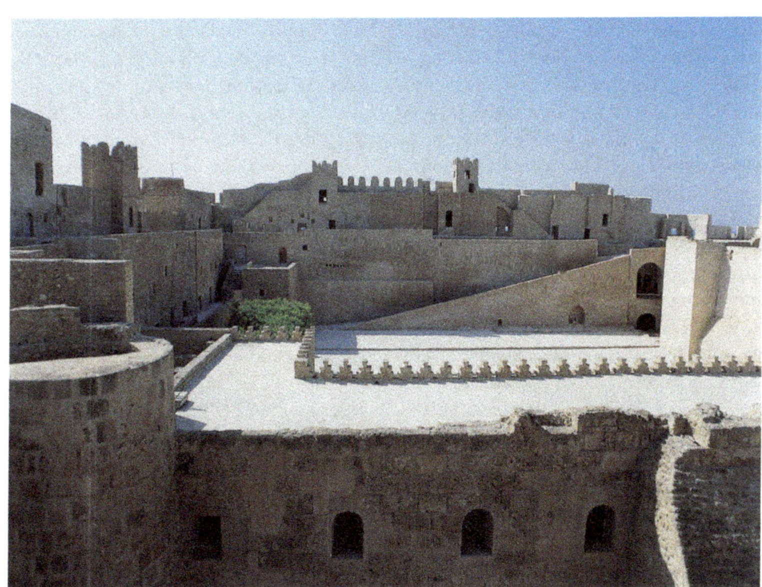

Le Ribat, vue d'ensemble, Monastir.

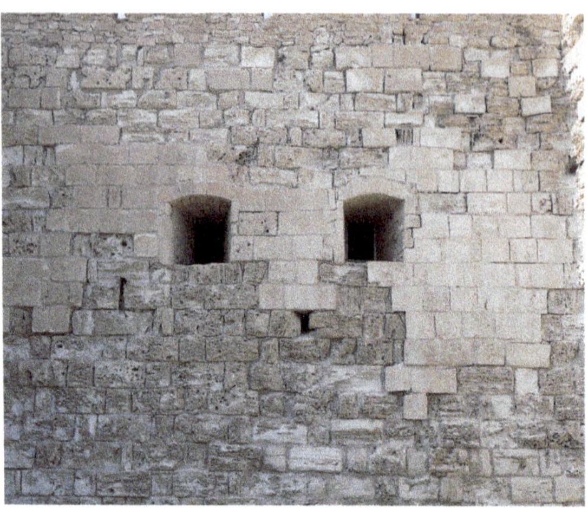

Borj el-Ghazi Mustapha, meurtrières, Houmt Souk.

dynasties autonomes, héritières des Almohades, réalisent des édifices où la sobriété berbère est rehaussée par l'éclat de l'art omeyyade de Cordoue, scellant la naissance d'un courant original appelé hispano-maghrébin ou plus communément hispano-mauresque ou andalou.

L'Ifriqiya, dégagée de l'obédience almohade, est gérée pendant plus de trois siècles et demi par les Hafsides qui ne manqueront pas d'enrichir l'art, nourri de traditions antiques et orientales, par des apports andalous. L'impact de ce courant sera d'autant plus important que les souverains hafsides ont facilité l'installation d'une forte population andalouse fuyant la *Reconquista*. Parmi les réfugiés se trouvent des maîtres maçons et des artistes rompus au travail de la céramique, du *naqch hadida*, du bois... Le syncrétisme occidental qui s'opère aura une spécificité ifriqiyenne.

Alors que l'emploi de la brique se généralise en Espagne et au Maghreb occidental, l'Ifriqiya reste fidèle à la pierre. Le minaret de la mosquée almohade de la casbah de Tunis reprend en pierre la décoration en entrelacs losangés des tours almohades de la Giralda, de la casbah de Marrakech et de la tour Hassan. L'Ifriqiya conserve également le goût des matériaux de couleurs. La juxtaposition du marbre noir et blanc en assises alternées dans les claveaux des arcs ou en incrustation pour décorer un panneau mural ou rehausser le pavage d'une cour fait l'originalité des monuments de Tunis tels que le *mihrab* de la mosquée almohade, le *midha el-Sultan,* la zaouïa Sidi Kacem.

Si l'école hispano-maghrébine se distingue par l'étonnante variété de ses arcs: lobé, festonné, recticurviligne ou à lambrequin, l'Ifriqiya n'abandonne pas l'arc en fer à cheval en plein cintre et réserve les arcs de différents types aux arcatures décoratives (fontaine de *midha el-Sultan,* cour de la médersa Chammaiya, intrados du *mihrab* de la mosquée almohade). Au devant de ce *mihrab* s'élève une coupole à stalactites. La stalactite ou *mouqarnas* est un procédé décoratif fait d'alvéoles étagées. D'origine perse, on le rencontre pour la première fois au Maghreb, à la *Qal'a* des Béni Hammad au Ve/XIe siècle. Il est repris à Tinmal et à Marrakech et s'implante vigoureusement en Egypte ayyoubide et mamelouke.

L'Ifriqiya, tout en adoptant le chapiteau hispano-maghrébin, crée un chapiteau typiquement hafside. Le premier est formé d'un cylindre inférieur décoré de larges méandres et surmonté d'un parallélépipède au décor plus fourni. Les médersas de Fès, la cour des Lions de l'Alhambra, les monuments de Tlemcen tout comme quelques monuments hafsides de Tunis, (souk *el-Qoumach, midha el-Sultan,* la zaouïa de Sidi Kacem el-Jelizi) nous offrent de beaux exemples. Le chapiteau hafside, qui se généralise, a la forme d'un calice qui s'évase pour passer du cylindre au carré; il s'inspire largement du chapiteau sanhajien du Ve/XIe et VIe/XIIe siècles.

Le *naqch hadida,* sculpture sur plâtre, réalisée à l'outil de fer, atteint son plein épanouissement aux VIIe/XIIIe et VIIIe/XIVe siècles à Grenade, Fès et Tlemcen et fait un retour en Ifriqiya où quelques essais aghlabides étaient connus à Raqqada. Le décor est riche en méplats; il comporte l'arabesque en entrelacs de galon qui porte des palmes et des fleurons; il est parfois rehaussé de peinture.

Le *zellij* connaît un essor considérable au Maghreb occidental, mais ne rencontre pas le même succès en Ifriqiya où le carreau de céramique s'implante plus volontiers. Ce carreau uni, de petites dimensions, est vert, blanc, brun noir, jaune ocre et rarement bleu. Des assemblages savants de cet élément simple permettent d'égayer le sol des salles et des cours (palais el-Abdelliya). On note également l'exceptionnelle série de carreaux en *cuerda seca* de la zaouïa de Sidi Kacem el-Zelliji.

L'art hispano-maghrébin a donc largement influencé les œuvres hafsides, sans pour autant détrôner les vieilles traditions. Le résultat est un art, certes moins somptueux que celui du Maghreb occidental, mais non dénué de force et d'élégance.

L'installation des Turcs en Tunisie s'accompagne de l'introduction, à côté du rite malékite, du rite hanéfite suivi par l'élite gouvernementale ottomane. Sur le plan architectural, le modèle de la mosquée ottomane à coupoles étagées ne connaît pas d'essor, hormis la mosquée de Sidi Mahrez (1085/1675). Par contre, le modèle s'impose dans les *tourbets* (monuments funéraires) et les zaouïas, tels le Tourbet el-Bey, les zaouïas de Sidi Mahrez, de Sidi Chiha à Tunis, de Sidi Hmam à Menzel Temime, et de Sidi Ahmed Ben Hammouda à Kelibia, la Qadiriya au Kef. La mosquée turque de Tunis est une mosquée funéraire, au minaret octogo-

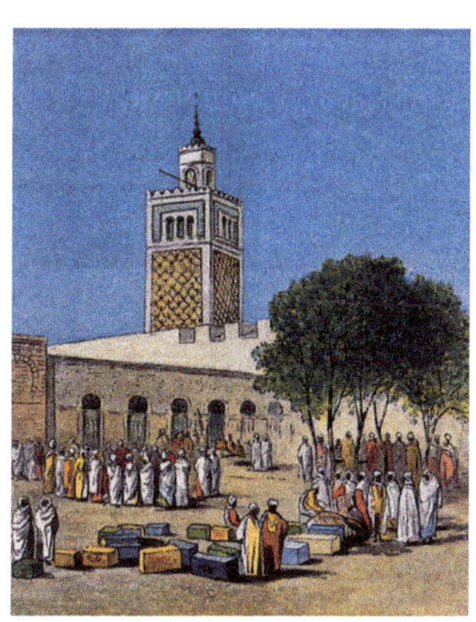

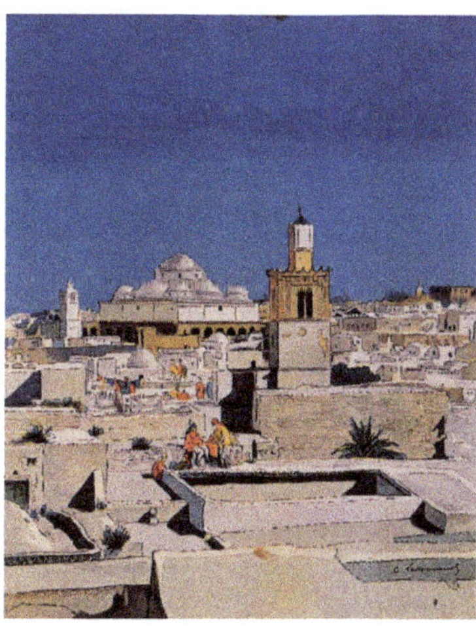

Mosquée de la casbah, Tunis.

Vue panoramique de Tunis.

Aquarelles du XIXe siècle.

nal, la cour ne précède plus la salle de prière mais l'encadre sur trois côtés (mosqué Youssef Dey et Hammouda Pacha). Le lieu de culte tend à devenir un complexe associant, outre le tombeau du fondateur, une ou deux médersas, un *sabil* (mosquées el-Jedid et Youssef Sahib el-Taba'a).

La décoration montre l'influence de l'art mauresque et les manifestations de l'art turc. Le plâtre ciselé, sans renoncer à l'arabesque andalouse, affiche un nouveau type. Sur un fond laissé nu, se détachent les motifs où figurent le cyprès oriental, l'étoile ou le bouquet à rinceaux. Cette double appartenance apparaît aussi dans le travail du bois. Les plafonds hispano-maghrébins sont à baguettes entrelacées et à *mouqarnas*, les seconds présentent des rosaces sculptées. Les peintures sont à décor géométrique dans un cas, et floral dans l'autre; elles sont rehaussées de dorures.

Tourbet el-Bey, fenêtre, Tunis.

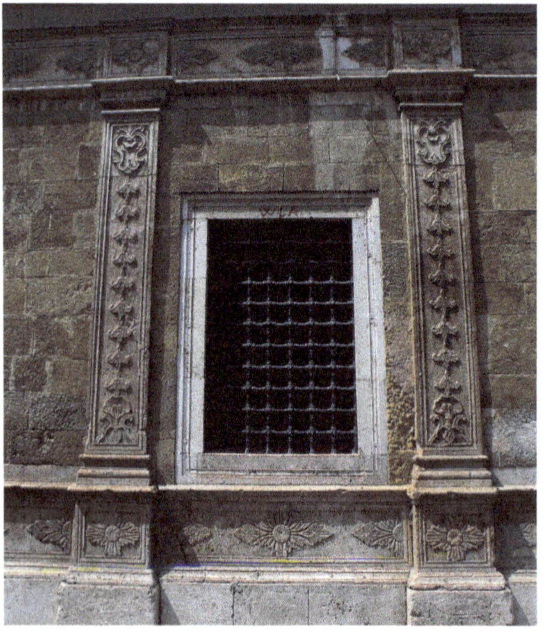

S'il est un domaine où la tradition locale n'a pas résisté à la concurrence, c'est bien celui de la céramique et de la taille du marbre. Enrichie par le répertoire décoratif et la riche palette de couleurs des carreaux importés d'Iznik (mosquées Sidi Mahrez et el-Jedid), l'école des potiers de Tunis produit les carreaux de revêtement au riche décor végétal. A partir du XIIe/XVIIIe, colonnes et chapiteaux, pilastres et linteaux en marbre sont soit l'œuvre d'une main - d'œuvre européenne, soit directement importés d'Italie. Colonnes cannelées, chapiteaux doriques ou composites, pilastres, linteaux et panneaux de marqueterie de marbre polychrome portent la marque du style renaissance ou baroque. Ils sont de plus en plus fréquents dans les édifices nobles, publics ou privés. Des sculptures sur pierre, plus discrètes, réalisées en léger bas-relief, sont signalées sur les façades à Sfax, Gabès, Gafsa et certains villages du Sahel. Elles sont attribuées à des artistes sfaxiens de l'époque moderne et semblent s'inspirer de la taille du bois pratiquée par les Berbères depuis l'antiquité. Une place particulière est faite au revêtement de brique des édifices de Tozeur et Nefta, dont l'ornementation présente les combinaisons les plus ingénieuses qui soient.

Les prémices du style italianisant vont se renforçant, surtout après l'affrontement du pays avec l'Europe du XIIIe/XIXe siècle, dont le choc se fait sentir non seulement au niveau politique et économique mais aussi au niveau culturel. La production architecturale sera soumise aux conditions du marché extérieur. Les matériaux

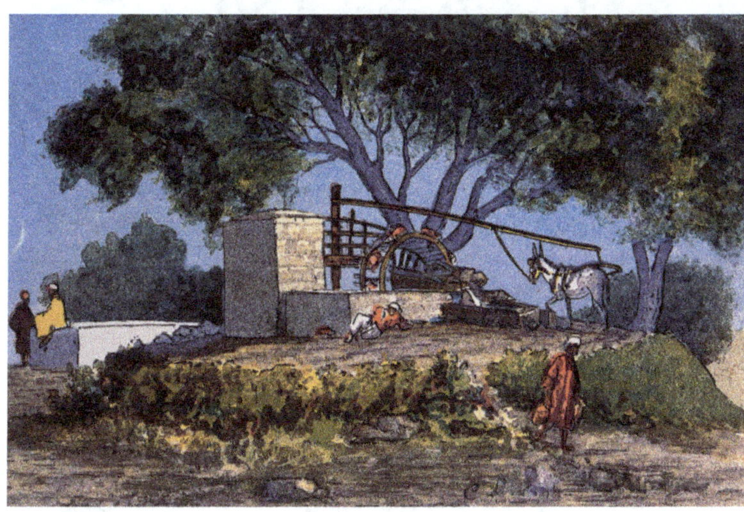

Noria, aquarelle du XIXe siècle.

employés ne sont plus fournis par le milieu naturel mais importés. Sont importés également les engins qui remplacent l'outil. Les règles de jeu sont brouillées et l'artisan ne peut plus transmettre son savoir-faire millénaire. Pour la première fois, durant le long itinéraire de l'art islamique en Tunisie, la rupture est brutale et le syncrétisme sera long à s'opérer.

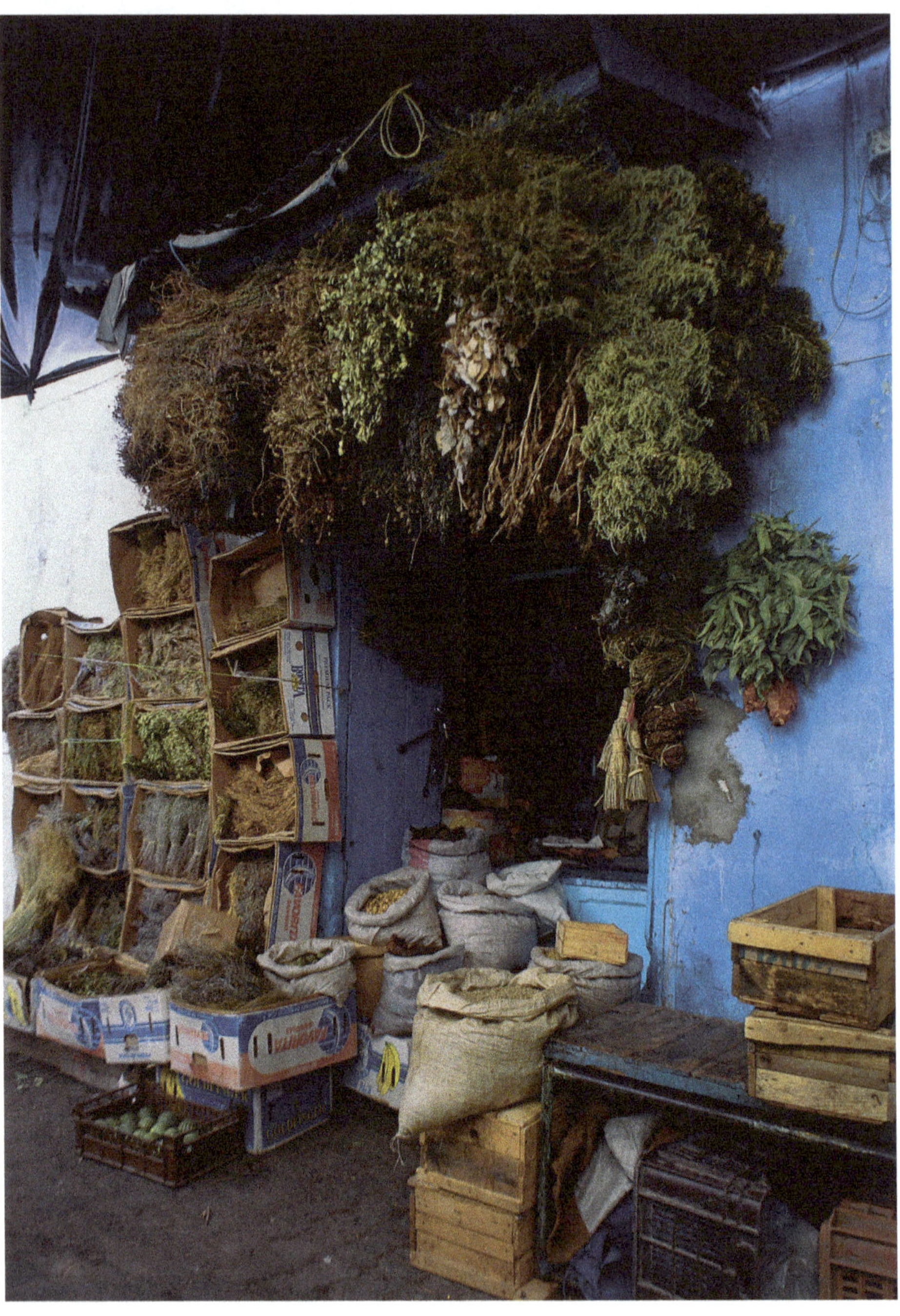

La Médina

Jamila Binous

I.1 TUNIS

I.1.a Zaouïa Sidi Qacem el-Zelliji
I.1.b Bab Jedid (option)
I.1.c Tourbet el-Bey
I.1.d Dar Ben Abdallah
I.1.e Dar Othman
I.1.f Dar Hussein
I.1.g Dar el-Haddad
I.1.h Le quartier de la casbah
I.1.i Café Mnouchi
I.1.j Caserne el-Attarine
I.1.k Caserne Sidi el-Morjani (option)
I.1.l La Grande Mosquée de la Zitouna
I.1.m Médersa el-Bachiya
I.1.n Tourbet Ali Pacha (option)
I.1.o Médersa Slimaniya
I.1.p Les souks
I.1.q Dar Lasram
I.1.r Bab el-Bhar

La céramique tunisienne

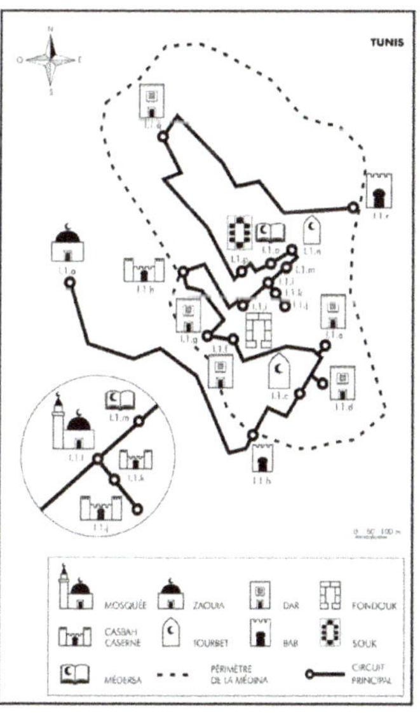

Devanture d'une herboristerie, souk el-Blat, Tunis.

La médina perpétue un modèle d'urbanisme typiquement musulman dont nous pouvons retracer la formation initiale à partir des investigations de certains auteurs contemporains. Au départ, le corps expéditionnaire chargé de la conquête, *foutouhat*, commence par construire un rempart autour d'une aire, celle-ci étant généralement occupée par un camp militaire. Au centre du terrain ainsi délimité est édifiée la mosquée, ouvrant sur une large esplanade servant à la fois de marché, de lieu de réunions publiques et de place pour les parades militaires. De cette esplanade rayonnent les voies principales aboutissant chacune à une porte ouverte dans les remparts et partageant ainsi la ville en grands quartiers. Les troupes stationnées sous les tentes, groupées par affinités, souvent ethniques, occupent, dans cet ensemble, des îlots délimités par des voies de circulation intérieures. Aménagé ainsi, le camp militaire a tout le temps de se constituer en cité: les îlots de campement se transforment en un ensemble d'habitations et autour de l'esplanade apparaissent les boutiques. Les caractéristiques dominantes du noyau initial lui confèrent la possibilité de se multiplier par juxtaposition, en fonction des besoins de croissance et des contraintes du site naturel, sans altérer l'unicité et l'homogénéité du système urbain. Le réseau des rues peut se prolonger volontairement ou empiriquement pour desservir les nouveaux quartiers selon les mêmes principes que le noyau initial. La permanence générale de l'organisation et des formes du tissu urbain, malgré des évolutions évidentes au plan de la densité du bâti, assure l'unicité incontestable de la ville musulmane.

La cité musulmane se présente à la fois comme un tout homogène et comme une juxtaposition de sous-ensembles: chaque quartier est, en quelque sorte, une réduction de la ville dans tous ses concepts. La grande innovation introduite en matière d'urbanisme par le modèle de la médina réside dans l'organisation de la zone commerciale dite zone des souks. Il fallait codifier l'activité économique et en rationaliser l'exercice. A chaque secteur d'activité est en effet assigné un emplacement fonctionnel. Ainsi, chaque corps de métier a été groupé en un lieu individualisé. Des zones concentriques sont établies autour de la Grande Mosquée, en fonction des nuisances que risquent d'engendrer ces activités, notamment le bruit pouvant troubler le silence de mise autour des édifices religieux. Participant à la vie de la cité, ces souks, généralement couverts de voûtes, tant pour des raisons de sécurité que de climatisation, constituent un quartier exclusivement économique, réservé à la production et à la commercialisation d'articles artisanaux. Autour des souks s'étendent

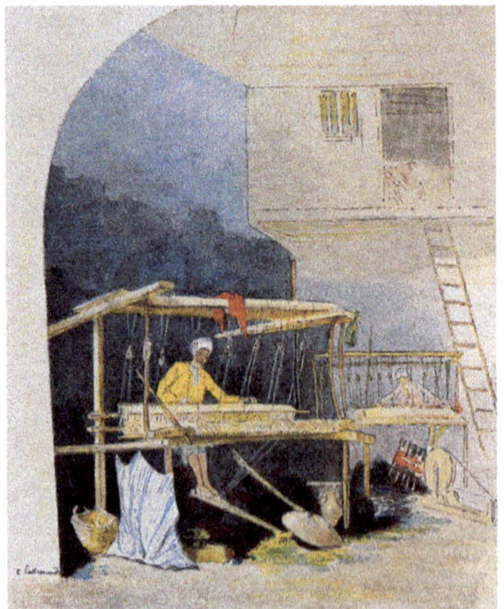

Atelier de tisserand, aquarelle du XIXe siècle, Tunis.

les quartiers résidentiels. Pour satisfaire leurs besoins d'extension et ne pouvant s'installer au-delà des remparts pour des raisons de sécurité, les habitants utilisent les terrains libres disponibles comme les jardins intra-muros. Dans les cas extrêmes de densification, les nécropoles qui jouxtent les remparts sont désaffectées au profit de l'urbanisation et de nouveaux cimetières plus excentriques sont créés. Toutefois, le mécanisme exact de cette densification au plan du découpage foncier et des modes d'appréhension du sol est difficile à déterminer, faute de sources. Cependant, à partir de l'observation de la texture du bâti, on peut déduire certaines règles. Les constructions étant caractérisées par la mitoyenneté, leur multiplication peut entraîner l'enclavement de certains lots et bâtiments éloignés des rues principales, ce qui explique la présence des ruelles et impasses constituées par cession du droit de passage. Ce repli des habitations sur elles-mêmes renforce la ségrégation entre l'espace public et l'espace privé.

La médina de Tunis reflète très bien cette conception urbaine. Elle s'ordonne autour d'un pôle central constitué par la mosquée de la Zitouna et les souks qui l'entourent. Si la Grande Mosquée est le principal lieu de culte et de savoir, les souks abritent l'essentiel de l'espace économique de la cité. De ce centre partent les voies principales conduisant vers les portes de la ville. Tout au long de ces voies se localisent des équipements d'un niveau urbain, ouverts à l'ensemble de la communauté ainsi qu'aux étrangers admis dans la ville. Ces équipements répondent aux besoins de culte (mosquée, zaouïa), du rite de la purification (*midha*, *hammam*), du savoir (médersa) et de l'hébergement des passagers (*oukala*, fondouk). Des rues secondaires, branchées sur ces voies principales, irriguent les quartiers résidentiels et offrent les équipements nécessaires à la vie de quartier tels que le *masjed*, le *kouttab*, le moulin et le four. Quant aux habitations, elles sont groupées en îlots compacts desservis par des impasses en cul-de-sac. Impasses et demeures sont strictement réservées à la vie familiale, régie par les règles du patriarcat. Cette cité, qui concentrait la richesse économique, était soigneusement défendue par des remparts qui l'isolaient de la campagne où vivaient les nomades, prêts à l'envahir au moindre signe de faiblesse du pouvoir central. Le démantèlement des remparts de Tunis, entamé à la fin du XIXe siècle et achevé au lendemain de l'Indépendance, n'a pas compromis l'homogénéité de la médina. Un boulevard circulaire a été aménagé à l'emplacement de l'enceinte et malgré les changements des fondements économiques de la ville et l'évolution de ses rapports avec la campagne, cette structure spatiale séculaire est encore parfaitement lisible dans la médina de Tunis comme ailleurs, dans la plupart des médinas tunisiennes.

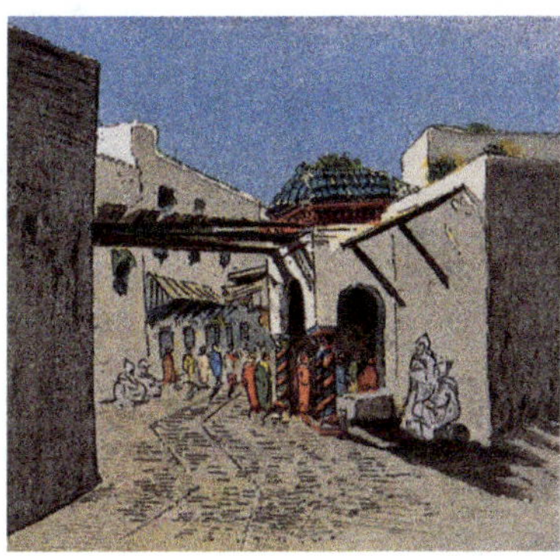

Rue de Tunis, aquarelle du XIXe siècle.

Aperçu historique

Tunis, nous dit Polybe, "était bien défendue par la nature et par l'homme". Edifiée sur un site en relief, retranchée derrière le lac au fond du Golfe appelé d'abord le Golfe de Carthage puis le Golfe de Tunis, elle commande un nœud de routes qui la relie aussi bien avec le centre et le sud qu'avec les riches terres du nord. Tunis, "fille de la route", l'est aussi par la toponymie. Son nom, *Tounès* ou *Tènes*, est issu de la racine berbère "ens" qui signifie "être couché" et par extension "passer la nuit à...", d'où le terme *tounès*: l'endroit où l'on passe la nuit, le relais. Ce toponyme libyque témoigne de son existence avant Carthage, mais lorsque les Carthaginois voulurent renforcer leur hinterland, ils s'emparèrent de Tunis dont la position stratégique permettait de couvrir leur capitale. Selon Diodore de Sicile: "de chacune de ces villes on pouvait voir ce qui se passait dans l'autre".

En fait, durant des siècles, Tunis servit de base ou de camp de retranchement à tous les ennemis de Carthage: les rebelles libyques en 396 av. J.-C., Agathocle, le tyran de Syracuse, le général romain Regulus et enfin, pendant la première guerre punique, Scipion l'Africain, le vainqueur d'Hannibal. Carthage entraîna Tunis dans sa chute en 146 av. J.-C. Comme elle, elle fut ruinée par les Romains, ses enfants réduits à la servitude et ses terres incorporées au domaine public; elle ne fut désormais que le satellite de la Carthage romaine, vandale puis byzantine.

En 78/698, l'émir Hassan Ibn Noman reprit définitivement Carthage et acheva ainsi la conquête de l'Africa. Celle-ci, devenue l'Ifriqiya, eut Kairouan pour capitale, mais si l'importance stratégique du site de Carthage n'échappa pas aux nouveaux maîtres, ils lui préférèrent Tunis, plus à l'abri des incursions maritimes. Tunis n'entendait pas tourner le dos à la mer, bien au contraire, car le premier grand ouvrage islamique fut l'édification de l'arsenal, Dar al-Sina'a, entre la cité et les rives du lac, où il resta visible jusqu'au Xe/XVIe siècle. Mille familles coptes furent dépêchées d'Egypte pour aider à la réalisation de cet ouvrage. Un canal creusé à travers le cordon littoral au niveau de la Goulette "fit venir la mer à Tunis", permettant ainsi aux bateaux de prendre le large. Tunis prétendait à l'hégémonie en Méditerranée occidentale, après la destruction de la flotte byzantine.

La ville s'organisa autour de sa Grande Mosquée de la Zitouna. Dès le IIe/VIIIe siècle, ce lieu de culte s'affirma comme un haut lieu du savoir et des docteurs illustres comme Ali ibn Ziyad y enseignèrent le droit musulman. Ce savant alla jusqu'à Médine pour étudier le malékisme qui devint et resta le rite des Maghrébins. D'abord défendue par un "fossé circulaire", la ville fut, dès le IIe/VIIIe siècle, entourée de remparts construits en argile et en briques et compta parmi les grandes villes d'Ifriqiya capables de s'opposer à Kairouan. Tout au long du IIIe/IXe siècle, plusieurs révoltes partirent de Tunis et faillirent emporter la dynastie aghlabide; elles obligèrent les souverains à venir, à deux reprises, s'y installer pour mieux la contrôler.

A la fin du IIIe/Xe siècle, la dynastie chiite des Fatimides succèda aux Aghlabides. Peu après, Kairouan perdit son rôle de capitale au profit de Mahdia (303/916) et subit les répercussions des plus sévères alors que Tunis, restée à l'écart, apparaissait comme le refuge des docteurs malékites et l'héritière du prestige culturel de Kairouan. Cette période fut marquée par Mahrez Ibn Khalef ou Sidi Mahrez, "*sultan el-madina*", le patron incontesté de Tunis. Son œuvre fut considérable, afin de préserver la ville des troubles qui avaient accompagné l'installation des chiites. La tradition lui attribue l'installation des juifs dans un quartier intra-muros: la *hara*, non loin de sa demeure. Jusque-là, cette population active de Tunis devait quitter la cité, la nuit venue, pour se retirer dans un quartier près de Mellassine. A sa mort en 412/1022, Sidi Mahrez fut enterré dans sa demeure qui devint un lieu de vénération pour les musulmans et les juifs et elle demeure la zaouïa la plus visitée.

L'arrivée des Hilaliens, en 441/1050, mit fin à la paix dans le pays. L'affaiblissement du pouvoir central entraîna la proclamation de principautés autonomes dont celle du Banou Khourassan à Tunis. Ces souverains acceptèrent de payer tribut aux nomades contre l'arrêt de leurs razzias, de même qu'ils établirent des rapports commerciaux avec les Normands de Sicile. Ils installèrent le centre de leur gouvernement dans un quartier, au sud de la Grande Mosquée, dont la rue Sidi Bou Khrissan conserve le souvenir. Ils édifièrent un palais sur l'actuelle place du Château et une mosquée du Château, le *Jama'el-Qsar*.

Sous cette dynastie, le géographe el-Bekri, parle dans sa "Description de l'Afrique Septentrionale", des souks de Tunis où abondaient les marchandises et les ressources alimentaires et des portes des demeures "ornées de marbre blanc". "D'ailleurs, le marbre est si abondant à Carthage, dans l'amphithéâtre, le cirque, les thermes, que si tous les habitants de l'Ifriqiya se rassemblaient pour en tirer les blocs, ils ne suffiraient pas à la tâche".

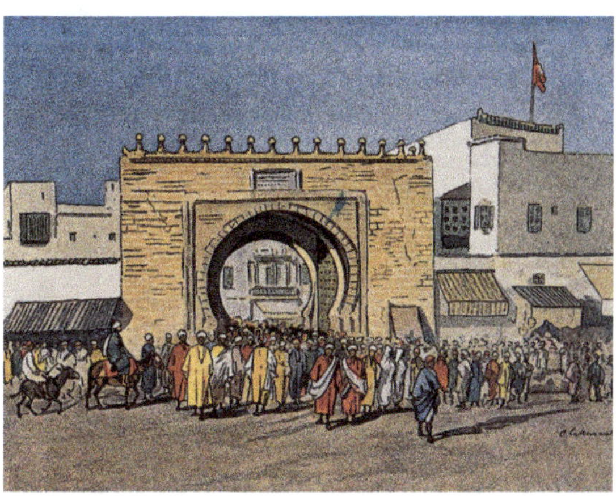

Bab el-Bhar, aquarelle du XIXe siècle, Tunis.

En 554/1159, furent unifiés, pour la première fois, le Maghreb et l'Andalousie sous la houlette des Almohades. Ces califes, venus du sud du Maroc, confièrent le gouvernement de l'Ifriqiya aux Hafsides et choisirent Tunis comme capitale. Très vite, le gouverneur Abou Zakariya el-Hafsi se proclama indépendant. De capitale de province, Tunis devint capitale d'un Etat indépendant. La dynastie des Hafsides fut sans conteste la plus importante dans l'histoire de l'Ifriqiya et spécialement de sa capitale. La prospérité et la paix se traduisirent par l'extension de la ville avec l'édification de la casbah, la fondation de mosquées, de médersas, de zaouïas, la réalisation d'un important réseau de souks, de grands travaux d'adduction d'eau (voir les vestiges de l'aqueduc, à la sortie ouest de Tunis). La cité changea de visage, les quartiers débordèrent de l'enceinte; l'extension des faubourgs au nord et au sud fut telle qu'une deuxième ligne de fortifications s'avéra nécessaire. L'exemple des rési-

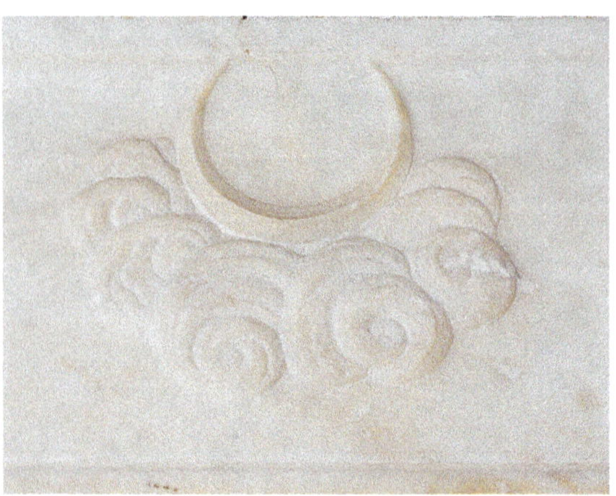

Dar Lasram, linteau en marbre sculpté, Tunis.

dences royales de plaisance comme Ras Tabaia, Abou Fihr, el-Abdelliya, fut suivi par les notables. Les banlieues telles que l'Ariana, la Marsa, la Goulette et le Bardo se développèrent.

La renommée de Tunis attira de nombreux étrangers. Ce furent d'abord les Almohades de l'Anti-Atlas marocain qui formaient alors l'élite militaire et administrative. Les Andalous, chassés par la *Reconquista* espagnole et portugaise, s'installèrent à Tunis et dans ses alentours. Les uns transformèrent le visage de certaines banlieues comme la Soukra et l'Ariana, en y introduisant un jardinage minutieux; les autres se firent remarquer par leur supériorité intellectuelle et par le raffinement de leur goût. Le poète Ibn el-Abbar et le cadi Ibn el-Ghammaz étaient originaires de Valence, Hazem de Carthagène était le poète du sultan el-Mustansir, les Banou Khaldoun de Séville s'installèrent dans ce qui deviendra la rue Tourbet el-Bey et c'est là que naquit Abderrahman Ibn Khaldoun qui marqua la pensée universelle en jetant les bases de la sociologie moderne. Les juifs chassés d'Espagne étaient venus rejoindre leurs coreligionnaires auxquels ils apportèrent des pratiques commerciales plus avancées. Les chrétiens, esclaves ou de condition libre, étaient déjà nombreux à Tunis. Les sultans hafsides avaient coutume de recruter pour leur garde personnelle 2 000 lanciers chrétiens, chevaliers italiens et espagnols, des Aragonais et des Catalans pour la plupart. Ils étaient cantonnés au sud de la casbah dans une "rue séparée comme si c'était un autre bourg", nous dit Léon l'Africain; c'était le faubourg des Nazaréens, *Rbat el-Nassara* où ce groupe avait une église dédiée à saint François dont même le son des cloches était toléré. Certains de ces chrétiens se convertirent à l'islam, comme ce moine de Majorque, Anselme Turmeda, connu sous le nom de Abdallah el-Torjman et dont Tunis conserve la tombe, à l'entrée du souk *el-Sakkajine*.

Les négociants et armateurs d'origine européenne, Pisans, Catalans, Marseillais, Provençaux, Ragusins, Siciliens, Vénitiens formaient une nouvelle élite qui détenait le quasi-monopole du transport maritime. Ils résidaient dans les fondouks, selon la règle déjà en vigueur, sous la protection de leur consul. Ce personnage apparaît dès le milieu du VIIe/XIIIe siècle. Les archives de Marseille mentionnent une autorisation, datant de 652/1255, accordée aux marchands marseillais établis à Tunis, "de choisir un d'entre eux en qualité d'agent consulaire et représentant de la nation auprès des autorités".

Au début du Xe/XVIe siècle, selon Léon l'Africain, "il s'est fait un autre bourg qui est hors de la porte appelée Bab el-Bhar, qui signifie la porte de la marine... Là, vont loger les marchands chrétiens étrangers comme les Génois, Vénitiens et ceux de Catalogne, lesquels ont tous leurs boutiques, magasins et hostelleries séparées d'avec celles des Maures". A côté du commerce régulier se développait aussi la piraterie; elle donnait lieu à des conflits fréquents réglés à l'amiable par le sultan. Une lettre de Barcelone, en date du 8 janvier 1434, adressée au sultan Abou Othman, le montre très bien: "A la suite de l'accident de la galiote commandée par Antoine Gil, laquelle s'est perdue sur un bas-fond du lieu de Bône de Nôtre Seigneurie, nous avons su par des lettres de marchands qui étaient à Tunis que Vôtre Grande Altesse, en sa royale prévoyance, avait prescrit et ordonné que vos officiers et sujets de Bône fassent bonne compagnie aux personnes sauvées de la dite galiote et restituent toutes les robes et biens des marchands qui y étaient... Le caïd de Bône et vos autres sujets n'ont pas obéi à vos prescriptions et ordonnances... pour cela, nous demandons la grâce que, eu égards aux grands renoms et amitiés qui, par la divine grâce, règnent entre le très haut et très excellent Prince Roi et notre Seigneur et ses sujets et vassaux et Nôtre Grande Altesse et vos sujets et vassaux et Vôtre Grande Altesse, et vos sujets et vassaux, vous plaise pour vos édits royaux et vos prescriptions, faire châtier et punir et aussitôt cesser toutes les insolences envers les marchands de la dite galiote et faire restituer et rendre les draps et robes qu'ils ont pris... Par conséquent, les dits marchands et tous les autres habitants de vos royaumes et terres dont font partie les citadins et habitants des cités maritimes, devraient jouir de grâce et de faveur spéciales, comme le très grand et excellent Prince Roy et Seigneur de notre patrie et sujets naturels le font en ce cas et lieu...".

Dès le IXe/XVe siècle, des signes annonçaient le déclin de la dynastie hafside: rébellion des tribus nomades, rivalités dynastiques, recrudescence de la piraterie. Après un "protectorat" espagnol (941/1535-981/1574), les Turcs entrèrent à Tunis et déclarèrent la fin des Hafsides. Sous les deys Othman (1002/1594-1018/1610) et Youssef (1018/1610-1046/1637), un nouvel afflux d'Andalous, comprenant un grand nombre d'artisans, donna un souffle nouveau à plusieurs corporations de métiers telles celles des *chaouachis*, des soyeux, des céramistes, des sculpteurs sur pierre et sur bois. À côté de l'aristocratie gouvernementale formée de "Turcs naturels", vivaient les "Turcs de nation", renégats d'origine européenne que l'on trouvait aux postes de confiance. Osta Moratto Genovese, fils du Génois Francesco Rio de Levante, commença sa carrière comme conseiller intime de Youssef Dey, puis accéda au pouvoir sous le nom de Hammouda Pacha. L'Anglais Ward, devenu Issouf Raïs, introduisit la marine à voile dans le pays, apportant une solution au problème du recrutement de la chiourme.

Le XIe/XVIIe siècle fut, incontestablement, l'âge d'or de la Course barbaresque. Mais les prises n'étaient que partiellement utilisées pour un développement interne. Leur écoulement en Europe était l'affaire des juifs livournais, descendants d'Espagnols et de Portugais, installés à Tunis au VIIIe/XIVe siècle et enrichis d'apports nouveaux au XIe/XVIIe siècle. Ils se distinguaient des juifs autochtones, *twansa*, par le costume, la langue et la culture. Ils jouaient un rôle important dans le commerce extérieur, occupaient de hautes fonctions dans les services financiers de l'État.

L'enrichissement de Tunis se manifesta dans le domaine architectural et urbanistique à travers des réalisations où l'influence turque était évidente. Dès Youssef Dey au début du XIe/XVIIe siècle, plusieurs nouveaux souks apparurent. Ils rivalisaient de productions de luxe pour répondre aux besoins d'une clientèle urbaine raffinée, d'origine turque ou tunisoise gagnée à la mode turque.

Du point de vue religieux, l'arrivée des Turcs introduisit un nouveau rite orthodoxe, le rite hanéfite. Les mosquées funéraires au minaret octogonal se multiplièrent: celle de Youssef Dey (1025/1616), celle de Hammouda Pacha (1065/1655), la mosquée à coupole de Mhammed Bey (1103/1692), celle de Hussein Ben Ali (1129/1717) et enfin, celle du ministre Youssef Sahib el-Taba'a au début du XIIIe/XIXe siècle. Souverains et dignitaires marquaient leur passage par des fondations religieuses et d'utilité publique: médersas, *tourbets* funéraires, zaouïas, abreuvoirs et fontaines publiques ponctuaient la ville. De somptueux palais furent édifiés pour abriter l'aristocratie politique et militaire ainsi que la bourgeoisie industrieuse des souks.

Cet essor remarquable de la ville connut des difficultés à partir des années 1245/1830. La maîtrise de la Méditerranée passa aux mains des puissances européennes. Leur pénétration économique et leur ingérence politique affaiblirent le pouvoir qui pourtant essaya d'engager un train de réformes. La ville commença à changer de visage avant le Protectorat: c'est ainsi qu'une municipalité fut instituée en 1858. Mohamed Sadok Bey promulgua en 1861 une Constitution dont une disposition donnait aux Européens le droit de posséder des biens immobiliers; il s'ensuivit une explosion de la ville, hors des remparts, vers l'est. En 1881, le régime du Protectorat confia la gestion réelle des affaires municipales à un vice-président qui était un haut fonctionnaire français. Alors qu'une période d'accroissement rapide commençait pour la ville "européenne", une longue crise débutait pour la médina. La Tunisie indépendante hérita d'une capitale de type colonial, déséquilibrée, caractérisée par la juxtaposition d'un quartier "moderne", dynamique et d'une médina en stagnation. Des plans d'aménagements successifs essaient de corriger ces déséquilibres. Par le tourisme et l'accueil des rencontres internationales de toute nature, politiques, économiques et culturelles, Tunis retrouve sa vocation de ville ouverte et accueillante.

I.1 TUNIS

I.1.a **Zaouïa Sidi Qacem el-Zelliji**

L'accès au monument se fait par le boulevard du 9 Avril, pas loin de la nouvelle mairie de Tunis.
Il est préférable, à partir de ce point, de continuer la visite du circuit à pied.
Les voitures peuvent être garées autour de la place du Leader où se situe le monument.
Entrée payante. Horaires: de 8:00 à 13:00 de juin à septembre et de 8:00 à 12:00 d'octobre à mai. Toilettes.

Depuis le boulevard du 9 Avril, on a une vue sur le Sedjoumi, sebkha ou lagune d'eau salée, au bord de laquelle se sont développés des bidonvilles, aujourd'hui réhabilités, tel Mellassine qui abrite un marché aux puces et une brocante.

Abou el-Fadhel Qacem, appelé Qacem el-Zelliji, devait tirer son nom du métier de fabricant de *zellij* (carreaux de céramique) qu'il exerçait avec une rare habileté. D'origine andalouse, il vivait à Tunis dans la deuxième moitié du IXe/XVe siècle. Il était connu pour sa grande piété et sa générosité envers les immigrés andalous qui trouvaient dans cette zaouïa réconfort et gîte. Ces qualités lui valurent la considération des princes hafsides et la vénération de la population. Selon Ibn Abi Dinar, il mourut en 895/1490 et fut enterré dans sa zaouïa. Cette remarque nous permet d'affirmer que la zaouïa a précédé le tombeau. Ornée par lui-même sinon par ses disciples spirituels et artistiques, la *koubba* illustre le mélange harmonieux d'éléments ifriqiyens et d'éléments hispano-mauresques.

Le plan général est classique, si ce n'est l'adjonction au XIIe/XVIIIe d'un oratoire, situé à gauche de l'entrée. Autour d'une cour à portique se distribuent la chambre funéraire et les pièces réservées à l'origine aux pèlerins et aux indigents. L'originalité du dallage de cette cour réside dans les motifs en incrustation de galons de marbre noir qui rehaussent le sol. Cette décoration rappelle les édifices mamelouks du Caire. La *koubba* est divisée en une antichambre suivie de la chambre funéraire, séparées par un arc à claveaux de marbre noir et blanc reposant sur des colonnes dont les chapiteaux sont exécutés dans la pure tradition hispano-mauresque. Les niches à fond plat qui percent les murs de la première salle sont décorées de plaques de céramique dans la partie basse et d'arabesques sculptées dans le plâtre dans la partie haute. Le *zellij* à motifs étoilés est fabriqué selon une technique dite de la "*cuerda seca*", bien connue en Espagne.

De l'extérieur, la silhouette de cette *koubba*, au toit pyramidal couvert de tuiles vertes, n'est pas sans rappeler les monuments hispano-mauresques, tandis que les arcatures aveugles et l'appareil de pierre, en rappelle l'origine ifriqiyenne. La deuxième salle abrite le catafalque de Sidi Qacem, objet de visite et de vénération sans discontinuité depuis cinq siècles. La zaouïa de Sidi Qacem, après une campagne de restauration achevée en 1981, menée grâce à un concours du gouvernement espagnol, abrite, sans déranger le culte qui s'y déroule encore, un musée de la céramique tunisienne ainsi que le Centre National de la Céramique Artistique, destiné à la formation de futurs céramistes. Le musée offre en plus d'un important échantillonnage de carreaux de

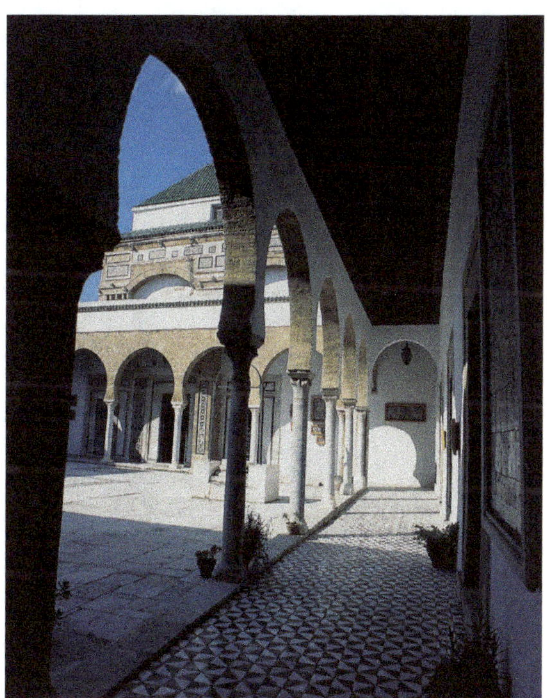

Sidi Qacem el-Zelliji, péristyle, Tunis.

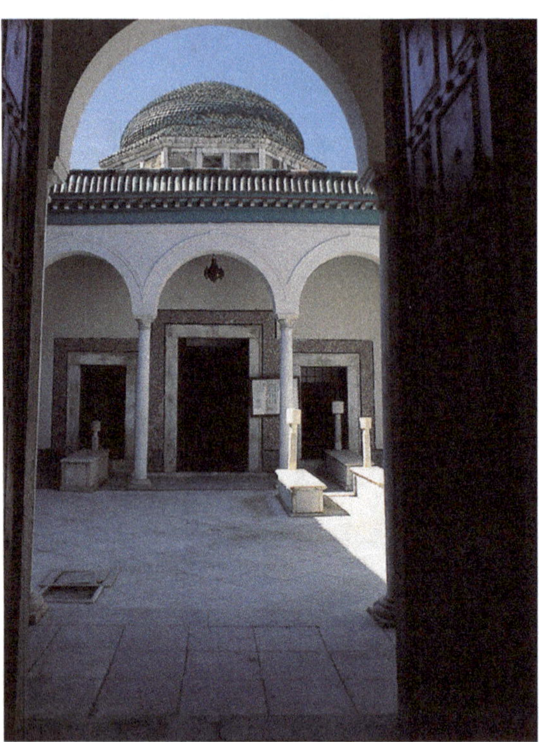

Tourbet el-Bey, patio, Tunis.

céramique artistique, une collection de pièces provenant du site de Raqqada (IIIe/IXe siècle), d'autres exhumées à la casbah de Tunis (IXe/XVe siècles) ou fabriquées dans les ateliers de Qallaline (XIIIe/XIXe siècle). La poterie modelée et décorée par les femmes de Sejnane étonne par sa facture qui plonge ses racines dans la nuit des temps.

I.1.b **Bab Jedid** (option)

Pour se rendre à Bab Jedid, on prend la rue Abdelwahab, puis la rue Morkad jusqu'au boulevard Bab Jedid.

Depuis le point de départ, on traverse Houmet el-Haoua ou Quartier de l'Air en raison de sa localisation à la périphérie de la ville. Quartier d'anciennes habitations bourgeoises; Isabelle Eberhardt a séjourné au Dar Abdelwahab, dans la rue du même nom. Ce quartier, très populaire, rassemble de nombreux antiquaires et une brocante.

Parmi les sept portes qui perçaient l'enceinte intérieure de la médina, seules subsistent celles de Bab el-Bhar (Porte de France) et Bab Jedid. Cette dernière, dite la Porte Neuve, a été ouverte en 674/1276 pour mettre en communication la médina et le faubourg sud qui connut une forte urbanisation, du fait de la proximité de la casbah hafside. Cette porte aurait été flanquée de deux tours à pans coupés, comparables à ceux de la Sqifa el-Kahla de Mahdia, toutes proportions gardées. On devine encore l'arrachement de ses deux saillants de part et d'autre de la baie en fer à cheval. Le plan d'ensemble se décompose en deux espaces carrés, de proportions égales, disposés en chicane. Le premier est à ciel ouvert: il permettait aux défenseurs de la porte d'attaquer les assaillants en leur lançant des projectiles. Le deuxième espace est un vestibule couvert d'une voûte d'arête. De là, on débouche, après un nouveau changement de direction, à l'intérieur de la cité. La présence du souk des Forgerons reflète l'organisation originelle de l'espace économique d'une médina qui rejetait les activités polluantes à la périphérie, réservant le centre aux souks dits "nobles".

I.1.c **Tourbet el-Bey**

Depuis Bab Jedid prendre la rue des Forgerons puis la rue des Juges jusqu'à la rue Tourbet el-

Bey (un des axes principaux de la médina). Suivre le fléchage indiqué sur des carreaux de céramiques orangés.
Entrée payante. Horaires: de 9:30 à 12:00 et de 13:00 à 16:30. Fermé le lundi.

Certaines façades de la rue des Juges sont particulièrement remarquables.

Les coutumes funéraires musulmanes en général et malékites en particulier recommandent aux croyants la simplicité, voire l'anonymat des tombes. Les Turcs hanéfites avaient introduit l'habitude de construire de somptueux monuments aux morts, appelés *turbés* ou *tourbets*. Le Tourbet el-Bey, élevé sous le règne de Ali Pacha II (1171/1758-1195/1781), abrite les sépultures de la famille princière husseinite. Il présente une imposante façade en grès ocre d'où se détachent des pilastres et des entablements en pierre sculptés de motifs floraux en bas-relief de style italianisant.
Il est intéressant de comparer cette façade à celle du Tourbet el-Fellari qui occupe l'angle opposé. Datant du XIIe/XVIIIe, ce monument s'inscrit dans la tradition locale. Chacune des trois façades est meublée d'une arcature aveugle, l'arc médian est creusé d'une fenêtre barreaudée que surmonte une épitaphe.
Après une entrée droite, Tourbet el-Bey se compose d'une succession complexe de salles, résultant d'agrandissements successifs opérés aux dépens de bâtiments limitrophes, au fur et à mesure des besoins. Le monument garde, à côté des tombes des souverains et de leur famille, celle d'un certain nombre de leurs ministres ou de leurs serviteurs fidèles privilégiés.

Parmi cet ensemble, la salle carrée renfermant les tombes des "*beys* du trône", c'est-à-dire ceux qui ont effectivement régné, retient l'attention. C'est une réplique en miniature des mosquées ottomanes, elles-mêmes dérivées de Sainte-Sophie. Quatre gros piliers soutiennent une coupole centrale contrebutée par demi-coupoles sur les quatre côtés. Aux angles de la salle, quatre coupolettes achèvent la couverture. La décoration intérieure allie parfaitement la marqueterie de marbre polychrome au goût italianisant, à la sculpture sur plâtre.
Les tombes creusées dans le sol sont recouvertes de coffres de marbre, abondamment ornés de motifs en bas-relief,

Dar Ben Abdallah, margelle en incrustation de marbre polychrome, Tunis.

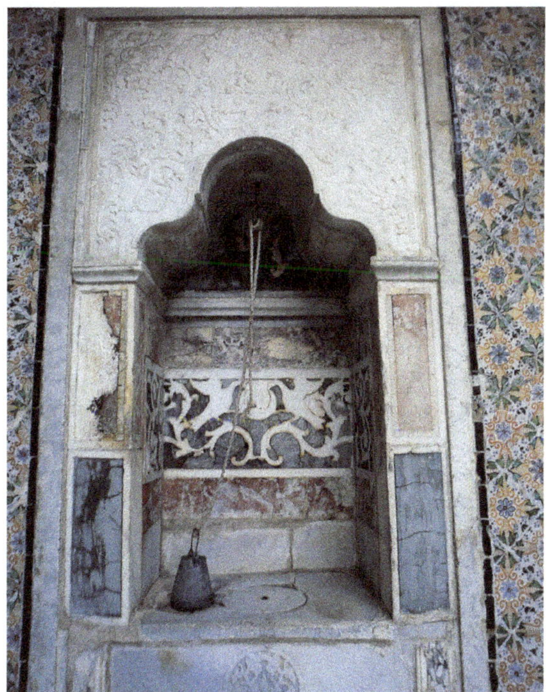

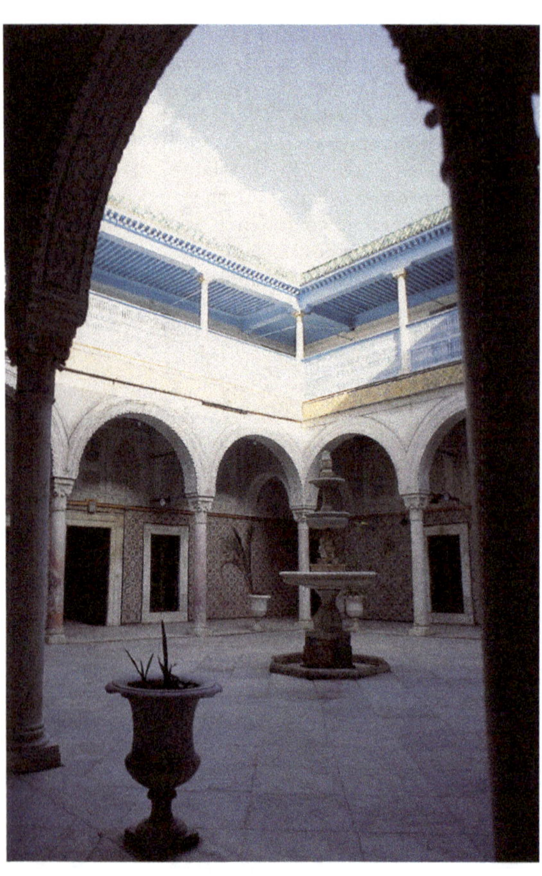

Dar Ben Abdallah, patio, Tunis.

au-dessus desquels se dressent des colonnes prismatiques, gravées d'épitaphes et surmontées d'un couvre-chef, lorsque le défunt était de sexe masculin. La forme en turban ou en tarbouch sculpté dans la pierre correspond au changement de mode dans le costume officiel. Les tombes des femmes sont signalisées par deux plaques de marbre, celle qui est du côté de la tête est gravée d'une épitaphe.

I.1.d **Dar Ben Abdallah**

Suivre le fléchage jusqu'à la rue Sidi Kacem. Entrée payante. Horaires: de 9:30 à 16:30. Fermé le lundi. Toilettes.

Un marché de fruits et légumes et d'autres produits alimentaires occupe le début de la rue des Teinturiers, axe important de la médina reliant le boulevard Bab Jedid à la Grande Mosquée.

Le Dar Ben Abdallah, dont l'histoire nous est connue depuis 1796, changea deux fois de mains avant d'être acquis par Mohamed Tahar Ben Abdallah qui lui donna son nom. Ce riche tisserand de la soie y résida de 1291/1875 à 1316/1899 puis un peintre français, Albert Aublet, l'acheta. Cet esthète procéda à d'importants travaux de réfection qui seront repris en 1941, lorsque la Direction de l'Instruction Publique et des Beaux-Arts y installa l'Office des Arts tunisiens. Au lendemain de l'Indépendance, le Dar Ben Abdallah fut aménagé en Musée Régional de Tunis.
Son plan et sa décoration ne diffèrent pas de ceux des autres palais de la médina. Nous nous arrêterons plus particulièrement sur le mobilier traditionnel du XIIIe/XIXe siècle qui s'y trouve exposé. La pièce s'organise selon un plan affectant la configuration d'un T renversé. Face à l'entrée se trouve un *qbou,* ou défoncement central, meublé de banquettes en fer à cheval. Le décor conventionnel de cette alcôve affiche une prédilection pour les glaces et les cristaux importés de Venise. Suspendues à hauteur du plafond, les glaces surmontent une étagère en bois peint sur laquelle sont disposées les collections de fioles et de vases, en cristal

coloré. Le grand lustre marque l'importance de cette alcôve réservée à la réception.
De part et d'autre de ce *qbou* s'ouvrent deux *maqsoura* ou chambrettes, dont l'usage varie selon les besoins: elles pouvaient servir de chambre d'enfant ou d'espace de rangement. Aux extrémités de la pièce, deux alcôves abritent des lits latéraux. Pour accentuer l'intimité de cet espace, un dais de bois peint en rabaisse la hauteur sous plafond, alors que de lourds rideaux l'isolent du reste de la pièce. Au pied du lit, la banquette légèrement plus basse permet de se reposer, s'habiller ou de prendre le petit déjeuner. Dans la *maqsoura* de la "salle de la mariée" une belle collection de coffres, dit, par sa variété, l'importance de cet élément dans l'ameublement traditionnel. Les coffres couverts d'argent ou de nacre, au fond tapissé de velours ou de satin matelassé servaient à ranger argent et bijoux tandis que les grands coffres en bois peint, sculpté ou orné de clous étaient utilisés pour le rangement du linge et des vêtements.

I.1.e **Dar Othman**

Rue Mebazza. Horaires: de 8:30 à 13:00 et de 15:00 à 18:00 sauf le vendredi après-midi.

Depuis l'édification de la casbah par les Almohades et son réaménagement par les Hafsides, la citadelle réunit le siège du gouvernement et les palais résidentiels des souverains. Othman Bey (1002/1594-1018/1610) choisit de dissocier les affaires de l'État de celles de sa vie familiale, en se faisant construire une résidence dans le quartier des Teinturiers, encore peu urbanisé, puisqu'il ne sera doté d'une mosquée qu'un siècle plus tard. La sécurité établie a permis le développement de l'agriculture dans les campagnes, l'essor de l'artisanat et du commerce dans les villes. L'accueil favorable que ce souverain réserva aux immigrés andalous contribua à cet essor économique. D'autre part, grâce à une flottille bien armée,

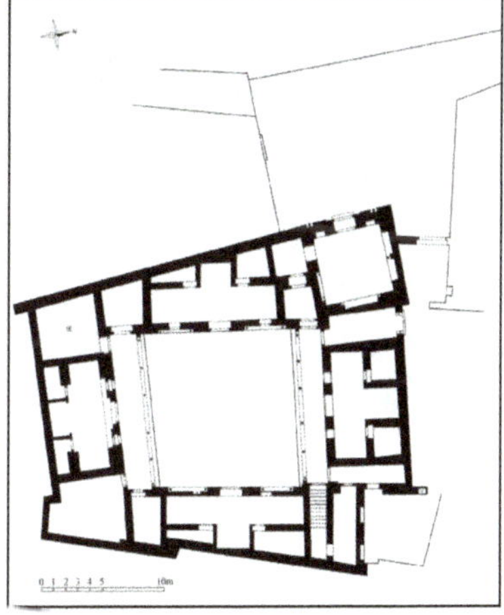

Dar Othman, plan du rez-de-chaussée, Tunis.

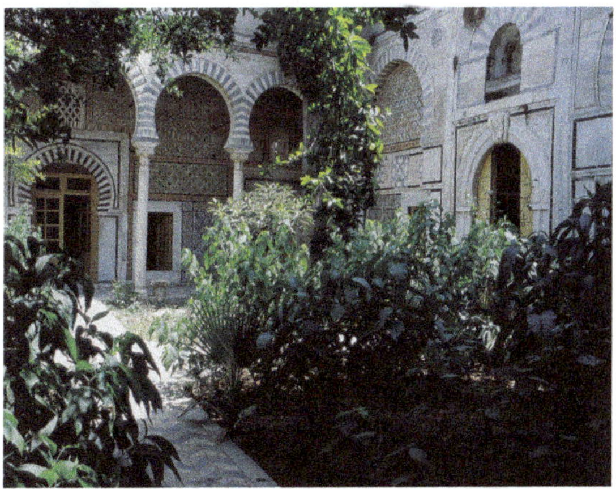

Dar Othman, patio, Tunis.

Dar Hussein, galerie à l'étage, Tunis.

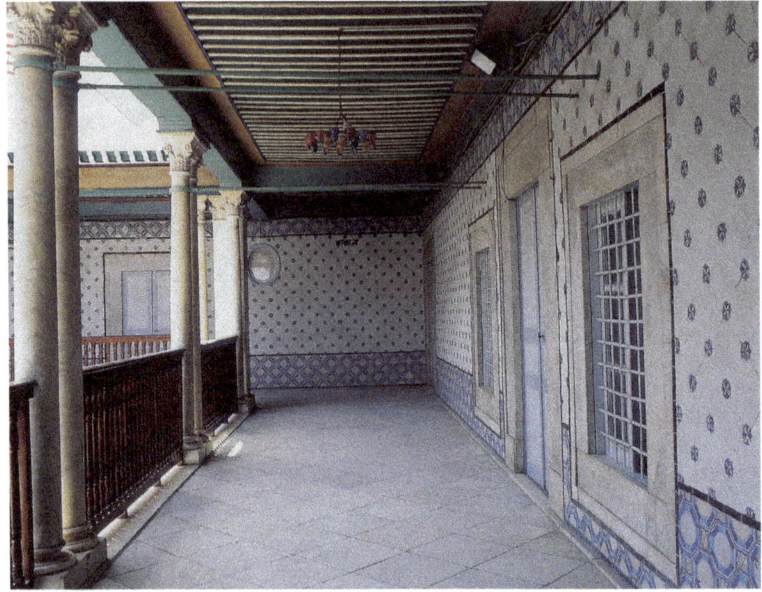

Dar Hussein. plan du rez-de-chaussée, Tunis.

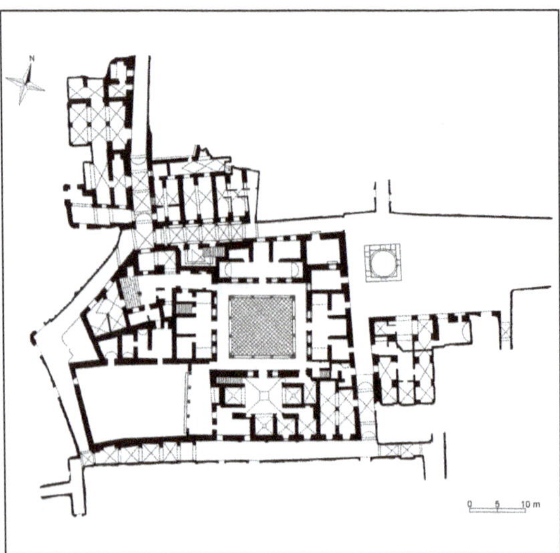

il "organisa la Course et ses mains se remplirent de butins".
Othman Dey occupa ce palais jusqu'à sa mort en 1018/1610. Depuis lors, celui-ci fut affecté à plusieurs usages: résidence du Bey Hussein Ben Mahmoud (XIIe-XIIIe/p.m. du XIXe siècle), service de l'intendance militaire, d'où le nom de *Dar el-Aula* (maison de provisions) encore donné aux lieux. Après une restauration par le service des Antiquités, il servit de cadre au musée Ethnologique (1936-1957). Aujourd'hui il est affecté au service de la Conservation de la Médina (Institut National du Patrimoine).
Il se distingue par une façade majestueuse. La porte droite est surmontée de deux linteaux appareillés, que sépare un arc brisé outrepassé à claveaux bicolores. Deux colonnettes de marbre superposées flanquent symétriquement la façade.

L'emploi généralisé du marbre blanc rehaussé d'incrustations de marbre noir, le chapiteau hispano-mauresque (*sqifa* et cour), ne sont pas sans rappeler les monuments hafsides du IXe/XVe siècle tels que Midha el-Soltan ou la zaouïa de Sidi Qacem el-Jelizi. Le patio, planté tardivement, s'étend entre deux portiques à cinq arcs brisés outrepassés d'une rare élégance. Cette succession d'arcs se poursuit sur les deux autres côtés de la cour en deux arcatures aveugles de part et d'autre d'un arc baroque d'influence italo-turque.

I.1.f **Dar Hussein**

De Dar Othman, revenir par la rue des Teinturiers à droite, suivre la rue souk el-Blat remonter la rue Kachachine, puis prendre la rue du Dey jusqu'à la place du Château.
Horaires: de 8:30 à 13:00 et de 15:00 à 18:00 sauf le vendredi après-midi. Toilettes.

Souk el-Blat est aujourd'hui celui des marchands de plantes médicinales aux étals qui débordent jusque dans la rue. On y trouve également quelques gargotes et restaurants populaires.

L'essentiel de l'édifice fut construit par Ismaïl Kahia, ministre et gendre de Ali Bey (1171/1758-1195/1781). Au début du XIIIe/XIXe siècle, Youssef Sahib el-Taba'a, ministre favori de Hammouda Pacha, qui avait fait fortune dans le commerce maritime grâce à une flottille personnelle, entreprit l'agrandissement et l'embellissement de ce palais en vue de son mariage avec la princesse Fatma, sœur de Hammouda Pacha. Son assassinat par ses rivaux mit fin à ce projet (1230/1815).

Le palais fut choisi par le bey comme siège de la municipalité que l'on venait de créer à Tunis (1274/1858). Le général Hussein, premier Président du nouveau Conseil Municipal, fut autorisé à habiter une partie du palais, qui porta depuis son nom.
En 1882, lorsque le général Forgemol, commandant des troupes françaises de Tunisie, entra à Tunis, il décida de s'installer avec son état-major dans ce bâtiment, symbole de l'autorité sur la capitale. Une place, l'actuelle Place du Château, gagnée sur un vieux cimetière, fut aménagée à l'occasion. L'entrée se faisait à partir de la *driba* conçue pour desservir les différentes parties du palais. Aujourd'hui, on accède à la "grande maison" directement à partir de la place. La cour à péristyle étale un riche revêtement. Les panneaux à *mihrab* de "Qallaline" alternent avec les panneaux de marbre incrustés d'éléments floraux turquisants. On doit certainement à des sculpteurs italiens l'exécution des chapiteaux de type néo-corinthien et le décor baroque de la citerne.

Dar Hussein, péristyle, Tunis.

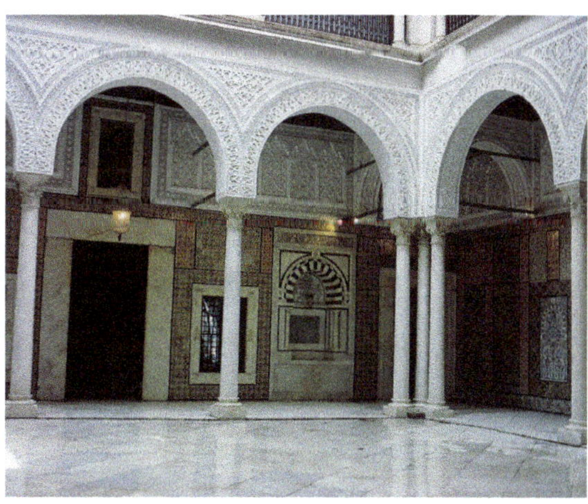

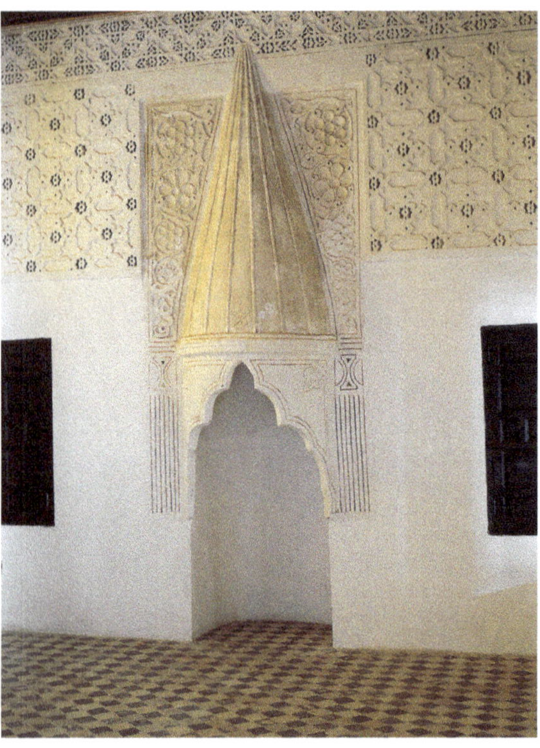

Dar el-Haddad, cheminée, Tunis.

Parmi les chambres, celle orientée vers le sud reproduit le plan du *bayt diwani*, salle d'apparat dont le modèle fut adopté au Dar el-Bey et au palais du Bardo. Les trois alcôves de la chambre classique en T ne donnent plus sur une pièce allongée mais sur une salle presque carrée. Une voûte en arcs de cloître, complétée au-dessus des alcôves par trois coupolettes de même type, constitue la couverture de cette salle où les stucateurs ont déployé tout leur savoir, en réutilisant les divers styles connus à l'époque: frise d'arceaux andalous à lambrequins et cercles à quatre boucles garnis de motifs géométriques et floraux, étoiles à huit branches et cyprès turquisants, vases italianisants déroulant de larges rinceaux sur les quatre pans de la voûte principale. Sous les étagères en bois peint, les murs sont lambrissés de faïence européenne.

L'étage des invités ou *dar el-dhiaf*, ajouté par Youssef Sahib el-Taba'a, autrefois à ciel ouvert, possède un péristyle à colonnes de marbre, soutenant des arcs cintrés à l'italienne. Coquille surmontant le linteau des portes et fenêtres, faïence de Sicile couvrant les murs, sont le signe du renouvellement de la décoration architecturale du début du XIIIe/XIXe siècle.

I.1.g **Dar el-Haddad**

9, impasse de l'Artillerie.
De Dar Hussein, prendre à droite en direction de la rue Ben Mahmoud. L'impasse de l'Artillerie est la première à gauche avant la rue Ben Mahmoud.

Edifié au sud-ouest des souks dans le vieux quartier des Beni Khourassan, le Dar el-Haddad est, sans doute, l'un des plus anciens palais de la Médina; sa construction remonterait au Xe-XIe/f. XVIe siècle.

Au début du XIIe/XVIIIe, le palais appartenait à Saïd El-Haddad el-Andalousi, riche fabricant de chéchias. La famille Haddad est l'une des plus grandes familles d'origine andalouse. Venue en Tunisie au Xe/XVIe siècle, cette famille s'installa à Tunis après un séjour à Tébourba.

Le commerce des chéchias établi entre Tunis et les pays méditerranéens était alors prospère. Au XIIIe/XIXe siècle, à la suite de la crise économique du pays, la fortune des Haddad périclita; il s'ensuivit l'abandon du palais et sa location à plusieurs familles. En 1966, il fut acquis par

la ville de Tunis et classé monument historique. Sa restauration, menée par les soins de l'Institut National du Patrimoine, vient de s'achever.
On notera l'originalité du plan, l'échelle des volumes et la richesse des solutions architecturales, pour rendre le palais fonctionnel et agréable. De part et d'autre de la *driba* —actuellement impasse—, anciennement fermée par des portes, se trouvent les dépendances du palais. Au fond de l'impasse, la porte à deux battants donne accès au palais proprement dit. La cour, que trois *sqifas* isolent de l'extérieur, est entourée de portiques sur trois côtés.
Les colonnes en *kadhal*, à chapiteaux hafsides, sont surhaussées d'impostes. Le quatrième côté de la cour est meublé de trois niches allongées. Deux banquettes de pierre garnissent à leur base les niches latérales. A l'étage, une galerie court sur les quatre côtés. Les colonnes, reposant sur des bases à pans coupés et groupés par trois aux angles, sont reliées par une balustrade en bois tourné. Contrairement à la répartition habituelle dans les palais, l'espace de service n'était pas séparé des habitations des maîtres. Il se répartit ici de part et d'autre de la salle d'apparat, qui fait face à l'entrée. Une partie servait de salle à provisions, l'autre, contenant le puits, donne accès à une courette sur laquelle s'ouvraient cuisine, hammam et latrines. L'une des six grandes pièces du palais, située à l'étage, présente un plan inconnu ailleurs. Elle comprend une chambre à défoncement central que flanquent quatre chambrettes latérales. C'est dans cet ensemble que se trouve l'unique cheminée turque connue dans la médina de Tunis. S'ouvrant dans un arc à lambrequins, cette cheminée est coiffée d'une hotte conique. Sa présence dans une ville où l'on ne connaissait, l'hiver, que le feu du brasero, mérite d'être relevée.

I.1.h **Le quartier de la casbah**

De Dar el-Haddad remonter vers la place du Gouvernement par souk el-Sakkajine et le boulevard Bab Mnara à droite.

Le quartier de la casbah s'est développé autour de la citadelle, sur les hauteurs de la frange ouest de la médina. Il constitue depuis le IIIe/IXe siècle un lieu privilégié par le pouvoir. C'est là qu'au VIIe/XIIIe

Tourbet Laz, la casbah, Tunis, aquarelle du XIXe siècle.

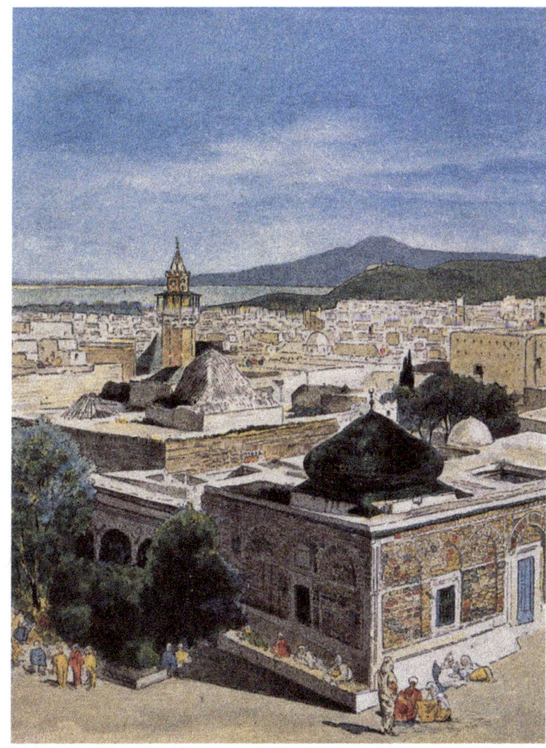

siècle se sont installés les gouverneurs du calife almohade de Marrakech. L'un d'eux, Abou Zakariya el-Hafsi, se proclamant indépendant, fait de Tunis sa capitale et procède à la reconstruction de la casbah. Celle-ci est dotée d'une mosquée "royale" dont le minaret, encore debout, reprend l'ornementation des tours almohades de la mosquée de la casbah de Marrakech, de la tour Hassan à Rabat et de la Giralda de Séville.

La casbah de Tunis, défendue par de puissantes murailles, renferme le palais dans lequel le sultan réunit son conseil et donne ses audiences ainsi que sa résidence privée, les casernes pour sa garde et les soldats chargés de la défense de la place. Il en est ainsi jusqu'à l'époque husseinite (XIIe/XVIIIe). Les souverains choisissent alors d'habiter à l'extérieur, au Dar el-Bey, juste aux pieds de la citadelle. Celle-ci n'a pas perdu pour autant son rôle militaire et sa valeur de symbole du pouvoir. Occupée par l'armée française durant le Protectorat, elle est rasée au lendemain de l'Indépendance. Le nouvel Hôtel de Ville marque l'affirmation de l'autorité de l'Etat tunisien. De part et d'autre de la citadelle et autour du Dar el-Bey, s'est développé depuis le XIIIe-XIVe/XIXe siècle un quartier administratif qui se distingue par l'homogénéité de son architecture de style arabisance. Ce courant se définit comme un essai de "rapprocher les éléments respectifs de l'une dans le registre stylistique de l'autre". De cette adaptation si originale de l'art islamique, Tunis —comme les grandes métropoles maghrébines— garde jalousement les plus belles œuvres dont nous citerons le Ministère des Finances (1892), le Ministère de la Défense Nationale (1894), le collège Sadiki (1897), le Palais de Justice (1902).

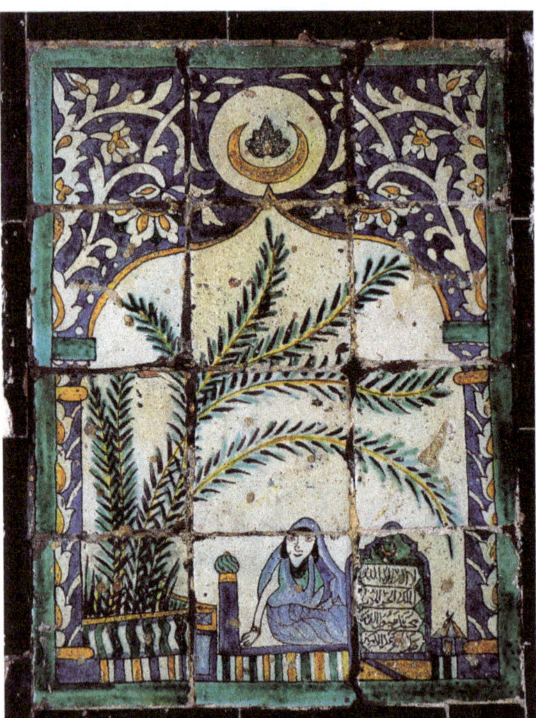

Café Mnouchi, céramique murale, Tunis.

I.1.i **Café Mnouchi**

Vers le milieu de souk Leffa, dans le prolongement de souk el-Sakkajine, une ancienne oukala aux belles faïences, aménagée en café.

L'*oukala* el-Mnouchi, du nom de son propriétaire actuel, est un ancien lieu d'hébergement pour commerçants étrangers à la ville. A la différence des fondouks, souvent localisés près des portes et accueillant des commerçants en produits volumineux, les *oukalas* sont réservées

aux commerçants en produits précieux tels que l'or, la soie, les parfums et épices. Ce caractère "noble" explique leur implantation non loin de la Grande Mosquée et leur architecture raffinée si l'on en juge d'après l'*oukala*, objet de cette présentation.
L'*oukala* el-Mnouchi ne se distingue pas par l'originalité de son plan: cour centrale à portiques, encadrée par les chambres. Ce qui lui confère un caractère unique c'est la thématique des revêtements de carreaux de céramique qui la décorent. Il s'agit du seul exemple connu à Tunis et même en Tunisie où la figuration d'êtres animés est largement présente. Les fraîches compositions figuratives, aux couleurs pures, représentent des animaux (oiseau, paon, gazelle, lionne) et des personnages dont une femme. Celle-ci, assise près de la tombe d'un être cher, est représentée drapée d'un voile, le visage découvert, le bras nu. Fantaisie d'un artiste anonyme, complétée par un poème d'amour inscrit dans des cartouches horizontaux qui courent en frise couronnant l'ensemble.
L'*oukala* est aujourd'hui réaffectée en café très animé par les joueurs de cartes jeunes et moins jeunes.

A la sortie de Souk Leffa, dans le Souk el-Trouk, el-Dar est un ancien appartement qui n'a pas de patio, comme il s'en trouve dans les maisons classiques. Il est aménagé en magasin d'antiquités. L'ancienne cuisine donne une idée de la disposition des lieux.

I.1.j **Caserne el-Attarine**

Descendre Souk Leffa vers la Grande Mosquée et prendre la rue Souk el-Attarine où se trouve la caserne qui abrite aujourd'hui une annexe de la Bibliothèque Nationale. Il y est interdit de photographier.

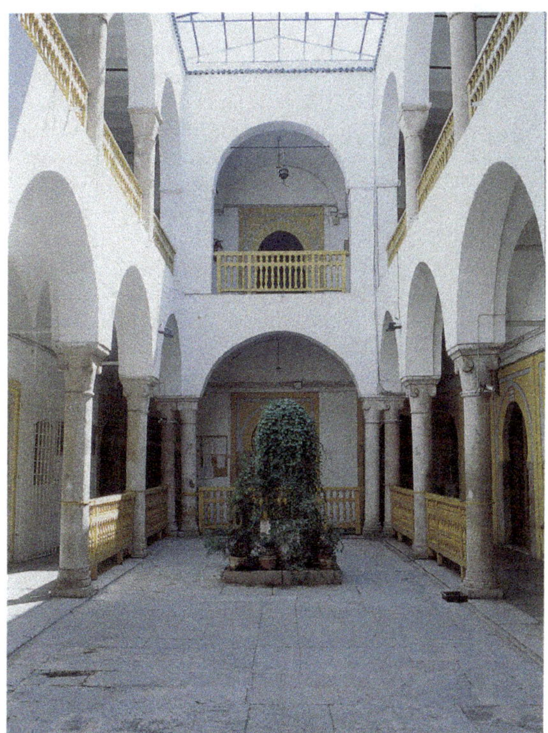

Caserne el-Attarine, patio, Tunis.

Le bey Hammouda Pacha, fondateur de cette caserne, porta une attention particulière aux ouvrages militaires. Cinq casernes intra-muros furent édifiées dont celle du souk *el-Attarine*. L'entrée droite donne accès à une cour oblongue, encadrée de galeries superposées. A l'abri des galeries, s'ouvrent les chambrées dont quelques-unes portent encore, au-dessus de l'entrée, le nom de la compagnie des janissaires qui l'occupait. Dès l'installation du Protectorat, l'administration coloniale installa dans cette caserne la Direction des Antiquités et une bibliothèque. En 1958, l'Institut National d'Archéologie et d'Arts remplaça la Direction des Antiquités et fut transféré au Dar Hussein. La bibliothèque, réorganisée et enrichie par des milliers d'ouvrages et de manuscrits arabes provenant de la Grande Mosquée et des médersas de la médina, devint depuis la Bibliothèque Nationale. C'est la mieux fournie et la plus importante des Bibliothèques tunisiennes.

Souk el-Attarine: parfums, encens et henna (poudre verte qui donne une teinte rougeâtre, utilisé par les femmes qui s'en décorent les cheveux et les mains).

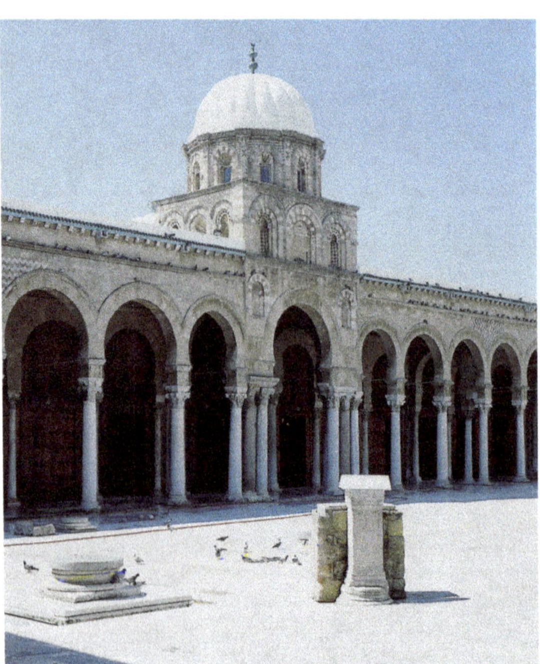

Grande Mosquée, nartex, Tunis.

I.1.k **Caserne Sidi el-Morjani** (option)

Prendre la rue des Tamis sur la droite puis la rue Jama' el-Zitouna, à gauche. Ce monument abritant une annexe de la Bibliothèque Nationale donne sur la rue Jama' el-Zitouna. Il y est interdit de photographier.

Construite par Hammouda Pacha au début du XIIIe/XIXe siècle, elle fut désaffectée en 1290/1874 pour accueillir la nouvelle institution que fut le Collège Sadiki avant la construction des locaux modernes sur les hauteurs de la casbah (1897). La caserne abrita l'administration chargée de la gestion des *habous* jusqu'à leur abolition en 1956. Elle est aujourd'hui rattachée à la Bibliothèque Nationale, avoisinante.

I.1.l **La Grande Mosquée de la Zitouna**

Remonter la rue Jama' el-Zitouna.
Entrée payante. Horaires: de 8: 00 à 12: 00 tous les jours sauf le vendredi.

Située au cœur de la ville, la Grande Mosquée, appelée aussi *el-Zitouna*, mosquée de l'Olivier, est le plus vaste et le plus vénérable sanctuaire de Tunis. Sa fondation se confond avec celle de la cité (78/698). Elle bénéficia de grands travaux, menés en 113/732 par le gouverneur Abdallah Ibn el-Habhab, auquel certaines sources attribuèrent à tort cette fondation. C'est à l'émir aghlabide Abou Ibrahim Ahmed (241/856-249/864) que nous devons l'essentiel du monument actuel. Ce prince démolit complètement la première mosquée et la rebâtit.

Comme la mosquée de Kairouan, la Zitouna répond au plan dit basilical dans lequel les nefs se dirigent en profondeur, perpendiculairement au mur de fond. C'est un type qui apparaît de bonne heure en Syrie-Palestine dans la mosquée el-Aqsa à Jérusalem. Comme à Kairouan, la salle de prière hypostyle est précédée d'une cour, *sahan*, le plafond en charpente repose sur 184 colonnes et chapiteaux antiques délimitant 15 nefs de 6 travées. Les éléments antiques employés dans cet édifice proviennent pour l'essentiel des ruines de Carthage. Leur utilisation atteste de l'ingéniosité des architectes du IIIe/IXe siècle qui, à partir d'éléments épars, créaient des œuvres d'une parfaite harmonie. La nef médiane ainsi que la nef transversale du transept sont plus larges que les autres et se croisent à angle droit au-devant du *mihrab*. La figure en T créée par ces deux nefs est à rapprocher, selon certains historiens de l'art, de basiliques telle celle de la Nativité à Bethléem. Le devant du *mihrab* est marqué par une coupole datée par inscription de 249/864. Elle présente de l'extérieur une calotte à cannelures qui repose sur un tambour octogonal, supporté par une base carrée. Une inscription, également du IIIe/IXe siècle, court en frise le long de la façade de la salle de prière.

La mosquée était entourée d'un mur de pierre en gros appareil; deux tours d'angle, dont l'une est encore visible à l'angle nord-est situé à droite de l'entrée principale, attestent du rôle défensif que jouaient les premières mosquées. Parmi les six portes qui donnent accès à la mosquée, la porte de l'Imam, donnant sur le souk de la Laine, présente un encadrement romain, décoré de feuilles d'acanthes où l'on remarque la suppression par martelage de certains motifs figuratifs.

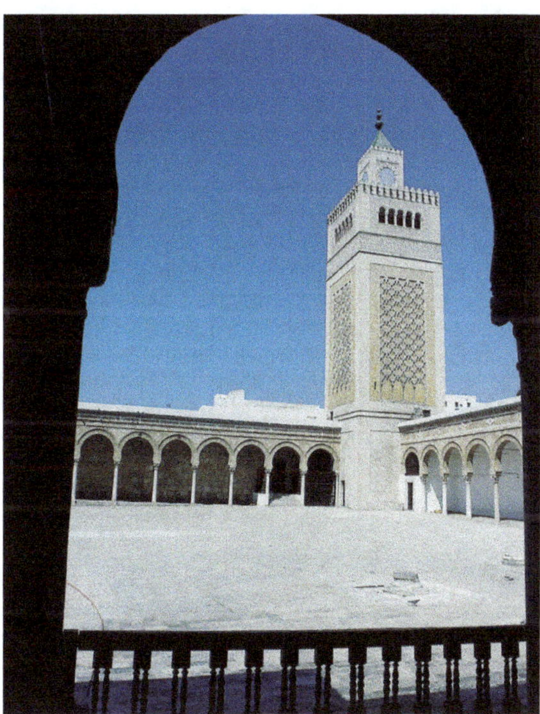

Grande Mosquée, patio et minaret, Tunis.

Aux Fatimides, ou plutôt aux Zirides, la Zitouna doit le narthex et la coupole du *bahou* qui marque l'axe de la façade. L'apparition des assises alternées bichromes n'est pas sans nous rappeler Cordoue ou les monuments omeyyades de Syrie-Palestine, comme la Coupole du Rocher; à moins que nous n'assistions là à la reviviscence d'une tradition locale dont nous avons une représentation dans une mosaïque romaine du Bardo. La profusion des niches rattache la coupole à l'art fatimide.

Au Ve/XIe siècle, les Beni Khourassan ouvrirent largement la mosquée sur son environnement en augmentant de 6 à 12 le nombre des portes. Celle donnant sur le souk *el-Attarine* est surmontée d'une inscription la datant de 473/1081. Les interventions des Hafsides ont enrichi la Zitouna d'éléments décoratifs hispano-mauresques à entrelacs géométriques tels ceux réalisés sur les boiseries des portes isolant la salle de prière de la cour: œuvre de Abou Yahya Zakariya. De cette époque, date la belle façade aux fenêtres géminées de la bibliothèque de Abou Amr Othman, formant l'angle sud-est à l'extrême gauche de l'entrée principale. Cette période a connu un important accroissement démographique, ce qui a nécessité l'aménagement d'une cour latérale à l'est.

Aux époques turque et husseinite, seules trois interventions architecturales méritent d'être signalées parce qu'elles ont modifié l'aspect de l'édifice. Il s'agit de la couverture de la cour latérale ainsi que de l'embellissement des trois galeries de la cour principale et du minaret. En 1096/1685, l'imam el-Bekri ordonna la couverture de la cour latérale par un plafond plat, soutenu par une triple colonnade à chapiteau hafside en *kadhal*, pierre calcaire locale. Le Premier ministre Khaznadar dota les trois galeries de la cour principale de colonnes à chapiteaux composites en marbre blanc d'Italie, directement importé de la Péninsule, comme il était désormais d'usage pour tout le marbre utilisé dans les constructions tunisiennes. La dernière retouche apportée à ce prestigieux monument fut l'édification du minaret actuel qui remplaça un minaret plus modeste. La tour actuelle mesure 43 m et reprend le décor du minaret almohade de la mosquée de la casbah.

Médersa el-Bachiya, détail d'un banc, Tunis.

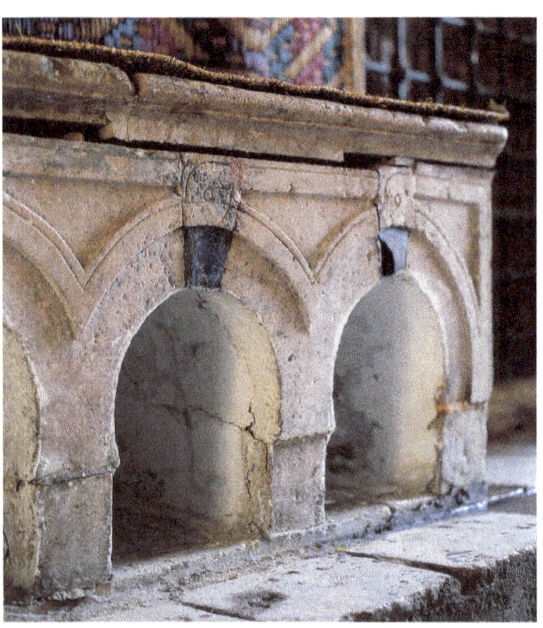

I.1.m **Médersa el-Bachiya**

En sortant de la Grande Mosquée prendre à droite la rue des Libraires; le monument est en face du hammam Kachachine.

Comme son nom l'indique, la rue des Libraires est un ancien souk aux livres, activité noble située aux alentours de la Grande Mosquée. Face à la médersa, le café et le hammam Kachachine sont des lieux typiques de la médina.

La médersa est une institution qui fit son apparition en Orient au Ve/XIe siècle. Lieu d'hébergement et centre d'étude, elle accueillait les étudiants étrangers. La première médersa du Maghreb fut la "*Chamma'iya*", fondée à Tunis en 635/1238 par le sultan hafside Abou Zakariya. Depuis et tout au long de l'époque hafside, souverains et princesses, ministres et mécènes ne cessèrent d'en construire, confirmant l'importance de Tunis en tant que centre universitaire et foyer culturel.

Négligé au début de l'époque turque, l'enseignement s'améliora dès l'avènement de la dynastie husseinite qui avait besoin tant de l'appui du monde religieux que des services de bons fonctionnaires maîtrisant la langue turque. De nombreuses médersas, dispensant un enseignement selon le rite malékite et hanéfite, virent le jour. Ali Pacha, fondateur de la Bachiya, compta à son actif quatre autres médersas.

Construit en 1165/1752, l'édifice reproduit le plan classique d'une médersa. Des chambres individuelles pour le logement des étudiants s'ouvrent sur les trois côtés de la cour centrale alors que le quatrième côté est occupé par un *masjed*: salle de prière mais aussi salle de cours et bibliothèque. A droite de l'entrée, on remarque un *sabil* ou fontaine publique, que Ali Pacha adjoignit à sa fondation pieuse. Un bac en pierre, placé derrière les barreaux d'une fenêtre, était constamment rempli d'eau. Les passants pouvaient, à l'aide de tasses en cuivre placées sur le rebord de la fenêtre, se servir à travers les barreaux.

Pour assurer l'entretien de cet établissement, le fondateur a constitué *habous*, biens inaliénables, quarante immeubles dont la rente était affectée exclusivement à cet effet. Ce document tiré du registre des *habous* husseinites nous livre le règlement de l'établissement dont voici en substance les principaux points:

La médersa doit dispenser un enseignement selon le rite hanéfite. Elle compte treize chambres dont l'usage est strictement individuel. (Plus tard, les médersas furent sur-occupées et les étudiants vivaient à deux et parfois à trois par chambre après y avoir aménagé des mezzanines.)

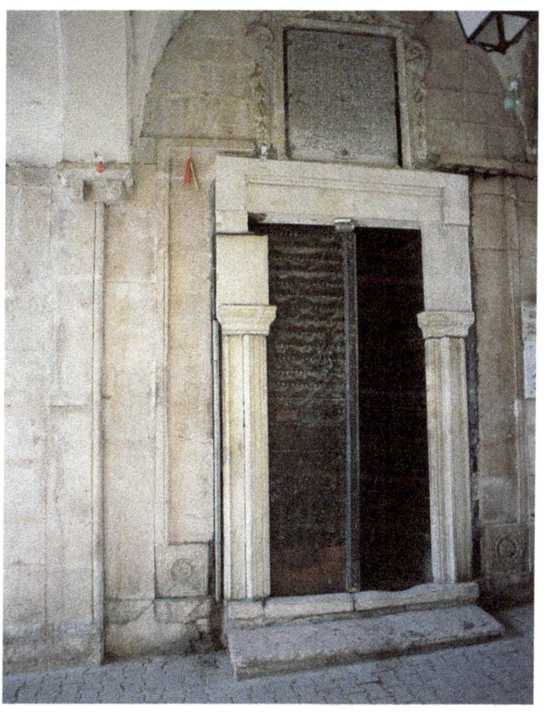

Médersa el-Bachiya, entrée principale, Tunis.

En plus du logement, les étudiants bénéficient d'une bourse. Ils ont l'obligation de suivre régulièrement les trois cours quotidiens et de résider en permanence dans les lieux. Ils peuvent cependant bénéficier d'une absence dont la durée ne doit pas dépasser deux mois en cas de voyage et une année en cas de pèlerinage à La Mecque.

Le professeur doit être de rite hanéfite. Il assure trois cours par jour, répartis en trois séances. Il est en outre l'Imam en titre du *masjed* de la "médersa" et doit assurer la direction des cinq prières quotidiennes. Il reçoit en contrepartie un salaire régulier.

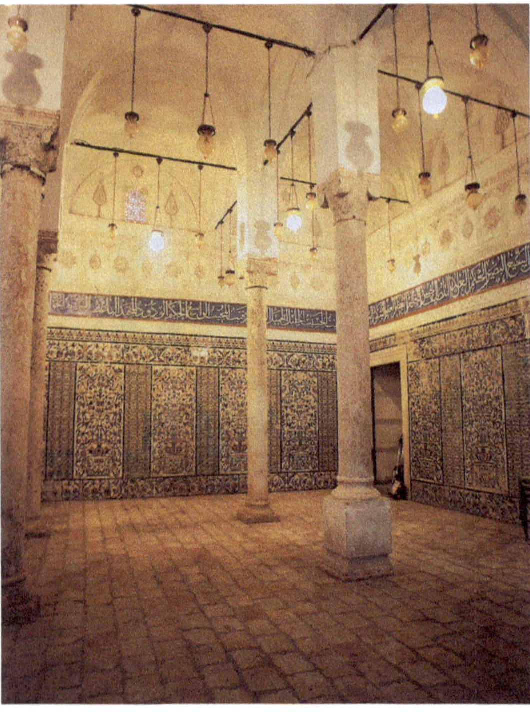

Médersa Slimaniya, salle de prière, Tunis.

Aujourd'hui les étudiants habitent des foyers modernes et les anciennes médersas ont été restaurées et réaffectées à diverses activités. La Bachiya abrite une école de formation de métiers artisanaux.

I.1.n **Tourbet Ali Pacha** (option)

Le monument se trouve à l'angle de la rue des Libraires et de la rue de la Médersa Slimaniya, jouxtant le monument précédent.

Placé entre deux médersas fondées par lui, Ali Pacha ne pouvait mieux choisir son lieu de sépulture. Son œuvre dédiée à l'enseignement est le meilleur gage de la paix de son âme. Ce monument se compose d'une entrée en chicane donnant accès à une cour à portique. Les fines colonnes de marbre et le revêtement des murs de la cour ne diffèrent aucunement du décor d'une demeure. La salle à coupole, jadis chambre funéraire, est la plus belle preuve de l'habileté des stucateurs. Les sculpteurs de stuc ont transformé le plâtre en une véritable dentelle. Le motif de base n'est autre que le vase à bouquet étalant ses larges rinceaux. L'artiste joue avec cette composition, désormais classique, pour l'adapter aux surfaces tapissées, en lui donnant les formes des plus variées: formes effilées en pointe, rayonnantes à partir de la clef de voûte, triangulaire sur les pendentifs, rectangulaires sur le tambour. Des colonnes groupées par trois, aux quatre angles, reçoivent la retombée de cette voûte. La marqueterie de marbre polychrome revêtant les murs reprend un décor introduit par Hammouda Pacha el-Mouradi un siècle auparavant. Elle n'est pas sans rappeler la technique italienne de marqueterie. Ce monument abrite aujourd'hui l'Association des Anciennes du Lycée de la rue du Pacha. Jeunes et moins jeunes, les ex-Lycéennes s'y retrouvent autour d'activités sociales, culturelles ou simplement de détente.

I.1.o **Médersa Slimaniya**

Situé dans la rue du même nom, le monument fait angle avec le monument précédent.

La construction de cette médersa a été ordonnée par Ali Pacha en 1167/1754. Elle fut dédiée à la mémoire de son fils

Suleiman, mort empoisonné par son propre frère. Pour attirer la sympathie de la population locale, il affecta cette œuvre aux étudiants malékites, contrairement à la Bachiya. Cette médersa se distingue, sur le plan architectural, par une entrée sous un élégant porche monumental élevé sur des colonnes à chapiteaux turcs que couronne une corniche en tuiles vertes.

I.1.p **Les souks**

Souk el-Attarine

On attribue aux premiers Hafsides (VIIe/XIIIe-VIIIe/XIVe siècle) la création des souks dont la Grande Mosquée constitue le cœur. Seuls les souks "nobles", ne causant aucune nuisance de bruit ou d'odeur, côtoient ce vénérable sanctuaire.
Longeant la façade nord de la Zitouna, le souk des Parfumeurs, *el-Attarine,* a gardé sa fonction d'origine qui est la vente d'essences de parfums, d'encens, ainsi que celle de différents ingrédients (minerais et plantes) utilisés dans la préparation des produits de beauté traditionnels qui continuent à avoir cours, malgré l'invasion des produits industriels.
Bougies et cierges se trouvent ici en bonne place. Réunis en chandelier à cinq branches, ils constituent l'offrande privilégiée aux saints, et brûlent pendant la cérémonie de l'application du henné à la mariée. Les corbeilles capitonnées de satin aux couleurs pastel sont destinées à contenir les cadeaux offerts par le fiancé à sa future épouse.
Comptoirs et étagères en bois sculpté (voir boutique n° 43) attestent de l'ancienne richesse de cette corporation. Au XVe siècle, Anselme Adorne notait que "les boutiques des parfumeurs vendaient leurs longs flacons décorés à une clientèle nombreuse et elles étaient les dernières à fermer chaque soir".

Souk el-Qoumach

A l'ouest, la Grande Mosquée ouvre sur le souk des Etoffes, *el-Qoumach*, fondé par le Sultan Abou Amr Othman au IXe/XVe siècle. Il se présente comme une œuvre architecturale homogène répondant à une conception d'ensemble. Un souk n'est donc pas le résultat d'une juxtaposition spontanée de boutiques le long d'une voie.

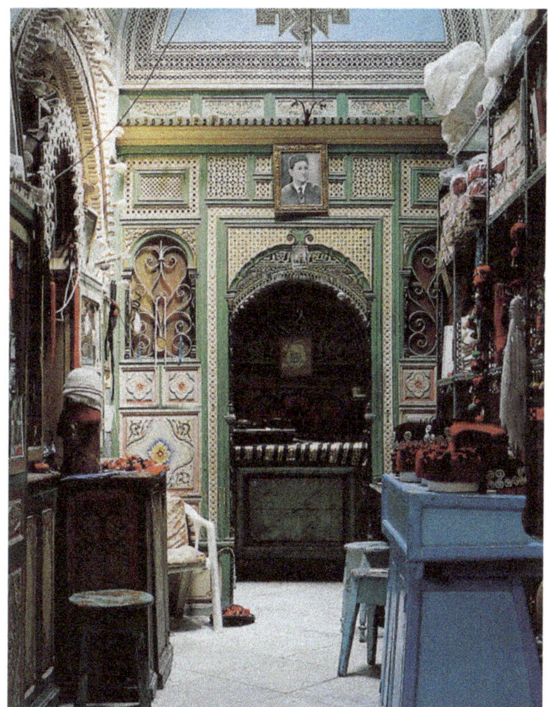

Souk des chéchias, boutique d'un artisan, Tunis.

Dar Lasram, patio, Tunis.

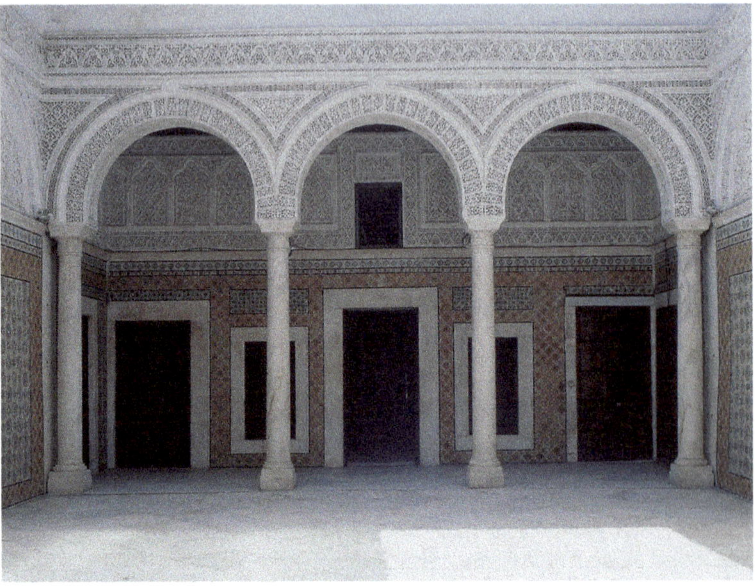

Deux rangées de colonnes en pierre divisent l'espace en trois allées. L'allée centrale conçue pour la promenade et la circulation, est plus large que les allées latérales sur lesquelles donnent les boutiques. Couvertes de berceaux longitudinaux, ces allées prennent le jour par des lanterneaux perçant la voûte centrale. Le même système de lanterneaux permettait l'éclairage naturel des boutiques, avant la généralisation des faux plafonds, des mezzanines et l'invasion du néon.
Deux portes défendent l'accès du souk. Celle du côté du souk *el-Attarine* est flanquée de deux colonnes à chapiteaux hispano-maghrébin “que l'on dirait envoyés par Fès ou par Grenade si quelques détails de composition et de facture n'attestaient une fabrication locale”, nous dit Georges Marçais.

I.1.q **Dar Lasram**

Prendre la rue Sidi Ben Arous, continuer rue du Pacha jusqu'à la rue de la Hafsia. Tourner à droite, puis, à gauche, prendre la rue du Tribunal jusqu'au monument. Dar Lasram est à environ 15 minutes de la mosquée de la casbah. Parking place du Tribunal. Toilettes.

La rue du Pacha, qui fut l'une des rues aristocratiques de la médina, rassemble de nombreux marchands de drapeaux.
La place Romdhane Bey présente quelques balcons de style rococo.
Rue du Tribunal, un hammam fait angle avec l'entrée des anciennes écuries de Dar Lasram, aujourd'hui Club Culturel Tahar Haddad.
Quartier d'habitation, cette partie de la médina offre quelques scènes particulières, comme la tortueuse et si étroite rue de la Noria.

Hammouda Lasram, riche propriétaire terrien et haut fonctionnaire militaire, se fit construire, à l'aube du XIIIe/XIXe siècle, ce palais, qui abrita de génération en génération ses descendants jusqu'en 1964. Mis en vente, il fut acquis par la commune et affecté en 1968 à l'Association de Sauvegarde de la Médina qui procéda à sa restauration et à son réaménagement. Les composantes essentielles d'un palais se trouvent réparties sur trois niveaux. Le rez-de-chaussée est occupé par les communs, un rez-de-chaussée surélevé comprend l'habitation principale, l'étage est réservé à la maison des invités. La façade est marquée par une grande porte cloutée inscrite dans un double encadrement de *kadhal* et de grès sablonneux, *harch*. Un sarcophage romain, à peine reconnaissable, forme une large marche qui permettait au cavalier de descendre aisément de sa monture, sans mettre pied à terre. Une fenêtre haute en saillie, *guénariya*, soutenue par de solides consoles en pierre de taille, agrémente cette façade.

L'entrée, par sa configuration en chicane, protège le cœur de la demeure du regard extérieur et de toute incommodité venant de la rue. La succession de vestibules permettait de desservir les espaces intérieurs, selon une hiérarchie établie en fonction des rapports plus au moins intimes avec les propriétaires. La *driba*, premier vestibule, munie de banquettes en maçonnerie, servait de salle d'accueil pour les visites courtes et les réunions d'affaires. Une pièce, à droite de l'entrée appelée la chambre des veillées, "*bayt el-sahra'*", était réservée, le jour, au *meddeb*, précepteur, et le soir, aux veillées des hommes de la maison et de leurs amis les plus proches. A gauche de l'entrée, un escalier conduit vers l'étage des hôtes, le "*dar el-dhiaf*". Cet étage indépendant, organisé autour d'une cour, permettait de recevoir sans déranger le cours de la vie familiale, car les invités n'étaient pas forcément amis ou proches. Les étrangers de marque de passage dans la ville —dignitaires, savants célèbres, grands commerçants— eu égard à leur rang social, étaient reçus par les notables de la ville. Le commun des voyageurs avait à sa disposition un réseau de fondouks. La *driba* se prolonge par un deuxième vestibule qui dessert le "*dar el-harka*", la maison de service. Cuisines et chambres des domestiques se distribuent autour d'une cour où la simplicité des matériaux contraste avec la richesse de la cour des maîtres. Le *kadhal* rose remplace le marbre; il forme l'encadrement des portes, les colonnes et les chapiteaux ainsi que le revêtement du sol. De cette cour on accède au *makhzen*, magasin à provisions, écurie et remise pour les carrosses. Arcs et voûtes en briques, retombant sur des gros piliers en pierre s'assemblant avec beaucoup de soin, témoignent de la maîtrise millénaire de l'art de bâtir. Deux jardinets intérieurs prolongent cet espace, qu'une

Dar Lasram, plafond peint, Tunis.

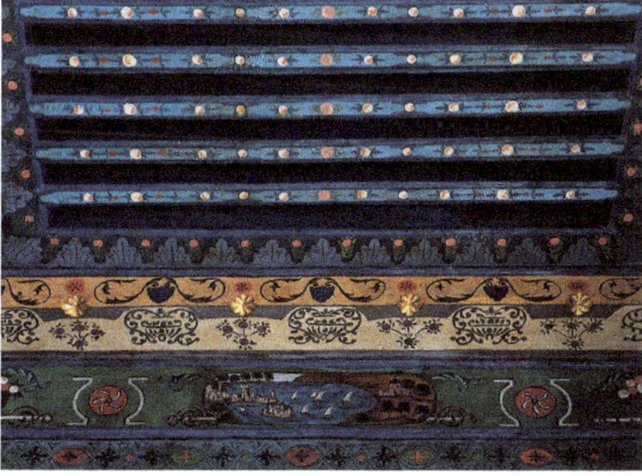

porte met en communication directe avec la rue. L'ensemble, réaménagé, sert aujourd'hui de cadre à des manifestations culturelles et artistiques: le Club Tahar Haddad.

L'habitation principale, le "*dar el-kebira*", regroupe les appartements des différentes branches qui occupaient le palais, dans le cadre de la famille patriarcale. Elevé au-dessus du *makhzen*, elle occupe le fond de la parcelle, isolée de la rue par la *driba* et les trois vestibules qui la prolongent. La cour est agrémentée par deux portiques opposés, à colonne de marbre et chapiteaux néo-doriques. Les deux chambres latérales conservent le plan classique en T alors que la salle d'apparat, située face à l'entrée, se distingue par son plan cruciforme. Cette particularité est réservée à certains palais imposants. La cour, ainsi que ces trois salles, présentent une unité dans le style du décor: céramique de *Qallaline* au bas des murs, plâtre sculpté dans les parties hautes et plafonds en bois à décor floral italianisant. D'inspiration différente est la salle occupant le quatrième côté de la cour. Elle est rectangulaire, on y pénètre par une porte extrême et non médiane, sous un élégant petit portique à quatre colonnettes et trois arcs en accolade. Une rangée de fenêtres basses et de placards, à panneaux en bois sculptés, dans un encadrement de marbre polychrome, meuble les trois façades de la pièce. Le plafond de bois sculpté doré et peint reproduit les motifs étoilés d'inspiration hispano-mauresque. Cette salle a pris modèle sur le "*bayt el-ftour*", salle à manger du Dar el-Bey et du palais du Bardo. Ces pièces conviennent mieux au mobilier européen adopté par la famille régnante à partir du XIIIe/XIXe siècle et copié par l'aristocratie.

I.1.r **Bab el-Bhar**

Au bout de la rue Jama' el-Zitouna, à l'extrémité de l'avenue de France, ce monument

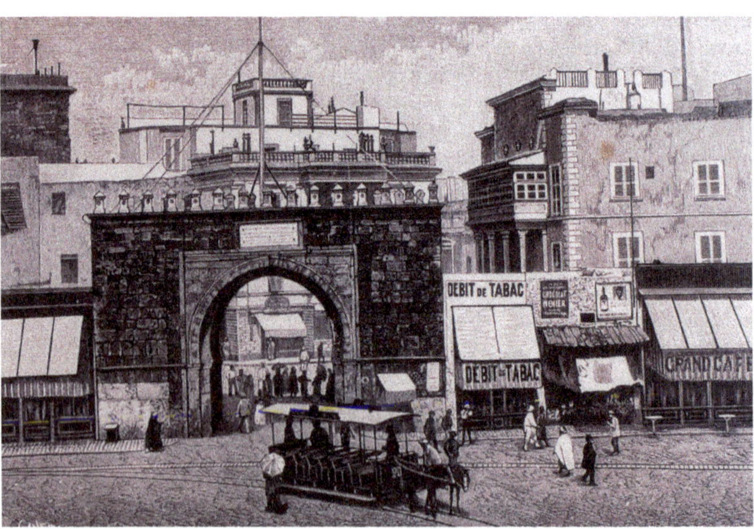

Bab el-Bhar, aquarelle du XIXe siècle, Tunis.

marque la frontière entre la médina et la "ville coloniale". Bab el-Bhar à environ 25 minutes de Dar Lasram

D'un côté de la place de la Victoire, la rue des Glacières regroupe quelques antiquaires; de l'autre côté, la rue de la Commission abonde en marchands de gros et façades génoises du début du siècle.

Jusqu'au XIIIe/XIXe siècle, les eaux du lac de Tunis, *el-Behira*, arrivaient à ce niveau de la ville, d'où le nom de Bab el-Bhar ou Porte de la Mer donné à cette porte, qui est connue depuis l'époque hafside. En 1263/1848, Ahmed Bey, après un voyage à Paris, ordonna la démolition de la porte hafside et la construction de la porte actuelle. Celle-ci fut décalée par rapport à celle qui la précédait, pour être placée dans l'axe de l'avenue de la Marine, actuelle avenue de France. Le rôle défensif des portes semble avoir été relégué au second plan. Peut-être était-ce à cause du changement des techniques de la guerre et de la consécration de l'ère de l'artillerie ! Ahmed Bey fit de cette porte le symbole de la modernité de sa capitale.
A l'instauration du Protectorat, le Bab el-Bhar fut baptisé porte de France. Aujourd'hui, elle a retrouvé son ancien nom, mais, dissociée de la muraille qui la prolongeait à droite et à gauche, elle se présente comme un élément de décor qui a gardé, malgré tout, son portail à deux battants en bois, bardé de fer.

LA CÉRAMIQUE TUNISIENNE

Jamila Binous

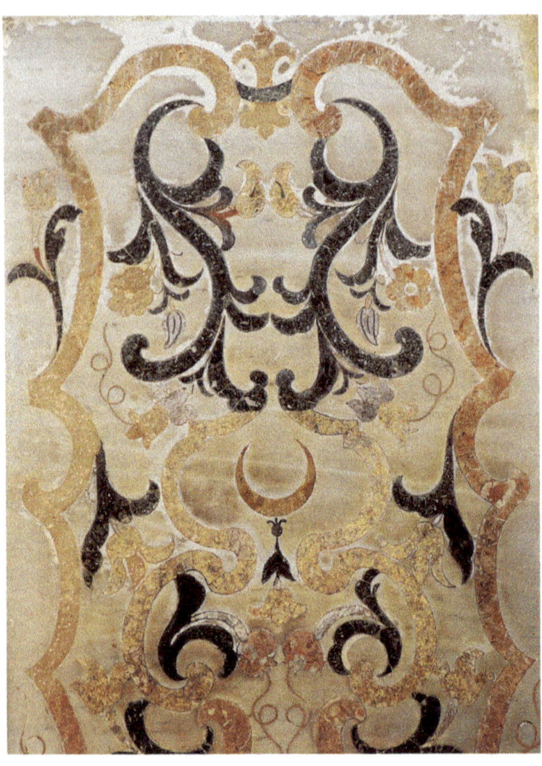

Exemple de revêtement en incrustation de marbre.

En Tunisie, la production de vaisselle en terre cuite remonte au néolithique. Le décor composé de traits et de points gravés sur la pâte crue fut remplacé par un décor peint dès la protohistoire. Depuis, le monde rural n'a cessé de produire une vaisselle modelée par les femmes, portant une riche décoration rectilinéaire, réalisée au jus de lentisque qui, une fois carbonisé, se fixe à jamais. Les Mogods, Sejnane, Kesra et les villages de Douiret sont les foyers de cet art millénaire, de même que les régions montagneuses de toute l'Afrique du Nord; on le retrouve chez les Kabyles d'Algérie et les Rifains du Maroc.

Dès la plus haute antiquité, l'Egypte et la Perse inventèrent le tour. Son introduction est attestée en Tunisie depuis au moins deux millénaires. Le tour a permis le développement d'une poterie aux formes de plus en plus élaborées. Par ailleurs, l'amélioration des conditions de cuisson, grâce au perfectionnement du four traditionnel, consacre la maîtrise de cet art du feu dont nous suivrons l'évolution tout au long de la période musulmane.

Plusieurs centres ont prospéré jusqu'à récemment: Tozeur, Kairouan, Béjà, Tunis. D'autres ont résisté et résistent encore à la récession de cet artisanat, notamment Moknine, Jerba et Nabeul. Quels sont les grands moments de la céramique tunisienne? Quel en fut le répertoire décoratif à travers les âges?

L'époque aghlabide, au IIIe/IXe siècle, est caractérisée par la sobriété de sa palette. Sur un fond jaune, obtenu avec l'oxyde d'antimoine, se détache un décor bichrome brun et vert à motifs géométriques. Les mêmes oxydes obtenus à partir de l'antimoine, du manganèse et du cuivre, le même décor géométrique, sont encore en vigueur dans la poterie traditionnelle dite *motli*, fabriquée à Nabeul et à Jerba.

Les pièces hafsides du VIIe/XIIIe-IXe/XVe siècles, découvertes grâce aux fouilles de la casbah de Tunis, nous livrent les secrets des potiers de cette période. Plats coniques, *hallabs*, tasses et coupelles où dominent le bleu ardoise ou le bleu cendré et le brun légèrement violine, ne diffèrent aucunement de leurs contemporains découverts en Espagne ou au sud du Portugal. Les dessins sont d'inspiration géométrique: soit rectilinéaires s'exprimant en chevrons, traits obliques, zigzags et croisillons, puisant dans la tradition millénaire; soit curvilinéaires développant les spirales, les rosaces, les cercles disposés en listel ou concentriques. On note également la présence des formes végétales stylisées, des motifs zoomorphes et des décors de bateaux. Cette période a vu l'introduction en Tunisie des procédés andalous de la "*cuerda-seca*" et de la "*cuerca*". Dans les deux cas, il s'agit d'isoler l'émail, de l'empêcher de se répandre et d'éviter le mélange des tons au moyen d'une cloison. Dans le premier cas, c'est un trait brun au manganèse, plus consistant que l'émail lui-même; dans le deuxième cas, c'est une fine moulure en relief. C'est à l'intérieur de ces contours que le décorateur va peindre.

Le quartier des potiers de Tunis, installé extra-muros, entre Bab-Souika et Bab Carthagène, est appelé à un grand destin. Aux XIe/XVIIe et XIIe/XVIIIe siécles, les Turcs apportent avec eux le savoir-faire et la technique des ateliers anatoliens. L'émail blanc, légèrement grisé, de la période hafside fait place à un fond blanc crème tandis que la palette des couleurs s'enrichit par la symphonie des bleus et des verts. Il est à noter cependant que le rouge "tomate", qui fait la réputation d'Iznik et qui est si proche du rouge "sang de bœuf" connu des Chinois et des Japonais, ne trouve pas d'écho dans la production des *Qallalines* de Tunis, malgré l'importation de beaux spécimens de carreaux pour les besoins des fondations monumentales telles que la mosquée de Sidi Mahrez ou celle des Teinturiers. Cette période des XIe/XVIIe et XIIe/XVIIIe siècles, consacre l'apogée de la céramique tunisienne dite de *Qallaline*. Le chatoiement des couleurs et l'exubérance du décor végétal transforment la facture de cet art. Les rinceaux, les feuilles et les fleurs s'entremêlent dans un foisonnement que seule une imagination inépuisable peut restituer. On reconnaît les tulipes aux découpures si fines, les œillets épanouis comme un éventail, les plantureuses fleurs de grenade et les renoncules si délicates.

A partir du début du XIIIe/XIXe siècle, on constate l'abandon de l'émail bleu cendré et l'usage quasi exclusif des tons traditionnels jaune, brun et vert. Des formes zoomorphes, où l'oiseau et le lion tiennent la place d'honneur, se multiplient. Le dessin en est grossier et semble annoncer le déclin des ateliers de Tunis qui seront voués à disparaître malgré l'aven-

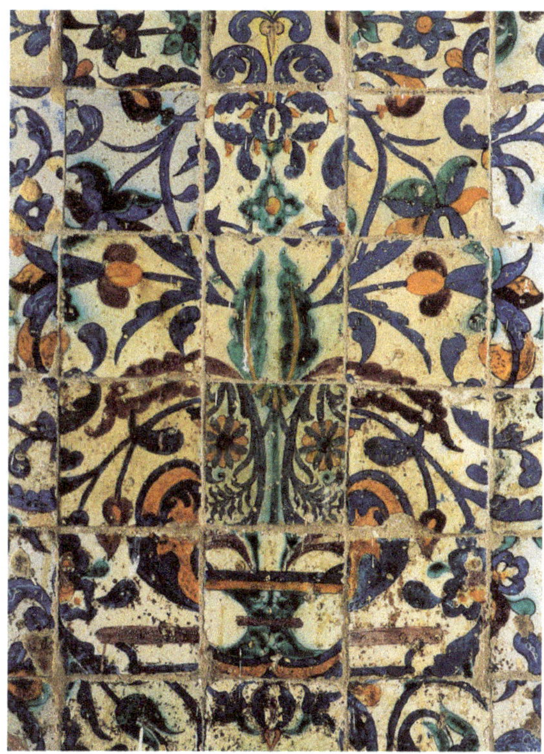

"Arbre de Vie", céramique polychrome, XIIe/XVIIIe siècle.

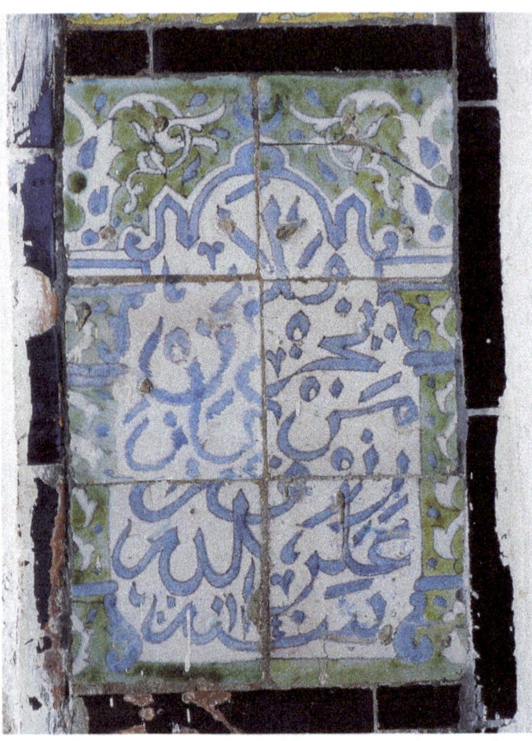

Calligraphie, céramique polychrome, XIᵉ/XVIIIᵉ siècle.

Nous ne pouvons conclure sans mentionner les carreaux de revêtement qui ont égayé de leurs couleurs chatoyantes bien des monuments en Tunisie et même outre-Méditerranée. Les carreaux tunisiens sont caractérisés par une grande variété de dimensions, allant de 6 à 9, 12, 15 et 20 cm. Les échantillons anciens se reconnaissent à l'épaisseur de leur biscuit, souvent taillé en biseau à partir de la face émaillée pour faciliter leur pose et leur adhésion aux surfaces verticales. Ces carreaux sont utilisés en pavement du sol, lorsqu'il s'agit de locaux nobles comme les chambres. Mais c'est en revêtement mural qu'ils sont le plus utilisés. Un soin particulier est réservé à l'ornementation des murs intérieurs dont les soubassements, jusqu'à 3 m de hauteur, sont transformés en fresques par la polychromie harmonieuse et chaude du carreau.

On distingue, en fonction de leur assemblage, les carreaux à motif répétitif pouvant couvrir des surfaces indéterminées et des frises de longueur variable et les carreaux s'assemblant en panneaux. Le motif répétitif est soit conçu pour meubler un carreau unique, soit engendré par l'assemblage des carreaux par quatre. Le panneau dit de *Qallaline* est un panneau d'environ 1,50 m de haut sur 0,75 m de large. Il est constitué, le plus souvent, par l'assemblage de 50 carreaux de 15 cm de côté, disposés en 10 rangées de 5 carreaux. Le panneau est monté à environ 60 cm du sol et trouve facilement sa place même sur un mur lambrissé de carreaux répétitifs; il est alors isolé dans un cadre formé de *qdhibe*, liséré noir d'une largeur de 2 à 3 cm, découpé dans la terre cuite vernissée.

Les panneaux de *Qallaline* ou panneaux à *mihrab* présentent deux variantes. Dans

ture pathétique de Jacob Chemla. Ce maître céramiste, juif tunisien, décide en 1296/1880 de se plonger dans la redécouverte des émaux anciens. Aidé par ses trois fils et après une longue recherche qui dure trente ans et lui coûte sa fortune, il réussit en 1910 la production de pièces d'une rare qualité. Sa réputation dépasse le cadre de la Tunisie et ses pièces sont commandées par l'Algérie, la Libye, l'Egypte et les Etats-Unis.

Les années 1900 annoncent l'essor d'un autre centre de la céramique, inscrit dans la continuité de la production des maîtres tunisois de *Qallaline*: il s'agit des ateliers de Nabeul.

les deux cas, le décor couvre toute la surface, ne laissant aucun vide, le motif principal est inscrit dans un arc (*mihrab*) soutenu par deux colonnettes, la composition se répartit selon un axe de symétrie vertical. L'originalité de chaque variante réside dans le thème central inscrit dans le *mihrab*. Il s'agit soit de la reproduction d'une mosquée à coupoles de type ottoman, soit d'un large bouquet turquisant formé de rinceaux, de feuilles et de fleurs s'échappant d'un vase.

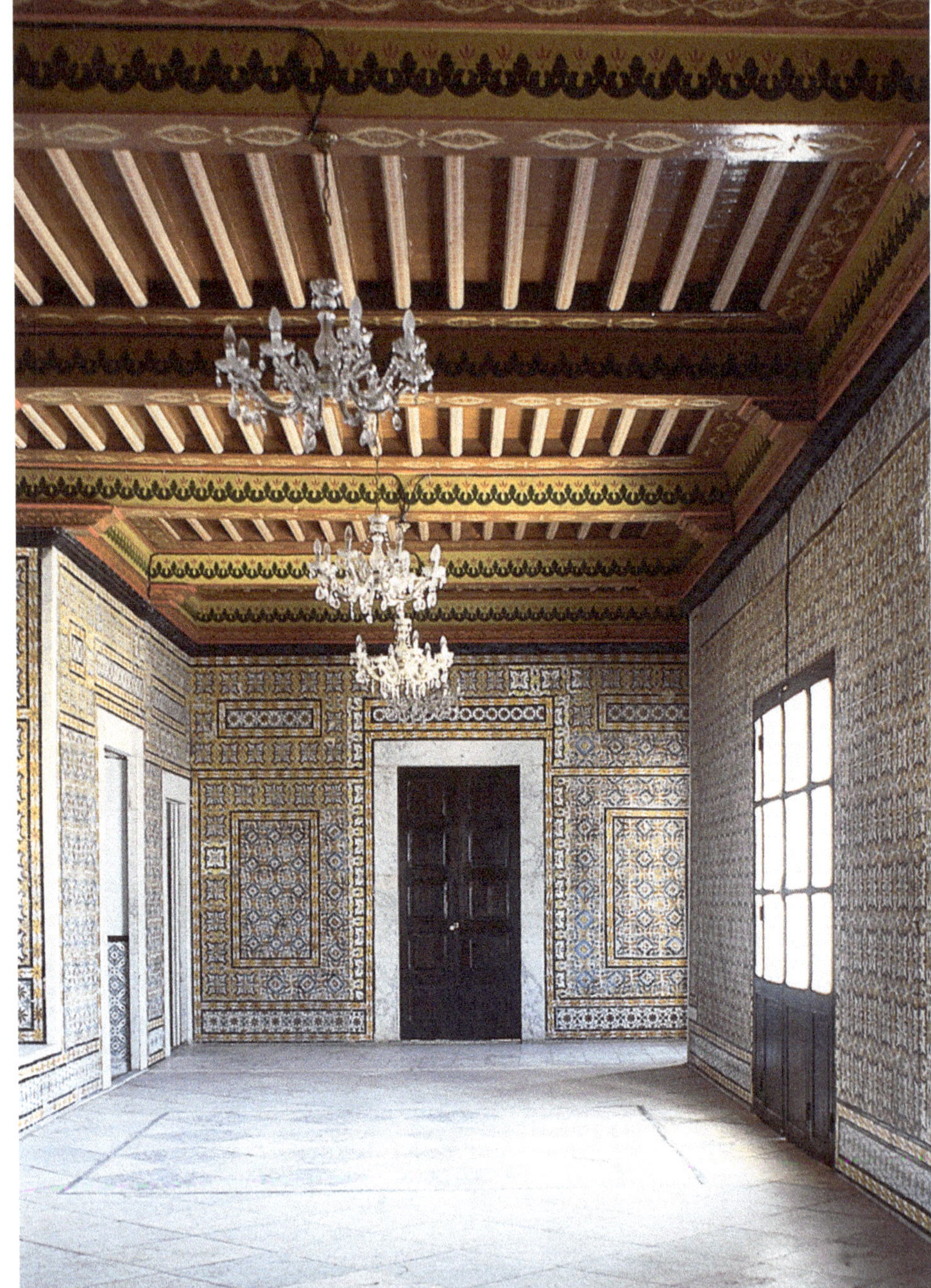

Les palais de plaisance

Jamila Binous

II.1 SIDI-BOU-SAID
II.1.a Nejma el-Zahra

II.2 LA MARSA
II.2.a Palais el-Abdelliya

II.3 L'ARIANA
II.3.a Borj Ben Ayed

II.4 LA MANOUBA
II.4.a Palais de la Rose, musée Militaire National

II.5 LE BARDO
II.5.a Palais du Bardo (musée seulement)

II.6 EL HNAIYA
II.6.a Aqueduc hafside (option)

II.7 LE BELVÉDÈRE
II.7.a Koubba du Belvédère (option)

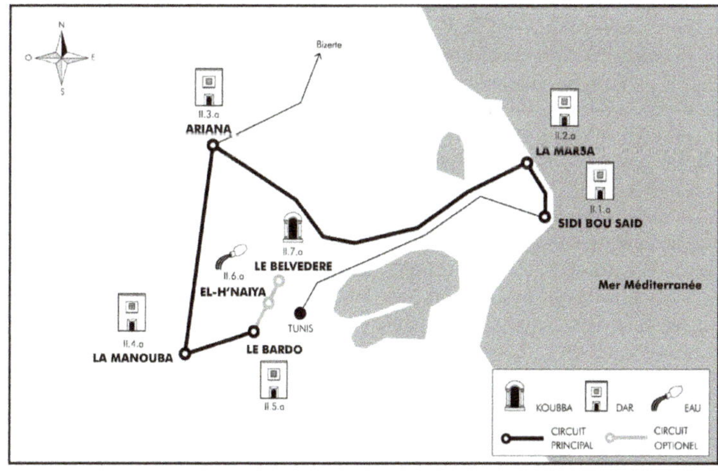

Palais de la Rose, Salle, La Manouba

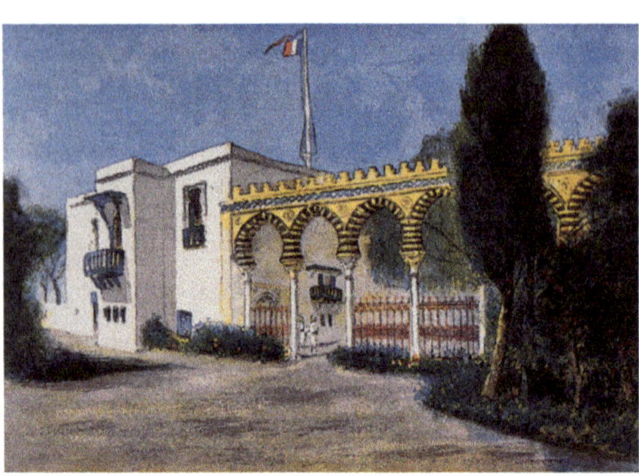

Résidence d'été, Dar Alkamila, actuelle résidence de l'ambassadeur de France, aquarelle du XIXe siècle, La Marsa.

Anselme Adorne décrit les environs de Tunis à la fin du XVe siècle en ces termes: "Il y a en effet, autour de la ville, près de quatre mille jardins, nul habitant qui n'ait, hors de la cité son propre jardin, fort agréablement embaumé du parfum de diverses variétés de fleurs et très abondant en toutes sortes de fruits (...); chacun d'eux contient un édifice fort beau, élevé habituellement de la forme d'une tour large et carrée, avec (...) une belle citerne...". Partager sa vie entre la ville et la campagne est un art de vivre qui n'était pas inconnu des Puniques et des Romains. Nombreuses sont les mosaïques qui nous restituent la physionomie de ces villas érigées par les seigneurs de l'Afrique proconsulaire dans cette même campagne. Ces constructions sont motivées par le même souci de se retrouver dans un paysage mi-citadin, mi-rural mais aussi par le même souci de jouir de la vue sur les jardins ou la mer et enfin par la même recherche de se prémunir contre d'éventuelles attaques en période d'insécurité.

En dehors de la Abdelliya et du Bardo, qui sont des fondations hafsides, les palais de plaisance encore visibles dans la région de Tunis remontent au règne des Husseinites, entre le XIIe/XVIIIe et le XIIIe/XIXe siècle. Ces demeures s'appellent *qsar* ou *seraya*, palais, lorsqu'elles sont résidences de princes ou de vizirs; les autres sont appelées *borj*, fort ou fortin, peut-être à cause de leur caractère d'habitation fortifiée, ou *senia*, jardin, en raison de l'importance de la plantation qui entoure le *borj* dans certains cas.

Dès le XIIe/XVIIIe, les consuls étrangers furent séduits par cet art de vivre. Ils sollicitèrent du bey l'octroi de résidences d'été. "Dès 1187/1774, le bey avait concédé au consul de France, de Saizieu, la jouissance gratuite, comme maison de plaisance, d'un immeuble beylical situé à la Marsa, près de la mer". En 1274/1858, Mhammed Bey mit à la disposition du consul britannique, Richard Wood, "un *borj* et les jardins qui l'entouraient" afin de lui permettre d'y demeurer l'été, à proximité du palais beylical de la Marsa. Quels que soient le rang de leurs propriétaires ou leurs dimensions, ces palais de plaisance présentent des points communs. Ils reprennent les dispositions architecturales de la demeure citadine avec cependant quelques éléments nouveaux. Ils sont surélevés, le rez-de-chaussée, couvert de voûtes, est souvent occupé par les communs qui comportent des réserves à provisions, des remises pour les voitures ainsi que des écuries pour les chevaux. L'agencement des appartements situés à l'étage autorise plus facilement les larges baies et fenêtres et permet une aération plus grande ainsi qu'une vue élargie sur l'ensemble des jardins et des parcs. Ceux-ci sont dotés d'un ou de plusieurs puits qui alimentent des réservoirs pour l'irrigation des plantations et des bassins, pour les baignades et le plaisir de l'œil.

Ces domaines étaient entourés de hauts murs ou de haies de cactus impénétrables, permettant d'en assurer l'intimité et la défense.

De Carthage à Gammarth

La région s'étendant de Carthage à Gammarth fut depuis la plus haute antiquité "plantée de jardins et d'arbres (...) chaque domaine était séparé des autres par des murs et des haies". Cette description d'Appien, (au IIe siècle après J.-C.), est confirmée par l'archéologie qui a mis au jour tout un système de citernes, ponctuant le versant ouest du promontoire de Carthage. Après l'abandon du site de Carthage au profit de celui de Tunis à partir du IIe/VIIIe siècle, les vestiges de la civilisation romaine, envahis par la verdure, aiguisèrent la sensibilité des soufis. Ils y virent la preuve éclatante de la grandeur de Dieu et un appel à l'humilité. Sidi Mahrez, le patron de Tunis (fin IVe/fin Xe siècle), nous laissa un éloquent poème dans ce sens. D'autres personnages trouvèrent dans ces lieux une paisible retraite durant leur vie d'ascète et choisirent d'y être inhumés: Sidi Abd el-Aziz, Sidi Bou-Farès, Sidi Dhrif et le célèbre Sidi Bou Saïd. Sur le plan économique, la région retrouva son essor agricole dès le Ve/XIe siècle. El-Bekri mentionna des villages prospères qui ravitaillaient Tunis en produits agricoles. Elle n'en demeura pas moins sous la menace des attaques extérieures: les troupes de Saint Louis en 668/1270, les incursions des nomades tout au long du Moyen Âge et surtout le sac conduit par l'armée de Charles Quint qui débarqua à la Goulette en 941/1535. Si le site de la Marsa devint le lieu de prédilection des gens du pouvoir, le caractère mystique du promontoire proprement dit se renforça.

II.1 SIDI-BOU-SAÏD

Ce lieu de retraite, dominant le Golfe de Carthage appelé ultérieurement Golfe de Tunis, aurait abrité au IIIe/IXe siècle un fortin situé à l'emplacement du fort actuel. Tels les *ribats*, ce lieu était gardé par des *mourabitouns*. Abou Saïd el-Béji avait coutume de passer de pieuses retraites sur ce promontoire où il fut inhumé en 628/1231. Le voisinage de ce tombeau fut choisi comme lieu de sépulture, d'où la naissance d'une nécropole, dont on voit encore les vestiges. Au début du XIIe/XVIIIe, le bey Hussein Ben Ali fit construire une mosquée avec une entrée monumentale à grand escalier. Cette entrée constitue aujourd'hui le café des Nattes appelé aussi *Qahoua el-Alia* (le Café haut). Mahmoud Bey (1229/1814-1239/1824) y édifia sa demeure d'été, ce qui fit de Sidi-Bou-

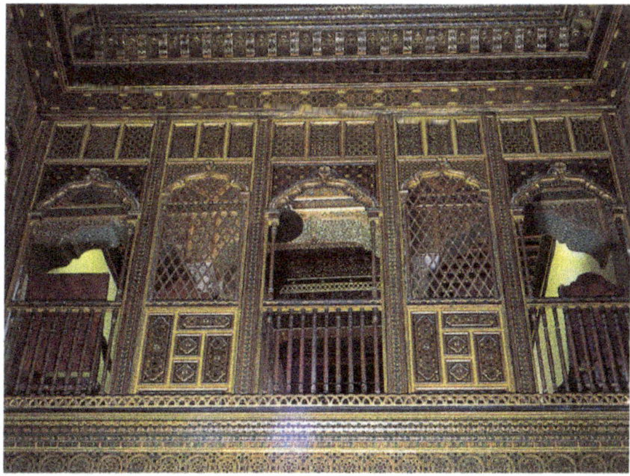

Nejma el-Zahra, claustra, Sidi-Bou-Saïd.

Nejma el-Zahra, grand salon, Sidi-Bou-Saïd.

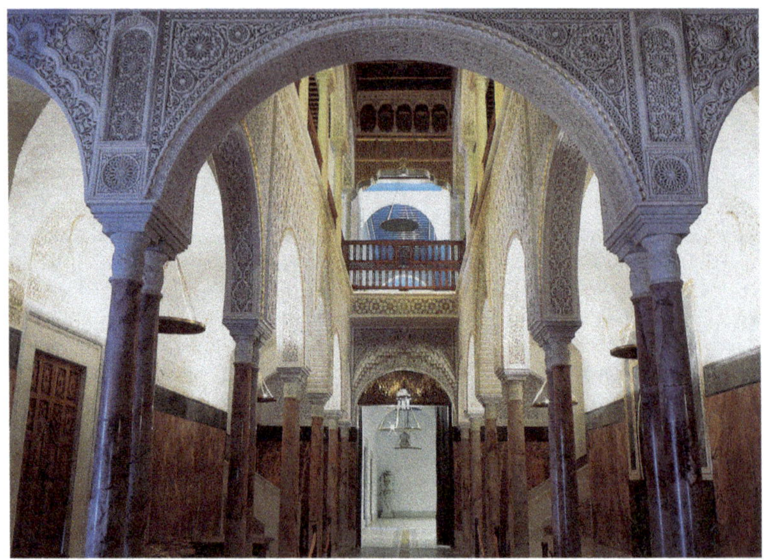

Saïd, le lieu de villégiature privilegié des notables de Tunis. Ici, point de *borjs* clairsemés dans de vastes parcs. La cause en est peut-être le caractère accidenté du relief ou le désir d'être le plus proche du saint Sidi-Bou-Saïd afin de bénéficier au mieux de sa "baraka" et de sa protection. Les maisons s'édifièrent en ordre continu, s'épaulant les unes les autres, selon l'organisation urbanistique des médinas. Le village s'est structuré le long d'un axe escarpé dont le point de départ se situe à la confluence des routes venant de Tunis et de la Marsa et dont l'aboutissement est à la mosquée. Des commerces quotidiens, transformés aujourd'hui en bazars touristiques, firent leur apparition le long de cette rue principale que les villageois appellent "souk". Un deuxième pôle d'attraction fut créé dans les années 70, autour de la zaouïa de Sidi Cheb'ane, un autre mystique, musicien et fin poète. Des agrandissements et aménagements de ce local ont abouti à un café ouvert sur le Golfe de Tunis, dont le djebel Bou Kornine constitue le fond. Dès le début du XXe siècle, séduits par la beauté du site, de nombreux artistes et esthètes étrangers élurent domicile sur cette colline. Le plus célèbre parmi eux fut le baron Rodolphe d'Erlanger. C'est lui qui introduit le bleu dit "bleu de Sidi-Bou-Saïd", de même qu'il incita Naceur Bey à promulguer en 1915 un décret de protection du village.

II.1.a **Nejma el-Zahra**

Au rond-point, en bas du village, prendre la route à droite de la mosquée qui monte vers le haut du village. Laisser la voiture au parking payant. L'entrée du palais lui fait face. Entrée payante. Horaires 8:30 à 12:30 et de 14:00 à 17:00. Fermé le lundi. Toilettes.

Remonter jusqu'au haut du village et admirer la vue sur la mer depuis le phare. Le café des Nattes renferme de nombreux objets anciens, c'est également un des endroits les plus animés du village. Le café Sidi Chab'ane offre une très belle vue sur le Golfe de Tunis et le port de plaisance.

"La construction d'el-Nejma El-Zahra sur une dizaine d'années (1912-1922) ne fut pas le caprice d'un riche oisif mais bien une espèce d'initiation sur la voie de la recréation d'un Orient passionnément rêvé", écrit Ali Louati. Lorsque le baron Rodolphe d'Erlanger, fils d'une famille de riches banquiers français d'origine allemande, découvrit la Tunisie, il avait 16 ans. Il y était venu se refaire une santé et repartit avec la décision de troquer le monde des banques contre la peinture, tant la lumière et les couleurs du pays l'exaltèrent. A 26 ans, il épousa Elizabeth ou "Bettina" issue d'une noble famille romaine. D'emblée, elle partagea avec lui son amour pour la Tunisie où ils venaient séjourner régulièrement. En 1912, ils commençaient la réalisation de "Nejma el-Zahra" (l'Etoile Resplendissante). Rien ne perturbe l'harmonie du village dont les volumes descendent de la zaouïa vers la mer en épousant la pente de la colline. Pour respecter ce "velum", le baron aménagea une esplanade s'adossant à la colline pour y implanter son palais, face à la mer. De l'extérieur, une entrée en porche, fermée par une porte, sobrement cloutée, s'inscrit dans l'esprit des bâtiments introvertis. La composition quelque peu rigide de la façade principale, avec une galerie en avant-corps et une parfaite symétrie des ouvertures, contraste avec la finesse et la fantaisie des espaces intérieurs. Cette demeure tardive a été l'occasion de remettre à l'honneur des corps de métiers qui avaient perdu leur souffle, faute de commanditaires. Elle est le reflet de tout ce qui existe de plus noble et de plus raffiné dans l'art de bâtir de l'époque, avec cependant une préférence pour le style hispano-mauresque. Acquis par l'Etat tunisien, Nejma el-Zahra est aujourd'hui le Centre des Musiques Arabes et Méditerranéennes. Il conserve son somptueux mobilier et ses riches collections de manuscrits, de tableaux, tapis et autres, et restitue au visiteur l'intimité de la vie familiale du baron d'Erlanger. Un musée d'instruments de musique tunisiens, est aménagé en hommage à ce grand connaisseur de la musique arabe que fut le baron.

II.2 LA MARSA

Au début du Xe/XVIe siècle, Léon l'Africain décrivit La Marsa comme "une petite ville ancienne, bâtie sur le bord de la mer. C'est là que se trouvait le port de Carthage. Elle fut ruinée jadis

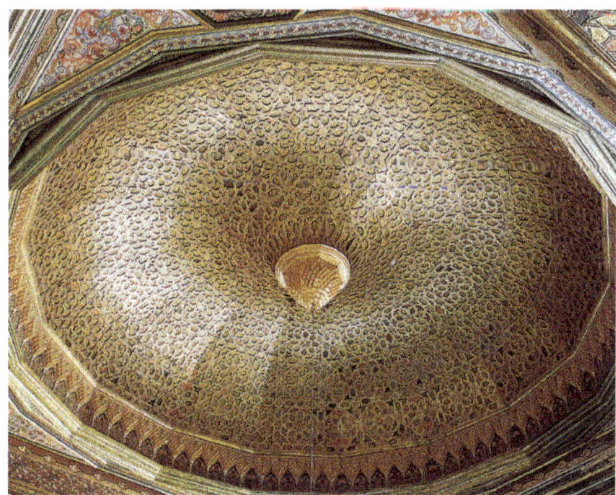

Palais du Bardo, plafond à caisson, Tunis.

et le demeura longtemps. Mais elle est aujourd'hui habitée par les pêcheurs, les cultivateurs et les blanchisseurs de toiles. Il existe près d'elle des palais royaux et des propriétés où le roi actuel a coutume de passer l'été". Il s'agit des trois palais appelés *el-'Abdelliya*, occupés par les Hafsides puis les Mouradites et les Husseinites. Au début du XIIIe/XIXe siècle, Mahmoud Bey (1229/1814-1239/ 1824) édifia non loin de la Abdelliya le Dar el-Taj, agrandi et modernisé par le Bey Mohamed au milieu du XIIIe/XIXe siècle. Autour de cette résidence beylicale va se constituer un noyau urbain décrit par Charles Lallemand à la fin du XIXe siècle. "En traversant la cour du palais, écrit-il, on arrive dans une rue bordée de dépendances. Puis viennent des habitations privées et des fondouks où grouille une population juive. Une autre rue à droite conduit vers la mer (...). La rue principale aboutit à une place qui n'a de remarquable qu'un café étrange, le café de la Source du peuplier (*safsaf*). Ce café est divertissant avec un puits au milieu dont un dromadaire fait tourner le manège..."

L'exemple des souverains fut suivi par les ministres et les dignitaires, et les jardins ponctués de *borjs* s'étendirent jusqu'aux collines de Gammarth. Les consuls, notamment ceux de France et de Grande-Bretagne, bénéficièrent du privilège d'avoir des résidences d'été, dans le voisinage des beys. Aujourd'hui, sous l'effet de l'urbanisation, seules subsistent quelques résidences tronquées de leur verger (Dar el-Sa'ada, Seniet Ben Achour, Seniet Ismaïl Bey...). Quant au Dar el-Taj, il fut démoli dans les années 60, ainsi que le noyau urbain qui l'entourait. Seules furent épargnées la mosquée hafside, restaurée à la fin du XIXe siècle, le café Safsaf et quelques bâtiments tardifs. Placettes et parkings mettent en relation ce vieux noyau avec le quartier plus récent, développé autour de la gare et du café el-Hafsi.

II.2.a **Le palais el-Abdelliya**

De Sidi-Bou-Saïd, deux routes mènent à la Marsa; l'une part du bas du village et jouxte la station du petit train de banlieue (Tunis-Goulette-Marsa); l'autre part du haut du village et passe par Sidi Dhrif. À Marsa Ville, prendre la rue A. Chtioui à gauche de la station de bus puis la première rue à droite.

Il est possible de se promener sur la plage depuis Marsa Plage jusqu'à la falaise de Gammarth. Le café-restaurant du Safsaf sert une cuisine locale bon marché dans un décor typique. Une promenade sur la colline de Gammarth permet de jouir d'une belle vue sur les plages de la côte.

Elevé au début du Xe/XVIe siècle par le sultan hafside Abou Abdallah Mohamed, ce palais comportait un ensemble de trois bâtiments principaux répartis au milieu d'un vaste jardin qui s'étendait jusqu'au lieu dit el-Hafsi, non loin de l'actuelle gare. Seule la grande Abdelliya nous est parvenue. L'entrée principale s'ouvre sous un portique et donne accès à une *driba* de plan carré. Un escalier conduit vers la cour, agrémentée d'une pièce d'eau et encadrée d'un portique sur deux côtés.

Trois grandes salles à alcôves médianes donnent à la fois sur la cour et sur l'extérieur. A l'opposé de l'entrée, l'angle nord-est est occupé par une tour carrée, héritée semble-t-il des anciennes constructions almohades. Du haut de cette tour, en plus de la vision panoramique, une vue sur les terrasses, permet de découvrir l'étonnante variété de formes des coupoles qui composent la couverture des salles. La succession de hautes voûtes à pan, voûtes en berceau entrecoupées par des voûtes d'arête, voûtes hémisphériques, atteste de la maîtrise de la couverture en voûte: héritage de la plus haute antiquité. Au rez-de-chaussée, les voûtes renforcées de doubleaux, de piliers et de murs de refend supportent les appartements supérieurs. Ces constructions servirent de magasins à vivre, d'écuries, de salles de gardes et de prisons. Un avant-corps, formant un ensemble couvert de voûtes d'arête et largement ouvert sur le jardin, était utilisé comme lieu de repos, *maq'ad*. Si on se rapporte aux documents historiques (Ibn Abi Dhiaf), on apprend qu'aux Xe/XVIe et XIIe/XVIIIe, le palais ne fut plus recherché comme résidence d'été, sinon comme refuge, en cas d'alerte. Au début du XIIIe/XIXe siècle, la cour husseinite le réutilisa puis le Bey Ahmed (1250/1835-1271/1855) l'abandonna. Les consuls d'Angleterre furent autorisés à venir s'y reposer l'été. Classé monument historique en 1923, el-Abdelliya fut affecté à la municipalité. Actuellement, il bénéficie de travaux de restauration en vue de recevoir une fonction culturelle.

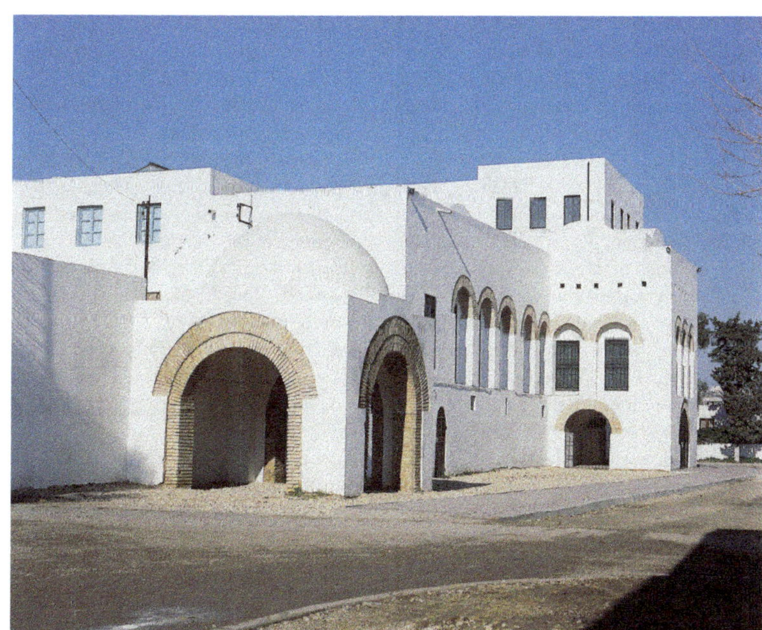

Palais el-Abdelliya, aile nord-est, La Marsa.

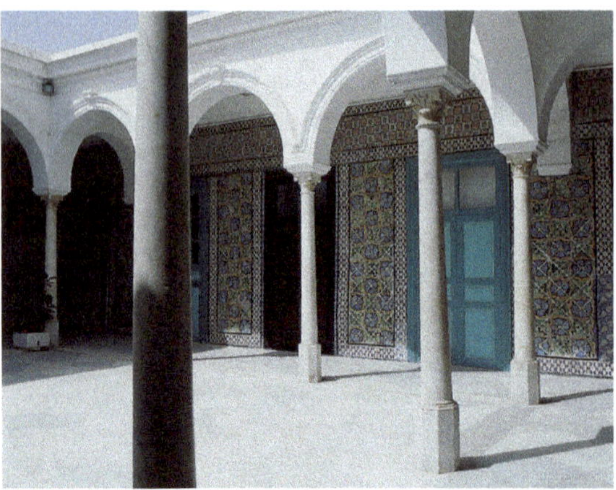

Borj Ben Ayed, patio, L'Ariana.

II.3 L'ARIANA

L'Ariana existait-elle déjà dans l'Antiquité ? Bien qu'un texte de Marmol la présente comme "bastie par les Romains" et que Léon l'Africain l'attribue aux Goths, aucun élément archéologique ne corrobore ces dires. Par contre, un texte du IVe/Xe siècle, relatif à la biographie de Sidi Mahrez, mentionne l'Ariana comme étant le lieu où ce cheikh vécut avant de s'installer à Tunis où il fut reconnu comme le saint patron de la ville. Nous savons par ailleurs qu'au Ve/XIe siècle, cette cité avait sa mosquée, et un hammam, et qu'elle fut suffisamment prospère pour justifier l'envoi par les Zirides d'un gouverneur chargé de lever les impôts.

Cette plaine fut, pour la salubrité de son climat et sa richesse en eau, choisie par le sultan el-Mustansir pour édifier sa résidence estivale de Abou Fihr, objet d'admiration de tous les visiteurs (Ibn Khaldoun, le poète Dimamini...). L'Ariana est connue également pour son rôle d'avant-poste défendant Tunis des incursions venues par mer, à travers les plaines d'el-Aouina et de la Soukra. C'était l'itinéraire qui fut suivi par les croisés, conduits par le Roi de France, Saint Louis. De l'Ariana partirent les contingents de guerriers comptant parmi eux Sidi Ammar El-Maaroufi, un mystique, accouru de Kairouan pour répondre à l'appel de la Guerre Sainte. Il mourut de dysenterie peu après le départ des croisés et fut enterré à l'entrée de l'Ariana. Considéré comme le saint protecteur de la ville, sa tombe est devenue l'objet de la vénération assidue de tout Arianais.

Au XIe/XVIIe siècle, l'Ariana accueillit une importante communauté morisque qui introduisit de nouvelles coutumes au niveau de l'art culinaire, du costume, du parler, et de l'art de l'arboriculture maraîchère encore perceptibles de nos jours.

Au XIIe/XVIIIe, l'Ariana vit l'arrivée des premières familles juives venues d'Algérie et la fondation de la première synagogue, la Ghriba. Cette communauté connut une telle croissance qu'elle devint majoritaire tout au long des années 30 de notre siècle. Au XIIIe/XIXe siècle, l'Ariana attira les hauts dignitaires de Tunis qui y édifièrent des *borjs* au milieu de vastes jardins où poussait la rose de l'Ariana (Borj Ben Ayed, Borj El-Baccouch, Borj El-Zaouch, Borj Raffo...). Les Tunisois de condition modeste, musulmans ou juifs, louaient dans le village une chambre ou deux, le temps d'une villégiature printanière.

Petit à petit, les vacanciers s'établissaient définitivement à l'Ariana, et le village prit l'allure d'une ville, gérée depuis 1908 par une municipalité. Avec l'explosion urbaine, l'Ariana et Tunis ne sont désormais plus séparées que par une voie automobile.

II.3.a Borj Ben Ayed
(monument non ouvert à la visite)

Prendre la route de l'aéroport Tunis-Carthage, puis le boulevard du 7 Novembre jusqu'au premier échangeur. Tourner à droite en direction de l'Ariana et suivre l'artère principale jusqu'au monument.

Ce palais édifié (XIIIe-XIVe/XIXe s) par Abd el-Rahman Ben Ayed, neveu du ministre Mahmoud Ben Ayed, reproduit le plan typique des palais de plaisance: communs et écuries au rez-de-chaussée, appartements et salles de réception aux étages, avec alentour les jardins. L'actuelle placette précédant l'entrée, et dont l'aménagement remonte à des travaux récents, était plantée de cyprès et de palmiers, défendus par de hauts murs de clôture, ainsi que par un portail en fer forgé. La façade est marquée par un imposant encorbellement, *guenariya,* à moucharabieh, au-dessus de l'arc cintré de la porte. L'entrée en chicane comporte une *driba* et une *sqifa* couvertes de voûte aplatie à pendentifs revêtue de plâtre sculpté. Un large escalier d'honneur en marbre à rampe en fonte conduit aux étages. Le premier étage est organisé autour d'une cour à ciel ouvert, et le deuxième autour d'un espace couvert d'une *raqba*. Il n'est pas sans rappeler l'étage du palais du Bardo par son plan rectangulaire, son balcon circulaire soutenu par des consoles et bordé d'une balustrade en fer forgé qui court au niveau de l'étage supérieur. Le palais Ben Ayed reflète par sa décoration le goût ornemental de la fin du siècle dernier. L'abondance des faïences italiennes, provenant de Naples, et la somptuosité du marbre de Carrare, étaient recherchés. Le palais de Ben Ayed, après avoir abrité une école, est aujourd'hui le siège du Conseil Municipal de l'Ariana.

II.4 LA MANOUBA

II.4.a Palais de la Rose, Musée Militaire National

Rejoindre le boulevard du 7 Novembre en direction de la Manouba. A l'entrée de la Manouba,

Palais de la Rose, patio, La Manouba.

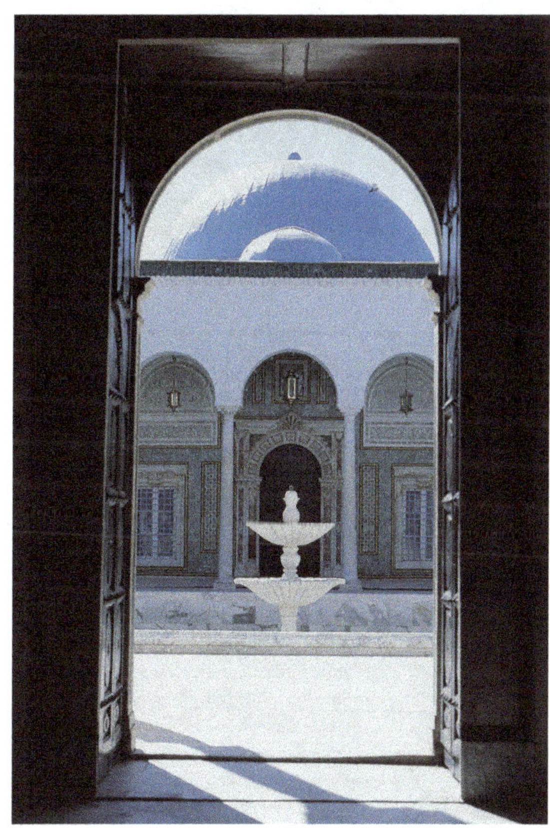

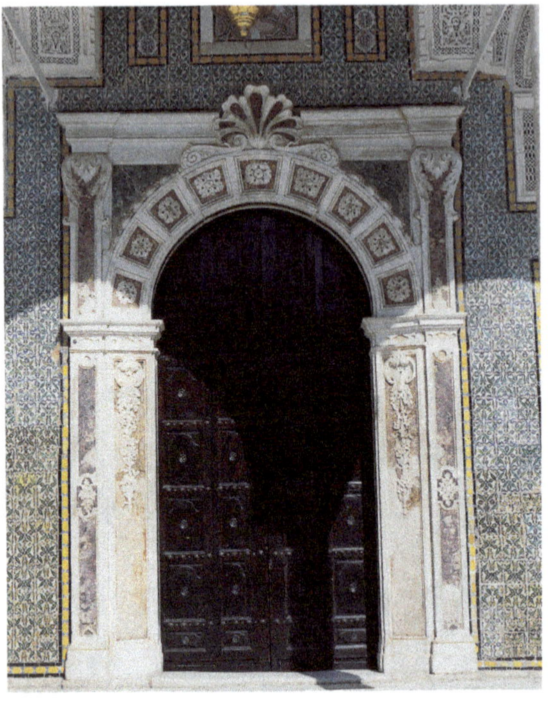

Palais de la Rose, encadrement de porte en marbre polychrome, La Manouba.

traverser la voie ferrée, prendre à gauche avant le rond-point puis la première rue à gauche. Entrée payante. Horaires: de 9:00 à 16:00. Fermé le lundi. Toilettes.

Cette résidence d'été fut édifiée par Hammouda Pacha (XIIe-XIIIe/XVIIIe), au milieu d'une roseraie, d'où son nom de Palais de la Rose, *Kasr el-Ward.* On le désigne également par Grand Borj, *Borj el-Kebir*, étant donné son importance.
Hammouda Pacha venait s'y reposer, de même qu'il aimait y organiser de somptueuses réceptions en l'honneur des visiteurs étrangers. Ses successeurs l'occupèrent jusqu'au règne d'Ahmed Bey. En 1255/1840, celui-ci affecta le palais à une caserne pour le corps de la cavalerie. Sous le Protectorat, il servit de caserne de l'artillerie puis de poste de commandement de l'Etat-Major des forces d'occupation. Désaffecté au lendemain de l'Indépendance, il fut restauré par les soins du Ministère de la Défense Nationale qui y installa le Musée Militaire National.
Quoique endommagé par la disparition de ses jardins et le transfert de son kiosque *Koubbat el-Haoua*, au parc du Belvédère, ce palais a gardé l'essentiel de son plan et de sa décoration. Comme au Bardo, un large escalier relie la cour d'honneur à une galerie surélevée, précédant le patio. De la vaste *driba*, on accède à la salle de justice, partagée en trois nefs par une double rangée de colonnes. Au fond était installé le trône, alors que de part et d'autre, debout ou assis, selon la circonstance, se tenaient les membres de la cour. Le souverain entendait les doléances des plaignants, la défense des accusés, tous admis en sa présence, et prononçait les jugements qui étaient exécutés sans délai.
Les appartements se répartissent autour du grand patio à péristyle, occupé en son milieu par un grand bassin. Les chambres sont en T ou d'un plan cruciforme. Le *qbou* central est dépourvu de *maqsoura*. Il se présente en avant-corps, percé de fenêtre sur les trois faces, afin d'élargir la vue sur l'extérieur. Notons que ces fenêtres ont été transformées en vitrines pour les besoins du musée.
La salle d'apparat fait face à l'entrée, elle retient particulièrement l'attention par sa coupole qui, à l'exemple de certains monuments ottomans d'Istanbul, commande l'ordonnance du plan cruciforme. Son ornementation somptueuse est, comme celle de l'ensemble du palais, d'un style composite, déjà en

vigueur à Tunis depuis le milieu du XIIe/XVIIIe. Elle est marquée par l'interférence des différents courants artistiques connus à l'époque. Les revêtements des murs alternent les panneaux de faïence napolitaine, à dominante jaune et verte, avec la faïence d'inspiration tunisoise, d'inspiration florale turquisante à dominante bleue, les panneaux à vase de *Qallaline* et enfin, les panneaux de marqueterie de marbre polychrome. Les modèles de chapiteaux ne sont pas moins diversifiés. Leur gamme s'étale du chapiteau hispano-mauresque à méandre, dans la *driba*, au chapiteau turc à double rangée de feuilles dans la galerie et la salle de justice. Le *naqch hadida* étale les motifs hispano-mauresques: les rosaces et les étoiles entrelacées, la succession d'arceaux à lambrequins ainsi que les motifs husseinites: le vase à rinceaux, l'étoile entre deux cyprès se détachent sur fond lisse. Cet étonnant mélange n'est en fait qu'un prélude à une période où l'élément occidental, notamment italianisant, va dominer sur la décoration architecturale des monuments officiels de Tunis, jusqu'à l'installation du style "arabisance".

Palais du Bardo, salon de musique, chapiteau, Le Bardo.

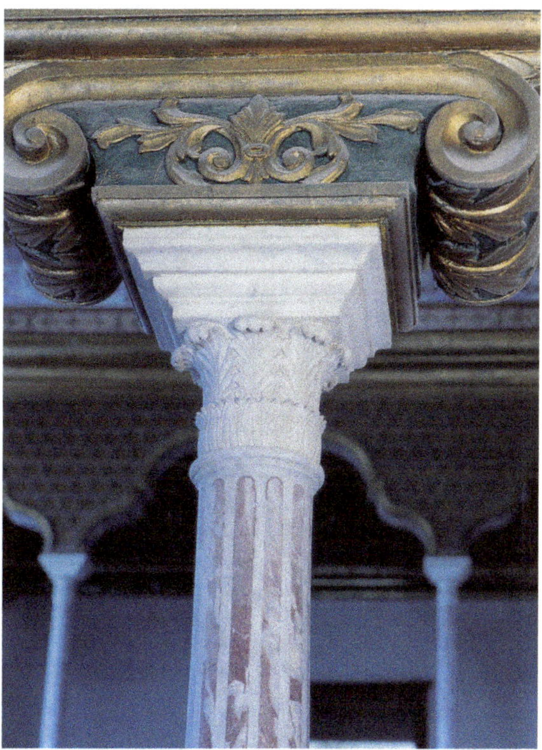

II.5 LE BARDO

II.5.a **Palais du Bardo**
(musée seulement)

Au boulevard du 7 Novembre, prendre la direction du Bardo. Le musée est à l'entrée de la ville.
Entrée payante. Horaires: de 9:30 à 16:30 du 16/9 au 31/3 et de 9:00 à 17:00 le reste de l'année. Fermé le lundi. Toilettes.

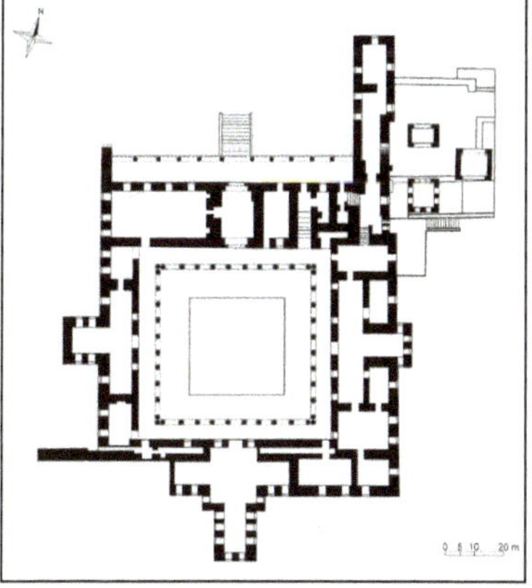

Palais du Bardo, plan de l'étage.

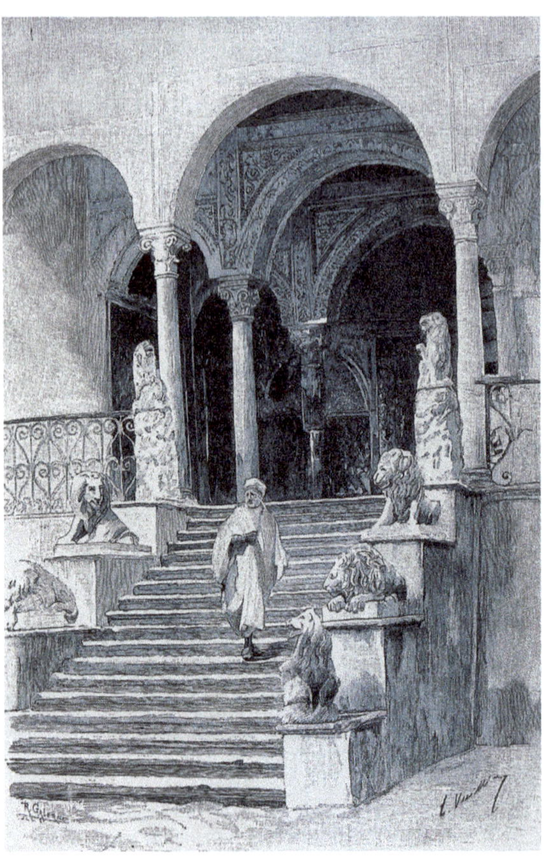

Palais du Bardo, escalier des lions, gravure du XIXe siècle.

Le Palais du Bardo a été largement décrit par les visiteurs étrangers reçus à la cour, tout au long des siècles. Citons pour mémoire Anselme Adorne venu de Bruges en 1470, Léon l'Africain, le Chevalier d'Arvieux dans ses Mémoires, Peysonnel reçu le 30 mai 1724 et bien d'autres.

Le Bey Hussein Ben Ali décida de faire du Bardo non plus une résidence secondaire, mais l'habitation beylicale officielle. Il le transforma en une véritable cité fortifiée, comprenant à côté du palais des logements pour les officiers supérieurs, une mosquée, une médersa, un hammam et un souk. Cette résidence représente, grâce aux aménagements successifs dont elle fut l'objet, un précieux témoignage sur l'évolution de l'architecture domestique.

Des cinq tours rondes qui défendaient la cité beylicale, une seule subsiste: celle de l'angle nord-ouest, à gauche de l'entrée. Non loin se dressent encore les anciens bâtiments militaires avec leurs portes monumentales à frontons ornés des emblèmes beylicaux, ainsi que la mosquée.

Le palais officiel, accessible à partir d'un escalier encadré de lions en marbre, abrite depuis l'Indépendance la Chambre des Députés. Le musée du Bardo, inauguré en mai 1888, occupe l'ancien sérail ou appartements des femmes.

Le rez-de-chaussée voûté correspond aux anciens communs sur lesquels s'élèvent deux étages, appartenant à deux styles différents. Le premier, construit par Hussein Ben Mahmoud (1239/1824-1250/1835), reprend les dispositions de la demeure traditionnelle, organisée autour d'une cour à ciel ouvert, agrémentée d'une vasque.

A l'ombre des deux portiques latéraux s'ouvrent les deux salles d'apparat. L'une d'entre elles adopte le plan cruciforme. Du marbre de Carrare et des panneaux de faïence tunisoise se déploient sous des voûtes entièrement recouvertes de *naqch hadida* de style hispano-mauresque.

La deuxième partie de ce palais, édifiée par les beys Mohamed et Sadok (XIIIe-XIVe/d.m. XIXe s), affiche un goût italianisant quelque peu excessif. Les salles donnent sur une cour couverte, s'éclairant par des fenêtres hautes. Deux salons

luxueux se font vis-à-vis, la "salle à coupole", immense pièce couronnée par une belle coupole en bois sculpté, peint et doré, et la salle des femmes au plan cruciforme et au décor traditionnel. L'influence italienne est plus prononcée dans les pièces latérales dont les plafonds à caissons sont entièrement peints d'une ornementation florale baroque, d'une polychromie excessive.
L'art islamique apparaît comme le parent pauvre dans ce musée de renommée internationale. Les salles qui lui sont réservées abritent la reconstitution de l'ameublement d'une chambre, des vitrines réservées au costume féminin, à la bijouterie, à l'orfèvrerie et à l'artisanat du cuivre.

II.6 EL HNAIYA

II.6.a **Aqueduc Hafside** (option)

Jusqu'au VIIe/XIIIe siècle, l'eau de Tunis provenait de puits et de citernes situés en différents points. Par un système de conduites, cette eau se distribuait vers les abreuvoirs et les fontaines de la ville. L'accroissement démographique, consécutif à l'accès de Tunis au rôle de capitale, exigeait de nouvelles ressources en eau, que les Hafsides, suivant l'exemple des Romains, allèrent chercher au mont Zaghouan.
L'aqueduc construit par Hadrien entre 120 et 130 après J.-C. fut restauré par le Sultan el-Mustansir. L'année 665/1267 marqua la fin des travaux. L'aqueduc hafside diffère de l'aqueduc romain par son mode constructif. Il n'est pas construit en bloc de pierre mais en blocage avec des parements de pierre de taille. Les arcs supérieurs qui réunissent les arches sont en brique. L'adduction vers Tunis se brancha sur celle de Zaghouan, à 4 km au nord de la capitale, d'où elle suivit un parcours passant par Ras el-Tabia puis à travers la colline de la Rabta, pour aboutir à la casbah et à la Grande Mosquée. Ce sont les vestiges de cet embranchement que nous voyons encore, dans le quartier appelé Henaya, les Arcades.

II.7 LE BELVÉDÈRE

II.7.a **Koubba du Belvédère** (option)

Le monument se trouve au centre du parc du Belvédère.

Le pavillon appelé "Koubba du Belvédère" agrémentait jadis le Palais de la Rose de la Manouba. Tombé en ruine, le kiosque a été remonté sur les hauteurs de ce parc public en 1901. L'espace est conçu en deux parties. Une première partie est organisée autour d'une coupole centrale, portée par quatre colonnes et entourée de galeries ouvertes des trois côtés sur le dehors. Prolongeant le quatrième côté, s'étend la deuxième partie du kiosque, constituée par une salle à alcôve médiane. Destiné au repos et au plaisir de la vue sur les jardins, la construction en est aérée et transparente. Le décor allie ingénieusement les différentes influences qui affectent l'art tunisien: colonnes en marbre blanc à chapiteaux doriques italianisants, arcs recticurvilignes, marqueteries de céramiques et plâtres sculptés d'inspiration hispano-mauresque, panneaux de faïence tunisienne.

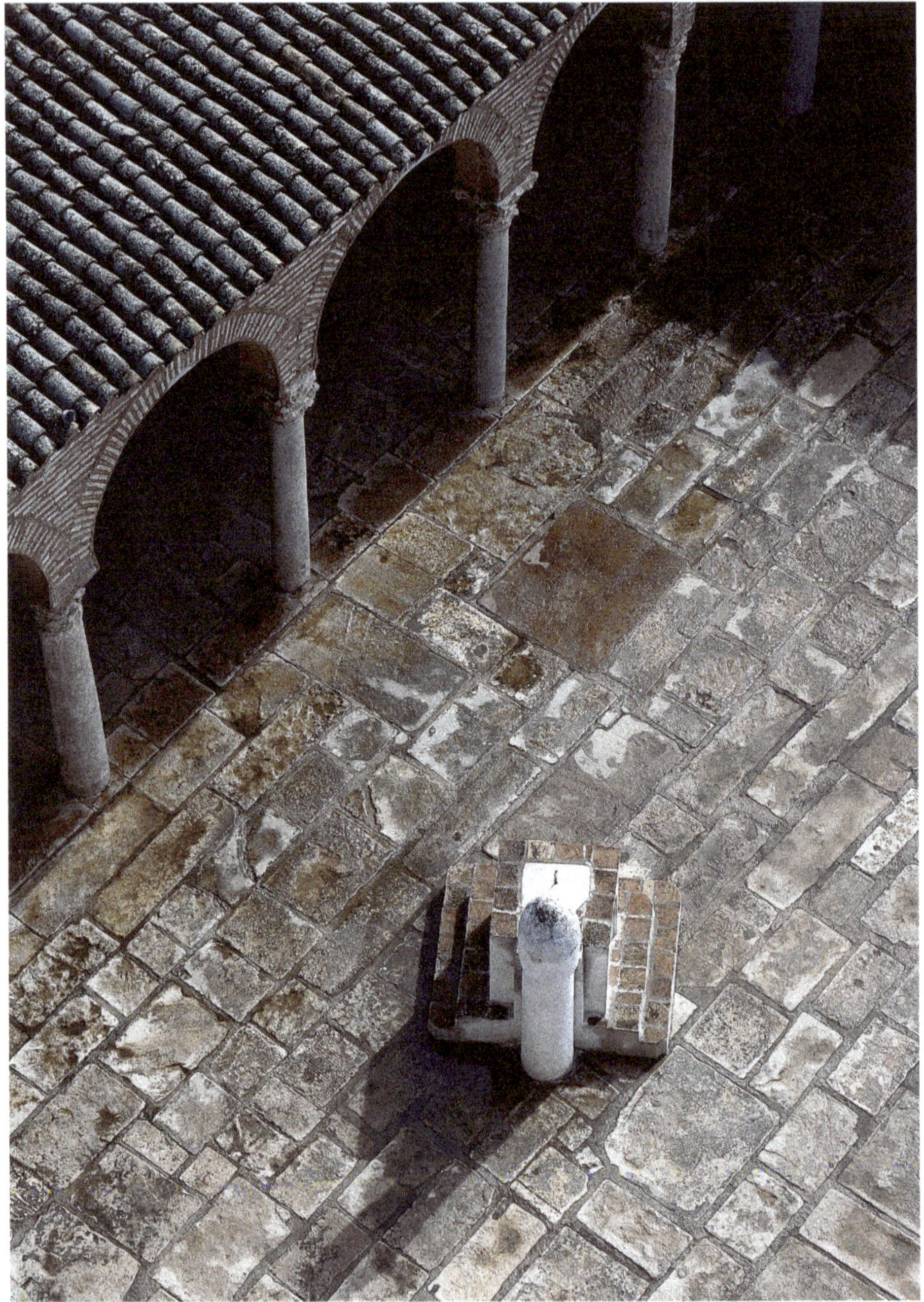

Les Andalous

Ahmed Saadaoui

Ier jour

III.1 GHAR EL-MELH

III.1.a Le vieux port
III.1.b L'arsenal
III.1.c Fort oriental
III.1.d Fort central
III.1.e Fort occidental

III.2 BIZERTE

III.2.a Le vieux port
III.2.b La casbah
III.2.c La Qsiba (Option)
III.2.d Fort des Andalous

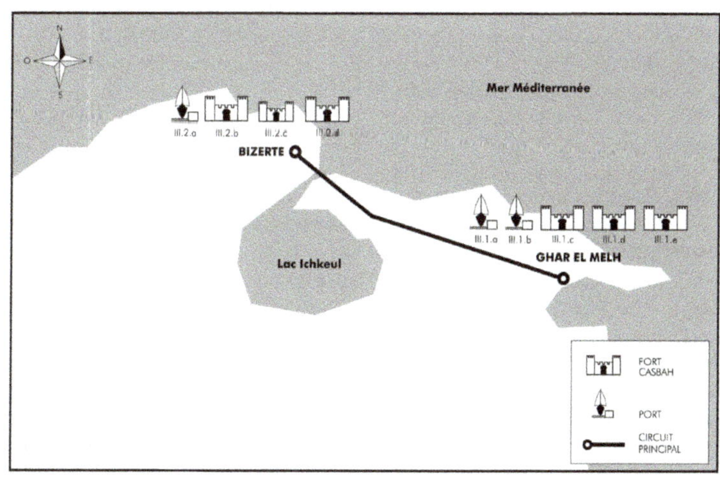

Grande mosquée, patio, Testour.

Les Andalous tirent leur nom de celui de leur pays, la Vandalousie, le pays des Vandales, que les Arabes transcrivirent en *Andalous,* Andalousie. La *Reconquista* espagnole qui commença à la fin du Ve/XIe siècle n'allait pas tarder à provoquer le départ des musulmans. C'est ainsi que l'Ifriqiya hafside reçut des vagues successives de migrants. Le premier flux, qui remonte au VIIe/XIIIe siècle, fut marqué par l'arrivée de nombreux réfugiés qui s'installèrent surtout à Tunis et dans ses environs. La chute de Valence, de Jaen et de Jativa puis de Séville, avait causé ces premiers départs. Ils furent attirés par la présence d'Abou Zakariya el-Hafsi (633/1236-646/1249) qui avait été auparavant gouverneur de Séville. Formant une communauté solidaire et dynamique, les Andalous étaient des agriculteurs habiles, des artisans et des commerçants mais c'est surtout par leurs compétences artistiques et littéraires qu'ils brillèrent. C'est ainsi qu'Ibn Khaldoun les décrit: "Les uns poètes distingués, les autres écrivains éloquents, savants illustres, princes magnanimes, guerriers intrépides". Appréciés des Hafsides, ils concurrençaient aisément les cheikhs almohades. Vers la fin du IXe/XVe siècle et après la chute de Grenade, la seconde vague d'immigration andalouse en Tunisie emprunta le chemin de ses prédécesseurs.

L'expulsion brutale et définitive des Morisques, sous Philippe III en 1017/1609, entraîna l'une des immigrations andalouses des plus considérables, celle qui marqua le plus fortement la mémoire collective des Tunisiens. Les autochtones d'alors les encouragèrent en effet, à l'instar des Hafsides, sous les règnes de Othman Dey (998/1590-1018/1610) et de Youssef Dey (1018/1610-1046/1637), à s'établir dans le nord-est de la Tunisie. Bon nombre de ces réfugiés s'installèrent à Tunis, dans la rue des Andalous, occupée depuis le IXe/XVe siècle par leurs compatriotes; mais le plus grand nombre aménagea un nouveau quartier entre Bab Souika, Bab el-Khadra et Bab Carthagène, organisé autour d'une mosquée, le *jama'* Soubhan Allah, et s'assura le monopole du travail de la terre cuite. Dans la ville de Bizerte, ils s'installèrent de la même manière dans un faubourg assez étendu au nord de la médina, à l'extérieur des enceintes du côté du fort espagnol. Ils apportèrent leur savoir-faire et donnèrent une impulsion nouvelle aux activités commerciales et artisanales de la Tunisie, créant des ateliers de chéchia, de céramique et de tissage de la soie dans chacune de leurs villes.

L'apport fondamental des Morisques resta cependant, comme le notèrent de nombreux voyageurs, celui de leurs aménagements urbains. Ils édifièrent en effet, complètement ou partiellement, une vingtaine de localités distribuées entre quatre régions du nord-est de la Tunisie. Celles-ci se répartissaient entre le Sahel bizertin, avec Qal'at el-Andalous, Aousja, Ghar el-Melh, Raf-Raf, Metline, el-Alia, Ras Djebel et Menzel Djemil; la vallée de la Medjerda, avec Jedeïda, Tébourba, Grich el-Oued, Medjez el-Bab, Slouguia et Testour; le Cap-Bon, avec Soliman, Grombalia, Turki, Belli, Nianou et Jédida; et enfin les bourgades avoisinantes de la capitale, telles celles de la Manouba, Ariana, Hammam-Lif et, plus au sud, Zaghouan, qui fut construite sur l'emplacement de la ville romaine.

Ibn Abi Dinar, au XIe/XVIIe siècle, qui leur attribue quatorze villes et villages, insiste sur la nature de leur action: "Ils plantèrent la vigne, les oliviers, étendirent les jardins, construisirent les routes". Après une longue période de recul de la vie sédentaire, dans ces riches plaines du nord-est, les Andalous avaient réussi à renverser la tendance dans ces zones, en créant des agglomérations qui vont profiter de la sécurité relative instituée par les deys turcs. En 1724, Peyssonnel alla plus loin dans l'appréciation de leur rôle: "La plupart des villes qu'on trouve aujourd'hui leur doivent leur fondation ou du moins leur rétablissement". Les récits des voyageurs européens des XVIIe et XVIIIe siècles expriment une certaine admiration pour leurs villages, "bien percés et bien bâtis comme les villages d'Europe" et "remplis d'assez belles maisons fabriquées à la christianesque". Ces villes étaient en effet, comparativement à l'environnement local nomade, très prospères; de plus, l'origine hispanique des habitants semble leur avoir donné un cachet particulier et, selon Peyssonnel, "les habitants étaient des Grenadins et ils avaient donné aux places et aux rues de leurs villes et villages les mêmes noms que ceux de leurs anciennes villes".

De fait, les plus importantes cités morisques, comme Testour, Soliman, Tébourba, Medjez el-Bab ou Ghar el-Melh furent bâties selon un plan régulier; plus même, certains éléments de l'aménagement et de la conception des cités morisques se retrouvent dans les petites villes et les villages comme les rues pavées, les rigoles d'écoulement des eaux pluviales et les "places carrées", semblables probablement à la fameuse "*plaza mayor*". Des "fêtes de taureaux à l'espagnole" qui y étaient célébrées contribuaient à faire revivre la tradition et la culture andalouses en Tunisie.

Cependant, c'est dans l'architecture que l'apport andalou s'exprime avec le plus d'éclat au XIe/XVIIe siècle. Les centres qui ont accueilli une importante communauté de Morisques ou qui ont été fondés par eux ont une production architecturale qui reflète tantôt une influence espagnole manifeste, tantôt une adaptation aux traditions locales. Ces centres se sont dotés, dès leur fondation, d'un réseau dense de monuments religieux et civils. Même des petites bourgades comme Slouguia ou Grich el-Oued, dans la basse vallée de la Medjerda, qui avaient au XIe/XVIIe siècle une population ne dépassant pas quelques centaines d'habitants, se prévalaient de belles mosquées d'une qualité architecturale inhabituelle dans d'autres villages. D'ailleurs, les auteurs contemporains ont souligné la beauté de ces dernières comme étant comparables aux "sanctuaires des grandes villes". L'étude des édifices de ces cités révèle qu'une partie des réalisations architecturales andalouses mêle des techniques espagnoles à des éléments architecturaux du pays. Cependant, l'architecture de la première génération d'immigrés, très imprégnée d'influences espagnoles, n'a connu aucune diffusion. C'est le cas, en

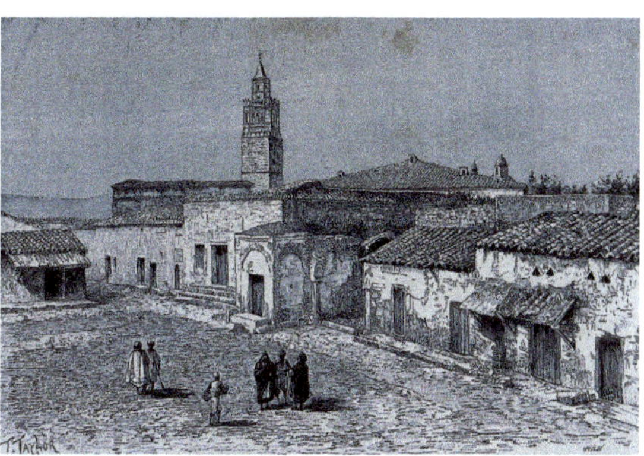

Grande rue à Testour, gravure du XIXe siècle.

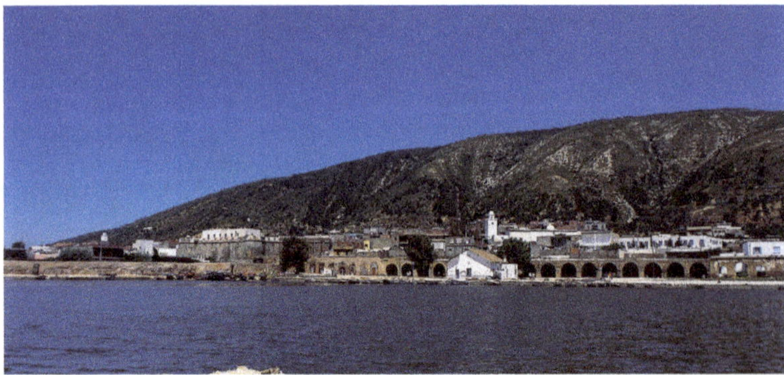

Vue générale sur le port et le village, Ghar El-Melh.

particulier, des frontons, pinacles, obélisques, horloges, clefs de voûte et d'ogives à la manière andalouse; ces délicates fantaisies ornementales sur des thèmes chrétiens, que l'on retrouve à Testour ou à Soliman, ne pouvaient avoir une longue postérité. Les descendants des fondateurs, qui ne connaissaient pas l'Espagne, n'avaient retenu que les thèmes les plus simples, ceux qui étaient passés dans l'architecture courante et pouvaient facilement se transposer dans les techniques locales comme l'appareil mixte de type dit tolédan et les toits en tuile creuse. Les éléments importés d'Espagne se sont très vite combinés avec les techniques et les formes architecturales d'origine locale.

Le pont de Bizerte

Les Andalous aménagèrent des routes pour faciliter les transports et le commerce de leurs produits maraîchers ou artisanaux; ils construisirent également quatre ponts sur la Medjerda au XIe/XVIIe siècle. Le premier d'entre eux, érigé sous le règne de Othman Dey (1018/1610), est celui qui se trouve sur la route reliant Tunis à Bizerte et qui porte le nom de pont de Bizerte. En forme de dos d'âne, il est construit en pierre de taille et compte sept arches; six ouvertures dites de décharge, pratiquées dans de larges piles, servaient au moment des crues.

Qal'at el-Andalous

Situé sur la rive gauche de la Medjerda, non loin de la mer, le village de Qal'at el-Andalous reçut, après sa fondation par les Morisques, des groupes ethniques qui s'installèrent dans des quartiers distincts; c'est ainsi que l'on distingue trois quartiers: le quartier des Andalous, celui des Turcs, appelé aussi quartier hanéfite, et celui des Kairouanais.

Le village se dépeupla au XIIIe/XIXe siècle et ses édifices publics tombèrent en ruine. C'est pourquoi la cité actuelle est dépourvue de monuments remontant à la fondation. La Grande Mosquée du XIe/XVIIe siècle a été complètement reconstruite à une date récente.

III.1 GHAR EL-MELH

De Tunis, prendre la sortie nord en direction de Bizerte. On peut atteindre Ghar el-Melh par la route principale de Bizerte (GP 8) et tourner à droite au panneau routier, ou avant cela tourner à droite en direction d'Utique. Il faut traverser le village de Aousja puis prendre la route de droite en direction de Ghar el-Melh.

Avant d'arriver au village, la route longe une belle plaine agricole et de beaux vergers travaillés "à l'andalouse".

Ghar el-Melh est une petite ville côtière située à mi-chemin entre Tunis et Bizerte; sa fondation, qui remonte à 1047/1638, a été décidée par le dey Osta Mourad pour des raisons stratégiques. La cité, créée autour du complexe portuaire et militaire, fut colonisée par des Andalous venus en majorité de Tunis, attirés par des concessions particulièrement favorables. Enserrée entre la montagne et le lac, Ghar el-Melh occupe un site exceptionnel. Son plan présente un tracé régulier: deux larges artères parcourent la ville d'un bord à l'autre. L'artère médiane traverse la place centrale, tandis que l'artère méridionale passe à travers le petit souk couvert. Ces deux artères sont reliées par des rues perpendiculaires moins larges.

La médina de Ghar el-Melh, qui a relativement peu souffert des reconstructions récentes, compte plusieurs édifices d'une valeur architecturale et archéologique certaine, dont quelques anciennes habitations, deux hammams, le complexe maritime, les fortifications et plusieurs édifices religieux (mosquées, médersas et zaouïas).

La médersa de Ghar el-Melh, qui remonte au XIe/XVIIe siècle, est connue actuellement sous le nom de Mosquée de la Médersa. De taille moyenne, elle se compose d'un oratoire, d'une cour à ciel ouvert, d'une salle d'ablutions, d'un minaret reconstruit récemment et de huit chambres. Cet édifice était destiné, à l'époque de sa fondation, à l'enseignement et à l'hébergement des jeunes

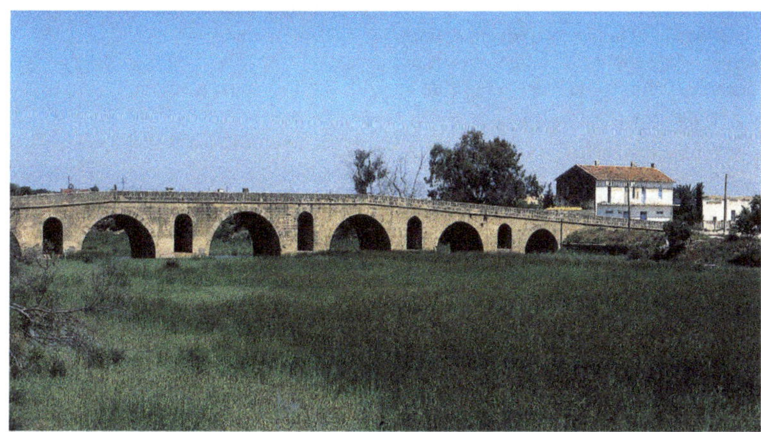

Pont de Bizerte, vue générale, route de Bizerte.

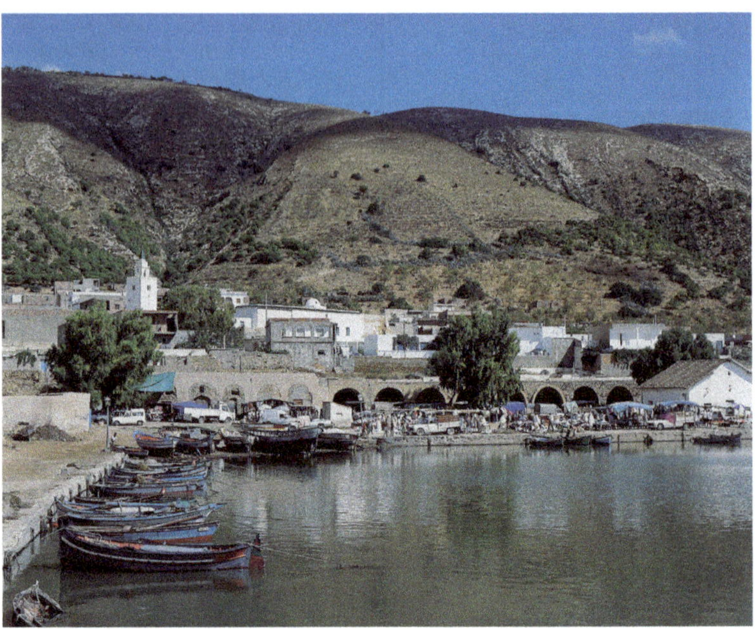

Le vieux port, vue du port et de l'arsenal, Ghar El-Melh.

campagnards qui venaient y étudier pendant quelques années.

La mosquée de la *Rahba*, du XIe/XVIIe siècle, se situe au cœur de la ville, au bord de la place centrale qui lui a donné son nom. Son petit minaret carré, qui se dresse dans la cour de l'édifice précédant l'oratoire, domine la place de la ville et les habitations avoisinantes.

L'installation portuaire et ses fortifications

Ghar el-Melh se distingue par l'importance accordée à ses installations maritimes et à ses fortifications. Son port artificiel, l'arsenal qui lui est contigu et les trois forts de ceinture, qui remontent tous au XIe/XVIIe siècle, constituent un complexe architectural des plus représentatifs de l'architecture militaire de la Tunisie ottomane. En outre, ces ouvrages sont réalisés par des ingénieurs morisques et portent la marque de l'école andalouse.

III.1.a **Le vieux port**

Traverser tout le village jusqu'au vieux port et à l'arsenal.

La construction du port est à l'origine même de l'édification de Ghar el-Melh. Osta Moussa el-Andalousi el-Gharnati, l'ingénieur qui dirigea les travaux de construction du port, était un Andalou originaire de Grenade que le dey de Tunis Osta Mourad (1047/1638-1049/1640) fit venir d'Alger, où il avait travaillé à la réfection du port et des fortifications de la ville. Les travaux de restauration entrepris postérieurement n'ont pas altéré l'aspect de l'œuvre de Moussa el-Andalousi, comme en témoignent les gravures du XIe/XVIIe et du XIIe/XVIIIe siècles. C'est un port artificiel constitué de trois jetées encadrant un bassin. L'entrée s'effectue par une passe de 25 m de large défendue par deux bastions entre lesquels on tendait une chaîne de fer pour fermer l'accès au bassin. Les quais sont bordés par une muraille percée du côté du lac par de larges meurtrières, jadis armées de canons pour le tir à fleur d'eau.

III.1.b **L'arsenal**

L'arsenal, qui a été construit quelques années après l'aménagement du port, est un complexe architectural partiellement en ruine. Il compte une série de grands magasins de 7 m de large sur 18 m de profondeur, couverts de voûtes en berceau sur doubleaux. Ces magasins sont précédés d'une galerie qui servait de remise destinée à mettre à couvert les navires qu'on tirait à sec. Cet arsenal comptait, outre le magasin et les galeries, deux bagnes pour le logement des esclaves chrétiens affectés à la construction navale et la chiourme; il comprenait fort probablement une chapelle pour l'exercice de leur culte.

III.1.c **Fort oriental**

Il se trouve à proximité de l'arsenal.

Son édification, datée de 1069/1659, fut ordonnée par le dey Mustapha Laz,

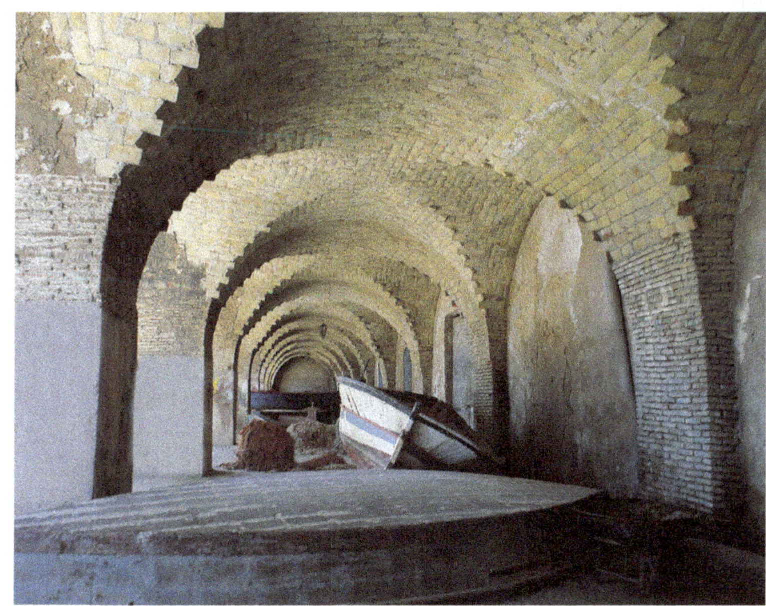

L'arsenal, voûtes, Ghar El-Melh.

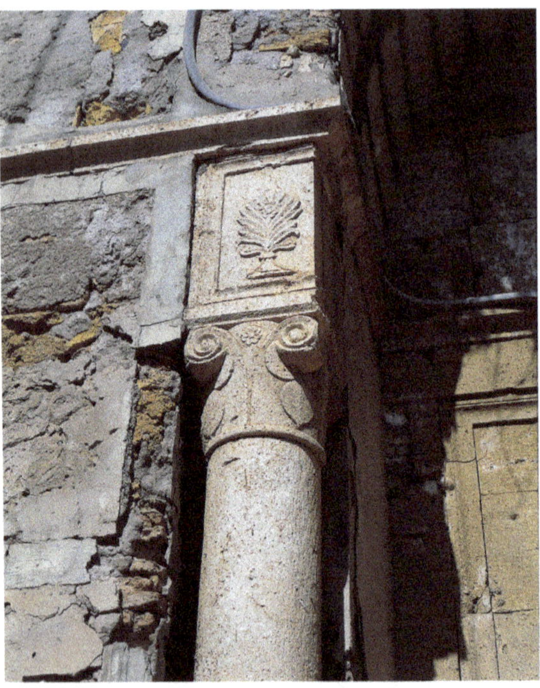

Fort oriental, colonne d'angle, Ghar El-Melh.

comme l'indique l'inscription turque placée au-dessus du linteau de la porte d'entrée de l'édifice. Sa construction a été décidée après une attaque anglaise de la ville en 1063/1653. L'édifice, qui présente un plan rectangulaire, était entouré d'un fossé et avait quatre bastions aux angles. Avant le remblaiement partiel du fossé, on traversait un pont-levis pour accéder à l'intérieur du monument par une seule porte ouverte dans la courtine ouest et précédant un vestibule voûté. La cour rectangulaire à ciel ouvert est bordée par les cellules et les casemates, alors que l'oratoire occupe l'angle nord-est. Les terrasses des casemates et les murs des courtines forment des chemins de ronde, très larges, surtout sur le côté sud regardant le lac. Elles sont protégées par des parapets signalés extérieurement par des moulures rondes.

III.1.d **Le fort central**

Il se situe en face du siège de l'Association pour la Sauvegarde de la Médina (ASM).
Le monument abrite aujourd'hui des locaux du Ministère des Affaires Sociales.

Le fort central de Ghar el-Melh est également l'œuvre de Moussa el-Andalousi, le bâtisseur du port. Sa construction remonte à 1047/1638, comme l'indique l'inscription qui se trouve au-dessus de la porte d'entrée. Les aménagements récents ont complètement modifié l'intérieur de l'édifice. Il est de forme rectangulaire, flanqué aux angles de quatre bastions octogonaux. L'accès à l'intérieur se fait par une porte droite ouverte dans la courtine nord du monument. Un pont-levis se trouvait jadis sur le fossé qui entourait le fortin. Le mur d'enceinte, haut d'environ 10 m, est recouvert d'un parement en pierre de taille et couronné de merlons arrondis. Le départ du parapet est signalé par une moulure taillée dans la pierre. Les bastions, également en pierre de taille, sont couronnés d'embrasures à canons.

III.1.e **Le fort occidental**

C'est le premier fort que l'on remarque sur la droite lorsqu'on accède au village.

Edifié la même année que le fort précédent, c'est-à-dire en 1069/1659 comme l'indique l'inscription du tympan de

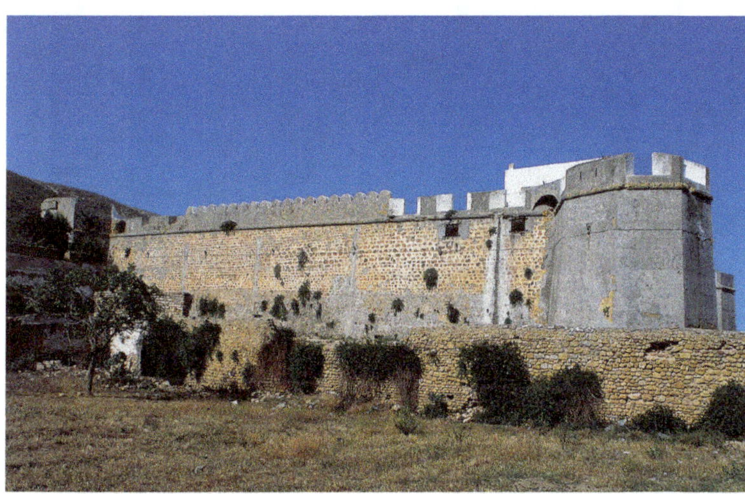

Fort central, tour d'angle, Ghar El-Melh.

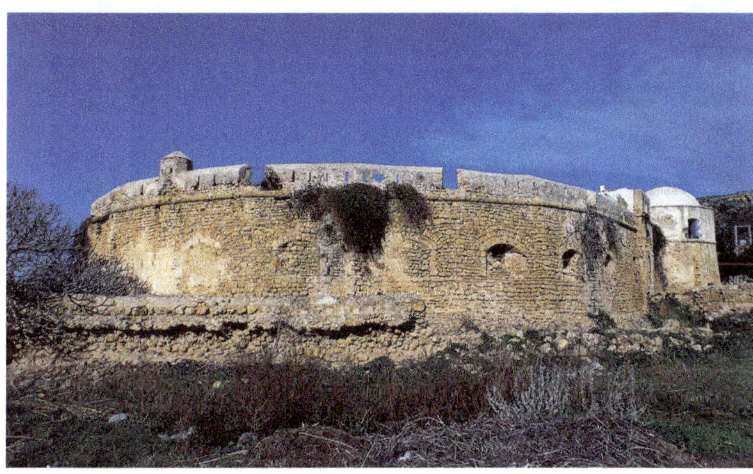

Fort occidental, vue d'ensemble depuis la mer, Ghar El-Melh.

l'unique entrée de l'édifice et sur ordre du dey Mustapha Laz, la bâtisse, de plan rectangulaire, est flanquée au sud par deux bastions octogonaux et au nord par une demi-lune. La cour qui épouse la forme de la bâtisse est entourée de plusieurs casemates et de 13 abris voûtés. Ces derniers sont percés de meurtrières et portent un chemin de ronde large de 5 m qui est protégé par un parapet percé d'embrasures à canon comme dans les forts précédents. Le fort occidental est doté d'une petite mosquée et d'une citerne.

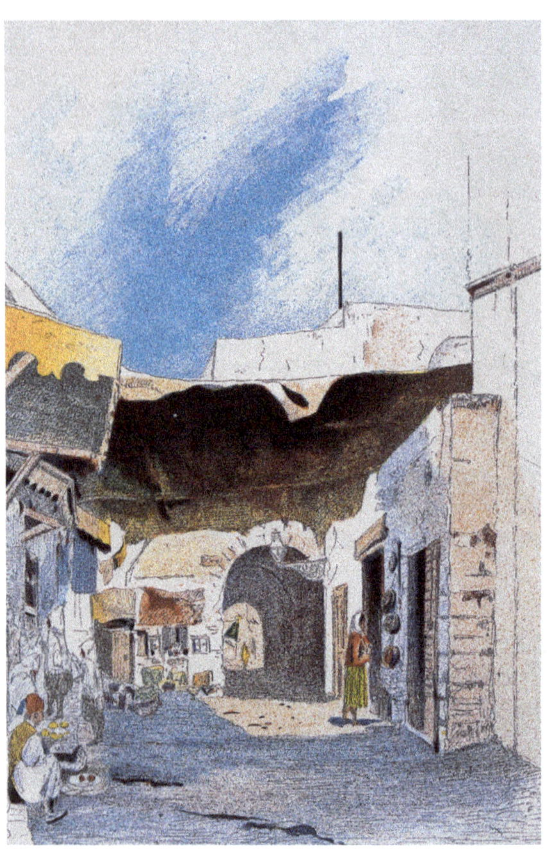

Souk, aquarelle du XIXᵉ siècle, Bizerte.

III.2 BIZERTE

Depuis el-Alia, prendre la route en direction de Bizerte.

A l'approche de la ville, la route longe le lac de Bizerte et l'on peut voir au loin se profiler le Djebel Ichkeul qui surplombe un parc naturel.

Bizerte est une ville maritime du nord de la Tunisie, et qui s'étend à l'embouchure d'un canal reliant la mer au lac. Elle occupe l'emplacement de l'antique Hippo Diarrhytus, colonie romaine, baptisée après la conquête arabe *Binzart*. La ville médiévale, avec ses bazars, sa Grande Mosquée et ses bains, était entourée de murailles. Après une période de somnolence, elle connut une certaine prospérité lorsqu'elle devint le siège d'une petite principauté indépendante gouvernée par les Banou El-Ward (444/1053-599/1203). Au bas Moyen Âge, la ville déclina à nouveau et devint, tout au long du Xᵉ/XVIᵉ siècle, le terrain de violents affrontements entre les Turcs et les Espagnols. A l'époque moderne et surtout durant les XIᵉ/XVIIᵉ et XIIᵉ/XVIIIᵉ siècles, la ville profita de la relative stabilité instaurée par les deys et les beys ottomans. Siège de l'amirauté, Bizerte était l'un des foyers les plus actifs de la piraterie barbaresque, ce qui contribua largement à sa prospérité. L'établissement des Andalous vers 1017/1609, dans de nombreux villages du Sahel bizertin et dans l'un des quartiers de la médina qui porte toujours leur nom, eut également un impact très positif sur l'expansion démographique et la reprise des activités militaires, commerciales et agricoles de la ville. Enfermée derrière des murailles, Bizerte était formée, jusqu'à la fin du XIXᵉ siècle, de plusieurs unités séparées: la médina, la casbah, la *qsiba*, le quartier franc et le quartier andalou.

La médina

La médina qui s'étend à l'ouest de la casbah, était jusqu'à la fin du XIXᵉ siècle entourée de remparts percés de plusieurs portes. De ces murailles, en grande partie détruites, il ne reste plus que deux tronçons dont l'un relie le fort d'Espagne au quartier des Andalous. L'étude des tronçons encore existants révèle un mur haut, d'environ 6 m de large pour 3,50 m d'épaisseur, couronné d'un parapet percé de meurtrières.

La Grande Mosquée qui s'élève dans la médina fut construite sur l'emplacement d'une mosquée médiévale, en 1060/1650, par le dey Mohamed Laz. Elle s'élève en plein centre de la médina, sur les quais du vieux port. L'édifice est construit sur une plate-forme dont le niveau inférieur, donnant sur les berges du port, est occupé par cinq boutiques.
Le minaret, qui se distingue par sa forme octogonale, se dresse sur le côté nord de la cour. S'appuyant sur une base carrée, il est couronné par un balcon protégé par un auvent. Au-dessus de la tour octogonale, se dresse un lanternon, de même forme, coiffé d'un toit pyramidal. Moins élancé que ceux de Tunis, ce minaret n'en constitue pas moins une œuvre originale et révélatrice de l'influence ottomane sur l'architecture religieuse de cette ville qui avait abrité l'un des principaux ports de la Régence à cette époque.
Non loin de la Grande Mosquée se trouve la zaouïa de Sidi el-Mostari, saint patron de la ville. Construit sur une plate-forme dont le niveau inférieur est occupé par des boutiques, il a été bâti sur ordre de Mourad Bey en 1083/1673. C'est un complexe architectural qui comporte tous les éléments habituels d'une zaouïa-médersa, à savoir une salle d'ablutions, une salle funéraire à coupole, donnant dans un long vestibule qui conduit à une belle cour dallée et entourée, sur quatre côtés, de galeries. Plusieurs chambres, un *Kouttab* et une salle de prière ouvrent sur ces galeries.

III.2.a **Le vieux port**

Rejoindre le quai du vieux port et garer la voiture aux alentours de la place du 18 Janvier 1952.

Le vieux port, qui reçoit encore les barques des pêcheurs habitant à proximité, est un port naturel installé sur le

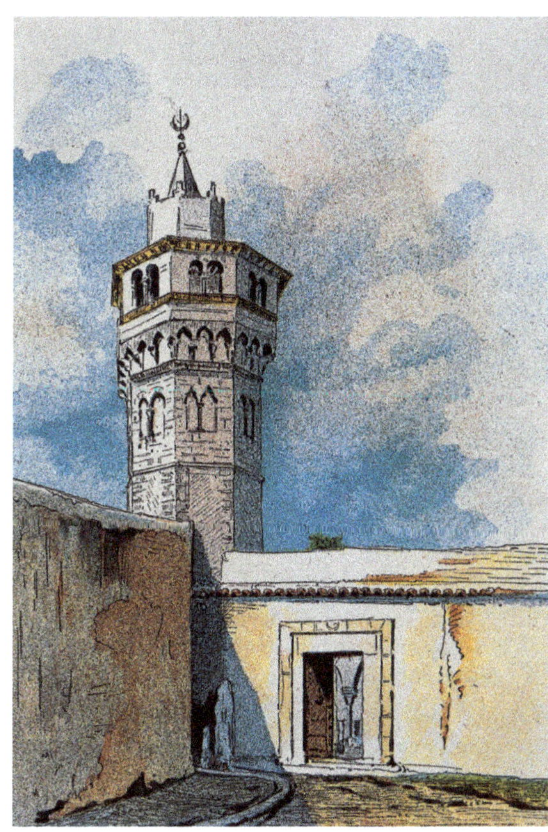

Minaret de la Grande Mosquée, aquarelle du XIXe siècle, Bizerte.

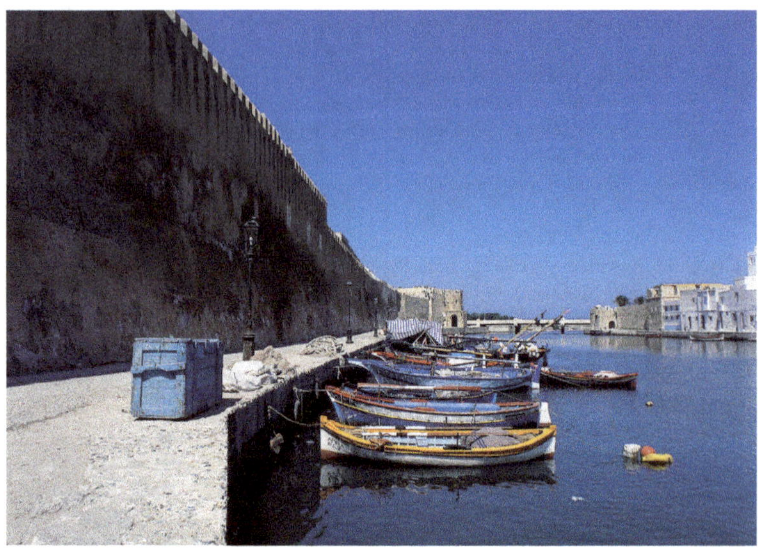

Le vieux port, quai longeant la casbah, Bizerte.

canal qui reliait le lac à la mer. Les défenses du port, constituées jusqu'au IXe/XVe siècle par la casbah et la *qsiba*, furent renforcées ultérieurement par la construction de deux môles, au nord et au sud de l'entrée, ainsi que par un mur d'enceinte qui l'enveloppait de tous les côtés. Une grosse chaîne en fer, qu'on tendait entre les deux bastions de la casbah et de la *qsiba,* fermait l'entrée du goulet. Actuellement, les deux môles ainsi que l'enceinte du port ont disparu. Sur les deux quais du port se trouvent deux fontaines assurant son alimentation en eau; la fontaine de Youssef Dey, qui se trouve sur le quai nord, fut construite par un Andalou en 1029/1620. C'est une belle inscription gravée sur une plaque de marbre située sur le tympan de l'arc bichrome de la fontaine, qui indique la date de la construction et le nom du maître d'œuvre.

III.2.b **La casbah**

L'accès au monument se fait par le quai Khemais Tarnen.
Entrée payante. Horaires: de 9: 00 à 11: 30 et de 15: 00 à 19: 30. Fermé le lundi. Toilettes.

Depuis la terrasse du café située en haut du monument, on jouit d'un beau panorama sur les toits de la médina et sur la mer.

La casbah, enserrée derrière ses murailles, forme une petite ville avec ses mosquées, ses bains et ses maisons. Son mur d'enceinte, de forme rectangulaire (170 m sur 110 m environ), est flanqué de huit tours aux angles. Bâti en belle pierre de taille, il est percé d'une seule porte reliant la casbah à la médina.

III.2.c **La Qsiba** (option)

Ce quartier se trouve de l'autre côté du vieux port, face à la casbah. Emprunter la rue Sidi el-Henni en voiture ou s'aventurer à pied par le quai de la Qsiba.
Le Borj Sidi el-Henni abrite un musée océanographique.

La *qsiba,* ou petite citadelle, qui est un fort attesté depuis le Ve/XIe siècle, s'élève sur la rive sud du chenal, faisant face à la casbah. Les deux monuments contrôlaient l'entrée du vieux port; une chaîne tendue entre les deux fermait cette entrée tandis qu'un donjon la dominait. Le monument a donné son nom à un petit quartier habité jadis par les pêcheurs.

III.2.d **Fort des Andalous**

On accède au Monument par l'avenue du 15 Octobre.

Ce fort monumental occupe un point culminant, au nord-ouest de l'enceinte, ce qui lui permettait de contrôler et de surveiller la ville, le port et la rade de Bizerte. Sa construction fut commencée par le pacha d'Alger Eulj Ali, d'après un plan établi par un ingénieur sicilien, et achevée par les Espagnols qui venaient de le battre, d'où son nom. Ce fort avait la forme d'une étoile à cinq branches mais, par suite de plusieurs modifications, il se présente aujourd'hui sous la forme d'un polygone de 13 côtés, bâti en partie en terre pilonnée avec un parement en pier-

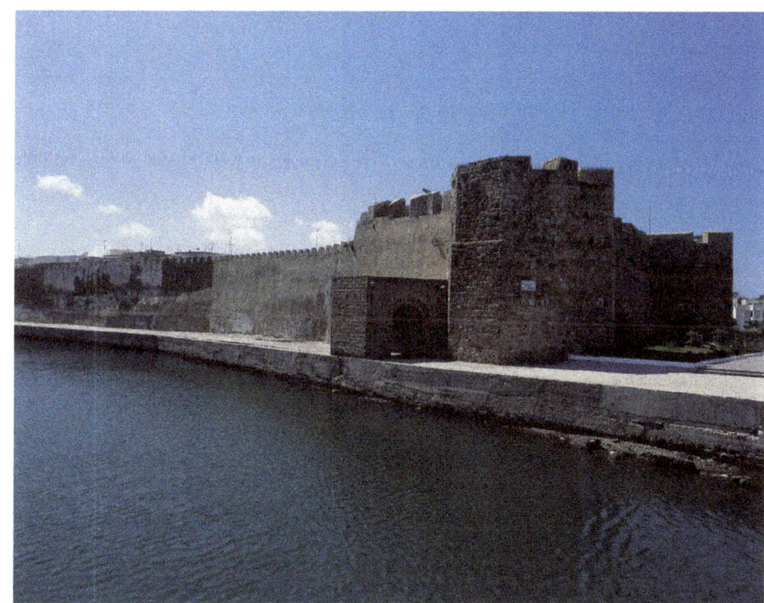

La casbah, vue depuis les quais, Bizerte.

Fort des Andalous, aquarelle du XIXᵉ siècle, Bizerte.

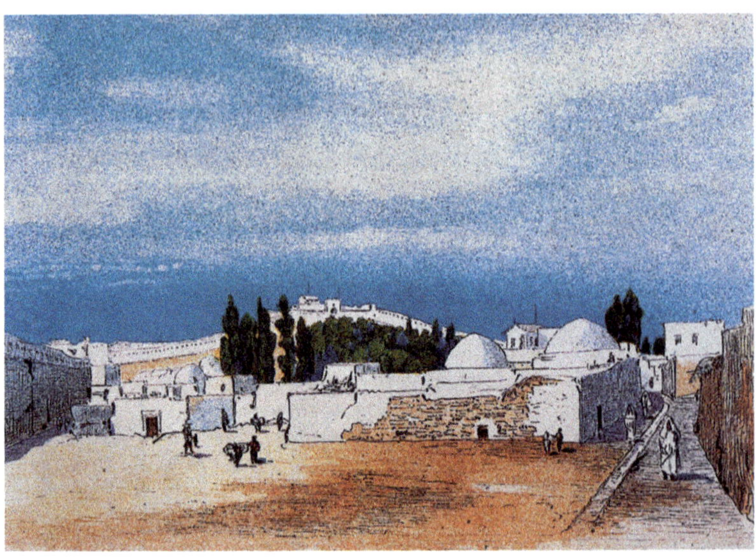

re de taille. Le fort est percé d'une seule porte d'entrée, orientée vers la ville et précédée d'un porche, ouvrant sur un arc en plein cintre outrepassé, couronné de merlons, défendu par un assommoir. Cette porte ouvre sur une cour polygonale; une rampe courant le long du flanc sud-est de cette dernière donne accès au terre-plein du fort dont le niveau est signalé, à l'extérieur, par une grosse moulure semi-circulaire. Ce dernier, servant de plate-forme d'artillerie, est protégé par un parapet haut de 1,90 m percé d'archères.

Le quartier des Andalous

Le quartier des Andalous est un faubourg extra-muros qui s'étend au nord-est de la médina. Edifié par les Morisques vers 1018/1610, il se développe en longueur sur une étendue de 450 m de long et une largeur maximale de 130 m. Ce quartier présente un tracé plus ou moins régulier; il s'organise autour d'une artère principale le traversant du nord au sud et qui a sa propre mosquée appelée la mosquée des Andalous.

Rafraf
Le petit village de pêcheurs adossé à la colline est devenu un bourg important qui s'étire le long d'une très belle plage. La route qui y mène depuis Ghar el-Melh traverse des paysages agricoles vallonnés réputés pour leur raisin muscat.
A l'entrée de Rafraf, on a une vue impressionnante sur tout le village en contrebas et sur l'île déserte de Pilau qui se dresse en face.

Les Andalous

Ahmed Saadaoui

2ème jour

III.3 JÉDEIDA
III.3.a Pont de Jédeida

III.4 TÉBOURBA
III.4.a Pont-barrage d'el-Battan

III.5 MEDJEZ EL-BAB
III.5.a Pont de Médjez el-Bab

III.6 TESTOUR
III.6.a La Grande Mosquée
III.6.b Mosquée de Rihbat el-Andalous
III.6.c Mosquée de Sidi Abd el-Latif

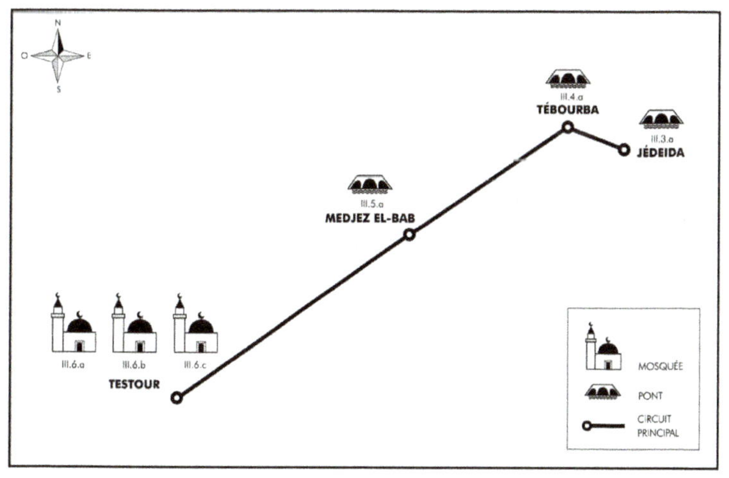

III.3 JÉDEIDA

Parmi les quatre ponts édifiés sur la Medjerda par les Andalous, deux sont doublés de barrages: celui de Jédeida et celui d'el-Battan, près de Tébourba. Ce deuxième nom vient de l'espagnol "batanar" qui signifie fouler, donner un apprêt à un tissu; il s'agit du moulin à foulon qui sert à la fabrication des chéchias. Ces deux ponts fournissaient l'eau pour les foulons de chéchia et permettaient d'irriguer les terres riveraines, en élevant la rivière au niveau nécessaire.

III.3.a **Pont de Jédeida**

En venant de Tunis, au rond-point à la sortie de Jédeida, prendre la direction de Bizerte. Le pont est à environ 3 km sur la droite.

Le pont de Jédeida, qui fut achevé en 406/1016, a été édifié sur ordre de Youssef Dey. Long de 116 m et large de 6 m, il compte sept arches égales établies sur un radier assez haut, construit sur toute la longueur de la rivière, de façon que l'eau y soit déversée en cascades. Après la Seconde Guerre mondiale, ce pont a été partiellement emporté par les eaux; il ne resta plus que trois arches, les autres ayant été remplacés par un édifice métallique. À côté de ce pont, un certain Chélébi, fils de Youssef Dey, fit bâtir une résidence de plaisance dont le charme et la beauté étaient largement vantés par la littérature de l'époque.

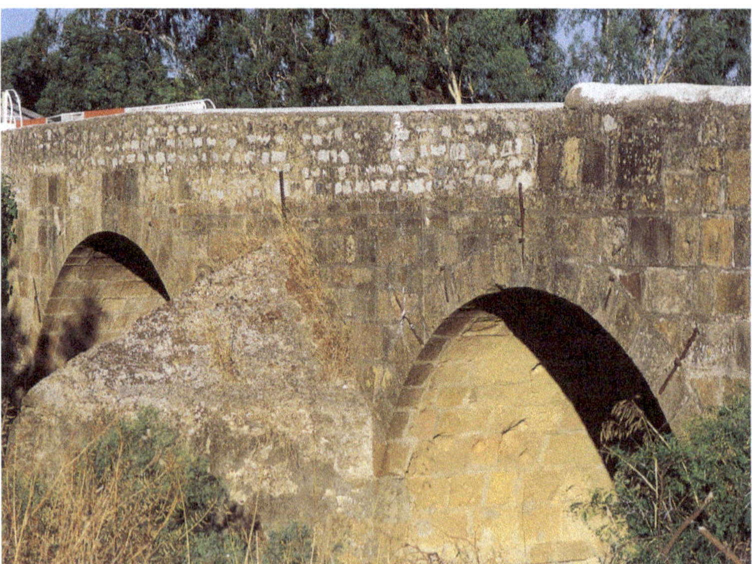

Le pont de Jédeida.

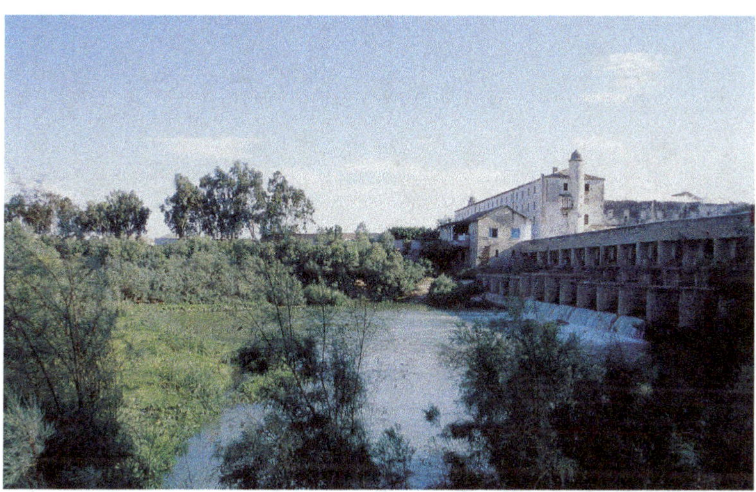

Pont-barrage d'el-Battan, Tébourba.

III.4 TÉBOURBA

Tébourba est un autre centre morisque qui se situe près du site de l'ancienne Thuburbo Minus, à 35 km de Tunis, sur la rive gauche de la Medjerda. Elle est entourée de jardins et de beaux et vastes vergers d'oliviers ainsi que d'autres plantations. La culture de l'olivier sur le site a connu un grand développement grâce à l'établissement des Morisques. La médina présente un plan assez régulier: les rues se croisent de façon orthogonale; huit d'entre elles convergent vers la grande place rectangulaire qui constitue l'élément principal de la structure urbaine. Ce plan régulier témoigne d'un urbanisme réfléchi; la ville a été bâtie par les immigrés morisques vers 1018/1610. La place centrale, entourée par des mosquées, des fondouks et des commerces, est un élément structurel urbain d'origine hispanique.

L'attachement de la population à ses origines était encore très fort aux XVIIe et XVIIIe siècles, comme l'atteste Ximenes, le religieux espagnol qui visita la ville en 1724; il nous révèle qu'une partie de la population a conservé, plus d'un siècle après son installation, la connaissance de la langue espagnole: "Juste après leur arrivée d'Espagne, ils avaient des écoles en notre langue", nous dit-il.

La médina de Tébourba possède trois oratoires de quartier et une grande mosquée qui dateraient du XIe/XVIIe siècle. Elle comprend également plusieurs zaouïas édifiées à différentes époques. L'une des plus anciennes, celle de Sidi Thabet, remonterait à la première moitié du XIe/XVIIe siècle; elle a été rénovée, d'après une inscription, en 1112/1701.

III.4.a **Pont barrage d'el-Battan**

Revenir à Jédeida et se diriger vers Tébourba. Le monument est à l'entrée du Battan.

Le pont, vue d'ensemble, Medjez el-Bab.

Le pont, inscription monumentale de datation, Medjez el-Bab.

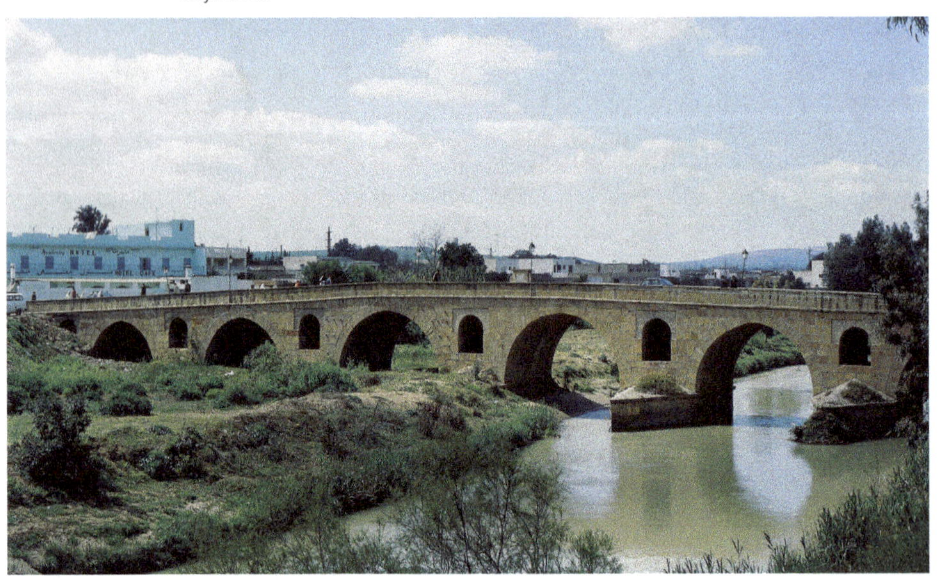

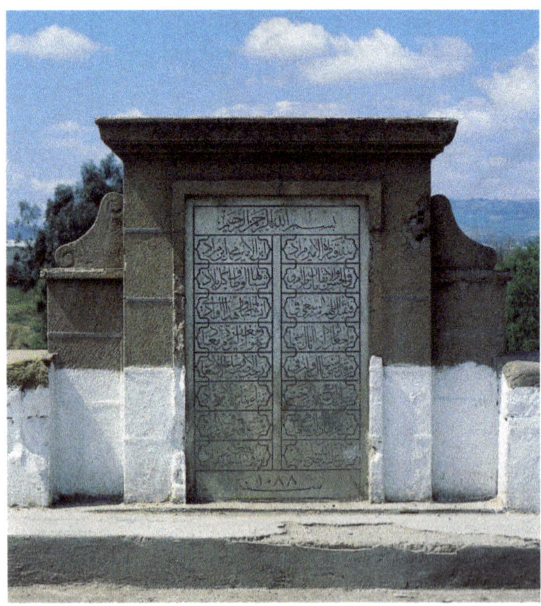

Jeté sur la Medjerda, à 2 km en aval de Tébourba, ce pont-barrage a été construit vers 1101/1690 par le Bey Mohamed, fils de Mourad II. C'est un ouvrage des plus admirables, percé de seize arches élevées sur un radier servant de fondation pour l'ouvrage. Des vannes fermaient les arches et élevaient le niveau de l'eau pour actionner les moulins à foulon et pour l'irrigation des terres riveraines. À côté de ce pont, le bey fit bâtir une maison de plaisance.

III.5 MEDJEZ EL-BAB

Une très jolie route de campagne relie Tébourba à Medjez el-Bab.

Medjez el-Bab est une petite ville, réputée andalouse, qui se situe sur la rive droite de la Medjerda, entre Tébourba et Testour. En 1271/1855, d'aprés un registre fiscal, la ville comptait 38 personnes d'origine andalouse sur les 100 imposées. Après 1881, la petite ville devenue centre colonial rural, a été complètement transformée.

III.5.a Pont de Medjez el-Bab

Attribué, comme les deux autres ponts mentionnés ci-dessus, aux Andalous, cet ouvrage en belle pierre de taille a été achevé en 1087/1677. C'est un pont en dos d'âne percé par huit arches égales, portant un tablier protégé par un parapet. Jeté sur la Medjerda, il relie la ville à ses jardins et aux cités andalouses proches.

III.6 TESTOUR

Testour est une petite ville qui se trouve dans la moyenne vallée de la Medjerda. La ville fut fondée au début du XIe/XVIIe siècle sur l'emplacement d'une cité romaine nommée Tichilla. La médina morisque est formée de trois quartiers: le quartier des Andalous, le quartier des Tagarins et celui de la *Hara*. Trois artères principales parallèles, d'une largeur relativement importante, reliées d'une manière orthogonale par des rues latérales moins larges, délimitent des îlots allongés. La grande place constitue un élément important de ce tissu urbain. Elle est le centre de la vie de la cité et peut être considérée comme l'espace public par excellence. Plusieurs édifices importants la surplombent: la Grande Mosquée, le hammam, les cafés et jadis des fondouks. En outre, cette place constitue une apparition précoce de la place de type européen dans le Maghreb.

Le souk occupe l'artère médiane, qui porte son nom, traverse la ville de bout en bout et se prolonge par les boutiques bordant la place centrale. Aucune maison d'habitation ne vient s'intercaler entre les échoppes, mais le souk comporte cepen-

Vergers, Testour.

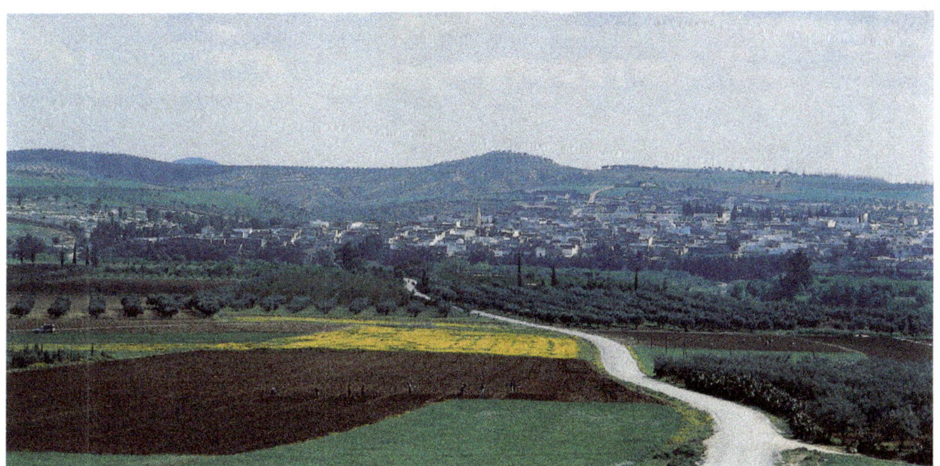

La Grande Mosquée, vue sur les toits, Testour.

La Grande Mosquée, cour intérieure, Testour.

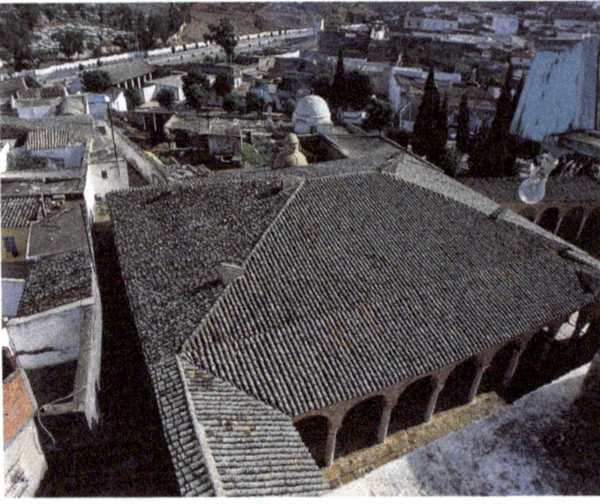

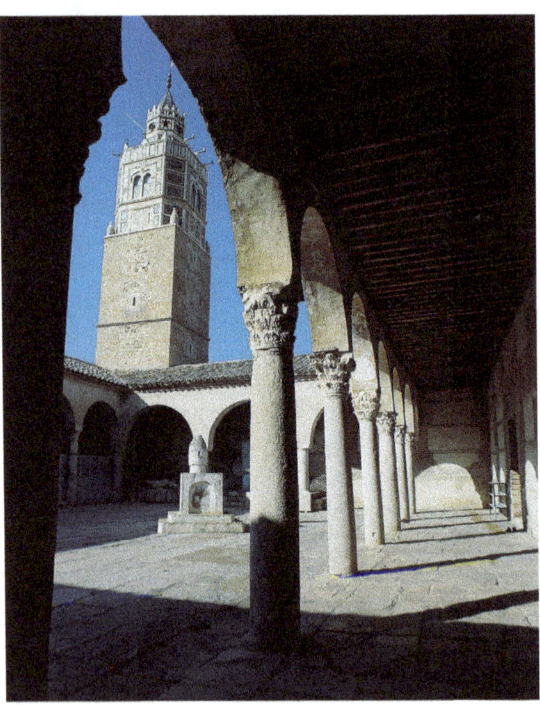

dant quelques édifices à caractère public, notamment les mosquées.
La tradition attribue à la ville de Testour quatorze mosquées dont la plupart sont de petits oratoires de quartier. Cinq d'entre elles sont actuellement ouvertes au culte, les autres conservent parfois quelques vestiges ou ont complètement disparu. La plupart de ces édifices ont été construits, comme la ville, au XIe/XVIIe siècle. Testour compte également d'autres édifices religieux ou civils tels les médersas, une synagogue, un mausolée israélite, un hammam, des zaouïas, tous du XIe/XVIIe siècle.
Parmi les zaouïas, celle de Sidi Nasr s'élève à l'extrémité occidentale de la rue *el-Hara*. Elle renferme tous les éléments caractéristiques d'une zaouïa-médersa, englobant deux salles funéraires à coupole, un oratoire, deux cours —la plus grande entourée de portiques et plusieurs dépendances dont des chambres réservées pour l'hébergement des étudiants.

III.6.a **La Grande Mosquée** (monument non ouvert à la visite)

L'entrée du monument borde la grande place du village.

La Grande Mosquée représente un des plus éloquents témoins de l'architecture morisque de Tunisie. Elle présente, en effet, des formes et des techniques originales. Le maître d'œuvre de cet édifice, tout en tirant parti des dispositions habituelles aux mosquées locales, a utilisé les techniques architecturales et décoratives d'origine hispanique, créant ainsi une œuvre de synthèse tout à fait inédite. Bien ordonné, l'édifice se distingue par ses

imposantes toitures de tuiles s'appuyant sur une armature de combles constituée d'un système de charpente reposant sur l'extrados des voûtes par l'intermédiaire de 48 piliers.
Son minaret est une tour carrée que surmontent deux tours octogonales; sa forme fort curieuse ainsi que certains détails confirment sa parenté avec les clochers espagnols et plus particulièrement avec ceux de l'Aragon. Il en est de même des petits pinacles dressés sur les angles de la tour carrée du minaret ainsi que de l'horloge décorative ornant cette même tour. La construction du minaret, par le chaînage de briques et le remplissage en moellons, par la structure de l'escalier en colimaçon, renvoie également à une filiation hispanique.

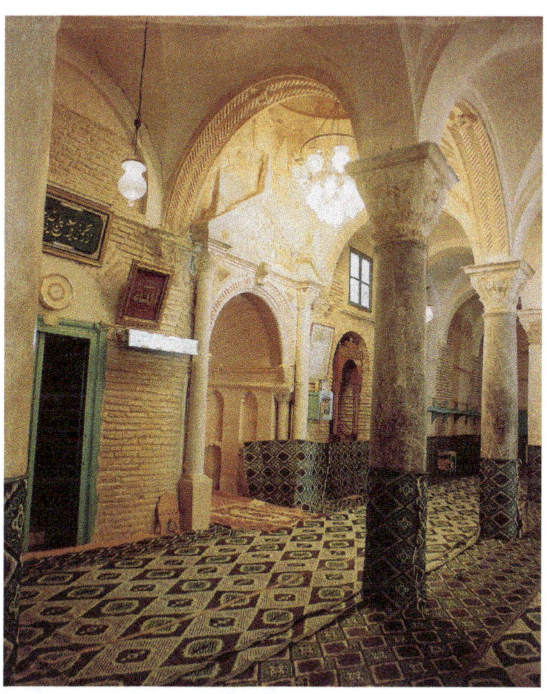

La Grande Mosquée, mihrab, Testour.

III.6.b **Mosquée de Rihbat el-Andalous** (monument non ouvert à la visite)

Ce monument se trouve derrière la Grande Mosquée, sur la place el-Andalous.

La mosquée de Rihbat el-Andalous est la première Grande Mosquée morisque de Testour puisque l'édifice date de 1018/1610. Après l'édification d'une nouvelle Grande Mosquée vers 1024/1615, celle-ci a perdu sa place de premier sanctuaire de la ville, mais elle a continué à abriter une *khoutba* du vendredi. Le monument a été désaffecté vers le milieu du XIIIe/XIXe siècle, époque de déclin pour la ville. Depuis, le monument s'est considérablement dégradé, tombant presque entièrement en ruine. Il n'en reste actuellement qu'un minaret à moitié démoli, deux pans de murs de l'oratoire et quelques

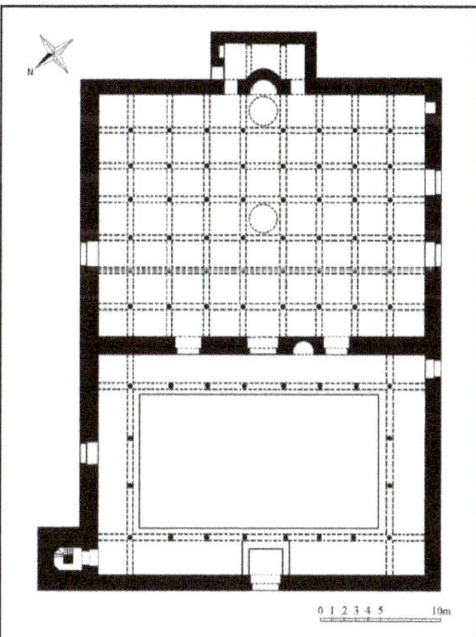

Plan de la Grande Mosquée de Testour.

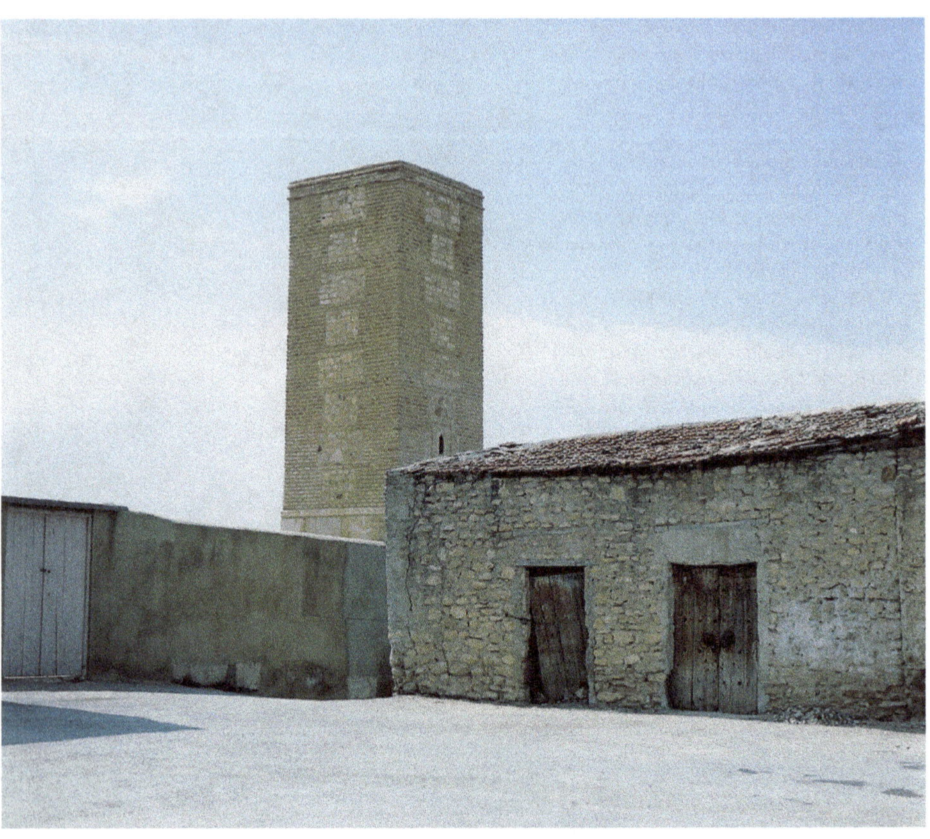

Mosquée de Rihbat el-Andalous, la rihba et le minaret, Testour.

vestiges à peine apparents. Les pans de murs, encore debout, dépouillés de leur revêtement, laissent apparaître l'appareil avec lequel ils ont été construits. Il s'agit d'un appareil mixte constitué d'une armature de briques et d'un remplissage de béton.

Le minaret est dépourvu actuellement de toute sa moitié supérieure; son aspect primitif nous est connu grâce à des photographies prises au début du siècle. Il était constitué de deux tours superposées, l'une inférieure de plan carré, l'autre de plan octogonal. Les deux tours étaient couronnées d'un lanternon. La tour carrée, encore debout, s'élève à 9 m; au-dessus d'une base construite en pierre de taille de réemploi, elle offre un appareil mixte. Les briques forment aux quatre angles des chaînages à redans coupés par des arases horizontales. Cette armature de brique reçoit un remplissage en moellons relié par un mortier de chaux.

III.6.c **Mosquée de Sidi Abd el-Latif** (monument non ouvert à la visite)

Dans la rue du 2 Mars, perpendiculaire à l'avenue Habib Bourguiba.

L'avenue Habib Bourguiba, artère principale des souks, est très animée et a gardé son authenticité.

La mosquée de Sidi Abd el-Latif est appelée aussi la mosquée hanéfite. Elle se dresse dans le quartier des Tagarins, tout près de l'artère principale dont elle est séparée par une série de boutiques.
L'unique façade de la mosquée donne sur la rue de Séville. Plusieurs éléments contribuent à en faire une des plus belles façades des édifices religieux de Testour: l'appareil, la corniche qui la couronne, les portes et les fenêtres qui y sont percées et surtout le minaret.
La salle de prière, qui est précédée d'un portique donnant sur une petite cour, s'inscrit dans un plan carré. Elle se divise en trois nefs, de trois travées par un réseau de seize colonnes portant des chapiteaux hispano-maghrébins. Les voûtes de l'oratoire sont doublées de toit en tuiles creuses, à deux pentes sur murs pignons. Il se dresse à l'extrémité septentrionale de la façade, et il est divisé en quatre niveaux superposés, séparés par des registres revêtus à l'origine par des carreaux de céramique polychrome. Le troisième niveau est le plus décoré. Il présente de grands panneaux où des bouts carrés de briques émergent de l'enduit et forment des réseaux losangés. Ici, l'emploi du relief de brique est inspiré de l'architecture mudéjare. Le minaret est couronné par un lanternon cylindrique.

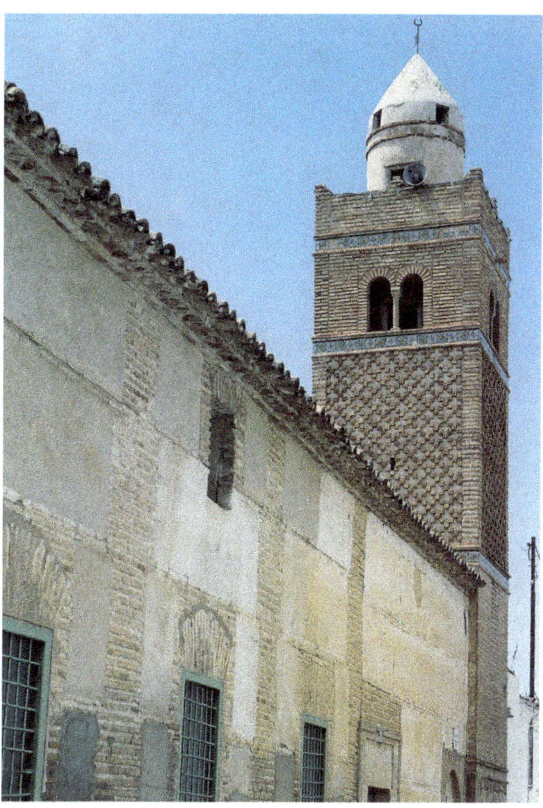

Mosquée de Sidi Abd el-Latif, façade et minaret, Testour

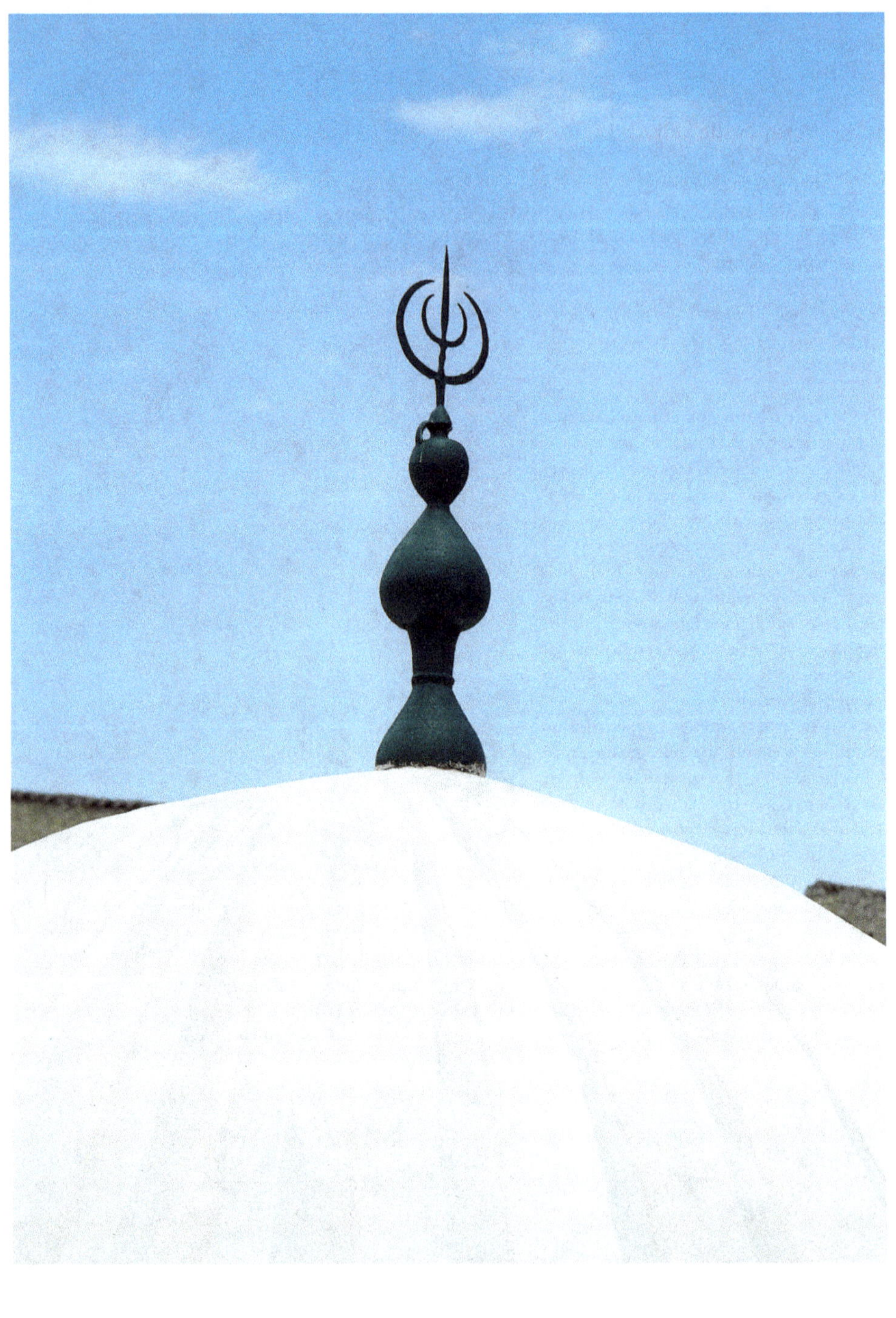

CIRCUIT IV

Le Soufisme

Mohamed Tlili

IV.1 LE KEF

IV.1.a La casbah
IV.1.b Zaouïa Rahmaniya, musée des Arts et Traditions populaires du Kef
IV.1.c Synagogue de la Ghriba

IV.2 HAFFOUZ

IV.2.a Pont-aqueduc fatimide de Chrechira (option)

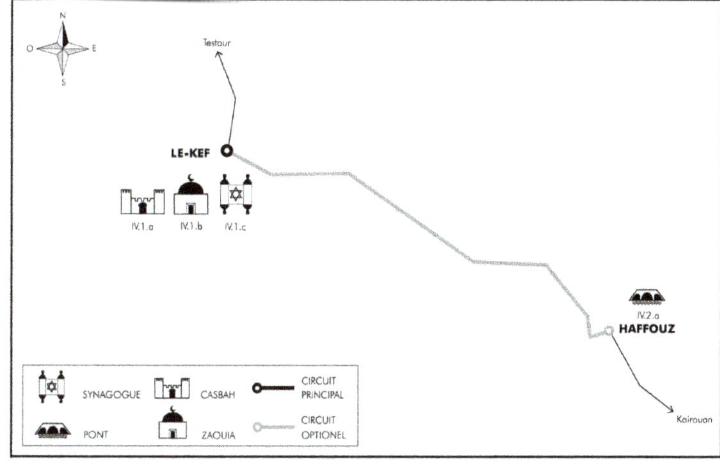

Coupole, Le Kef.

De Testour au Kef, la route traverse des propriétés agricoles, des bois de pins d'Alep, des paysages vallonnés.

IV.1 LE KEF

La vieille cité numide de Sicca émergeait déjà, sous la protection d'une poliade exceptionnelle, l'Ashtart orientale, déesse de l'amour et de la guerre. La ville fut baptisée et célébrée dans l'Antiquité sous l'appellation Théophore de Sicca Veneria, dégénérée, au cours de la basse latinité, en Shikabeneria, que les Arabes transformèrent en *Shaqbanaria*. Le bon sens populaire voulait y reconnaître "*shaq binnar*", celui qui a traversé l'enfer.

Le nom actuel, el-Kef, apparu au cours du Xe/XVIe siècle après l'achèvement de l'arabisation du pays, prête à confusion et frôle le sacrilège ambigu. El-Kef, celui qui empêche et arrête le mal, signifie surtout le lieu de refuge. Sa longue histoire de lieu de havre sûr, particulièrement pour les habitants de Lorbeuss, situé en rase campagne, et de forteresse avancée de la Régence de Tunis, confirme cette vocation et justifie pleinement cette appellation qui désigne par ailleurs le plateau, en géographie.

Etablie sur les derniers promontoires du plateau de Djebel Dyr, la ville du Kef est profondément marquée par son histoire de place forte et de centre religieux. Ici, les dispositions particulières du site naturel favorisent l'émergence de ce paradoxe fondateur, propre aux sommets, où le sacré et l'instinct grégaire de protection se conjuguent pour créer un haut lieu original et fécond. Le destin du Kef est comme scellé par cette invocation binôme, où deux histoires, l'une guerrière, l'autre religieuse, se sont souvent croisées. Le paysage urbain et architectural illustre et identifie le parcours historique d'une authentique ville citadelle-temple. La ville suggère plutôt la présence d'un gros village *chaoui* des Aurès ou celle d'un hameau kabyle, accroché à son piton rocheux. Romaine et rigide dans l'Antiquité, orientale et souple aux époques paléochrétienne et arabo-musulmane, c'est un lieu de transition entre deux paysages urbains superposés, l'un vernaculaire, l'autre méditerranéen; les structures archéologiques, héritées de toutes les époques, font sentir et pousser leurs formes dans la morphologie et le tissu dense de la médina actuelle.

Etagée sur les flancs du rocher primitif, au pied de la citadelle et sur le palier des sanctuaires, la médina du Kef étale ses cubes en cascades, domine la grande source de Ras el-'Ayn et sa corbeille verdoyante. Un paysage qui témoigne autant du génie des lieux que des apports extérieurs successifs; une heureuse synthèse en fait un site naturel exceptionnel et une ancienne et riche histoire. De son ancienne grandeur militaire, la vieille cité garde

Cour d'une maison juive, Le Kef, gravure du XIXe siècle.

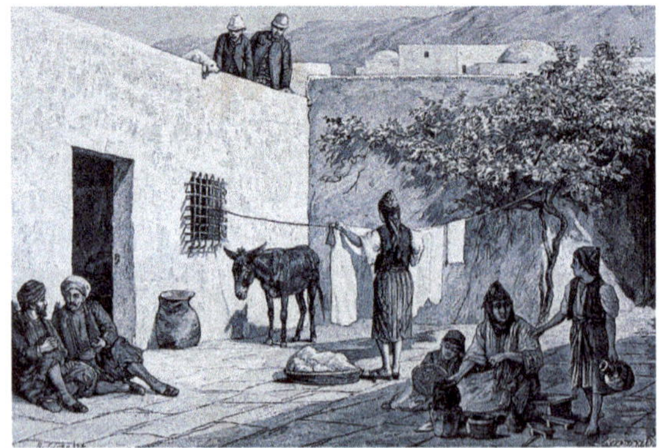

sa casbah et ses fortifications. Les minarets et les innombrables coupoles ponctuant çà et là un paysage de plus en plus changeant sont les témoins qui rappellent la métropole confrérique et le centre maraboutique d'autrefois.
D'origine probablement libyque, le premier noyau urbain de la ville devait remonter au Ve siècle av. J.-C. Siège d'un évêché dès le IIIe siècle, son église connut, grâce à ses évêques, ses heures de gloire; c'est ainsi qu'Arnobe y enseignait la rhétorique, saint Augustin y animait la vie monastique et saint Fulgence tenta vainement d'y fonder un ordre. Sicca fut dotée, du temps des Byzantins, de solides fortifications et de plusieurs basiliques; elle devait surveiller les grands axes de la résistance maure.
Après l'installation des Arabes, *Shaqbanaria* resta pour un temps, jusqu'en 171/788, un fief du kharijisme. Elle se rendit célèbre, tout au long du haut Moyen Âge et à l'aube du VIIe/XIIIe siècle, par le rôle de sa forteresse, *qal'a*. Située sur la voie des citadelles, *tariq el-qila'*, la ville garde encore le souvenir des quarante "hommes des citadelles", *rijal el-qila'*, sorte de saints guerriers. Siège de gouverneur à l'époque ziride, *Shaqbanaria* se mua en cité-Etat au Ve/XIe, au moment de l'invasion hilalienne. Son importance fut néanmoins amoindrie par la ville voisine de Lorbeuss, malgré la présence de Sidi Ahmed Ibn Harzallah qui enseignait déjà le mysticisme.
Fief des Banou Channouf au moment de la décomposition du pouvoir hafside, *Shaqbanaria*, devenue au cours du Xe/XVIe siècle. El-Kef, sera reprise par les Turcs de Tunis qui en firent un solide point d'appui. En 1046/1637, après la neutralisation des Banou Channouf, on installa au Kef une garnison permanente, *oujak*, appuyée par des *arrouch senjaq*, des tribus alliées au pouvoir central appelées *makhzen*. L'importance croissante de son rôle stratégique en fera, après la fixation des frontières entre Alger et Tunis, un bastion avancé de la Régence de Tunis face à l'ouest et face aux tribus indépendantes de la région. Avec ses fortifications, la ville est le perpétuel enjeu des multiples conflits armés qui marquèrent la fin du XIe/XVIIe et le début du XIIe/XVIIIe siècle, opposant les prétendants mouradites soutenus à Alger par Brahim Chérif. Profitant de ces conflits, Alger tenta, en 1089/1679, de s'emparer du *senjaq* du Kef. Le dernier cycle de l'histoire du Kef, à partir du XIe/XVIIe siècle, fut marqué par une dualité motrice casbah-zaouïa. Si la casbah et son *oujak* se rapprochaient du pouvoir central, les confréries en revanche avaient, par leur prosélytisme, préparé l'assimilation au pays. Cette fusion, soit par le biais du service *makhzen* soit par l'affiliation confrérique, avait rapproché la ville de ses campagnes et facilité les rapports nomades sédentaires. Les chefs militaires et religieux avaient été

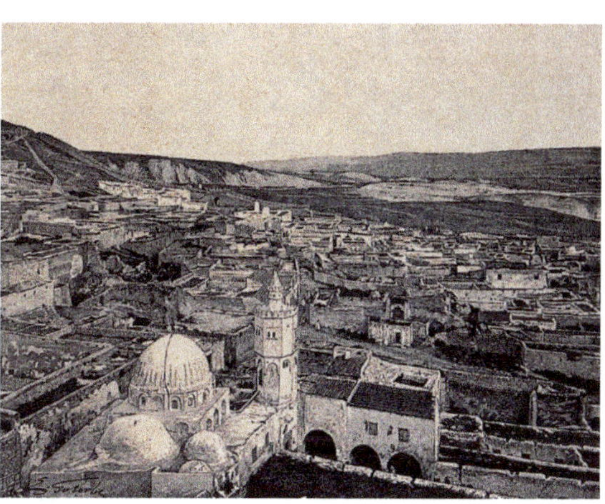

Vue panoramique du Kef, gravure du XIXe siècle.

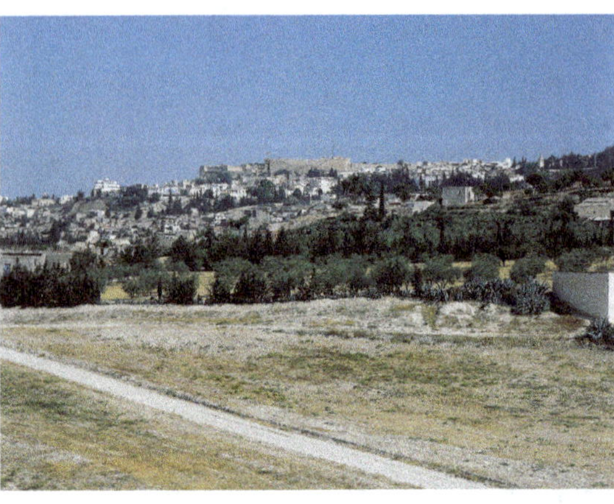

Vue d'ensemble, Le Kef.

des agents actifs de diffusion de courants culturels et sociaux multiples et de l'imbrication de la ville et de sa région dans des espaces plus larges.

Tout au long du XIIe/XVIIIe, Le Kef fut le principal théâtre des guerres entre *Husseiniya* et *Bachiya,* nourries par les interventions armées des Turcs d'Alger. Fief des *Bachiya,* le Kef se dressa, sous la conduite de Sidi Ramdhane Ben Channouf, saint de la ville, contre Hussein Ben Ali. Après l'échec de la révolte, la casbah sera reconvertie en *ribat*, pour loger les marabouts. La dernière campagne de 1169/1756 verra, toutefois, la ruine de la ville et la destruction de ses fortifications.

Au début du XIIIe/XIXe siècle, Hammouda Pacha, dans sa volonté de s'affranchir de la mainmise d'Alger, relèvera de nouveau ses remparts. Ceux-ci permirent de remporter la victoire sur Alger, d'agrandir le territoire de la Régence de Tunis et de préserver son indépendance. On implorait souvent, à cette époque, le secours des saints du Kef, *rijal el-Kef*, tels que de Sidi Amor, porteur du cimeterre, *el-bala*, et Sidi el-Bdiri qui mourra ainsi que ses compagnons en défendant la ville. A partir de la fin du XIIe-d.XIIIe/f. XVIIIe siècle, le Kef apparaît comme une métropole confrérique et à la fin du siècle dernier la plupart des grandes confréries comme la Issaouiya, les Rahmaniya et la Qadriya étaient présentes.

Cette dernière, fondée en 1239/1824 par el-Haj Mohamed Ibn Ammar el-Mazouni el-Gharbi, originaire de Mazouna dans l'Oranie, connaîtra une extension extraordinaire en Tunisie et dans l'est algérien. Par son rayon, estimé à plus de 150 km, par le nombre de ses adhérents dans la région, comptant plus de 5 911 personnes, recrutées en particulier chez les tribus ounifa, par sa richesse, évaluée à plus de 3 millions de francs à l'époque, la confrérie acquit un grand poids politique. Décédé en 1294/1878, Sidi el-Mazouni fut remplacé, à la tête de la confrérie, par son fils adoptif Qaddour qui se lia d'amitié avec Bernard Roy, agent français de renseignement et futur secrétaire général du gouvernement. Le cheikh Qaddour fut favorable à l'occupation de la ville du Kef par les troupes françaises en 1881. Cette attitude et les faveurs accordées à cette confrérie par les Français jetèrent le discrédit sur celle-ci.

A la mort de Qaddour, en 1916, son petit-fils Ahmed prit la suite jusqu'en 1941, date à laquelle il fut relayé par son fils Abdelhafidh. Ce dernier assista à l'Indépendance, à la dissolution de la zaouïa, et à la liquidation de ses biens et à nombre de déboires. Le patrimoine immobilier considérable de la Qadriya s'étendait audelà de l'actuelle route qui mène à la casbah. Une grande partie fut démolie pour les besoins de la construction d'une résidence officielle. Seuls les espaces sacrés furent soustraits à ce sort. Après avoir abrité une bibliothèque, pendant quelques années, ils ont retrouvé leur fonction cultuelle. La mosquée comporte encore quelques-uns des éléments qui composaient un complexe confrérique. La façade a été remaniée en 1919, par l'adjonction du minaret actuel, venu remplacer un ancien. De conception maghrébine, il est formé d'une tour carrée, reproduisant sur les quatre faces le décor en entrelacs losangés inspiré du minaret almohade de la casbah de Tunis. Un poème gravé dans un panneau de marbre, encastré dans la base du minaret, en attribue le mérite au cheikh Ahmed Qaddour.

La ville se trouva en 1280/1864 au cœur de l'insurrection des tribus de la région contre le pouvoir beylical. Durant ces troubles, les chefs des confréries de la ville jouèrent un rôle modérateur. Le Kef connaîtra, après les calamités de 1283/1867, un déclin notoire qui fut aggravé par l'occupation française en 1881, d'autant plus que certains chefs des confréries ne furent pas défavorables au colonisateur. Dissoutes en 1958 pour leur rôle démobilisateur au cours de la lutte nationale, les confréries, hormis leur patrimoine architectural, n'eurent plus de poids politique ni économique, mais le maraboutisme a récupéré son importance passée. Actuellement, la ville du Kef est le chef-lieu administratif et politique du gouvernorat, elle connaît d'importantes mutations urbaines, socio-économiques et culturelles.

Le rayonnement de la ville

Foyer d'intégration sur les grands chemins d'invasion, du nomadisme, de la transhumance, du commerce et du pèlerinage, la ville fut toujours au centre des confluences méditerranéennes, orientales, maghrébines et sahariennes. Si, pour le pouvoir installé à l'est, elle est la sentinelle avancée vers l'ouest, pour les nomades du sud, ceux du Jérid et des Aurès, elle est la porte de la mythique et prometteuse "Friguah". Môle entre deux mers, c'est l'ultime poussée vers le couchant farouche et rebelle des influences adoucissantes et salvatrices de la Méditerranée et de l'Orient. De leur confrontation, de leur dialogue, dépendait le sort de l'improbable rencontre entre la Méditerranée et le Sahara.

Un voyageur européen s'étonnait de rencontrer au Kef des indigènes qui parlaient la "lingua franca"; l'informateur du père Ximenez était un esclave chrétien vivant au Kef; l'homme de confiance du kahiya Salah était un Napolitain; les travailleurs des mines étaient des Maltais et des Grecs; la plupart des maîtres maçons de la casbah furent des Européens. Les exemples ne manqueront pas pour illustrer ce cosmopolitisme insolite dans une

La casbah, mur de l'enceinte, Le Kef.

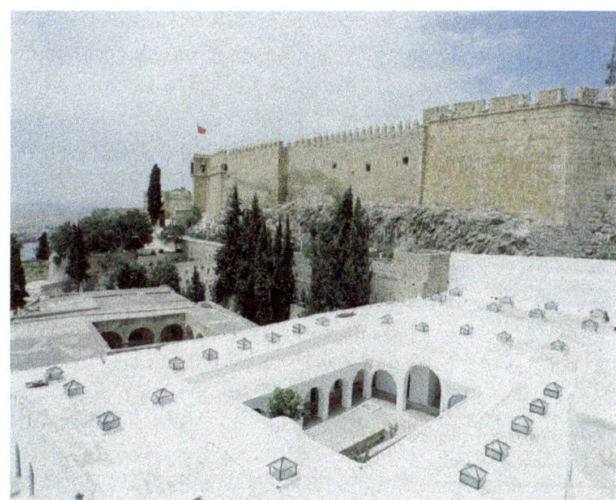

ville de l'intérieur, et de surcroît de montagne.
Il suffit d'évoquer ici des cas de synthèse significatifs. Une première tentative d'alliance entre les tribus de la région et le pouvoir central à Tunis, en l'occurrence entre les Hananchas et les Mouradites de descendance corse, fut scellée par des mariages et eut d'importantes répercussions. L'un de ces mariages, celui du prince Ali, fut par ailleurs l'objet d'un remarquable roman d'amour de la littérature occidentale du XVIIe siècle. Cette première tentative avorta et donna à la fin un monstre, le sanguinaire Mourad III et l'éclatement de la puissance des Hananchas au cours des interminables guerres de succession mouradites (XIe-XIIe/fin du XVIIe siècle). La deuxième tentative, plus heureuse, fut celle de Ali Tourki; Grec de Candie converti à l'islam, il s'installa au Kef comme commandant de la place et des tribus *makhzen* de la région, où il prit deux femmes dont l'une lui donna Hussein Ben Ali, fondateur de la dynastie husseinite, qui a gouverné la Tunisie plus de deux siècles et demi.
Bénéficiant d'importants courants migratoires drainant aussi bien des *chorfas* marocains que des Andalous, des Orientaux, des gens du Sud tunisien —*Jridis*, *Souafas*, Jerbiens— et algériens, des juifs *bahoussah*, Bédouins et Livournais, des Noirs, des Kabyles et des Maltais, la ville est devenue, à partir du XIe/XVIIe siècle, un véritable creuset culturel. Les différents fondateurs des ordres confrériques, dont la plupart d'origine maghrébine, tels que les *chrichis* (Andalous) Sidi Salah Bou Hambil (Saguiet el-Hamra), Sidi, Boumakhlouf (Maroc), Mustapha Trabelsi (Tripoli), Ahmed Bou Hajjer (Oranie), Mohamed el-Mazouni (Oranie), Boudali (Constantinois), Dhia (Noir de Tunis), reflètent l'extraordinaire richesse des différents affluents, dont la ville avait dû bénéficier dès cette époque.
A l'exemple de Sidi Abdallah Boumakhlouf qui, en 1099/1688, arrivait du Maroc avec ses deux frères, Bou Baker et Allala, pour s'installer au Kef en tant qu'artisans de cuir. A la mort de ses frères, Abdallah éleva une coupole, à la périphérie des souks, à l'endroit même où se retirait Sidi Boumakhlouf pour méditer. Autour de ce premier noyau, se développa la zaouïa de la confrérie Issaouiya. La façade se trouve mise en valeur par l'aménagement de la montée en paliers formant placette. Elle se déploie entre un fondouk et la basilique byzantine, qui fut pour quelques siècles la Grande Mosquée de la ville, d'un côté, et un café maure de l'autre. Elle a un aspect quelque peu insolite: la coupole côtelée kairouanaise côtoie le minaret octogonal turc.
A l'intérieur, une riche décoration accentuait l'aspect cérémonial des séances liturgiques et musicales particulièrement envoûtantes de la *tariqa 'issaouiya*.
La branche de la Issaouiya du Kef, créée en 1232/1817, ne fut reconnue par la zaouïa-mère de Tunis qu'en 1249/1834. Elle connut ses moments de gloire vers le milieu du XIIIe/XIXe siècle et obtint du bey le privilège d'avoir son propre *senjaq*, étendard. Après la dissolution de la Issaouiya en tant que confrérie, au lendemain de l'Indépendance, la zaouïa conservera le rituel des soirées musicales jusqu'à la mort du dernier cheikh *el-'amal* Bechir Dhib Channoufi.
Autre exemple de sa diversité culturelle, la musique keffoise où, sur un fond autochtone montagnard, se sont déposées, aussi bien la musique des nomades que celle des marabouts, du malouf andalous, de la musique africaine et de

l'Orient. Certains morceaux de la Issaouiya, en plus d'un fond berbère du Haut Atlas marocain, retransmettent par le biais de la musique turque bektachi des chants grégoriens polyphoniques anciens. La zaouïa de Boumakhlouf fut un véritable conservatoire de musique. L'architecture, les costumes traditionnels, particulièrement féminins, la gastronomie, certaines habitudes et attitudes socioculturelles —nous pensons notamment à l'usage des pipes (*sibsi*) en terre cuite et en céramique, fabriquées dans des ateliers de Smyrne en Anatolie—, la conservation de la neige, la fabrication des norias, sont autant d'indices, d'apports multiples et riches, facilités par une intense circulation des biens, des hommes et des idées qui irriguent et vivifient le corps d'une ville assoiffée, ouverte et tolérante.

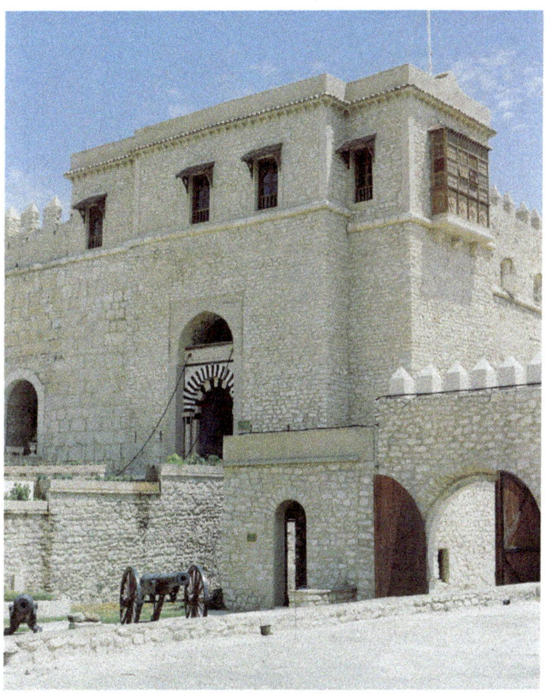

La casbah, façade sur cour, Le Kef.

IV.1.a **La casbah**

Monter jusqu'à l'entrée du village, prendre la route de droite qui grimpe encore jusqu'à la place du Musée et s'engager dans la ruelle sur la gauche qui mène tout droit au monument. Parking. Toilettes.

Belle vue panoramique depuis les hauts de la casbah. Par temps clair, on peut distinguer la Table de Jugurtha.

Assise à même le rocher proéminent, avec lequel elle fait corps, la casbah du Kef est construite en gros blocs de pierre calcaire, récupérés essentiellement à l'amphithéâtre et au théâtre. Elle se compose de deux forts reliés entre eux par un corps de bâtiment qui semble plus récent. La porte principale conduit à une cour extérieure que longent des citernes à gauche et le petit fort en face. L'entrée du petit fort, construit en 1008/1600, est surmontée d'une échauguette. Des éléments antiques —deux chapiteaux corinthiens, une portion de pilastre— sont curieusement apposés sur la façade en guise de fronton. De plan trapézoïdal, le fort est flanqué de quatre tours carrées. Un vestibule donne accès à la cour centrale dont le côté sud a été fâcheusement transformé. Les anciennes chambrées se répartissent en L sur les côtés ouest et nord. La pièce d'angle offrait une sortie secrète pour les retraites à la dérobée. Une rampe d'escalier permet l'accès aux terrasses et aux tours. Une série d'embrasures casematées, surmontées d'un

La Casbah, Cannons, Le Kef.

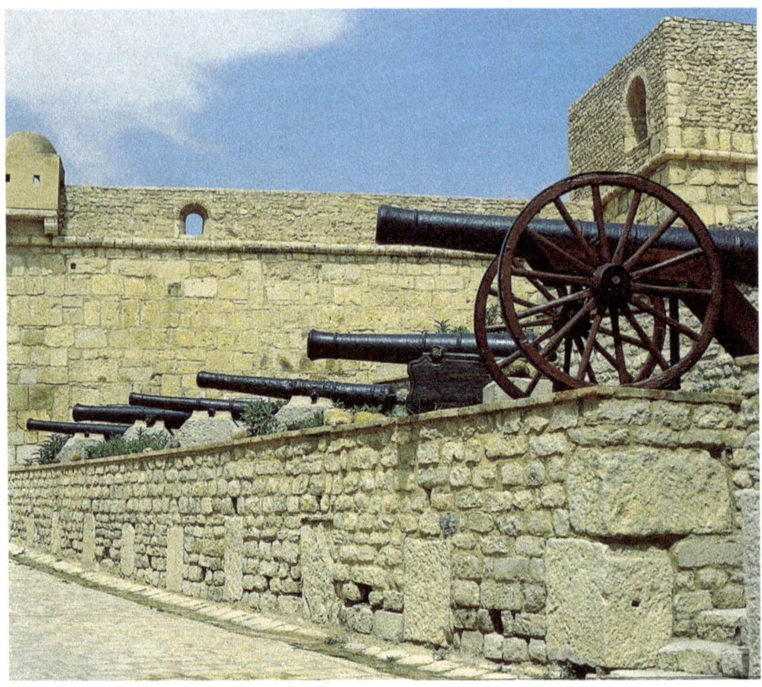

chemin de ronde, assurait la défense de l'ancienne *Bab el-Hwareth*, porte ouest de la ville.

Une vue panoramique exceptionnelle permet d'embrasser un large champ où se dessinent les axes routiers, le cours des oueds, les trouées naturelles et les massifs forestiers et qui atteint la ligne de frontière avec l'Algérie.

A la sortie du petit fort est exposé un mortier en cuivre coulé à Alger, à la fin du XIIe-d. XIIIe/f. XVIIIe siècle, trophée de guerre pris sur les armées algériennes. Il fut offert par Hammouda Pacha à la ville en signe de reconnaissance. Jusqu'à une date pas lointaine, ses salves annonçaient la rupture du jeûne pendant le mois de Ramadan.

L'ancienne geôle de l'époque coloniale qui s'interpose entre les deux forts conserve le témoignage de l'architecture carcérale militaire. La ville du Kef était alors un camp disciplinaire (*biribi*) fort célèbre.

Le Grand Fort édifié au XIe/XVIIe siècle est de dimensions imposantes; il s'annonce par une belle porte en bois, bordée de fer et circonscrite dans un large encadrement de pierre de tradition maghrébine. Elle est précédée d'un pont-levis qui est l'un des rares exemples encore en place. L'entrée est composée de deux vestibules en chicane, séparés par une porte inscrite dans un arc plein cintre, sculptée en ronde bosse, des piédroits à la clé écoinçons. Cet encadrement rappelle curieusement l'art baroque européen. Serait-il l'œuvre de quelques maîtres tailleurs méditerranéens dont les registres du chantier de la casbah font souvent mention?

La vaste cour du Grand Fort, véritable place d'armes, est entourée —à l'exception du côté sud— de chambrées, *oudha*. À l'angle nord-ouest se trouve le seul exemple d'un intérieur de tour d'angle creuse. Elle est couverte de quatre voûtes d'arête reposant sur un gros pilier central, capable de supporter la terrasse et ses batteries. Cette salle était réservée aux pièces d'artillerie. Sous les chambrées est sont aménagées les poudrières alors que les citernes occupent le sous-sol de la grande cour.

L'aile sud est occupée par l'ancienne mosquée turque: une salle hypostyle, formée de nefs et trois travées, couverte de voûtes d'arête, reposant sur des colonnes de remploi à chapiteaux antiques. Le mur de la *qibla* est percé de trois fenêtres, l'une au fond du *mihrab* et deux de part et d'autre. Ces ouvertures inhabituelles semblent avoir été pratiquées tardivement pour renforcer le contrôle du site, côté sud.

La *seraya* a été édifiée au-dessus de l'ancienne tour d'angle nord-ouest où se situe actuellement l'entrée principale du fort. Elle était réservée à la résidence du commandant militaire de la place du Kef, l'agha. Elle se distingue par une grande salle dotée de *guenariya*, balcon en avant-corps, fermé de panneaux de bois ajouré, moucharabieh. Il surplombe la ville et constitue un observatoire de choix d'où l'on peut surveiller l'entrée de la forteresse et ses différents organes ainsi que les quartiers de la ville. À cet égard, il y a lieu de signaler l'ingéniosité de cette place militaire. À partir du chemin de ronde qui contourne le fort on peut, grâce à un système d'embrasures judicieux, embrasser des séquences panoramiques exceptionnelles sur la ville et le vaste paysage qui l'entoure. Par temps clair, on peut scruter l'horizon dans un rayon d'une cinquantaine de kilomètres,

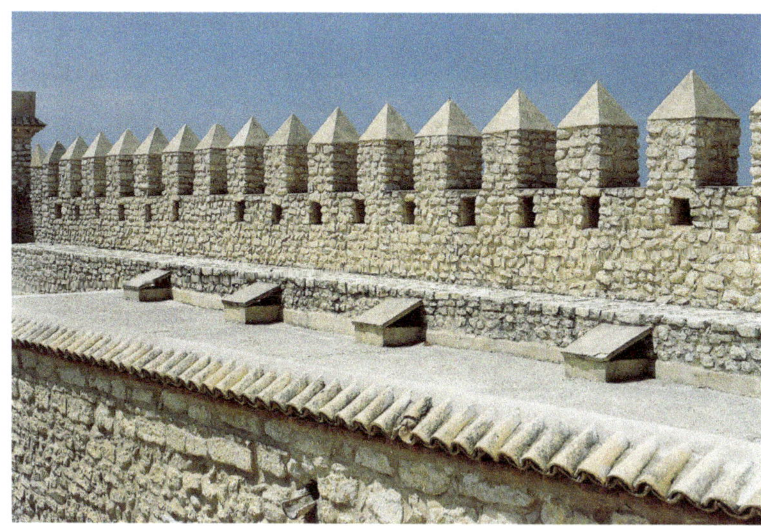

La casbah, crénaux, Le Kef.

couvrant un large angle de vue de 210°. Ces ouvertures sont des embrasures casematées dans les encoignures, à ciel ouvert ailleurs; elles se réduisent parfois à de simples meurtrières. Au sud, on domine la médina, ses différents quartiers et monuments et le vaste paysage alentour. L'angle nord-ouest offre le même panorama en direction de l'Algérie, vu à partir du petit fort. Des terrasses du bastion nord-est on peut découvrir le ravin de l'oued Ben Smida, les hauteurs de Dardouria, ancien camp disciplinaire, Koudiat el-Boumba et une partie du plateau du Dir. À partir des terrasses du bastion nord-est on surveillait la muraille qu'on voit encore se profiler, les portes Bab Charfeine et Bab el-Ghadr pour soutenir le Borj Rouah.

Zaouïa Rahmaniya, porte, Le Kef.

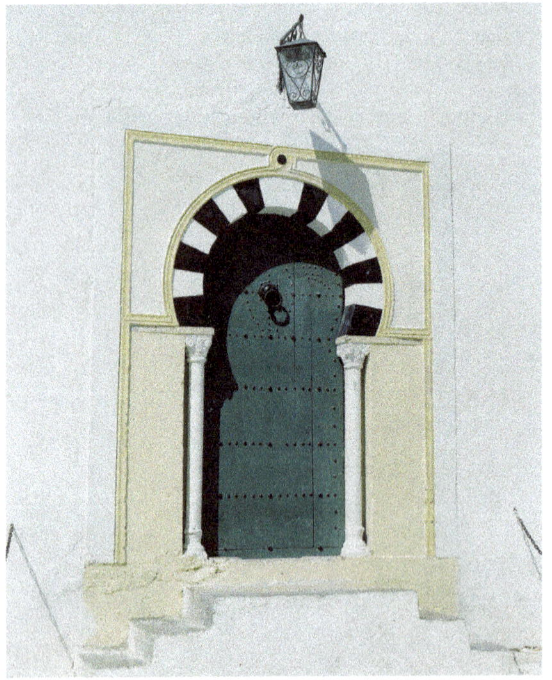

L'ensemble fortifié constitué par la casbah et la ville est conçu rationnellement et scientifiquement de manière à assurer une protection sans faille et rendre la place inexpugnable. On relève, entre autres caractéristiques, l'étroite relation entre les différents organes défensifs et leur jeu de protection mutuelle ainsi que la solidarité entre les batteries d'artillerie des forts et des ouvrages avancés, tels que portes de la ville et bastions. Certains bastions et leurs bouches à feu couvrent des angles morts et surveillent les hauteurs d'où l'on peut craindre des attaques de la place, comme c'est le cas entre Koudiat el-Boumba et Borj Rouah. Ce complexe militaire comporte pratiquement toutes les parties constitutives d'un ensemble défensif cohérent et intégré et constitue par là même un important témoignage architectural.

IV.1.b Zaouïa Rahmaniya, musée des Arts et Traditions populaires du Kef

Remonter l'avenue principale jusqu'à la place du Musée.
Entrée payante. Horaires: de 9:30 à 16:30 du 16 septembre au 31 mars et de 9:00 à 13:00 et de 16:00 à 19:00 le reste de l'année. Fermé le lundi. Parking sur la petite place. Toilettes.

Une partie des locaux de la confrérie Rahmaniya, intégrée au domaine public après la liquidation des *habous*, abrite aujourd'hui le musée des Arts et Traditions populaires du Kef. Deux coupoles blanches rappellent l'ancienne fonction religieuse de l'édifice. Du mur, blanchi à la chaux, se détachent deux portes. La porte principale est inscrite sous un arc en plein cintre à claveaux bicolores noirs et blancs; l'encadrement en pierre et les deux colonnes qui flanquent les piédroits rattachent cette entrée aux portes tunisiennes classiques. Un vestibule en chicane donne accès à une courette qui dessert le *tourbet* et l'ancien oratoire. Le *tourbet,* où reposent les cheikhs qui se sont succédé à la tête de la confrérie, laisse deviner, par sa richesse décorative, la prospérité atteinte par la Rahmaniya du temps de Sidi Youssef Bou Hajjar, 1213/1799-1247/1832, allié du souverain Hammouda Pacha et du puissant ministre Youssef Sahib el-Taba'a. La porte du *tourbet* est, comme les deux fenêtres qui la flanquent, encadrée de marbre blanc importé d'Italie. Le plan reproduit les dispositions architecturales, désormais classiques dans les salles funéraires turques de Tunisie. La salle carrée est couverte d'une coupole, assise sur un tambour circulaire, percé de petites fenêtres en plâtre ajouré où sont enchâssées des vitres colorées. Des pans d'angle aveugles remplacent les trompes. Des colonnes d'angle en marbre blanc, surmontées de chapiteau néo-corinthien italianisant, soutiennent cette couverture.

La décoration des murs reprend la superposition classique des registres de carreaux de céramique émaillée sur la partie inférieure et de *naqch hadida* sur la partie supérieure. Entre les deux, une double frise, en calligraphie, reproduit les 99 attributs de Dieu. Ce stuc est à la fois d'inspiration mauresque et turque. Il allie harmonieusement les motifs géométriques aux bouquets à rinceaux. Ces ciselures sur plâtre sont rehaussées de peinture où l'on retrouve le rouge brun, le vert et le bleu. Désaffecté, le *tourbet* renferme aujourd'hui une riche collection de costumes féminins d'apparat, des bijoux traditionnels en argent massif et des objets et produits de beauté utilisés traditionnellement par la femme keffoise.

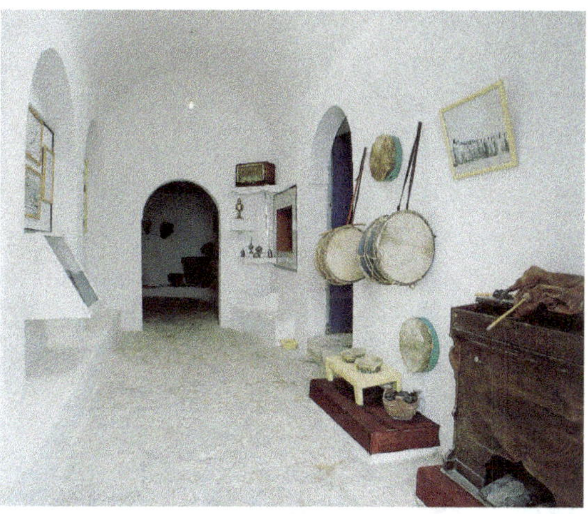

Zaouïa Rahmaniya, salle de musique, Le Kef.

L'ancien oratoire est une salle hypostyle comptant trois nefs et trois travées, couverte de voûtes d'arête. Une coupole centrale récente en a modifié le mode de couverture sans toucher au plan. Les travaux entrepris dans les années 70 ont, nous semble-t-il, sacrifié l'essentiel de la décoration de cet oratoire. Seuls quelques motifs de stuc ciselé décorent le *mihrab* et le haut des murs. La salle reconstitue une tente nomade, grandeur nature, garnie du mobilier complet de l'habitat bédouin ainsi que divers aspects et techniques de la vie agricole et transhumante de la région: tonte des moutons, tissage, pratiques alimentaires...

Par une deuxième porte, qui était probablement l'unique entrée de la salle de prière, on accède à une cour entourée de galeries, reposant sur des piliers massifs. Cette cour dessert une deuxième salle à coupole et un couloir voûté qui conduisait aux écuries. La salle, un *tourbet* inachevé, répond au même plan que le premier *tourbet* auquel il ne manque que l'habillage décoratif. Elle a servi de médersa gérée

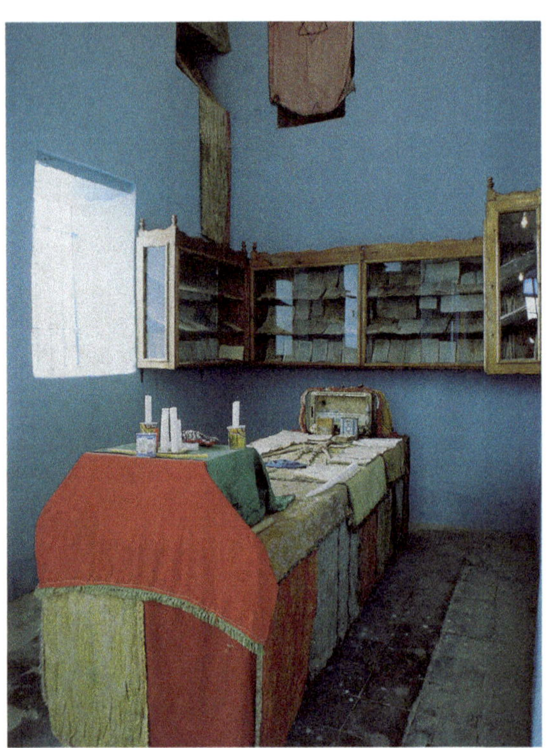

Synagogue de la Ghriba, catafalque de Sidi Abdelkader, Le Kef.

par la confrérie et présente actuellement une exposition sur l'art équestre et ses accessoires: selles, fusils, costumes et coiffes d'apparat dont quelques-unes sont spécifiques à certaines tribus comme les coiffes à plumes, rappelant les guerriers des peintures rupestres néolithiques.
Le passage voûté est réservé à l'exposition de la poterie villageoise aux multiples techniques et matériaux. De toute cette poterie utilitaire, on remarque particulièrement les formes curieuses de ces ustensiles servant à enfermer les ruches.
Une série de salles, nouvellement aménagées, présentent des métiers urbains: la boutique du coiffeur, le café traditionnel, le forgeron, le meunier, le tisserand, le tailleur-brodeur..., ainsi que d'autres aspects de la vie traditionnelle, l'enseignement primaire, dispensé au *kouttab*, la médecine populaire, l'alimentation.

IV.1.c **Synagogue de la Ghriba**

L'ancien quartier juif se trouve en contrebas du musée. On accède au monument par la rue Maaraket el-Karma.

Au cœur même de la *hara*, quartier juif, se trouve la synagogue du Kef, appelée *el-Ghriba*, l'étrangère. Ce nom n'a pas cessé d'intriguer; la légende en attribue l'origine à trois sœurs juives qui se seraient séparées pour s'installer l'une au Kef, l'autre à Annaba et la troisième à Jerba. Dans les trois villes, une synagogue dite *el-Ghriba* vit le jour. Mais c'est compter sans la quatrième, située à l'Ariana ! La Ghriba du Kef est doublement sacrée: à côté du culte hébraïque, un culte voué à Sidi Abdelkader el-Jilani est célébré par les musulmans. Sans revendiquer une quelconque priorité ou antériorité, l'une et l'autre communauté vénèrent les lieux avec autant de ferveur et de tolérance.
La communauté juive du Kef reste mal connue. Il est cependant établi que, parmi les Bédouins, existaient depuis toujours des tribus de confession israélite, notamment chez les Hanancha et les Arabes du Drid et du Sers, qu'on appelait les Bahoussah. Cette ancienneté est attestée par le cimetière juif du Kef où l'on peut voir des stèles funéraires romaines, réemployées comme dalles recouvrant les tombes. Elles portent encore des caractères latins sur lesquels se superposent des épitaphes en hébreu.
L'entrée de la Ghriba conduit directement dans une cour oblongue dont un

portique, couvert de voûtes d'arête, occupe le côté gauche. Deux arcs soutenus par une colonne antique sont la preuve que le portique latéral correspond à l'état ancien de l'édifice. La grande salle, entièrement reconstruite, probablement après la Seconde Guerre mondiale, garde le catafalque de Sidi Abdelkader à côté d'une riche collection d'objets qui servaient à l'office de la synagogue: une importante collection de chandeliers, de tissus, de manuscrits et particulièrement une Torah en parchemin, soigneusement enroulée dans son coffret en bois.

IV.2 HAFFOUZ

IV.2.a **Pont-aqueduc fatimide de Chrechira** (option)

Un des ouvrages hydrauliques les plus importants de Tunisie est sans doute le système de captage des eaux souterraines de Bir el-Udhine, situé à 36 km à l'ouest de Kairouan. Dans son souci d'approvisionner sa capitale et ses palais en eau, el-Mou'iz édifia, en 348/960, un aqueduc qui traverse des collines et des ravins et amène l'eau à Sabra puis jusqu'aux bassins des agalacties. Cette réalisation qui utilise, sans doute, des ouvrages romains et agalacties préexistants comporte un système de captage, d'adduction, de collecte, de stockage et de distribution des eaux encore apparents. La partie la plus majestueuse de cette œuvre est l'aqueduc de l'oued el-Mouta qui s'étale sur plus de 70 m. Composé d'un mur-plein, il se convertit au niveau du lit de l'oued en un pont formé de quatre archers surmontés d'arcs en plein cintre. Long de 38 m, sa hauteur atteint 10 m. L'adduction est constituée de deux canalisations superposées, l'une remontant à l'époque fatimide et l'autre à une époque indéterminée, peut-être aghlabite. La construction de cet aqueduc ne suit pas les normes architecturales romaines; son origine musulmane est incontestée. Devenu un modèle spécifique en Afrique du Nord, il trouvera d'autres applications essentiellement au Maroc.

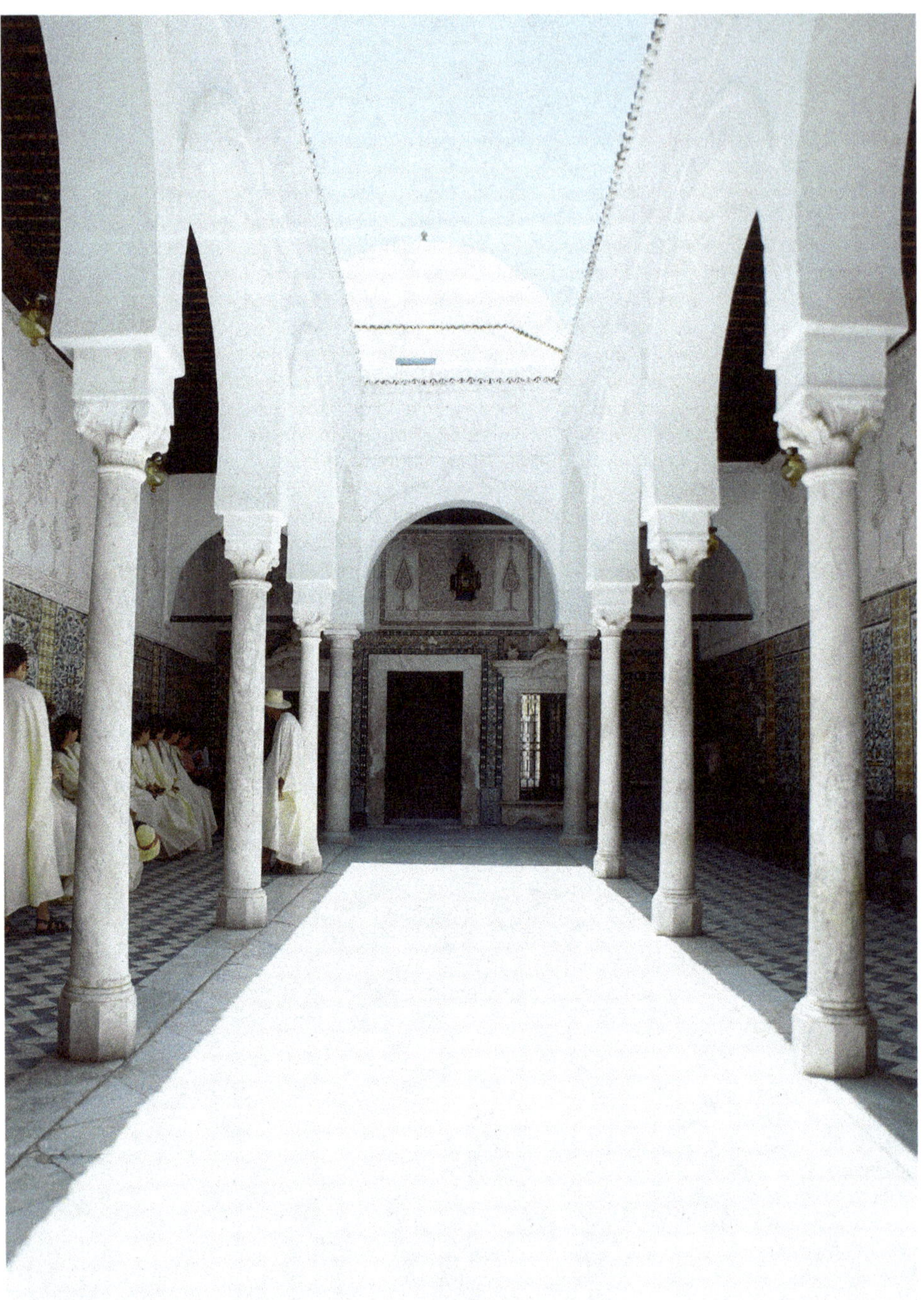

CIRCUIT V

Architecture et spiritualité

Mourad Rammah

V.1 KAIROUAN

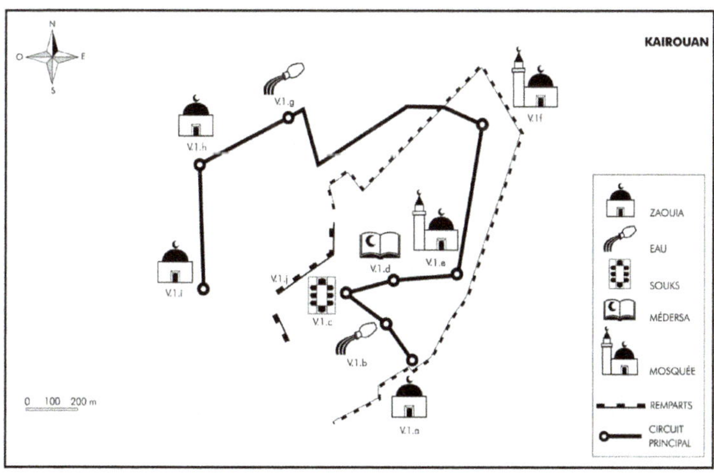

Mausolée Abou Zama'a el-Balaoui, galerie intérieure, Kairouan.

V.1 KAIROUAN

Dans la médina, suivre le fléchage d'accès aux monuments.

Après plusieurs expéditions fructueuses, le général Oqba fonda la ville de Kairouan en l'an 49/670, en pensant pouvoir assurer aux musulmans une présence pérenne au Maghreb. Stratégiquement, le choix du site fut judicieux. En effet, Kairouan se trouve à une journée de marche de la mer, encore sous la domination de la flotte byzantine, et à une journée de marche des montagnes dans lesquelles se retranchaient les tribus berbères hostiles à l'islam. La nouvelle ville constituait une tête de pont placée le long de la ligne de démarcation, à la suite du repli de l'armée byzantine après la défaite de Sufetula, en 27/648. Okba conçut le plan de Kairouan en implantant en son milieu la Grande Mosquée à côté de laquelle il construisit le palais du gouvernement et jeta les bases de l'artère principale qui portera plus tard le nom du "Grand Simat" avant de procéder à la distribution des parcelles de terrain à ses soldats. Kairouan devint une ville et les gens affluèrent de partout. Ni la révolte de Kusseila (64/684) ni la rébellion de la Kahina contre Hassan Ibn el-Nu'man (78/698-82/701) ne parvinrent à ensevelir la nouvelle-née qui a vu le jour dans un environnement très hostile. En effet, après la pacification du pays, la ville souffrit des menées des Berbères kharijites qui se révoltèrent en prônant l'égalité entre les races. Ils la saccagèrent et massacrèrent sa population à plusieurs reprises (124/742-139/757). C'est alors que la protection de la ville s'imposa: ce fut l'œuvre de Mohamed Ibn el-Ach, le premier chef abbasside qui s'installa à Kairouan et entreprit de la protéger contre les envahisseurs par l'édification d'un rempart en 144/762. Le calife abbasside el-Mansour écrivit à ce propos à el-Aghlab Ibn Salam Tamimi, son gouverneur en Ifriqiya, en lui recommandant "d'être juste envers ses sujets, de fortifier la ville de Kairouan et ses défenses et d'organiser sa protection". Certes, ces mesures n'avaient pas empêché les assauts contre la ville, elles avaient néanmoins aidé à améliorer sa sécurité et à favoriser son urbanisation. Kairouan connut sous le règne des Beni el-Muhallab une période de paix relative. Yazid Ibn Hatim entreprit les travaux de réaménagement et d'agrandissement de la Grande Mosquée, ce qui constitue un critère de son essor et de son accroissement démographique. Il organisa les souks et y installa les différents corps de métiers. Auparavant, plusieurs souks avaient proliféré au sein de la médina, attestant une activité économique et commerciale intense. Depuis la

Grande Mosquée, vue sur les dômes, Kairouan.

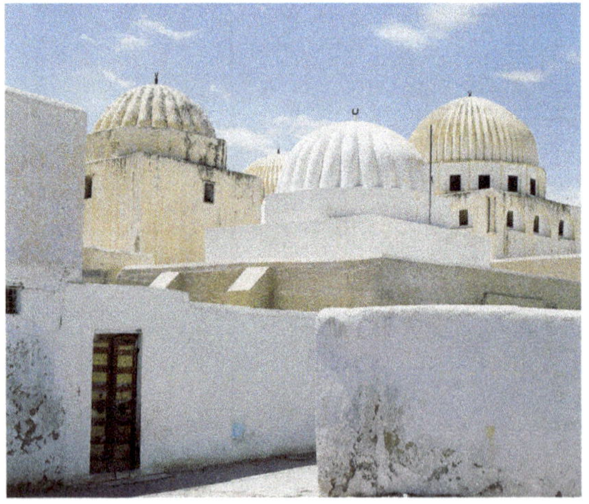

seconde moitié du VIIe siècle, Kairouan se préparait à devenir un important centre arabo-musulman fortement peuplé sans prétendre, pour autant, devenir une grande capitale luxueuse et opulente; ses habitations restèrent modestes. Le mérite revient aux Aghlabides de l'avoir propulsée au rang des grandes capitales de la Méditerranée. Pourtant, la nouvelle ère commença sous de mauvais augures. Le fondateur de la dynastie, Ibrahim Ier, se démarqua des Kairouanais en fondant, en 185/801, une nouvelle capitale, el-Abbassiyya, à 5 km au sud. Son fils, Ziyadat Allah, châtia ses habitants pour avoir soutenu le chef arabe rebelle Mansour el-Tanboudhi et détruisit ses remparts. Mais après la consolidation du pouvoir des princes aghlabides, Kairouan se distingua par sa fidélité à leur dynastie qui dota la ville de ses plus beaux monuments. C'est ainsi que Ziyadat Allah Ier entreprit, dès 220/835, la reconstruction de la Grande Mosquée afin de la rendre digne du rôle spirituel qui n'avait cessé d'incomber à la ville de Kairouan. Abou Ibrahim chargea son affranchi Khalef (246/860) de construire un bassin considéré comme l'un des ouvrages hydrauliques les plus importants du monde musulman.
Les sources historiques attestent que Kairouan atteint avec les Aghlabides son rythme de croisière et ne cessa de se développer. La vie intellectuelle ne fut pas moins débordante et Kairouan devint un des plus brillants foyers de la culture islamique d'où le malékisme allait se répandre sur tout l'Occident musulman grâce surtout à l'œuvre du grand savant Sahnoun Ibn Said (159/776-239/854).
Lorsque les Fatimides s'installèrent en Ifriqiya (296/909), ils n'accordèrent pas une importance particulière à Kairouan qui opposa une résistance farouche aux chiites, les contraignant à chercher refuge sur la côte en fondant la ville de Mahdia. Les Kairouanais se rallièrent même aux Kharijites lors de la révolte de "l'homme à l'âne" en 329/941. Mais, excédés par les exactions des Berbères, ils finirent par soutenir le calife fatimide el-Mansour qui après sa victoire pardonna aux Kairouanais leurs fautes et fonda sa nouvelle capitale, Sabra el-Mansouriya (en 337/949), à la porte de leur ville. Plus tard, el-Mou'izz édifia un aqueduc qui approvisionne les citernes de la ville en eau potable après avoir alimenté sa capitale Sabra. Kairouan semble en pleine expansion: on comptait une quinzaine

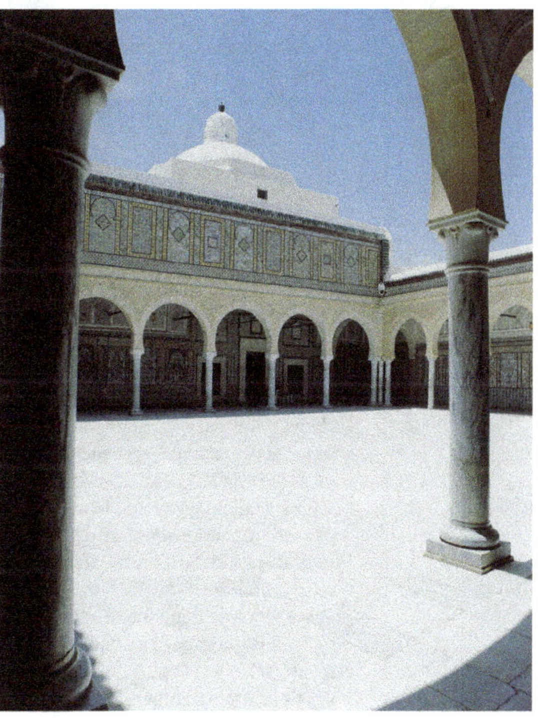

Mausolée Abou Zama'a el-Balaoui, patio, Kairouan.

d'artères, émanant toutes de la Grande Mosquée, engendrant une configuration urbaine circulaire, ce qui laisse supposer que le plan de la ville s'est inspiré de celui de Bagdad, la ville ronde. Quinze citernes, situées extra-muros, alimentaient la ville en eau et l'on dénombra plus de quarante-huit bains maures. La ville constituait un nœud commercial, reliant les deux extrémités du monde musulman et un centre économique qu'abordaient les caravanes venant de l'Andalousie et des gisements aurifères du sud du Sahara. Kairouan était entourée de villages populeux tels la Sardaigne, Jaloula, Housr et Sadaf qui l'approvisionnaient en denrées et produits agricoles. D'autre part, la ville de Kairouan était devenue un des plus grands centres de la fabrication de tissus, de céramique, et de poterie. Elle pouvait ainsi répondre aux critères qui l'habilitaient à devenir une des plus grandes villes de l'époque. Il est probable qu'elle soit devenue, à côté de Cordoue et Foustat, l'une des plus grandes métropoles de la Méditerranée.

Après le départ du calife fatimide el-Mou'izz en Egypte (361/972) à la suite de la fondation du Caire, l'Ifriqiya devint province ziride. Et depuis l'installation du prince el-Mansour à Sabra en 375/986, s'amorça un rapprochement entre les Zirides et les Kairouanais. Il se renforça en 406/1016, à la suite de la persécution des chiites à Kairouan et aboutit, en 438/1047, à la répudiation par el-Mou'izz de l'obédience fatimide et à la proclamation du sunnisme. La réaction des Fatimides fut tragique pour la ville.

En effet, en 442/1051, le calife fatimide el-Moustansir envoya en Ifriqiya les Hilaliens: des tribus venues de la Basse-Egypte déferlèrent sur l'Afrique du Nord et saccagèrent sa capitale, Kairouan, qui fut désertée par la majorité de sa population. Depuis, la ville a perdu son rôle politico-économique et s'est retranchée derrière ses murailles, rompant avec une campagne hostile et gardant un rôle essentiellement spirituel, tout en se transformant en bourg à vocation artisanale et commerciale. Cependant, la ville connut une renaissance relative sous les Hafsides. En effet, dès la fin du VIIe/XIIIe siècle, Kairouan commença à relever ses remparts selon un nouveau tracé, et le triomphe du maraboutisme provoqua la prolifération des mausolées et zaouïas qui marquèrent l'urbanisme de la ville. Celle-ci se transforma en centre de tannage, de pelleterie et de tissage et ses souks furent réorganisés. A la suite du déclin du pouvoir des Hafsides, Kairouan fut conquise, en 944/1538, par les chefs de la confrérie de la Chabbiyya qui en firent leur capitale pendant quarante ans et le bastion de l'opposition du pays aux Espagnols chrétiens venus à la rescousse du sultan hafside Hassan. Au XIe/XVIIe siècle, Kairouan bénéficia de la sollicitude des Mouradites, surtout Hammouda Mohamed; celui-ci y transféra sa capitale à la suite de la rébellion de son oncle et de son frère Ali. Mais en 1112/1701, Mourad III se fâcha contre les Kairouanais, rasa leurs demeures, bénéficia de la sollicitude des Husseinites et Hussein Ibn Ali prodigua une attention particulière à Kairouan en reconstruisant ses remparts et en édifiant la médersa husseinite. Ses successeurs suivirent son exemple en signe de reconnaissance pour la position prise par la ville lors de la rébellion de Ali Pacha. Le voyageur français Desfontaines, qui visita la ville en 1784, note qu'elle était "la plus grande du royaume après Tunis. Elle est même mieux bâtie et moins sale que celle-ci..."

Le voyageur Guérin estime sa population, en 1861, à 12 000 habitants. Actuellement, Kairouan est siège de gouvernorat avec une population de 130 000 habitants. C'est une région essentiellement agricole, vouée à la céréaliculture et à l'arboriculture. La ville est réputée pour son artisanat, essentiellement le tapis et la dinanderie.

V.1.a Zaouïa Sidi Abid el-Ghariani

On accède au monument par la rue du même nom. Prendre la deuxième rue à droite en entrant par Bab el-Chouhada (porte des Martyrs).
Horaires: de 8:30 à 13:00 et de 15:00 à 18:00. Fermé le vendredi après-midi et le dimanche. Parking hors de la médina, aux alentours de Bab el-Chouhada. Toilettes.

Ce monument a été construit au VIIIe/XIVe siècle par un savant kairouanais surnommé el-Jadidi. Mort au pèlerinage à La Mecque en 786/1384, il fut secondé par son disciple Abou Samir Abid, originaire de Djebel Gharian en Libye. Celui-ci enseigna à la zaouïa pendant vingt ans et y fut inhumé à sa mort en 804/1402. Depuis, le mausolée médersa porte son nom. Il semble que le monument ait subi plusieurs réfections et agrandissements à travers les siècles, mais il est difficile de retracer son évolution d'une façon claire, faute de documents. Il fut complètement restauré au cours des années 70 pour devenir le siège de l'Association pour la Sauvegarde de la Médina de Kairouan. On accède à la zaouïa par une entrée coudée à l'exemple des demeures kairouanaises; le vestibule, couvert d'un joli plafond peint de style hispano-mauresque, donne accès à une cour pavée de marbre orné d'entrelacs en formes géométriques et de couleur noire. Ce type de pavage est attesté en Tunisie essentiellement à partir de l'époque ottomane et il est permis de le dater pour ce cas précis du XIe-XIIe/d.m. XVIIe siècle. La cour est entourée de quatre portiques dont les murs sont revêtus de panneaux en stucs et de carreaux en faïence qui furent ajoutés lors des derniers travaux de restauration. Chacun de ces portiques est formé de trois arcs en plein cintre outrepassé s'inscrivant dans la pure tradition kairouanaise. Au-dessus

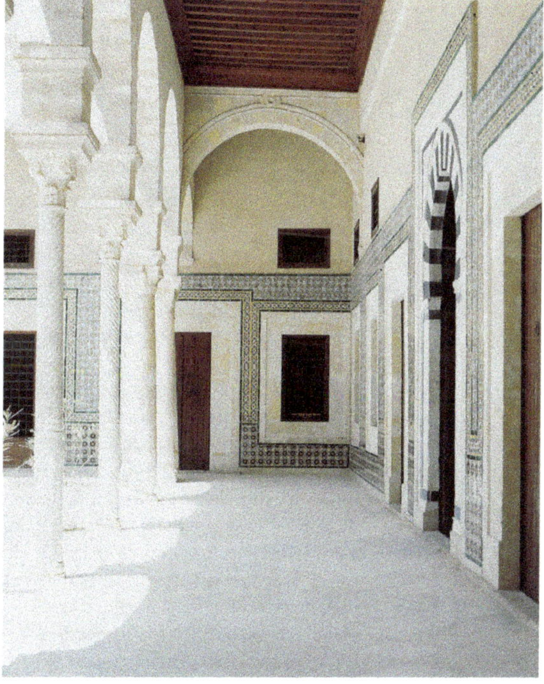

Zaouïa Sidi Abid el-Ghariani, galerie, Kairouan.

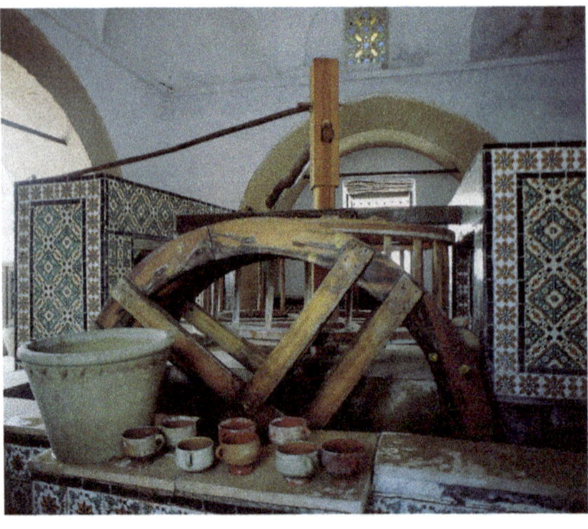

Bir Barrouta, noria, Kairouan.

de ces portiques courent des galeries dont les couvertures en bois déterminent des lignes horizontales que surmontent, au niveau des terrasses, des tuiles vertes. La disposition de l'ensemble est d'une rare harmonie qui respecte les proportions entre les courbes et les différentes lignes. Tout semble prouver qu'il s'agit d'un architecte chevronné et appliqué. Au fond du portique sud-est se trouve une salle de prière de trois nefs et trois travées formant le plan classique des oratoires musulmans. Remarquons que les portes cloutées de la salle de prière et du porche d'entrée reflètent les techniques de sculpture sur bois pratiquées à Kairouan aux XIIe/XVIIIe et XIIIe/XIXe siècles. Du côté nord-est se trouve la chambre funéraire qui abrite, à côté de la tombe de Sidi Abid, celle du souverain hafside Moulay Hassan mort en 957/1550. Elle est couverte d'un très beau plafond en bois peint en forme d'escalier. Le décor est constitué de motifs géométriques et floraux et d'arcs recticurvilignes attestés dans le répertoire hispano-mauresque. Ce plafond est surmonté à l'extérieur d'une coupole pyramidale couverte de tuiles vertes. Ce type de coupole présente des analogies certaines avec la coupole de la médersa de Sidi el-Uhayichi à Kairouan, datée du milieu du XIe/XVIIe siècle. Les autres dépendances de cette partie du monument sont formées de cellules pour étudiants et de salles d'enseignement. A l'angle sud-est on accède à une deuxième cour entourée de portiques dont les chapiteaux byzantins et zirides et les colonnes ornées de bagues et d'inscriptions coufiques proviennent sans doute du site de Sabra. Cette cour aboutit à la salle d'ablutions et à une courette qui nous mène à la sortie.

V.1.b **Bir Barrouta**

Revenir sur l'avenue Habib Bourguiba, prendre à droite jusqu'à la rue des Cuirs. Toilettes.

Les sources attribuent le creusement du Bir Barrouta au gouverneur Harthama Ibn A'yan, en 180/796. Mais il semble que le bey Mohamed fils de Mourad procéda en 1101/1690 à une rénovation de tout l'édifice auquel il a ajouté une fontaine en marbre. Sans figurer parmi les premiers puits creusés au sein de la ville, il est l'objet d'une vénération particulière de la part de la population. D'après la légende, le puits communique avec celui de Zemzem à La Mecque. Une autre légende affirme que celui qui boit de l'eau de Barrouta est assuré de revenir à Kairouan. La salle du puits, à laquelle on accède par un escalier, est couverte d'une coupole sur trompes qui s'inspire du type des coupoles kairouanaises. Elle se distingue par sa nudité profonde et repose sur quatre arcs adossés aux murs. Elle est sans doute contemporaine à la coupole de la salle du dôme du mausolée Abou Zama'a el-Balaoui édifiée à l'époque de Mohamed Bey. Toutes les deux sont l'œuvre d'un même maître maçon, Mohamed el-Zakraoui dont le nom figure sur un panneau en stuc ajouré. La salle est occupée par une noria qu'actionne un chameau. Ce système de puisage de l'eau qui date du Moyen Âge trouve ici une de ses dernières applications en milieu citadin en Tunisie. A l'extérieur de l'édifice, adossée au mur nord, se trouve une fontaine avec un abreuvoir et des robinets de marbre.

V.1.c **Les souks**

Il semble que le centre névralgique de la ville s'est déplacé, depuis l'époque hafside, de la sphère environnant la grande mosquée à l'emplacement actuel des souks dans la zone reliant Bab Tunis à la porte Jalladin. Kairouan disposait de la plus importante aire commerciale dans la Régence de Tunis, après la capitale. Comme partout ailleurs, les souks étaient groupés par métier. L'industrie du cuir et le tissage de la laine étaient vraisemblablement les plus importantes occupations artisanales au sein de la ville. Ceci est en rapport avec le développement de l'élevage bovin dans la campagne kairouanaise. On distingue le souk *el-Blaghgia* (fabricants de babouches) construit par Ali Pacha II en 1181/1768, de même que le souk des citernes (près de la médersa husseinite), réservé aux socques. Le souk des selliers se trouvait près de la porte de Tunis. Le souk *el-Sakkajine* (près de la mosquée du bey) fut restauré en 1884. Le souk des Jerbiens (près de la mosquée des trois portes) est réputé pour ses métiers à tisser les couvertures kairouanaises en laine à côté des gants de toilette de couleur noire. Tous ces souks ont actuellement perdu leur vocation et se spécialisent dans les produits artisanaux en rapport avec l'activité touristique. Seul le souk des tapis, toujours aussi florissant, échappe à cette déformation.

V.1.d **Médersa husseinite** (option)

Annexe de la municipalité de Kairouan
Horaires: de 8:30 à 13:00 et de 15:00 à 18:00. Fermé le vendredi après-midi et le dimanche.

Fondée en 1122/1710 par le premier prince husseinite Hussein Ibn Ali, elle est l'une des plus anciennes médersas kairouanaises qui nous soient parvenues; de ce fait, elle occupe une place particulière dans l'histoire de l'architecture kairoua-

Rue principale des souks, Kairouan.

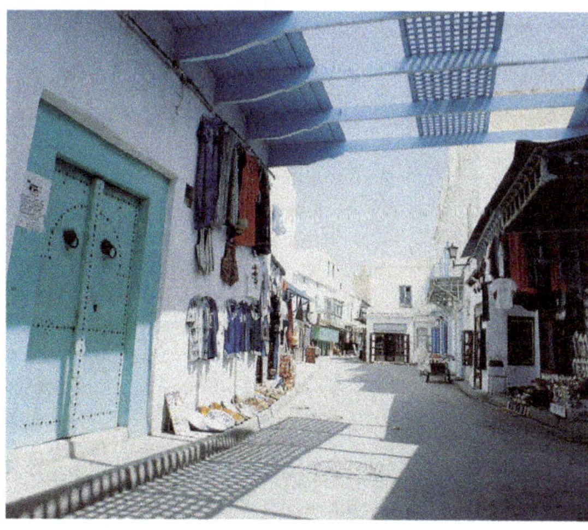

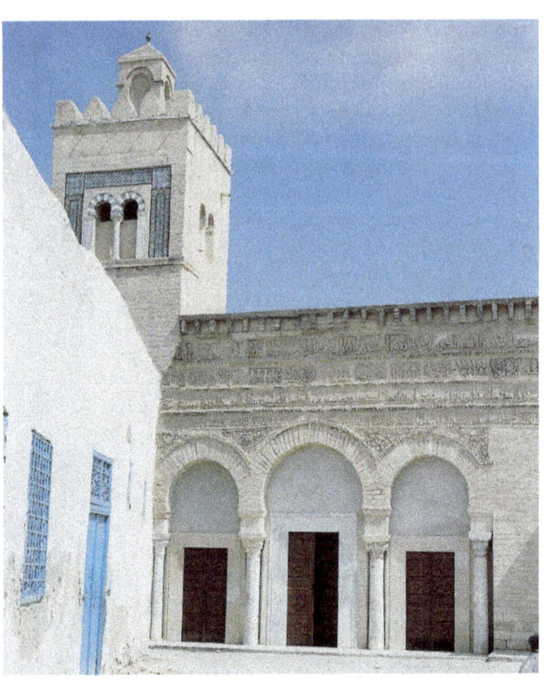

Mosquée Ibn Khayroun, façade, Kairouan.

naise. La porte rectangulaire, encadrée de pieds-droits en *kadhal*, mène à un vestibule dont les plafonds sont peints de motifs géométriques et floraux s'inspirant du modèle hispano-mauresque. L'entrée en chicane aboutit à une cour entourée de quatre galeries dont les arcs sont outrepassés et reposent sur des chapiteaux de type ottoman. L'acrotère est en tuiles vertes, d'influence hispano-mauresque nette. Les chambres, entourant la cour, sont au nombre de onze; elles sont couvertes de voûtes en berceau. Du côté sud-est se dresse la mosquée: elle est constituée de deux travées et de trois nefs voûtées en berceau, reposant sur des piliers circulaires. Auparavant, un décor en stuc ornait une partie des murs; il n'en reste que quelques fragments. La niche du *mihrab* est surmontée d'un arc en plein cintre outrepassé. Le plan de cette médersa s'inspire de celui des *ribats*, formés uniquement d'un rez-de-chaussée. Ce monument a été restauré au cours des années 80 par l'Association de Sauvegarde de la Médina. Il sert actuellement de siège à mairie de l'arrondissement de la ville ancienne.

V.1.e **Mosquée Ibn Khayroun ou des Trois Portes** (monument non ouvert à la visite)

Se diriger vers la rue de la mosquée des Trois Portes qui se trouve dans le prolongement de la rue des Cuirs.

Bien que fermé à la visite, ce monument est recommandé car son principal intérêt réside dans sa façade. En effet, la mosquée Ibn Khayroun ou des Trois Portes possède la plus ancienne façade sculptée et décorée de l'art islamique qui nous soit parvenue et constitue un inventaire du répertoire décoratif kairouanais à l'époque aghlabide. L'utilisation de la pierre tendre sculptée a conféré à l'aspect général une aura de majesté. La façade est de composition axiale symétrique avec trois portes dont la plus grande est placée au milieu. Encadrée de panneaux à motifs floraux et géométriques, composés de feuillets à cinq ou trois lobes, ouverts ou repliés, elle est surmontée d'une écriture coufique attribuant la fondation à Mohamed Ibn Khayroun (252/866). La mosquée est d'une superficie modeste. Elle est composée de trois nefs parallèles au mur de la *qibla*. Chacune des deux colonnes, supportant le plafond, est surmontée d'arcs en plein cintre outrepassé. A l'angle nord-est se dresse un minaret qui fut ajouté à l'époque hafside comme le prouve la dernière ligne de l'inscription écrite en caractères coufiques et qui témoigne de la rénovation de tout l'oratoire en 843/1440. De base rectangulaire, à l'exemple des minarets kairouanais, il est orné de baies jumelées, encadrées de carreaux de faïence indiquant des influences andalouses certaines.

V.1.f **La Grande Mosquée**

Longer les remparts vers le nord jusqu'à la rue Ibrahim Ibn el-Aghlab que l'on remonte jusqu'au monument.
Entrée payante. Horaires: toute l'année de 8:00 à 12:30, l'après-midi de 16:30 à 17:30 de juin à septembre et de 14:45 à 16:30 d'octobre à mai. Fermé le vendredi. Parking à proximité.

La Grande Mosquée de Kairouan est considérée comme le plus ancien et le plus prestigieux sanctuaire dans l'Occident musulman. Son modèle architectural a servi d'exemple pour la majorité des mosquées ifriqiyennes jusqu'à l'arrivée des Ottomans. Par la diversité de ses formes et la richesse de son répertoire ornemental, elle incarne l'essentiel des éléments de l'école kairouanaise d'architecture. Le premier oratoire fut édifié en 50/670, par Oqba Ibn Nafi. Construit en matière friable, il fut complètement rénové par Hassan Ibn Nu'man en 84/703. La mosquée subit des agrandissements du côté nord à l'époque du gouverneur omeyyade Bichr Ibn Safwan (103/722-109/728) avant d'être renouvelée par Yazid Ibn Hatim en 155/772. Mais la mosquée, dans ses morphologie et dimension actuelles, est l'œuvre du prince aghlabide Ziyadat

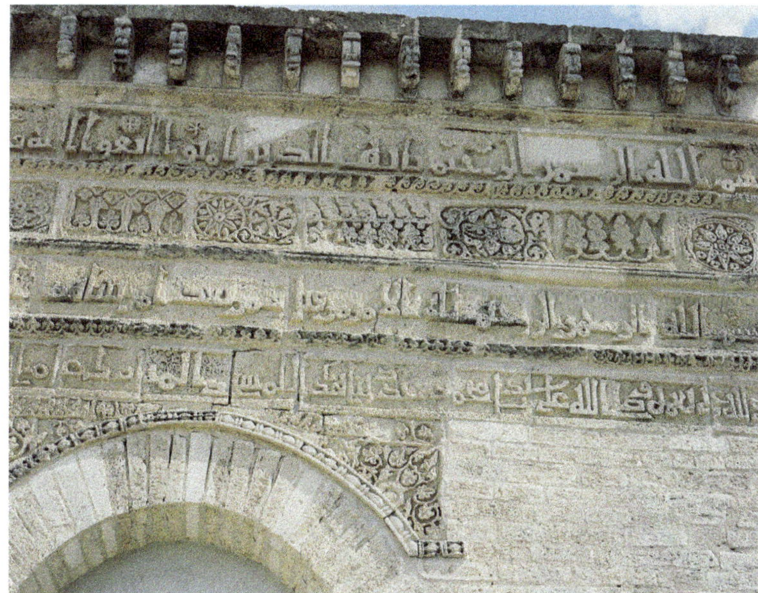

Mosquée Ibn Khayroun, détail de la façade, Kairouan.

La Grande Mosquée, nartex, Kairouan.

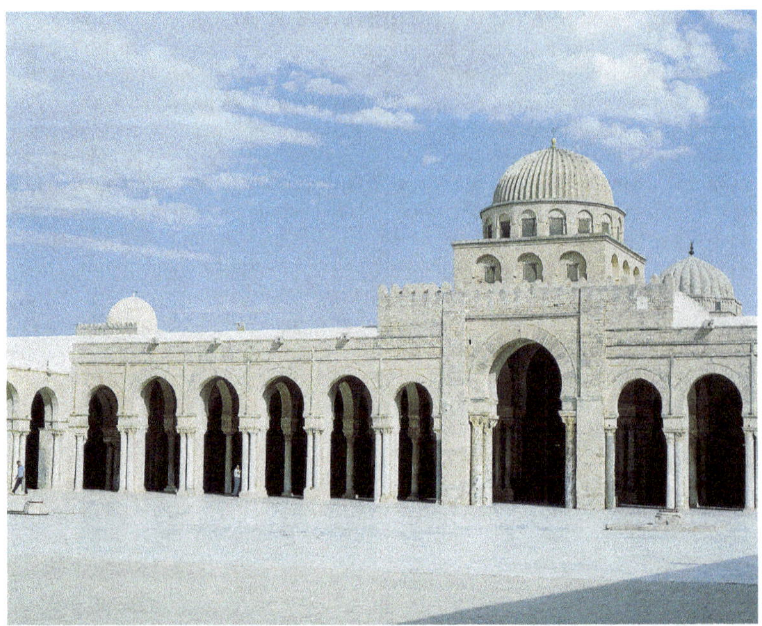

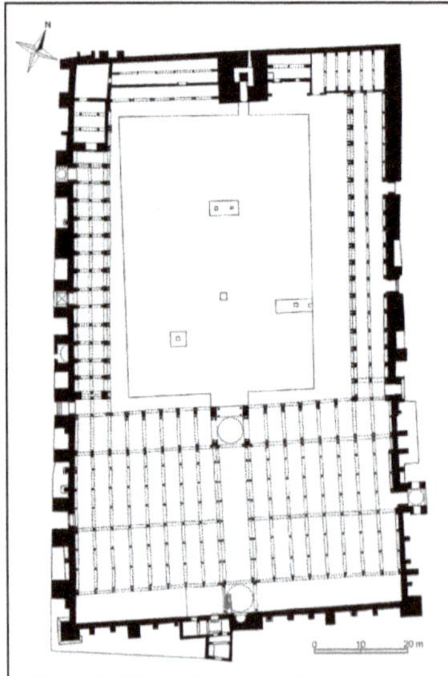

Plan de la Grande Mosquée de Kairouan.

Allah I qui, en 221/836, démolit tout l'édifice et le reconstruisit complètement. En 247/862, Abou Ibrahim Ahmad ajouta une galerie narthex adossée à la salle de prière et surmontée d'une coupole. L'enceinte de la Grande Mosquée de Kairouan dessine un rectangle de 125 m de longueur et presque 75 m de largeur. Extérieurement, elle apparaît comme une forteresse hérissée de tours et bastions et percée de huit portes. En fait, il s'agit de porches et de contreforts qui furent ajoutés, essentiellement du VIIe/XIIIe jusqu'au XIIe/XVIIIe siècle, en vue d'embellir la mosquée ou de soutenir ses murs aghlabides qui présentaient certainement des signes de décrépitude. C'est ainsi qu'une porte de la façade occidentale (Bab el-Ma' ou Porte de l'Eau) et une de la façade orientale (Bab Lalla Rayhana) datent du règne du calife hafside el-Moustansir, en 692/1293. Le porche de cette dernière, surmonté d'une superbe coupole à cannelures et orné de décors en stucs fut érigé par l'Imam de la Grande Mosquée, en 716/1316. Les autres portes datent de l'époque mouradite et husseinite. La cour centrale est entourée de galeries qui offrent une symphonie rythmée d'arcs en plein cintre outrepassés qui reposent sur des chapiteaux et colonnes provenant de sites anciens. Ainsi, paradoxalement, cette mosquée constitue le plus grand musée de chapiteaux romains et byzantins jamais réunis dans un monument musulman. Les galeries qui datent sans doute de l'époque de Ziyadat Allah furent certainement restaurées à l'époque hafside puis mouradite, comme l'atteste un panneau de pierre sculpté de motifs floraux se trouvant à l'angle sud-ouest. Un impluvium, dont le décor labyrinthique est formé d'arcs outrepassés, meuble le centre de la cour. Il date sans doute de l'époque de Mohamed Bey (XIe-XIIe/f. XVIIe siècle). Au milieu de la galerie de la *qibla* se dresse une coupole sur trompes dite coupole du *bahou,* complètement renouvelée au début du XIIIe/XIXe siècle. En face et au milieu du côté nord, s'élève le minaret qui fut édifié par Ziyadat Allah. De base carrée, il est formé de trois étages superposés atteignant 32 m de hauteur. Son allure robuste et sobre n'est pas sans nous rappeler les phares romains et les clochers syriens; son modèle servira d'exemple pour les autres mosquées ifriqiyennes jusqu'à l'arrivée des Ottomans. La salle de prière, de forme hypostyle et de tradition omeyyade, est composée, à l'exemple de la mosquée du Prophète à Médine, de 17 nefs et de 8 travées. La rencontre entre la nef axiale et la travée de la *qibla* détermine un carré sur lequel fut érigée une coupole sur trompes, en pierres sculptées dont les formes et motifs (coquilles, rosaces polylobées) s'inspirent du répertoire omeyyade. La plupart des portes de la salle de prière et essentiellement la porte centrale, ornée de motifs floraux maghrébins, furent renouvelées en 1244/1829. La couverture de la salle de prière est faite en bois. Elle fut l'objet de plusieurs réfections à travers les âges. La partie la plus ancienne date du IIIe/IXe siècle; elle présente un joli décor de rinceaux et fleurons. L'œuvre des Zirides, au cours du IVe-V^e^/p.m. XIe siècle, se caractérise par des inscriptions coufiques dont les hampes des lettres se terminent par des fleurons bilobés. Les plafonds furent restaurés sous les Hafsides, à la fin du VIIe/XIIIe siècle. Les dernières réfections

Grande Mosquée, mihrab, Kairouan.

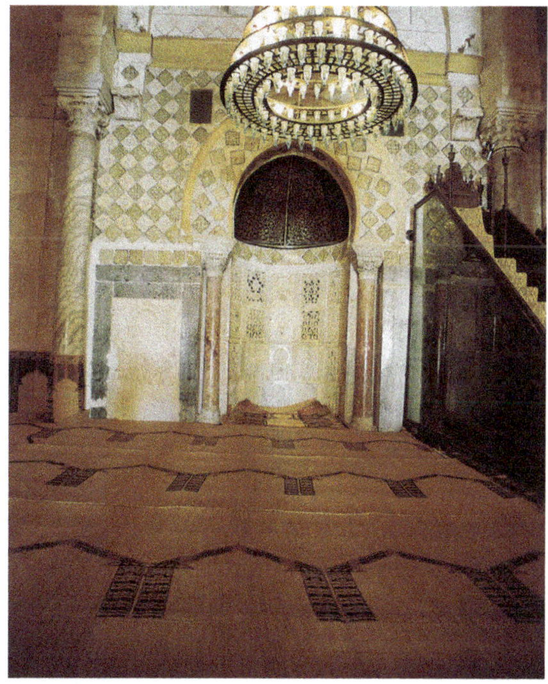

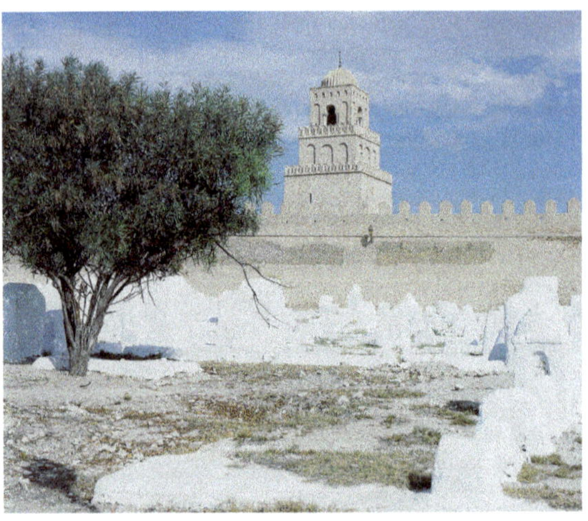

La Grande Mosquée, vue du minaret depuis le cimetière, Kairouan.

datent de l'époque de Mourad I, en 1027/1618. Le *mihrab* date de l'époque de Abou Ibrahim Ahmad (247/862). Il est coiffé de demi-coupoles en bois peint et meublé par vingt-huit panneaux de marbre ajouré ou champlevé qui offrent un décor composé d'une variété de motifs floraux et géométriques parmi lesquels se distinguent la feuille de vigne stylisée sous ses différentes formes et un décor en coquille, inscrit dans un bandeau arqué élaborant la forme d'un *mihrab*. Le décor, marqué par des influences byzantines, véhiculé par l'art omeyyade de Syrie, s'imprègne ainsi du credo musulman. L'encadrement de la niche du *mihrab* est orné par une collection unique de 139 carreaux de faïence à reflets métalliques, datables du milieu du IIIe/IXe siècle. Sans doute d'origine irakienne, cette niche est ornée de motifs floraux stylisés qui annoncent déjà l'art abstrait moder-ne. Le *minbar,* joyau de l'art ifriqiyen, date du milieu du IIIe/IXe siècle et constitue la plus ancienne chaire à prêcher musulmane qui nous soit parvenue. Elle est faite de plus de 300 panneaux en bois de teck indien. La richesse de l'ornementation, dans laquelle se combinent les influences byzantines et mésopotamiennes, dénote de la maturité de l'art kairouanais. La *maqsoura*, située à droite du *minbar,* fut édifiée par le ziride el-Mu'izz, au IVe-V^e^/d. XIe siècle. Elle permet aux princes et gouverneurs d'effectuer la prière à l'écart des autres fidèles. Faite en bois de cèdre, elle se distingue par sa belle frise épigraphique, écrite en coufique fleuri. Les panneaux se trouvant au-dessous de cette frise furent complètement restaurés à l'époque ottomane (1075/1665).

V.1.g **Bassins des Aghlabides**

Il est préférable de reprendre la voiture pour la visite des monuments suivants.
Les bassins se trouvent à l'extérieur des remparts, au nord de la ville, sur l'avenue de la République.
Horaires: de 8:30 à 18:00 du 16 septembre au 31 mars et de 7:30 à 18:00 le reste de l'année. Parking. Toilettes.

Les bassins des Aghlabides sont considérés parmi les plus importants et les plus célèbres ouvrages hydrauliques dans le monde musulman. Ils faisaient partie d'une quinzaine de bassins qui se trouvaient extra-muros et qui approvisionnaient la ville en eau. Les chroniqueurs et géographes arabes furent toujours émerveillés par la majesté impressionnante de ces installations, ce qui a valu à Kairouan de porter, au Moyen Âge, le nom de la "ville des citernes". Leur alimentation se faisait par le drainage des eaux de pluie et les affluents de l'oued Merguelil qui déversent la dépression environnante. Ses eaux étaient captées par de petits barrages

et un canal d'adduction pourvu d'un brise-lame qui les amenait jusqu'au petit bassin. Mais en 350/961 le calife fatimide el-Mu'izz édifia un aqueduc qui amène l'eau des sources de la Chréchira, située à 40 km à l'ouest de Kairouan, jusqu'aux citernes de la ville après avoir alimenté sa capitale Sabra. Les Kairouanais disposaient généralement de puits et de citernes dans leurs maisons; et il semble que l'eau récupérée dans ces bassins servait eu période de sécheresse et aux plus démunis parmi la population, mais aussi à approvisionner les caravanes et abreuver les troupeaux.
Ces fameux bassins furent édifiés en 246/860-248/862 par le prince aghlabide Abou Ibrahim Ahmed. Ils sont construits en moellons revêtus d'un enduit étanche et arrondi au sommet. Ils se composent de trois organes essentiels:

- Le petit bassin, de 17 m de diamètre, est circonscrit dans un mur polygonal constitué de 17 contreforts intérieurs et 26 contreforts extérieurs qui s'alternent et permettent ainsi de consolider l'édifice afin de résister à la pression. Ces contreforts sont de forme semi-cylindrique et coiffés de demi-sphères. Ce bassin, d'une contenance de 4 000 m^3, sert à décanter les eaux des débris et alluvions qu'elles charrient. L'eau ainsi purifiée s'écoule dans le grand bassin par une ouverture en plein cintre appelée le déversoir.
- Le grand bassin, de forme polygonale, est flanqué de 64 contreforts internes et 118 externes. De 128 m de diamètre et 4,8 m de profondeur, sa contenance dépasse les 57 000 m^3. Au milieu s'élève un gros pilier polylobé qui jadis fut surmonté d'une coupole et servit de pavillon de loisir. Ce grand bassin sert au stockage des eaux nécessaires aux besoins de la vie quotidienne. Cependant, cette opération permet aussi une meilleure décantation de l'eau dont la partie la plus pure servira d'eau potable et sera versée dans les citernes de puisage.
- Les citernes de puisage sont constituées par deux réservoirs parallèles et perpendiculairement adossés aux bassins. Elles sont couvertes de voûtes en berceau soutenues par des arcs-doubleaux qui reposent sur des piliers. Six ouvertures, placées aux sommets des voûtes, permettent d'y puiser de l'eau. La contenance de chacune d'entre elles dépasse les 1 000 m^3.

Ces bassins aux dimensions gigantesques sont un rappel de la gloire de la ville et de sa lutte passée contre la soif et le manque en eau. Ils séduisent par leur sobriété et leur impressionnante majesté et enchantent par l'élégance de leur style et l'harmonie de leurs formes.

V.1.h **Mausolée Abou Zama'a el-Balaoui**

Le monument se situe sur la même avenue que le précédent.

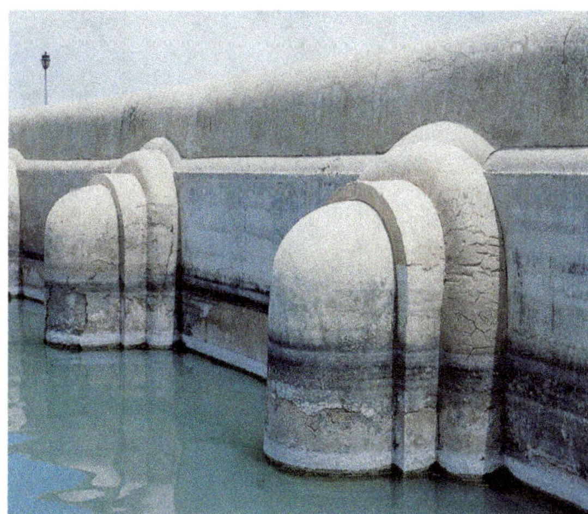
Bassin des Aghlabides, détail des contreforts, Kairouan.

Entrée payante. Horaires: de 8:30 à 18:00 du 16 septembre au 31 mars et de 7:30 à 18:00 le reste de l'année. Parking. Toilettes.

Cet ensemble culturel fut édifié à la mémoire d'un compagnon du Prophète, Abou Zama'a Obayd Ibn Arqam el-Balaoui, qui succomba, en l'an 33/654, lors d'une expédition militaire en Ifriqiya à la suite d'une bataille livrée par les troupes musulmanes contre l'armée byzantine près de Jeloula, à 30 km à l'ouest de Kairouan. Son corps fut inhumé sur le site de cette ville, avant sa fondation. Ce vénérable personnage portait sur lui des cheveux du Prophète, ce qui explique le nom de mosquée du Barbier que lui attribuent les Européens. Le mausolée consistait au IXe/XVe siècle en une simple coupole à base octogonale, entourée d'une muraille. Hammouda Pacha (1040/1631-1075/1665) procéda à des aménagements qui consistaient sans doute en la réfection de la coupole du mausolée et de son enclos. Mais l'essentiel de l'édifice est l'œuvre de Mohamed Bey entre 1092/1681 et 1096/1685. Cet ensemble architectural est constitué des organes suivants:

- Un entrepôt situé à gauche de l'entrée qui sert à emmagasiner les produits provenant des *habous* du saint et des dons.
- Les appartements appelés *'alwi* du pacha qui se trouvent au-dessus de l'entrepôt. Ils accueillaient jadis le chef du détachement chargé de la perception des impôts dans la région et, plus tard, les hôtes de marque du mausolée.
- La médersa située à côté de l'entrepôt. Elle est le prototype de la médersa tunisienne. Elle se distingue par sa salle de prière allongée, constituée de deux nefs seulement. Le *mihrab* est surmonté d'une coupole sur trompes à cannelures. La médersa est constituée de deux courettes et de portiques qui entourent les cellules des étudiants. A l'angle nord-est se dresse un élégant minaret de type hispano-mauresque. Il est orné de revêtements en céramique que surmontent des arcs jumelés outrepassés. Contrairement aux autres minarets kairouanais, dont les créneaux sont arrondis, ceux du minaret de cette médersa sont en dents de scie. Ils nous rappellent les minarets de la grande mosquée de Tlemcen et de la casbah de Tunis. Tout est imprégné d'art andalou; les deux maîtres maçons qui ont supervisé les tra-

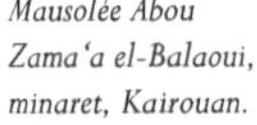

Mausolée Abou Zama'a el-Balaoui, minaret, Kairouan.

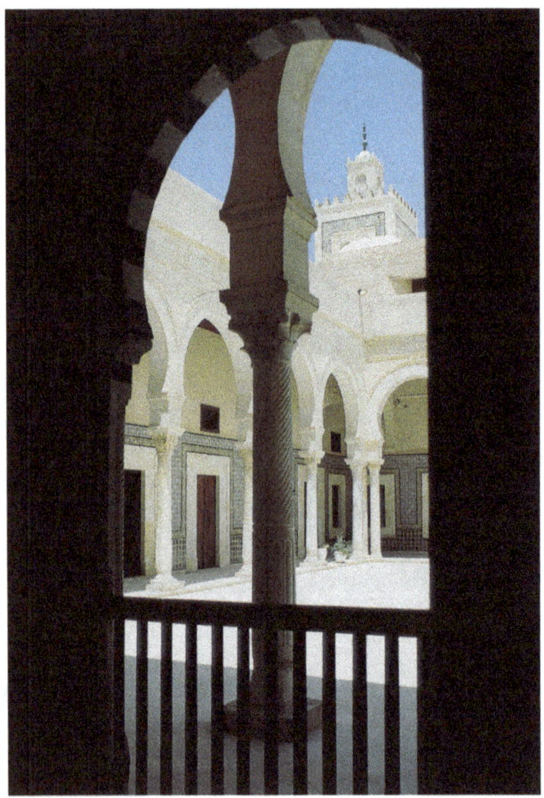

vaux sont les deux frères Ahmad et Mustafa el-Andalousi.
- Le mausolée dont l'entrée se trouve en face de la porte principale. Son accès se compose d'encadrements de marbre blanc et rouge de style italianisant. Le vestibule dispose d'une entrée coudée qui mène à un large patio d'aspect andalou. Celui-ci est bordé de deux portiques dont les arcs outrepassés, typiquement kairouanais, reposent sur des chapiteaux néo-corinthiens qui comportent des croissants sculptés en relief: l'emblème des Ottomans. Ce patio débouche sur une salle surmontée d'une séduisante coupole sur trompes. Elle est ornée de panneaux en stuc représentant le répertoire hispano-mauresque mais aussi turc (le bouquet de fleur, le sapin). Enfin, suivent le mausolée et sa cour qui constituent la partie réservée au culte. Les murs, revêtus de carreaux à émail polychrome, sont surmontés de panneaux en stuc sculpté d'une rare finesse. Les plafonds en bois peint et sculpté sont de style hispano-mauresque. Le tombeau du compagnon du Prophète est surmonté d'une coupole sur trompes dont la décoration, récente, date du XIIIe-XIVe/f. XIXe siècle. Bien qu'il soit tardif, cet ensemble architectural se distingue par son harmonie et sa beauté décorative. Il reflète de nouvelles influences sur l'architecture tunisienne: turque avec une certaine empreinte byzantine, andalouse à la suite de l'arrivée des artisans expulsés d'Espagne et italianisante en rapport avec la Renaissance européenne; le tout est mêlé aux traditions locales perpétuées par l'école architecturale kairouanaise. Ce brassage entre les différentes civilisations qui ont balayé la Tunisie à l'époque moderne reflète cette faculté d'assimilation qui a toujours caractérisé la personnalité tunisienne à travers les âges. Abou Zama'a, surnommé Sidi Sahbi et qui est considéré comme le patron de la ville, jouit d'une vénération particulière. Son mausolée est le plus visité par les Tunisiens qui y affluent, surtout lors de la fête officielle du *Mouloud* commémorant la naissance du Prophète. On y célèbre les cérémonies de contrats de mariages et les circoncisions. La jeune fille kairouanaise offre son premier tapis à ce saint, réputé pour ses dons prophylactiques.

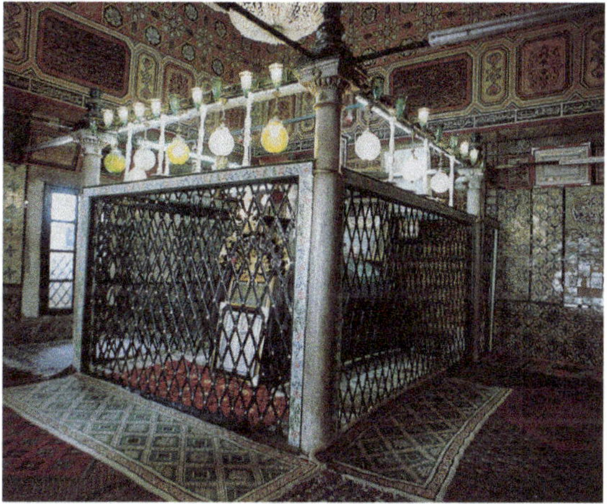

Mausolée Abou Zama'a el-Balaoui, chambre funéraire, Kairouan.

V.1.i Zaouïa et Musée Sidi Amor Abada

Continuer sur l'avenue Zama'a el-Balaoui. On accède au musée par la rue el-Gadraou. Entrée payante. Horaires: 8:00 à 18:00 tous les jours. Toilettes.

Surnommée la mosquée des Sabres, cette zaouïa est l'œuvre d'un marabout qui a vécu durant la première moitié du XIIIe/XIXe siècle: Amor Ibn Salam el-

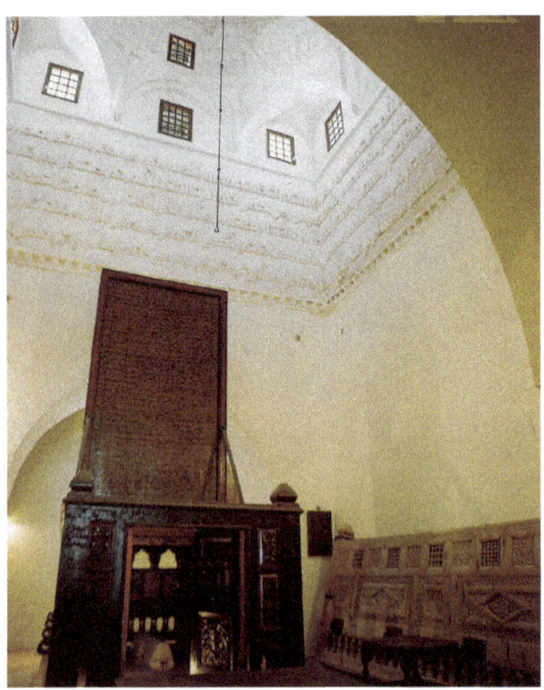

Zaouïa et Musée Sidi Amor Abada, catafalque, Kairouan.

Ayari dit Abada, originaire de la région de Makhtar. Il était maître forgeron et jouissait des faveurs des beys Mustapha (1250/1835-1252/1837) et Ahmad (1252/1837-1270/1854). C'est un personnage hors du commun, mégalomane et doté d'une remarquable présence d'esprit. Les savants étaient méfiants à son égard alors que les gens du peuple le craignaient et recherchaient sa bénédiction tout en croyant en ses pouvoirs surnaturels. La tradition orale a tissé autour de ce personnage plusieurs contes et mythes que la mémoire collective a entretenus jusqu'à nos jours. A sa mort, en 1271/1855, il fut inhumé dans sa zaouïa dont l'architecture reflète la personnalité de son maître d'œuvre. En effet, située dans un faubourg modeste, elle se distingue par l'étendue de son aire, qui dépasse 1 500 m^2, et la majesté de ses six coupoles nervurées qui s'apparentent au type kairouanais, caractérisé par la présence d'une base carrée et d'un tambour octogonal. La disposition interne du monument est incompréhensible: des galeries couvertes de voûtes d'arêtes aboutissant à des espaces que surmontent des coupoles. L'épaisseur des murs dépasse les 2 m, voire les 4 et 5 m. Les quelques colonnes et chapiteaux sont de type ottoman et leurs abaques portent des fleurons et des croissants turcs. Il est probable qu'ils furent dédiés au saint, par le bey, mais toutes les formes architecturales du monument s'inscrivent dans la pure tradition kairouanaise. Une grande salle de la zaouïa, celle qui abrite le tombeau du saint, a été aménagée en musée présentant les objets appartenant à Sidi Amor Abada ou fabriqués par lui. Ces pièces, de dimensions démesurées, sont réellement peu fonctionnelles et traduisent la mégalomanie de ce personnage: de très lourds sabres en fer forgé couverts de fourreaux en bois massif, des étagères, une pipe colossale, des ancres géantes, des coffres..., récupérés de la base navale de Ghar El-Melh et offertes par le bey Ahmad. Toutes ces pièces datent de la première moitié du XIIIe/XIXe siècle et certaines portent des inscriptions dont l'écriture maghrébine cursive est gravée en creux. Ces textes comportent des versets coraniques, quelques prophéties, des aspects de la vie de Sidi Amor Abada et sa position à l'égard de certains problèmes et événements de l'époque. Néanmoins, ces objets constituent un répertoire des techniques de fabrication en fer et en bois, à Kairouan, au XIIIe/XIXe siècle.

V.1.j **Les remparts**

Les remparts sont percés de quatre portes: Bab Tunis, Bab el-Khoukha (Porte du Guichet), Bab el-Jelledin (porte des peaussiers) et Bab el-Chouhada (portes des Martyrs).

Les premiers remparts de la ville de Kairouan furent construits par le gouverneur abbasside, Harthama Ibn A'yun, en 144/762. Dotés de six portes, ils furent démolis par le prince aghlabide Ziyadat Allah I. Reconstruits par el-Mou'izz en 443/1052, selon un tracé dont le périmètre dépasse 9 km, ils furent complètement délaissés après les invasions hilaliennes et la ruine de la ville. Le profil de la nouvelle enceinte, dont la superficie couvre 54 ha, ne dépasse guère le dixième de l'étendue de la ville au moment de son apogée; elle fut longue à se dessiner. Il semble que les premiers plans dataient déjà de la restructuration de la ville, à la fin du Ve/XIe siècle. Et ce n'est qu'à l'époque hafside (VIIe/XIIIe - VIIIe/XIVe siècle) que son contour s'est précisé d'une façon définitive. Soumis à une malédiction, ces remparts furent démolis par Mourad III, en 1112/1701, mais ils furent remis à neuf, en épousant le même tracé, par le bey Hussein Ibn Ali. La campagne des travaux se poursuivit entre 1117/1706 et 1124/1712. Il fit construire notamment la porte de Tunis, Bab el-Jalladin (porte des Peaussiers), en 1123/1711 et Bab el-Khukha (porte du Guichet), en 1117/1706. Ses fils, Mohamed et Ali Pacha II, restaurèrent entièrement l'ensemble des remparts entre 1169/1756 et 1185/1771. Les sources nous rapportent que, quelques semaines avant sa mort, en 1172/1759, Mohamed Bey "inspecta la construction de l'enceinte et par des dons et des promesses aux ouvriers les encouragea à en activer l'achèvement". Son frère Ali continua son œuvre, restaura toutes les portes et en ouvrit une nouvelle du côté ouest, appelée Bab-Jadid. On sait qu'en 1943 les Allemands en démolirent une grande partie pour construire un terrain d'aviation avec la caillasse récupérée. Ces remparts sont construits en briques pleines et sont flanqués de vingt tours rondes et de bastions qui servaient à accueillir des pièces d'artillerie. Ils s'étalent sur une longueur de 3,5 km leur hauteur varie entre 8 m et 4 m et ils se terminent par des créneaux arrondis.

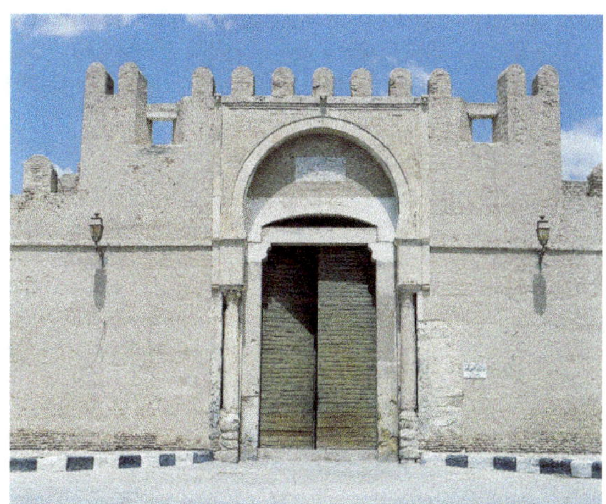

Remparts, porte, Kairouan.

LE TAPIS DE KAIROUAN

Mourad Rammah

L'art de la tapisserie semble remonter en Tunisie à une époque très lointaine. Déjà, à la fin du IIe/VIIIe siècle, des tapis figuraient sur la liste de l'impôt en nature payé par les gouverneurs de Kairouan aux califes abbassides. Mais la filiation avec le tapis kairouanais actuel n'est pas attestée. Il semble que l'introduction, à l'époque ottomane, de la technique du point noué et des motifs décoratifs anatoliens ait donné une impulsion nouvelle à cette industrie et Kairouan devint le grand centre du tapis dont la réputation dépasse, depuis des décennies, les frontières de la Tunisie. La fabrication du tapis kairouanais s'effectue généralement à domicile et constitue une occupation uniquement féminine. On dénombre plus de quatre mille artisanes. Le tapis, qui servait à l'origine essentiellement pour la prière, constituait une pièce maîtresse de la dot de la jeune fille kairouanaise. Le métier à tisser est très simple: il est fait de deux montants fixés par des cordes qui prennent appui sur le sol et qui sont supportés par deux ensouples en bois d'où émanent les fils de coton torsadés et parallèles séparés par des roseaux. La tisseuse, assise au ras du sol, s'applique à exécuter des nœuds appelés gordes. Cela consiste à faire passer entre deux fils un brin de laine qui les contourne l'un après l'autre et ressort sous la boucle ainsi formée. Le nœud est alors serré et le fil coupé à la longueur désirée. Deux ou trois rangs de fils tissés séparent chaque rang de points noués. Le tapis kairouanais emprunte ses thèmes au répertoire turc: *mihrab*, formes géométriques, bandes des encadrements séparées par des listels et garnies d'un décor végétal stylisé; certains tapis kairouanais simples offrent même une grande ressemblance avec les tapis anatoliens. Selon une tradition bien établie, c'est Kamla, la fille de Mohamed Chaouch

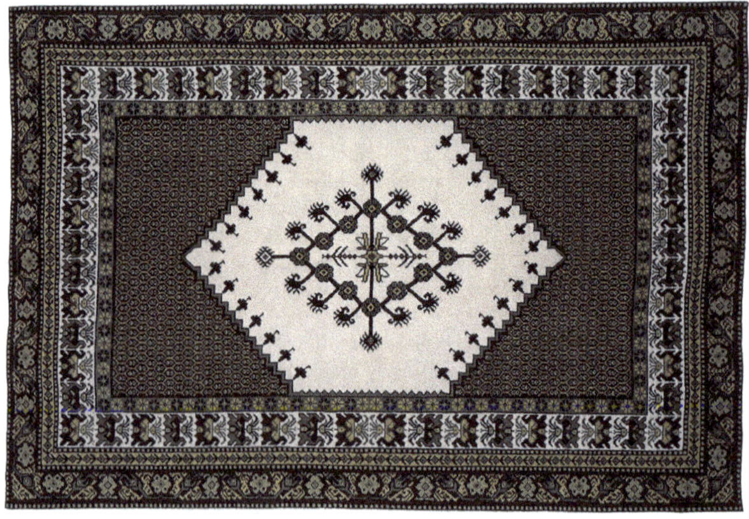

Tapis aux tons naturels, de type dit "Alloucha".

(1282/1866), gouverneur d'origine turque de Kairouan sous Ahmed Bey, qui aurait initié les femmes à tisser ce genre de tapis. On retrouve au sein du décor qui orne le tapis kairouanais des motifs rencontrés dans le *minbar* de la Grande Mosquée de Kairouan, l'empreinte du lion qu'on trouve dans la céramique d'origine andalouse. C'est dire combien le tapis kairouanais constitue une symbiose entre des apports différents qui dénotent d'une tradition bien établie, sans doute avant le passage de Kamla, dont la participation à l'élaboration du tapis kairouanais reste peu claire. La texture du tapis kairouanais authentique était constituée de 40 000 nœuds au m^2; ses couleurs aux somptueuses tonalités étaient polychromes. Au début du siècle, le service de l'artisanat a décidé, afin de répondre aux goûts de la clientèle, de délaisser les teintes traditionnelles, qui ne sont plus utilisées que pour les tapis de la dot, au profit de tons naturels, blanc, noir, beige, gris et brun; ce type fut baptisé Agnelle, *Alloucha*. La vogue du tapis de Kairouan a incité certaines régions tunisiennes à tisser des imitations qui, par des transformations de décor ou peut-être par un désir de nouveauté, ont donné naissance à des tapis mixtes, assez originaux, tels que le tapis de Bizerte et, de nos jours, le tapis de Ksiba el-Médiouni. Actuellement, on fabrique des tapis de différentes textures qui atteignent 90 000, 160 000, voire 250 000 nœuds au m^2. À côté du "tapis citadin" existe le *gtif*, tapis nomade par excellence. Il constituait le mobilier des tentes des tribus Drid, Hmamma, Zlass et Mhedhba. Il était fabriqué par des hommes, les *raggams*, artisans ambulants qui proposaient leurs services aux plus riches des nomades. La gamme des couleurs du *gtif* est pratiquement toujours la même: le fond est rouge et les motifs, généralement cernés de coton blanc, sont polychromes. Le poil de chèvre et de chameau est assez long, il peut atteindre plus de 4 cm. Le nombre de points au décimètre carré est assez limité, ne dépassant pas les quarante. Le *gtif* est divisé en registres rectangulaires ou carrés, généralement quatre, parfois cinq. Ils sont décorés de motifs le plus souvent géométriques —losanges, croix, étoiles à huit branches—, plus rarement figuratifs —personnages et chameaux, palme inscrite dans un losange. Il est à remarquer que les techniques et le répertoire décoratif du *gtif* tunisien se rapprochent de ceux des tribus nomades algériennes et marocaines. Indépendamment de tous les genres, les tapis sont vendus sous trois qualités, attestées par une estampille officielle, qui dépendent de la régularité des motifs, de la symétrie des dessins, du serrage des points. On distingue la qualité supérieure, le premier choix, le deuxième choix et une quatrième catégorie qui est constituée par les tapis non estampillés ou refusés à l'estampillage.

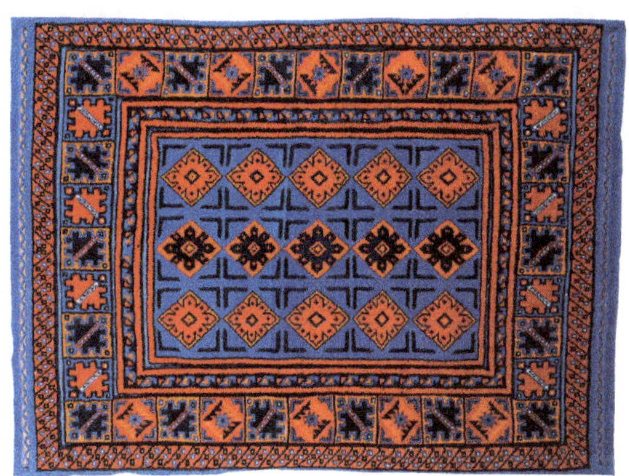

Tapis polychrome, aux teintes traditionnelles, utilisé pour la dot.

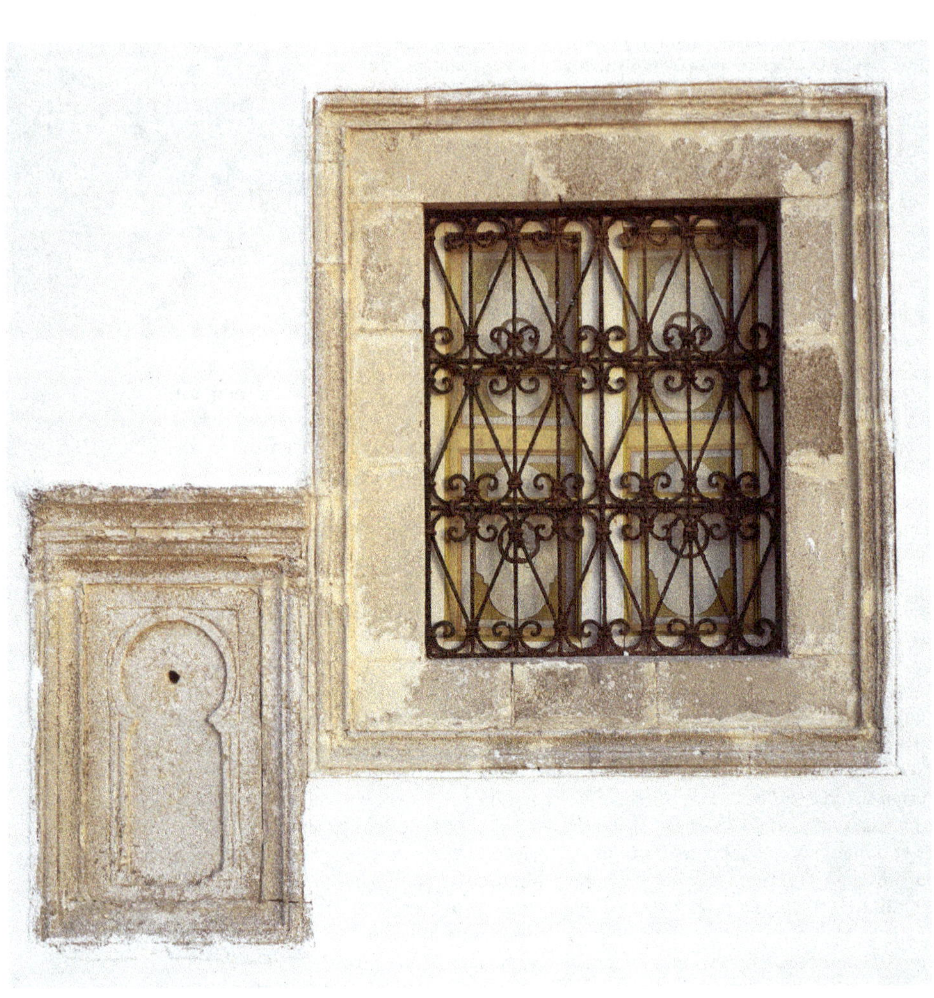

Les villes princières

Mourad Rammah

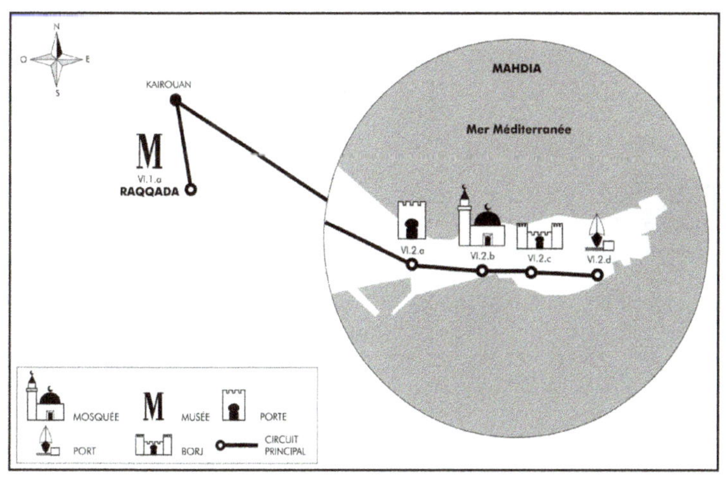

Fenêtre et Fontaine murale, Mahdia.

Raqqada et Mahdia constituèrent en Tunisie, et à côté de Sabra et el-Abbassiya, les seules capitales fondées par les princes depuis l'avènement de l'islam jusqu'à nos jours. L'une étant héritière de l'autre, elles traduisent des destinées différentes et attestent de l'influence certaine du contexte géopolitique sur l'évolution des cités princières ifriqiyiennes, au Moyen Âge. Raqqada qui fut édifiée en 262/876 par le prince aghlabide Ibrahim II dans la banlieue kairouanaise, fut transformée en un lieu de plaisance doté d'installations hydrauliques grandioses et de palais fastueux dont certains vestiges existent encore. Elle traduit la symbiose relative qui régnait entre la dynastie aghlabide et la population kairouanaise. La ville fut même dépourvue à ses débuts de murailles et fut implantée à l'intérieur de l'espace ifriqiyien, trahissant ainsi la vocation encore continentale, voire maghrébine, de la dynastie aghlabide qui venait d'achever la pacification du pays. Aussi, Raqqada constitue-t-elle sur le plan architectural une continuité de l'école kairouanaise, essentiellement en ce qui concerne les modèles architecturaux, les matériaux de construction —utilisation de la brique cuite et des poutres en bois— et la décoration par l'emploi des motifs floraux et géométriques exécutés en stuc. La fondation de Mahdia, en 308/921, fut fatale pour Raqqada et provoqua sa déchéance. Sa naissance est le fruit du nouveau contexte politico-spirituel dans lequel évoluait l'Ifriqiya au IIIe-IVe/d. Xe siècle. En effet, implantée dans une ambiance sunnite hostile, le califat fatimide, d'obédience chiite, chercha refuge sur une presqu'île rocheuse de la côte orientale de la Tunisie, et érigea la forteresse de Mahdia qui fut destinée à parer à tous les dangers. Contrairement à Raqqada, la fondation de Mahdia marque une rupture entre la dynastie régnante et les Ifriqiyiens mais, en même temps, elle trahit les visées orientales des Fatimides et dénote la nouvelle vocation maritime de la Tunisie, après que la flotte fatimide se fut imposée comme la plus puissante de la Méditerranée. De ce fait, Mahdia devint la plus importante place forte du Maghreb. Elle fut dotée de remparts terrestres et maritimes, d'un port, de deux arsenaux, qui feront plus tard sa réputation de "niche de pirate" et entraîneront l'acharnement, au milieu du Xe/XVIe siècle, de l'armada espagnole contre la ville. L'architecture militaire de Mahdia s'apparente à celle des villes *ribats* voisines mais la morphologie urbaine de la

Médina, façade, Mahdia.

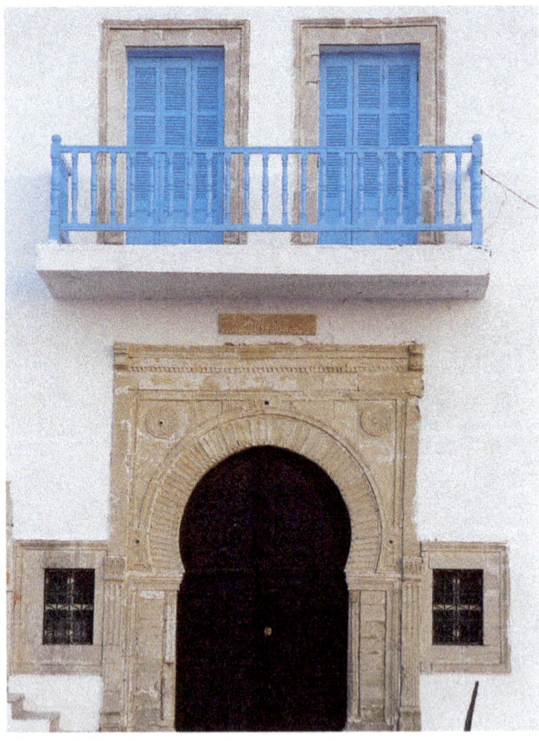

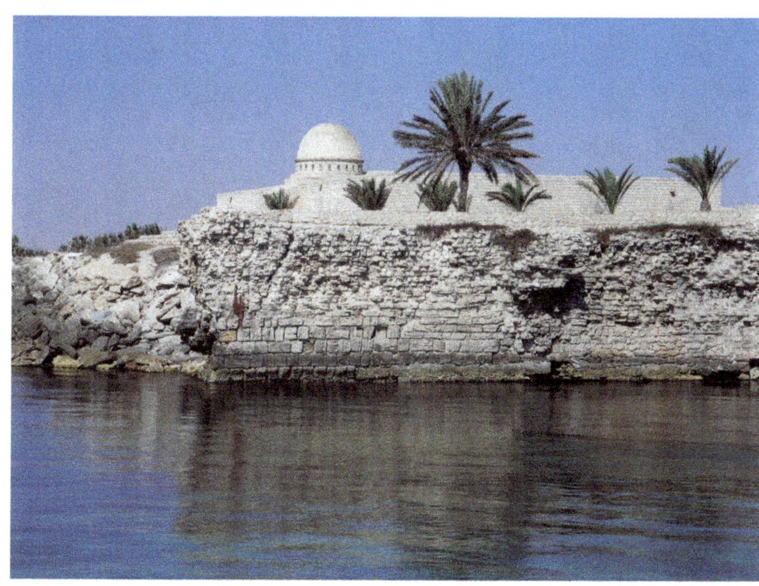

Vue de la Grande Mosquée depuis la côte, Mahdia.

cité reflète aussi les croyances chiites de ses fondateurs.

Aperçu historique

Raqqada, la capitale aghlabide héritière d'el-Abbassiya, fut fondée en 262-876 à 9 km au sud-est de Kairouan. Gêné par la présence d'une population turbulente et voulant se démarquer d'une armée encombrante, Ibrahim II édifia sa nouvelle ville dans une plaine verdoyante, réputée par son air sain alors qu'il souffrait de mélancolie. L'année même de son installation, il éleva un palais fastueux, appelé Palais de la Victoire, *Qasr el-Fath*. La ville ne cessa dès lors de se développer et les sources y attestent la présence de plusieurs autres palais dont le Palais de la Cour, *Qasr el-Sahn*, le Palais de la Mer ou du Lac, *Qasr el-Bahr,* et le Palais de Bagdad, *Qasr Baghdad*. On y trouve une grande mosquée, des bains, des caravansérails et des souks nécessaires à une cité véritable. Ziyadat Allah III la protégea d'une enceinte à laquelle el-Bekri attribue plus de 24 000 coudées (10 km) de périmétre. Plusieurs citernes furent édifiées pour alimenter la ville en eau potable et arroser les nombreux jardins et vergers entourant ses châteaux.

Après le départ de Ziyadat Allah III en 296/909, les Kairouanais la pillèrent pendant plusieurs jours et les palais des Aghlabides furent dépouillés, mais l'avènement d'el-Mahdi lui offrit un second souffle et Raqqada demeura pendant douze ans la capitale d'un califat fatimide qui s'étendait de la Cyrénaïque à l'Atlantique avant de céder le flambeau à Mahdia, en 308/921. Le départ d'el-Mahdi fut fatal pour la ville qui tomba alors dans une léthargie certaine. Sans croire ce que nous rapportent certains auteurs sur sa destruction haineuse par

Le musée, vue de l'entrée, Raqqada

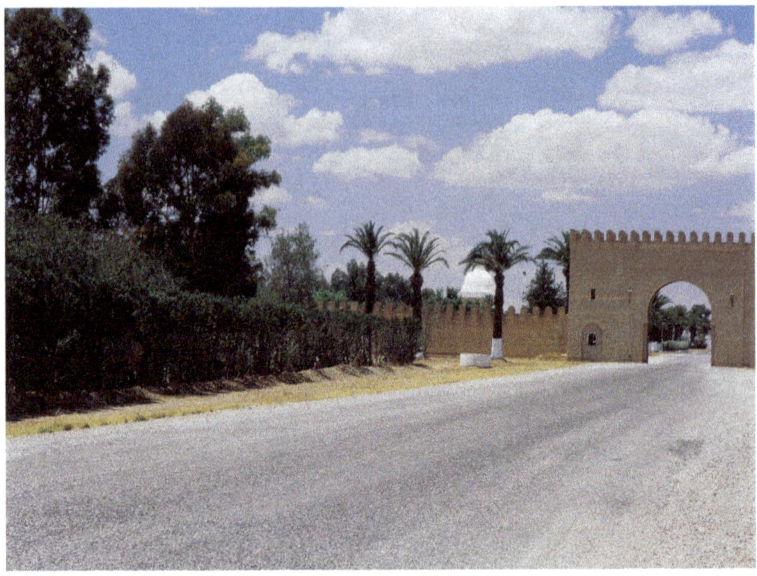

le calife el-Moui'zz, il semble que Raqqada se soit transformée en banlieue résidentielle et qu'elle ait de ce fait perdu toute importance économique et politique, bien que le prince ziride el-Mansour y séjournât en 374/985 avant de joindre son nouveau palais à Sabra. Les invasions hilaliennes du milieu du Ve/XIe siècle lui portèrent le coup de grâce et la ville fut complètement dévastée et pillée par les conquérants. Les crues des oueds et les dommages des fouilleurs clandestins finirent par emporter et saccager ses vestiges apparents.

VI.1 RAQQADA

VI.1.a **Musée de Raqqada**

Raqqada est à environ 7 km de Kairouan sur la route de Sfax.

Longer l'enceinte de l'ancien palais converti en musée jusqu'à l'entrée des véhicules. Entrée payante. Horaires: de 9:30 à 16:30. Fermé le lundi. Parking. Toilettes.

En attendant l'aménagement de la deuxième partie du musée, plusieurs salles ont déjà été ouvertes au public.
La salle de la céramique se distingue par une collection variée qui réunit des objets provenant essentiellement des fouilles des sites de Raqqada, capitale des Aghlabides au IIIe/IXe siècle et de Sabra el-Mansouriyya, capitale des Fatimides et des Zirides aux IVe/X^e^-V^e^/XIe siècles. Quelques beaux spécimens de la céramique égyptienne, syrienne et iranienne viennent embellir l'exposition. Le potier kairouanais, qui s'inspire certainement du répertoire décoratif berbère, y fait preuve d'une imagination féconde et créatrice qui nous introduit dans de savantes compositions

où se mêlent, s'entrecroisent ou voisinent la géométrie, la flore stéréotypée et la faune figée.

La salle des médailles présente quant à elle un tableau exhaustif de la monnaie musulmane en Tunisie. Ce tableau permet de suivre son évolution et sa typologie pendant plus de mille ans. Généralement de bon aloi, le dinar ifriqiyen a vu son poids varier entre 4,25 g, conformément à la métrologie officielle aux époques aghlabide, fatimide et ziride, et 4,76 g à l'époque hafside. Une carte des principaux centres de frappe de Tunis est exposée dans cette vitrine.

La collection des monnaies est exposée par dynastie et selon un ordre chronologique:

- La monnaie aghlabide qui fut frappée selon les modèles orientaux se caractérise par la présence de l'emblème de la souveraineté, *ghalaba*. Elle porte aussi le nom du prince et dans quelques cas du serviteur, *mawla*.
- La monnaie fatimide reflète les croyances religieuses chiites des nouveaux maîtres de l'Ifriqiya et, à partir du règne d'el Mou'izz (341/953), elle change d'aspect: le nombre de cercles y figurant est porté à trois au droit et au revers et son contenu devient plus nettement chiite. La monnaie fatimide fut très convoitée au Moyen Âge; elle dénote une activité économique florissante.
- La monnaie ziride: les princes zirides n'apportèrent pas de changement au contenu de la monnaie fatimide; ils se limitèrent à y ajouter leurs noms. Mais el-Mou'izz Ibn Badis répudia en 440/1049 l'obédience fatimide et procéda à des changements sur la monnaie en y incorporant des versets coraniques annonçant son retour au sunnisme.
- La monnaie almohade et hafside diffère des autres monnaies par sa forme, un carré inscrit dans un cercle, son calibre, de 26 à 31 mm et son poids, de 4,61 à 4,76 g. Le formulaire reflète le credo almohade et sunnite qui atteste que le Mahdi est le calife de Dieu.

La salle de la coupole enfin renferme les couronnes de lumière qui servaient jadis à éclairer la Grande Mosquée de Kairouan. Datable du IVe/X^e^ au début du Ve/XIe siècle, cette collection, très rare, présente une analogie certaine avec les lustres coptes antérieurs, mais les croix prennent ici des formes florales et cordiformes marquant le changement dans la croyance.

Diverses autres collections sont enfin exposées sur le musée.

Le lot de pièces en verre provient essentiellement de deux découvertes fortuites faites sur le site de Sabra el-Mansouriyya en 1922 et en 1983.

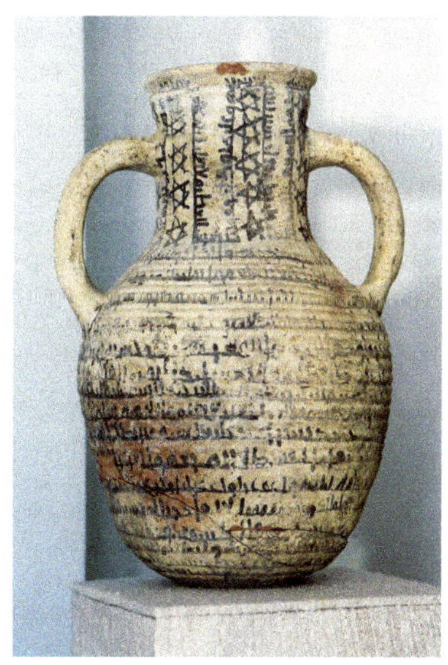

Poterie à décors calligraphiques, Musée de Raqqada.

Les éléments de poids et mesures présentés à côté d'un modeste panneau de généraux, datables du IIe/VIIIe siècle au IVe/Xe siècle, servaient d'étalon monétaire et étaient utilisés pour peser les produits pharmaceutiques. Une collection intéressante de poids en plomb, découverts dans le site de Raqqada et datables de la fin de l'époque aghlabide et du début du règne d'el-Mahdi, fin IIIe/IXe siècle-début IVe/Xe siècle, constitue un document de la plus haute importance scientifique sur la métrologie ifriqiyenne au Moyen Âge. Les poids sont gravés d'une inscription coufique portant le nom du prince régnant ou de son cadi et appelant à l'équité et à la générosité.

La salle du Coran propose une collection de parchemins de Kairouan. Elle comprend l'une des plus importantes et des plus célèbres collections de parchemins du monde musulman. Cette collection fut constituée en legs, *habous*, au profit de la Grande Mosquée de Kairouan. Les spécimens exposés couvrent une période qui s'étend de la fin du IIe/VIIIe siècle jusqu'au milieu du Ve/XIe siècle. Elle permet de suivre la calligraphie et les techniques de dorure, d'enluminure, de reliure et de l'écriture en Ifriqiya pendant plus de trois siècles. L'écriture, généralement coufique, a évolué pour donner naissance à une écriture coufique maghrébine (vitrine 2), *rayhani* (vitrines 3 et 4), que représente de la façon la plus éloquente le Coran de Fatima, la nourrice, *el-hadhina* du prince ziride Badis. Ce Coran fut écrit avec les signes diacritiques, doré et relié par Ali fils d'Ahmad el-Warraq le libraire, en 412/1022. Les signes diacritiques sont généralement indiqués selon le système élaboré par Abou el-Aswad au Ier/VIIe siècle, par des points rouges, selon la méthode irakienne (vitrines 5 et 2), ou par des points multicolores, selon la méthode andalouse.

VI.2 **MAHDIA**

Repartir de Kairouan sur el-Djem puis vers Ksour Essaf et Mahdia.

L'hostilité croissante des Kairouanais sunnites, opposés à la doctrine chiite, et les différentes rébellions qui ne cessèrent d'éclater partout au Maghreb finirent par décider el-Mahdi, en 301/914, à rechercher un site propre à la fondation d'une ville-refuge. Aussi, les desseins orientaux du calife qui visaient à conquérir Bagdad, la capitale des "usurpateurs" abbassides, afin de dominer de droit tout le monde musulman, ne furent pas étrangers au choix final d'un emplacement sur la rive orientale de l'Ifriqiya. Le site de Mahdia présentait des garanties idéales de sécurité pour une dynastie héritière d'une importante flotte navale et dominant la partie centrale de la Méditerranée. Bâtie sur un éperon qui s'avance dans la mer sur 1 400 m, la ville était imprenable de terre. Vingt-cinq ans seulement après sa fondation, qui date de 303/916, elle fut mise à rude épreuve. En effet, après avoir dévasté toute l'Ifriqiya, Abou Yazid, l'homme à l'âne, fit le siège de Mahdia en 329/941. Le califat fatimide était à deux doigts de sa perte et elle ne retrouva son salut que grâce aux défenses de Mahdia. Après l'écrasement de la révolte, el-Mansour édifia une nouvelle capitale à Sabra. Néanmoins, Mahdia continua à être la base de la flotte navale et une plaque tournante du commerce maritime maghrébin. Son port constituait le départ de Kairouan pour l'exportation de l'huile et des produits textiles vers l'Orient et la Sicile. Mahdia retrouva son rôle de capitale d'une minuscule principauté après les invasions hilaliennes qui obligèrent el-Mou'izz Ibn Badis à y chercher refuge en 448/1057, face aux assauts des flottes chrétiennes. En 479/1087, Pisans et Génois se rendirent maître de Mahdia et du faubourg de Zawila qu'ils pillèrent et incendièrent. Les luttes fratricides entre Zirides et Hammadites, qui firent le siège de Mahdia en 528/1134, affaiblirent la résistance de la ville face aux Normands qui finirent par l'asservir, en 542/1148. La ville fut libérée par Abd el-Mou'min Ibn Ali, en 555/1160, lors de sa campagne de reconquête de l'Ifriqiya. La fin du VIe/XIIe siècle fut houleuse pour la population à la suite de la révolte du gouverneur de la ville contre l'autorité centrale almohade, en 595/1199. Au VIIe/XIIIe siècle, Mahdia retrouva une prospérité relative grâce au développement de son commerce avec les villes italiennes et la piraterie, ce qui finit par exaspérer les chrétiens qui montèrent une croisade contre la ville, en 792/1390. Malgré l'échec de l'expédition, Mahdia dut payer une rançon et un tribut pendant quinze ans. Au Xe/XVIe siècle, Mahdia fut le théâtre de plusieurs épisodes de la lutte entre Turcs et Espagnols pour la suprématie en Méditerranée occidentale. Le Raïs Dragut parvint, en 951/1545, à s'emparer de Mahdia et en fit un port d'attache pour sa flotte qui sema la terreur sur les côtes chrétiennes. Ces méfaits entraînèrent une réaction vive de la part de Charles Quint dont l'amiralissime André Doria parvint à pénétrer au sein de la ville à la suite d'un siège mémorable. En 961/1554, les Espagnols abandonnèrent la ville après avoir fait sauter ses remparts maritimes à la poudre à canon. Dès lors, la ville ne joua plus qu'un rôle secondaire dans l'histoire du pays.

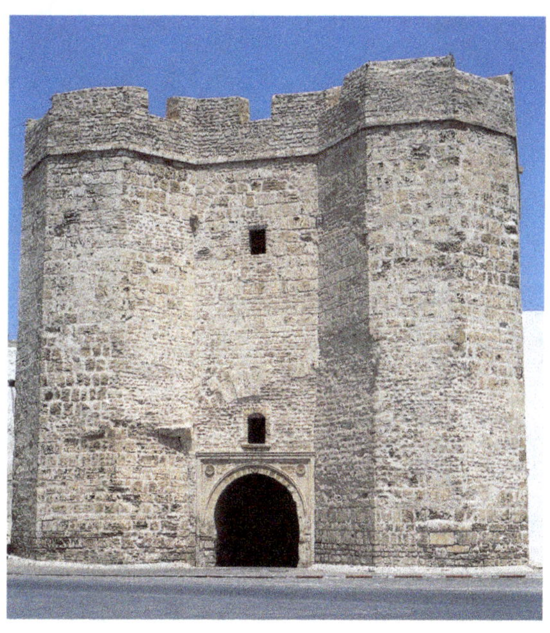

Sqifa el-Kahla, Mahdia.

VI.2.a **La Sqifa el-Kahla**

Prendre la rue des Martyrs; la porte se trouve en face de la municipalité.

Des solides fortifications terrestres et maritimes dont el-Mahdi dota sa nouvelle capitale, il ne subsiste que la Sqifa el-Kahla et quelques gros moellons, éparpillés le long des rivages de la presqu'île, signes d'une splendeur révolue. Du côté terrestre, le gros mur qui barrait l'isthme avait 175 m de long et son épaisseur dépassait les 10 m. Il était flanqué de six tours. Les textes nous rapportent que l'entrée de Mahdia était formée de deux portes gigantesques qui comportaient des figures de lions. L'actuelle Sqifa el-Kahla semble être le dernier fortin de ce dispositif, elle fut certainement très remaniée

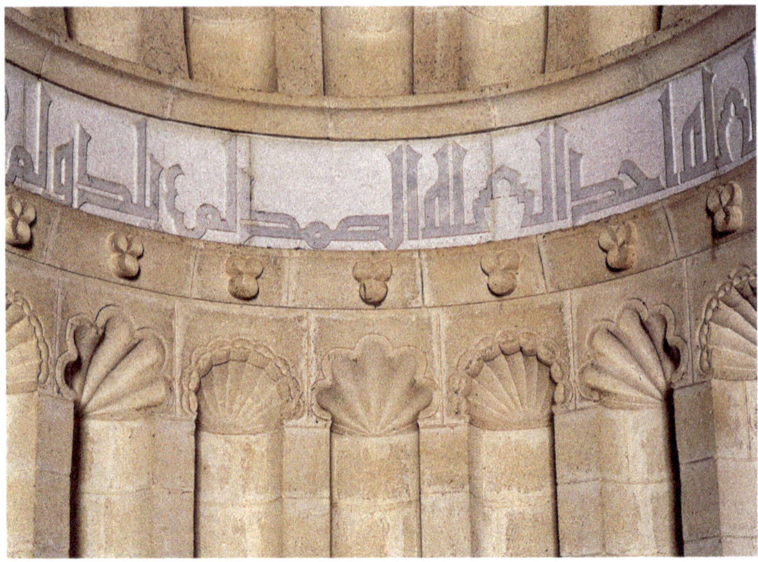

Grande Mosquée, détail du mihrab, Mahdia.

après la destruction des remparts de la ville par les Espagnols en 961/1554. Ces remaniements datent sans doute du XIIe/XVIIIe siècle. La façade, dont la hauteur dépasse les 11 m, comporte deux saillants polygonaux pour permettre aux pièces d'artillerie placées au sommet du fortin d'effectuer des tirs de flanquement et des feux croisés. L'entrée assez trapue est surmontée d'un arc dont les tympans comportent des rosaces et un croissant, emblème des Turcs. Elle est datable du XIIe/XVIIIe siècle. La porte donne accès à un seul vestibule couvert de voûtes en berceau. La partie médiane est couverte d'une voûte d'arête; ce couloir se prolonge sur plus de 44 m. L'accès aux étages se trouve du côté est. Au premier étage on trouve des postes de tir au fusil en direction de la médina et une salle de tir centrale flanquée de deux chambres de gardes dont l'une est murée. Le rempart maritime conserve peu de vestiges. Au sud se trouve un tronçon du mur fatimide et les restes d'une tour rectangulaire. Vers la pointe du cap Afrique, subsiste une tour qui ne saurait être antérieure au Ve/XIe siècle. L'entaille faite dans le rocher pour asseoir les fondations du rempart maritime permet d'avoir une idée approximative de son épaisseur, qui variait entre 2,50 m depuis l'isthme jusqu'au port et seulement 1,50 m au-delà. La hauteur de ces murs ne devait pas dépasser les 3 m Tout porte à croire que les Fatimides redoutaient plutôt une menace du côté de la terre. Ils semblaient avoir confiance dans leur puissante flotte navale.

VI.2.b **La Grande Mosquée**

Depuis la Sqifa el-Kahla suivre la rue Oubad Allah el-Mahdi jusqu'à la place Kadi Noamene.

La Grande Mosquée de Mahdia fut construite par le calife el-Mahdi. Elle s'éleva, ainsi que la cour des comptes, sur un terrain remblayé et gagné sur la mer au sud de la presqu'île. Cette mosquée a été l'objet de plusieurs modifications. Elle a été complètement reconstruite entre 1961 et 1965 par l'architecte français A. Lézine qui a rétabli l'essentiel du plan de la mosquée du IVe/Xe siècle. Si l'exactitude de ce plan est scientifiquement établie, il n'en demeure pas moins que seuls le porche et la galerie nord sont authentiques, tout le reste a été complètement renouvelé. La Grande Mosquée est de forme rectangulaire presque parfaite; elle mesure 75 m de longueur sur 55 m de largeur dans une proportion de trois pour deux. Elle est flanquée de deux tours rondes qui servaient à la récupération des eaux des terrasses. Il est probable qu'elles furent, à un certain moment, approvisionnées par l'aqueduc qui amenait l'eau des sources souterraines de Miyyanich, située à 6 km de Mahdia, jusqu'au palais d'el-Mahdi. La mosquée ne semble pas avoir eu de minaret: l'appel à la prière se faisait sans doute du haut de l'une de ses tours. L'entrée principale, qui est devancée par un porche en saillie, est le premier porche attesté dans l'architecture religieuse maghrébine. De proportions harmonieuses, ce porche est surmonté d'un arc en plein cintre outrepassé flanqué au niveau du registre supérieur de niches en forme de *mihrabs*. En bas, les différentes faces sont meublées de niches à fond plat. Ces éléments décoratifs existaient déjà dans le répertoire architectural aghlabide, minaret et coupole du *mihrab* de la Grande Mosquée de Kairouan, mais c'est la première fois qu'ils furent employés pour l'ornementation des façades d'une mosquée ifriqiyenne. Ce décor, qui avait servi de modèle pour les monuments fatimides, annonçait ceux de l'époque ziride attestés essentiellement par la Koubba bin el-Qhaoui et par la façade latérale de la Grande Mosquée de Sfax. L'allure de ce porche n'est pas sans nous rappeler les arcs de triomphe romains. La cour est entourée de galeries sur ses quatre côtés. La présence d'un portique précédant la salle de prière est une innovation par rapport aux mosquées ifriqiyennes antérieures. Le portique nord, dont les piliers portent des arcs brisés couverts de voûtes d'arêtes, est datable du Ve/XIe siècle. La salle de prière est composée de 9 nefs latérales et de 3 travées; son plan est visiblement influencé par celui de la Grande Mosquée de Kairouan; seule la coupole repose sur des piliers polylobés dont l'utilisation est attestée pour la première fois en Ifriqiya.

La Grande Mosquée de Mahdia a inspiré certaines mosquées fatimides d'Egypte, surtout la mosquée d'el-Hakim et la mosquée el-Aqmar au Caire. Ce monument doit sa beauté à la simplicité de ses formes, la franchise de ses matériaux

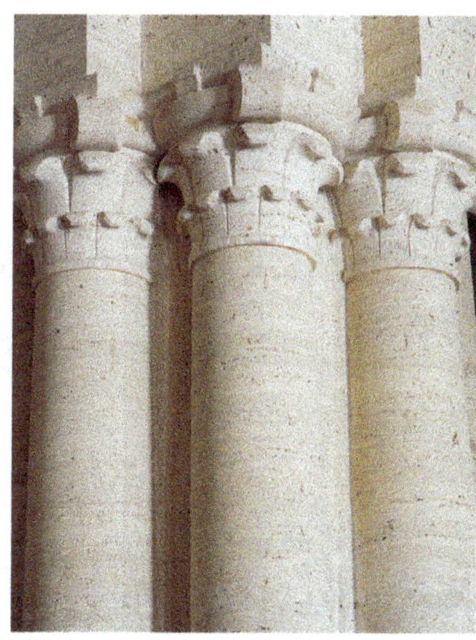

Colonnes de la Grande Mosquée, Mahdia.

apparents, l'absence de tout décor superflu et l'heureuse harmonie de ses volumes.

VI.2.c **Borj el-Kebir**

En sortant de la mosquée prendre à droite le chemin qui longe la mer jusqu'au monument. Horaires: de 9:30 à 16:30 du 16 septembre au 31 mars et de 9:00 à 12:00 et de 14:00 à 18:00 le reste de l'année. Parking. Toilettes.

Ce *borj* semble avoir été construit sur les ruines du palais du calife fatimide el-Mahdi. La forteresse actuelle est le fruit de plusieurs réfections et aménagements. A la fin du Xe/XVIe siècle, c'était encore un bâtiment rectangulaire. Les grands bastions qui flanquent les angles ne sont pas antérieurs au XIIe/XVIIIe, sans doute datent-ils de l'époque de Ibrahim Charif Pacha qui, selon l'historien el-Wazir el-Sarrej, procédait à des travaux dans la citadelle de Mahdia en 1115/1704. On pénètre dans le fort par le bastion sud-ouest; un passage légèrement coudé mène à la porte d'entrée dont le linteau ainsi que ses piédroits sont garnis de rosaces en pierres sculptées. Une plaque commémorative gravée d'une belle écriture *naskhi* mentionne la date de la construction du fortin primitif: 1004/1596. Cette porte s'ouvre sur un vaste vestibule voûté en berceau, à l'exemple de la Sqifa el-Kahla. Il est défoncé par des niches dont la fonction n'est pas claire, à moins qu'elles n'aient servi comme des lampes d'éclairage. Au fond du passage se trouve une grande salle d'audience qui fut complètement rénovée à l'époque coloniale. Un passage coudé aboutit à la cour qui comporte un petit oratoire très simple. Un escalier mène au premier étage qui

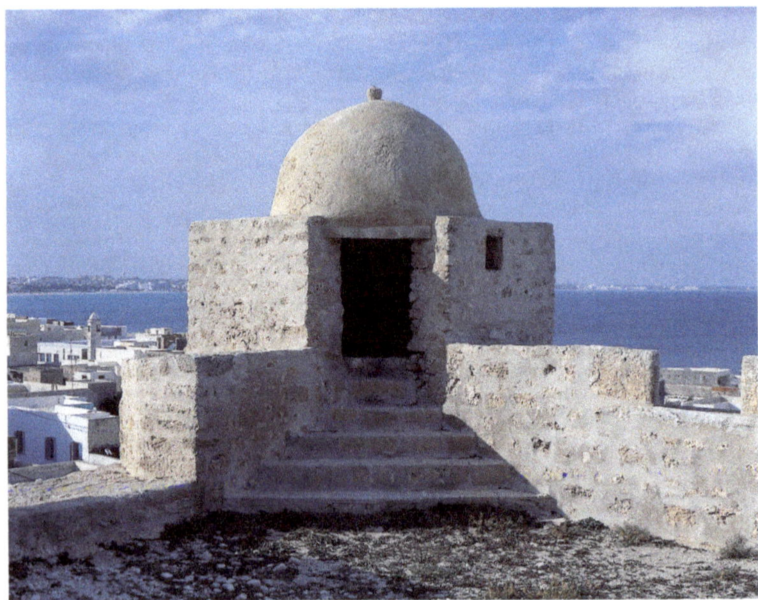

Borj el-Kébir, bastion d'angle, Mahdia.

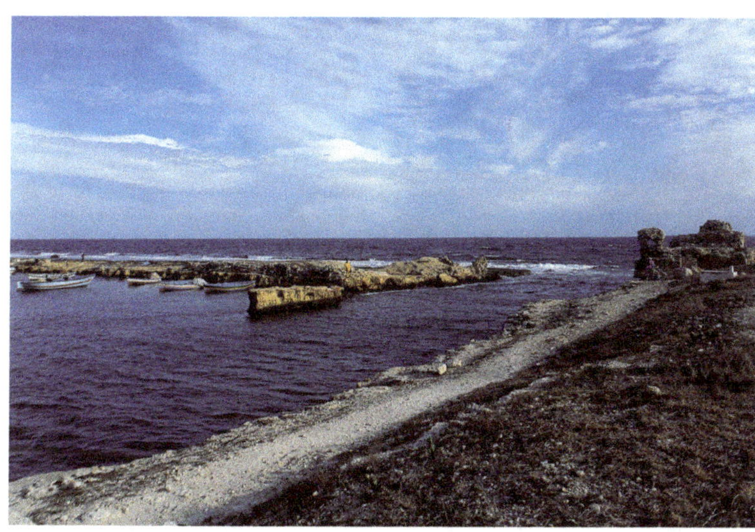

Quai du port intérieur, Mahdia.

comporte plusieurs dépendances, parmi lesquelles une salle en T qui devait être celle du commandant de la place. Les bastions d'angle disposent de plate-formes pour accueillir de grosses pièces d'artillerie. Ces bastions offrent une superbe vue panoramique de la presqu'île et du cimetière environnant. Au bastion sud-ouest se trouve un bas-relief, orné d'un lion surmonté d'une arbélite. Ce décor semble être très ancien et de remploi. Il paraît appartenir au répertoire fatimide. En effet, les textes mentionnent que la ville de Mahdia fut fondée sous le signe du zodiaque du Lion qui figurait sur les portes de son rempart terrestre.

VI.2.d **Le port intérieur**

Le port est en contrebas du Borj.

Même si les sources fatimides attribuent le port intérieur de Mahdia au calife el-Mahdi, il semble que ce port, taillé dans le roc, ait été l'héritier d'un ancien port punique complètement ensablé. El-Mahdi aurait procédé à son agrandissement et à son réaménagement. La passe qui donne accès au port, et qui a 15 m de largeur, était défendue par deux tours que reliait une chaîne épaisse. Les bases de ces tours, avec leurs basses structures renforcées par des fûts de colonnes, subsistent encore. Un goulot creusé dans le côté parallèle de l'entrée permet d'assurer le renouvellement de l'eau de mer. Le bassin de forme presque rectangulaire (126 x 657 m) peut recevoir selon el-Bekri 30 vaisseaux. Dès l'époque d'el-Mahdi, le port disposait de ses propres remparts; il en reste quelques vestiges au sud. Il s'agit d'un mur à redans qui mérite d'être dégagé. Le port intérieur de Mahdia appartient à une même famille de bassins protégés (Marsa Ma'moun) maghrébins: ceux de Sousse (IIIe/IXe siècle), de Bougie (VIe/XIIe siècle), de Salé (VIIe/XIIIe siècle) et de Honaïn en Algérie (VIIIe/XIVe siècle).

Mourad Rammah

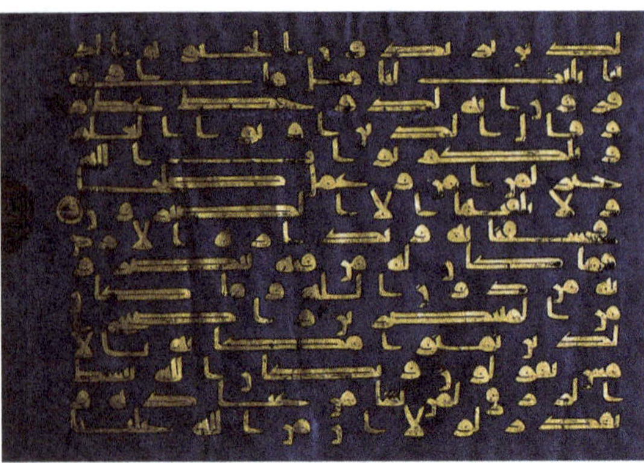

Le Coran bleu, parchemin bleu, caractère coufique.

L'Ifriqiya, un des plus grands foyers de la culture arabo-musulmane, a contribué grâce à l'apport de ses savants, calligraphes et relieurs, à la propagation du livre sacré, le Coran, et de toutes les sciences manuscrites. Très tôt s'instaura en Ifriqiya un esprit versé vers la connaissance. Les *Bayt el-Hikma,* édifiées à Raqqada à l'époque aghlabide puis à Sabra, au moment des Fatimides, contribuèrent en même temps que les mosquées et des *ribats* à la pérennité du savoir et des techniques livresques. Les documents de l'ancienne synagogue de Guénizeh au Caire attestent d'une façon irréfutable que l'Ifriqiya était, au cours du IVe/Xe siècle et V^e^/XIe siècle, un grand centre de la production du livre exportant ses produits vers l'Egypte, la Syrie et l'Espagne. *Umdat el-Kuttab wa Uddat Dhawi-el-Albab*, rédigé par un Kairouanais au IVe-V^e^/d. XIe siècle à l'intention du prince ziride el-Mouîzz Ibn Badis, constitue une référence de premier ordre sur les techniques de calligraphie, les composantes des encres et couleurs ainsi que sur les dorures. Les invasions hilaliennes portèrent un coup fatal à cet esprit. L'arrivée des réfugiés andalous permit d'insuffler un sang nouveau à la création littéraire et artistique en Ifriqiya qui favorisa l'unité des caractères culturels au Maghreb et la renaissance sous les Hafsides de la production livresque: les écoles, telle la médersa du souk *el-Chammaîn*, se multiplièrent et réunirent les artisans. Les princes hafsides encouragèrent ce courant spirituel et se dotèrent de bibliothèques, à l'exemple d'el-Moustansir bi-Allah. Mais les Espagnols, installés à Tunis au début du Xe/XVIe siècle, saccagèrent et brûlèrent ses trésors manuscrits. Plus tard, les beys husseinites, influencés sans doute par l'esprit de renaissance européenne, créèrent des bibliothèques, à l'exemple de la Abdelliya et de la Sadikiya installées à la Zitouna, auxquelles s'ajouta au début du XXe siècle la Ahmadiya. Celle-ci se compose des manuscrits de la Mosquée du Pacha au Bardo et des livres appartenant à Hassan Mamelouk, au cheikh Ibrahim el-Riyahi, au vizir Mustapha Khaznadar, à l'historien Ahmad Ibn Abi Dhiaf. Depuis l'époque byzantine, l'écriture sur le parchemin était la plus répandue en Ifriqiya. Ce phénomène se poursuivit jusqu'au VIIIe/XIVe siècle, au moins pour l'écriture des Corans et jusqu'à l'époque contemporaine pour les actes de mariage et de propriété. L'utilisation du papier était rare et ne se propagea qu'à partir de l'époque hafside, essentiellement pour les ouvrages scientifiques. La fabrication du parchemin est soumise à plusieurs étapes dont on distingue l'ébourrage, le polissage et le tannage de la peau. L'apprêtage lui-même obéissait à certaines règles; en effet, pour le texte coranique, le choix est porté sur les peaux les mieux poncées, surtout sur la partie centrale des parchemins qui était en général sans défauts. Le reste, en particulier les peaux abîmées par le couteau du tanneur ou imparfaitement ébourrées, servait plutôt à l'écriture des textes juridiques et des actes. Pour la fabrication du papier, on utilisait essentiellement la fibre de coton, mais les Ifriqiyens ne semblent pas avoir excellé dans ce domaine. L'ornementation des manuscrits ifriqiyens est attestée de la façon la plus éloquente à travers la collection des parchemins de la bibliothèque de la Grande Mosquée de Kairouan et les manuscrits sur papier de la Bibliothèque Nationale de Tunis. Le génie des calligraphes et doreurs s'est porté jusqu'à l'époque hafside, essentiellement sur les corans; ce n'est que plus tard qu'on s'intéresse à l'ornementation des livres du *hadith* puis à partir de l'époque moderne pour d'autres branches de la connaissance tels les arts martiaux, l'astronomie et la cartographie. Le plus ancien Coran daté, de la collection de Kairouan, remonte à l'an 294/907. La forme de ces Corans est généralement oblongue; leur ornementation consistait à l'origine à distinguer le titre de la sourate par une couleur différente de l'écriture noire ordinaire. A partir de la fin du IIIe/IXe siècle, ce titre, dont l'écriture devient dorée, est placé dans une plate forme qui se termine par une palmette se projetant dans la marge. Au cours des IVe/Xe siècle et Ve/XIe siècles, des frontispices et des enluminures ornées de formes géométriques et florales commencent à apparaître et à occuper toute une page d'un Coran. Une autre méthode, plus élégante et plus coûteuse, consiste à tracer les pourtours des lettres à l'aide d'une plume très fine. Par la suite, le calligraphe recouvre toutes les lettres d'une encre dorée. A partir de l'époque hafside, l'ornementation ifriqiyenne, tout en gardant les mêmes genres, fut influencée par le répertoire hispano-mauresque, constitué essentiellement de formes purement géométriques, hexagones, étoiles... Jusqu'à l'époque hafside, l'écriture dominante en Ifriqiya était le coufique. Mais, dès la fin du IVe/Xe siècle, le tracé de cette écriture a transgressé en arrondissant les lettres de façon à atténuer leur aspect angulaire et rigide. Ce phénomène donna naissance à un style kairouanais qui préludait à l'écriture maghrébine cursive. Ibn Khaldoun mentionne que cette calligraphie était la plus usitée en Ifriqiya jusqu'au VIe/XIIe siècle. A la suite de la prise de Séville, on abandonna l'écriture d'Ifriqiya au profit de l'écriture andalouse, introduite par les calligraphes andalous réfugiés en Tunisie. Cette écriture s'est maintenue jusqu'à l'époque contemporaine dans les différents manuscrits ifriqiyens. Malgré l'évolution de l'écriture et jusqu'au IVe-Ve/d. XIe siècle, les corans continuent à être écrits selon la méthode ancienne développée par Abou el-Aswad el-Douali (68/688) et caractérisée par l'utilisation des points diacritiques pour l'indication des voyelles. Le système de Abou el-Khalil Ahmad, utilisé actuellement, n'apparaît pour la première fois en Ifriqiya qu'en 409/1019, dans le Coran de la Hadina du prince ziride Badis.

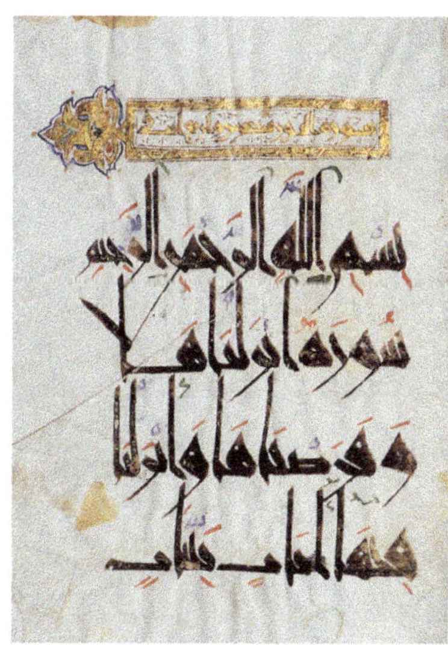

Coran manuscrit, vélin, caractère coufique kairouanais "rayhani".

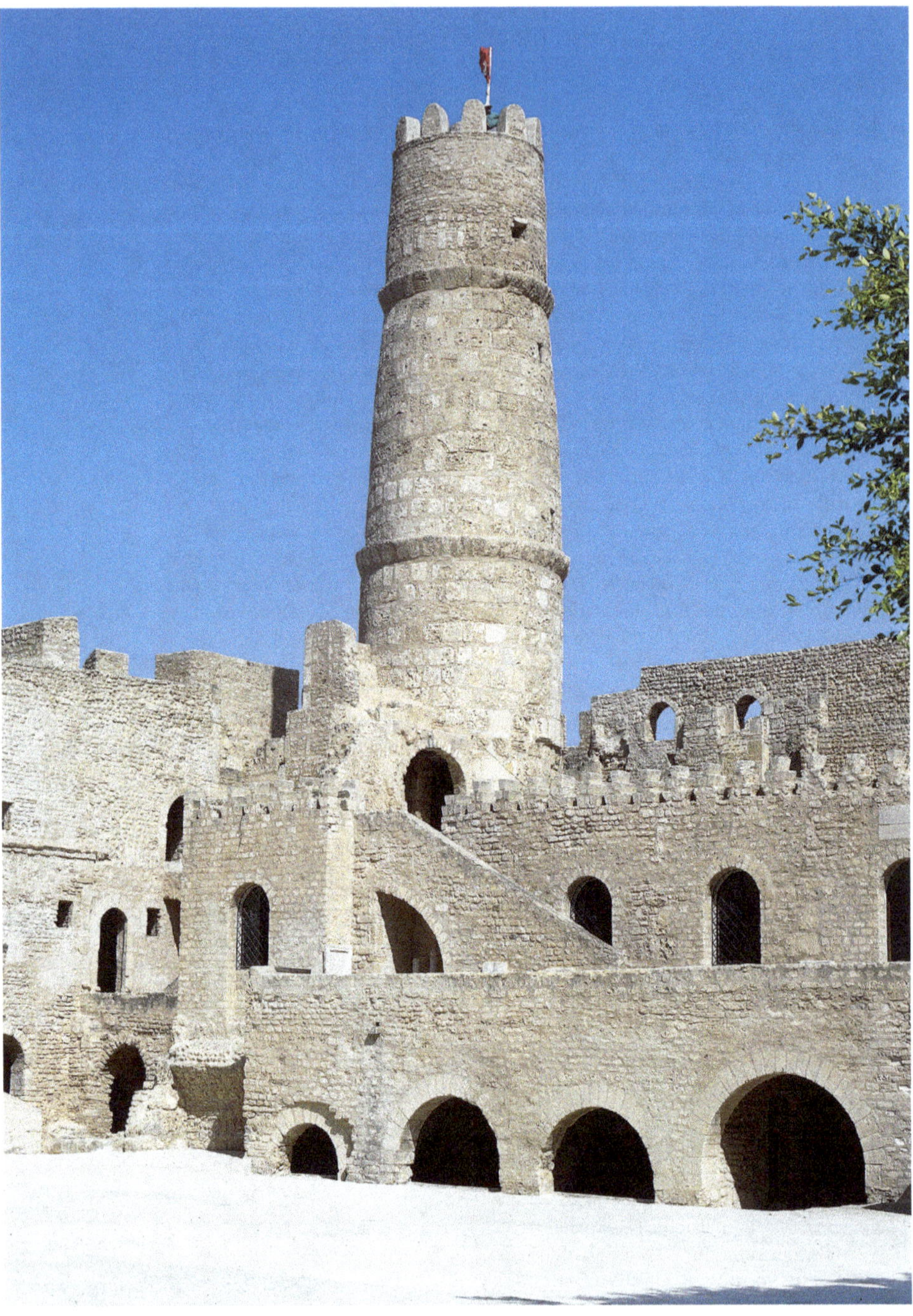

Les villes *ribat*

Mourad Rammah

VII.1 MONASTIR

VII.1.a Le Ribat
VII.1.b Ribat de Sidi el-Ghedamsi (option)

VII.2 LEMTA

VII.2.a Le Ribat (option)

VII.3 SOUSSE

VII.3.a Le Ribat
VII.3.b La Grande Mosquée
VII.3.c Médersa el-Zaqqaq
VII.3.d Qoubba Bin el-Qhaoui
VII.3.e Mosquée de Sidi Ali Ammar
VII.3.f Mosquée Bouftata
VII.3.g La casbah et les remparts

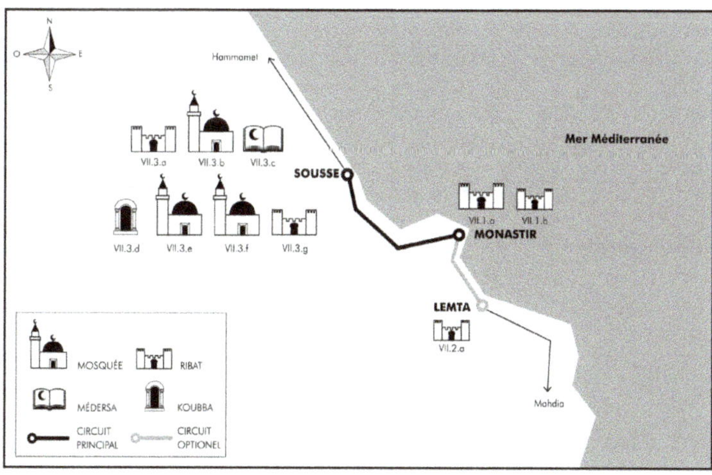

Le Ribat, Monastir.

Les incursions de la flotte byzantine le long des côtes qui ont suivi la conquête musulmane, obligèrent les Ifriqiyens à se doter d'une ligne intermittente de défense constituée de forteresses dénommées *ribats*. Elle se dressèrent le long du littoral de Tanger à Alexandrie et communiquèrent entre elles au moyen des feux qu'on allumait au sommet de leurs tours. Les *ribats* servirent de refuge pour les habitants des campagnes environnantes et furent habités par des moines guerriers. Les séjours prolongés des plus illustres savants, jurisconsultes et ascètes ifriqiyens renforcèrent le prestige spirituel de ces bâtiments et les transformèrent en véritables couvents-forteresses et centres du savoir, constituant des courroies de transmission de la culture arabo-musulmane le long de la rive septentrionale de l'Afrique du Nord. La proximité de Sousse et Monastir de Kairouan et leurs positions stratégiques comme postes de guet avancés pour la défense de la capitale leur confèrent un rôle militaire de premier plan. Leurs *ribats* acquirent une renommée toute particulière et servirent de noyaux pour le développement urbain ultérieur. La double vocation militaire et religieuse des *ribats* se reflète dans leur architecture robuste et austère, caractérisée par l'emploi de la pierre et des voûtes en moellons et le bannissement des couvertures en bois et des structures légères. Or ce type architectural se propagera partout dans le Sahel tunisien et Sousse et Monastir devinrent les deux villes-*ribats* par excellence.

Ribat, cour intérieure, Lemta.

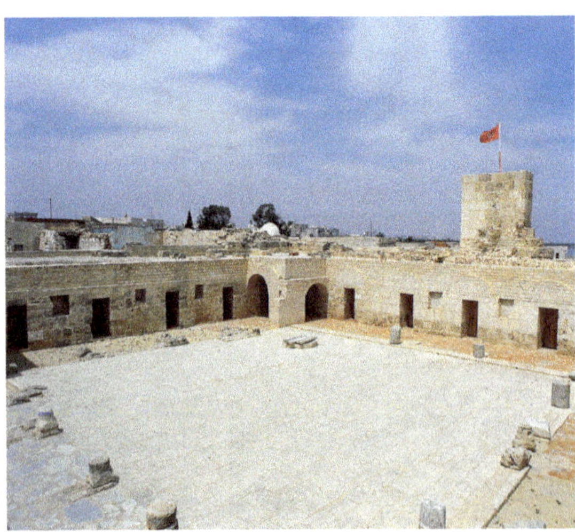

Tout en se référant à la même école architecturale, elles connurent, néanmoins, une évolution quelque peu différente. En effet, Sousse devient au IIIe/IXe siècle le siège de la flotte aghlabite et la plus importante base militaire maritime qui servit à la conquête de la Sicile en 211/827, ainsi qu'une plaque tournante du commerce méditerranéen, sans pour autant perdre de son attrait sur les savants musulmans dont certains lui réservèrent une place de prédilection parmi les bastions de l'Islam.

Parallèlement, Monastir acquit une vocation plus spirituelle et devint au Moyen Âge un lieu de pèlerinage lors des fêtes religieuses et nombreux sont encore les Sahéliens, surtout les Mahdois, qui souhaitent inhumer leurs morts dans sa terre bénie.

En fait, l'évolution de Sousse et Monastir était parfaitement complémentaire, elle incarnait toute la dialectique de l'esprit du *ribat*.

Aperçu historique

Située à l'extrémité du cap, l'antique Ruspina tire son nom du punique Rous Penna, dont la traduction latine Caput Anguli se trouve justifiée par l'angle très marqué que décrit le littoral à cet endroit. Ce promontoire était un emplacement idéal pour la défense du littoral. Ce qui explique le choix du gouverneur abbasside Harthama Ibn A'youn, en 178/795, d'y implanter son modèle de *ribat* importé de l'Orient. L'engouement des savants et ascètes de l'Ifriqiya pour la nouvelle institution facilita le peuplement du nouveau *ksar* et, entre le IIe-IIIe/p.m. IXe siècle, plusieurs *ribats* furent édifiés à Monastir, tels le *ribat* Ibn el-Ja'ad, le *ribat* Dhuayib en 239/854. Supplantée par Sousse qui devint la base navale des Aghlabides, et plus tard par Mahdia qui devint la capitale des Fatimides, Monastir dut se contenter tout au long du Moyen Âge d'un rôle essentiellement spirituel et devint un lieu de pèlerinage et de *ribat* et un des bastions de l'orthodoxie face à l'épreuve chiite. Néanmoins la ville ne cessa de se développer et el-Bekri, qui écrivait au milieu du Ve/XIe siècle, en donna la description suivante: "... c'est une vaste forteresse, très élevée, qui renferme un faubourg considérable. Au centre de ce faubourg, on voit une deuxième forteresse très grande et remplie de logements, de mosquées et de châteaux à plusieurs étages. On trouve dans cette place forte un grand nombre de bains. Naguère, les habitants de Kairouan y envoyaient beaucoup d'argent et des aumônes très abondantes. Dans le voisinage d'*el-Monastir* est une saline immense qui fournit aux navires des cargaisons de sel destinées aux autres pays. *El-Monastir* possède, dans ses environs, cinq *mahris* construits avec une grande solidité et habités par des gens dévots". Monastir ne semble pas avoir souffert au même titre que Kairouan des invasions hilaliennes, et el-Idrissi nous rapporte qu'au milieu du VIe/XIIe siècle "Mahdia n'a ni jardins ni vergers. Pas de palmeraies.

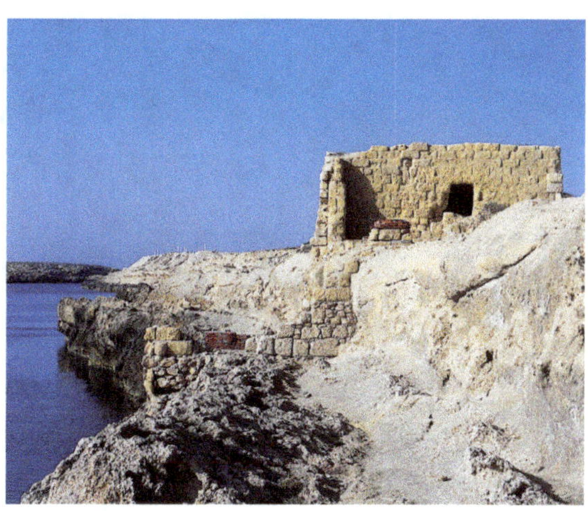

Ruines du Ribat de Sidi el-Ghedamsi, Monastir.

Les fruits lui sont apportés de Monastir... Monastir, poursuit-il, est un groupe de trois forteresses habitées par des gens dévots. Les Arabes (hilaliens) ne causent aucun dommage à leurs vergers ni à leurs plantations. Les habitants de Mahdia se servent de petites embarcations pour transporter leurs morts à Monastir où ils les enterrent". L'exode des musulmans de Sicile à la suite de la conquête normande puis celui des Kairouanais ont certainement contribué à l'urbanisation de la ville. Il semble même que lors de la prise de Mahdia par les Normands en 542/1148, Monastir échappa au même sort et servit de refuge pour les Mahdois. C'est sans doute à partir de cette époque qu'il faut situer l'extension de Monastir et la naissance d'un de ses faubourgs. La déchéance de Kairouan puis celle de Mahdia, à l'époque hafside, entraînèrent la décadence de Monastir qui se replia sur elle-même et continua à végéter. Léon l'Africain, qui a visité Monastir au début du Xe/XVIe siècle, nous la décrit ainsi: "Elle est entourée de fortes et hautes murailles. A l'intérieur,

Le Ribat, facade sur la cour, Monastir .

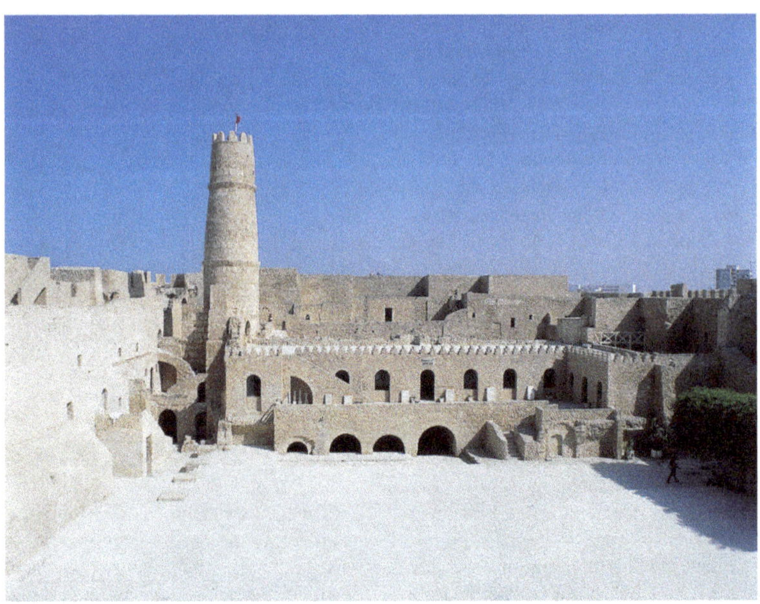

les maisons sont également d'une construction soignée. Une chose est certaine, c'est que les habitants sont pauvres... A l'intérieur de Monastir, il y a un grand nombre de propriétés plantées d'arbres fruitiers tels qu'abricotiers, figuiers, pommiers, grenadiers et un nombre infini d'oliviers. Mais le souverain accable la ville d'impôts". D'ailleurs, Monastir finira par se révolter contre le sultan hafside Moulay Hassan qui devint l'allié des Espagnols. Entre 945/1539 et 955/1549, la ville fut plusieurs fois saccagée par les armées navales de Charles Quint conduites par André Doria. Au Xe-XIe/f. XVIe siècle, elle fut conquise par les Turcs. A l'époque mouradite, lors des luttes entre les deux frères de Mourad, Monastir se rangea du côté de Mohamed qui s'y réfugia en 1091/1680. Tout au long de l'époque moderne, Monastir redevint une place forte et un centre de rayonnement du soufisme et de l'ascétisme.

VII.1 MONASTIR

Prendre la route côtière vers Sousse.

VII.1.a **Le Ribat**

Le monument se situe sur la route de la corniche.
Entrée payante. Horaires: de 8:30 à 17:30 du 16 septembre au 31 mars et de 8:00 à 19:00 le reste de l'année. Fermé le lundi. Parking sur la place. Toilettes.

Le *ribat* fut édifié, en 178/795-179/796, par le général abbasside Harthama Ibn

A'youn et dut subir divers agrandissements à travers les âges. A l'origine, dans son premier état de construction, le *ribat* se compose d'une enceinte rectangulaire dont les angles sont flanqués de tours. A l'angle sud-est se dresse un haut minaret cylindrique qui rappelle les influences mésopotamiennes. A l'intérieur, la cour est entourée de portiques sur lesquels donnent les cellules. Au premier étage se trouve la salle de prière constituée de 2 travées et de 7 nefs, la nef axiale étant plus large que les autres. Cette disposition architecturale, appliquée pour la première fois dans une salle de prière, sera une constante dans toutes les mosquées ifriqiyennes.

Le plan architectural du *ribat* de Harthama servira de modèle aux principaux *ribats* ifriqiyens dressés le long de la côte au IIIe/IXe siècle. L'aile nord de ce *ribat,* qui devait avoir une superficie de 1 300 m^2, a été complètement modifiée et le monument a dû subir plusieurs agrandissements dont on distingue quatre étapes essentielles.

Dans une première étape, à l'entrée primitive, dont il est séparé par une courette, fut ajouté un pavillon formé d'un porche flanqué de deux colonnes qui supportent un arc en plein cintre outrepassé. Ce porche, qui rappelle celui de la Grande Mosquée de Mahdia (postérieure), mène à des pièces couvertes de voûtes en berceau. Au premier étage, se trouvait la salle de prière constituée de 7 nefs rythmées par 2 travées et couvertes, à l'exception de la nef centrale, de voûtes en berceau; la nef médiane étant dans sa moitié sud recouverte d'une calotte sphérique surbaissée sans trompes. Tout porte à croire qu'il y avait là une salle de prière dont le *mihrab* a été obturé. Sa disposition architecturale évoque celle du *ribat* primitif situé exactement dans son prolongement. Ce pavillon daterait, d'après une inscription conservée au musée du Louvre, du milieu du IVe/Xe siècle; cette inscription lapidaire se réfère à des travaux menés par Abou el-Qassim el-Tammar, en 355/966, qui semblent concerner cette aile du *ribat*. Ce pavillon, qui servira plus tard de *ribat* pour les femmes, est mentionné par el-Bekri au milieu du Ve/XIe siècle. Cette vocation explique la nécessité de doter le *ribat* d'une nouvelle porte afin de séparer le passage des femmes de celui des hommes. C'est de cette époque que semble dater l'actuelle entrée coudée du *ribat*. Le décor se trouvant au-dessus de son arc offre, en effet, cinq niches plates coiffées par des arcs outrepassés et surmontés d'une frise à motifs floraux, un agencement ornemental caractéristique du style fatimo-ziride; on le retrouve sur la façade du porche de la Grande Mosquée de Mahdia, sur la façade orientale de la mosquée de Sfax et sur celle la mosquée de Sidi Ali Ammar. La deuxième phase de construction a

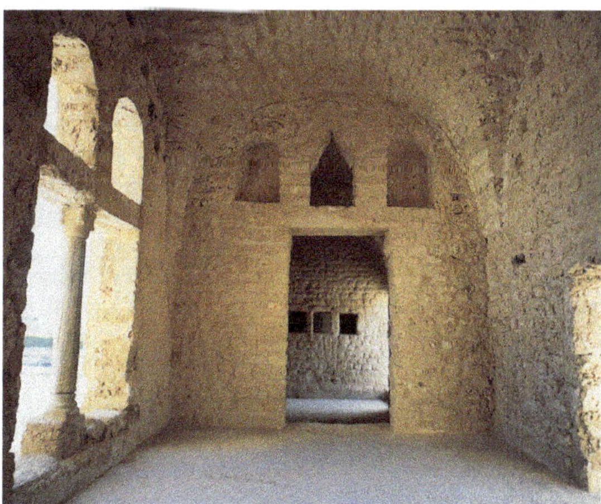

Le Ribat, salle à l'étage, Monastir.

consisté en l'agrandissement des côtés nord et est, que l'on daterait de l'époque aghlabide, époque qui connut la consolidation du monument par des tours carrées. Des travaux datés de 827/1424, comme l'atteste une plaque commémorative hafside en écriture *naskhi* et conservée au-dessus de la porte de l'entrée coudée, font passer la superficie de la forteresse à 4 200 m^2.

La troisième étape de construction date, sans doute, de l'époque d'Ibrahim Charif Pacha, en 1115/1704. Il s'agit de modifications qui portent sur des points spécifiques tels que l'aménagement de l'aile est, du rez-de-chaussée du *ribat* des femmes en salle de prière, l'adjonction de tours polygonales aux angles nord-ouest et sud-est ainsi que la tour circulaire de l'angle nord-est qui sont en rapport avec les progrès de l'armement.

La quatrième étape, due à l'initiative de Hammouda Pacha (1195/1781-1228/1813), en fait une forteresse et décide le transfert des étudiants à la zaouïa de Sidi Dhouib. De même Hussein Bey II, en 1238/1823-1250/1835, restaure le *ribat* et le consolide. C'est de cette époque que doit dater la construction des bastions aux angles nord-est et sud-est. L'aspect peu homogène des murs extérieurs de la forteresse est dû à de multiples consolidations échelonnées entre le XIe/XVIIe siècle et le XIIIe/XIXe siècle.

D'autre part, la salle de prière du *ribat* primitif abrite depuis 1959 un petit musée des arts islamiques où sont exposés:

— une collection de stèles funéraires monastiriennes qui s'étalent du Ve/XIe siècle au IXe/XVe siècle et dont les inscriptions passent du coufique fleuri au *naskhi*.

— une collection de pièces de textiles égyptiennes essentiellement abbassides et fatimides.

— quelques reliures kairouanaises datables du IVe/Xe siècle et V^e^/XIe siècle.

— des feuillets de Coran et de manuscrits provenant de Kairouan et d'Egypte datés du IVe/Xe siècle au XIIe/XVIIIe.

À côté de ces derniers se trouvent des objets en bronze, surtout d'époque fatimide et ziride, parmi lesquels se distinguent un lustre rare en bronze d'époque hafside, des plats en céramique aghlabides et fatimides.

VII.1.b **Ribat de Sidi el-Ghedamsi** (option)

On accède au monument par la route de la marina. Monument en cours de fouilles au moment de la rédaction.

Situé sur une île aujourd'hui rattachée à la terre ferme, il fut l'objet de plusieurs campagnes de fouilles qui ont permis d'exhumer l'essentiel du site et de mettre au jour le plan initial du *ribat* et les différentes étapes de son extension. Cette île porte le nom d'un saint, originaire de Ghdamas, qui a vécu au cours du IVe/Xe siècle, et qui fut inhumé sur les lieux. En fait, le *ribat* a été édifié, en 257/871, par un richissime kairouanais, Ibn el-Ja'ad. Sa construction répond à des considérations stratégiques et à la nécessité d'assurer une meilleure communication entre les différents *ribats* du cap de Monastir, par la construction d'un poste de guet sur l'île qui se trouve à la pointe du cap. Le monument a été édifié sur des villas et des mosaïques d'époque romaine. Il présente la forme d'un carré de 22,50 m de côté. Flanqué de quatre tours circulaires aux angles, il est consolidé au milieu des deux murs nord et sud par deux tours carrées qui jouent le rôle de citernes pour la récupération des eaux des terrasses. On voit clairement, sur le système d'entrée du côté occidental, le vestibule et les cellules du rez-de-chaussée. Il semble que ce *ribat* se composait d'un seul niveau, à l'exemple du *ribat* de Lemta.

Le mausolée de Bourguiba est un exemple d'art musulman contemporain, richement décoré.

VII.2 LEMTA

La ville se trouve à mi-chemin entre Ksar Hellal et Monastir.

Agglomération d'origine libyco-punique, Leptiminus est mentionnée pour la première fois, au IVe siècle av. J.-C. Ralliée à Rome, lors de la troisième guerre punique, en 146 av. J.-C., elle profita, après la défaite de Carthage, du statut d'une ville libre. Elevée au rang de colonie par Trajan, elle devint le chef-lieu de la région domaniale de Leptiminensis. Après la conquête byzantine, elle devint la résidence du commandement militaire de la Byzacène. Sa renaissance date de l'époque aghlabide: d'un simple *ribat* qui sert de refuge aux pêcheurs, Lemta devint un des plus importants ports de l'Ifriqiya. Néanmoins, elle fut supplantée par Mahdia, au IIIe-IVe/d. Xe siècle. Aux alentours de Lemta se trouve une saline qui produisait, selon el-Bekri, un sel de très bonne qualité.

VII.2.a **Le Ribat** (option)

Entrée payante. Pour visiter le ribat, se présenter à la municipalité. Horaires: en semaine de 8:30 à 13:00 et de 14:00 à 17:45, le vendredi et le samedi de 8:30 à 13:00. Parking sur la petite place.

Il fut édifié par le prince aghlabide Abou Ibrahim Ahmad, en 245/860. Il est le prototype du *ribat* à un seul niveau. Contrairement à Sousse et Monastir, qui étaient des bourgs importants dont la population avait besoin de forteresses assez spacieuses pour servir de lieu de refuge en cas d'attaque ennemie, il semble que Lemta était, au IIe-IIIe/d. IXe siècle, un hameau très peu peuplé, ce qui explique la différence entre les *ribats* de Sousse et de Monastir qui étaient plus sophistiqués et dotés de défenses plus importantes; en effet, le *ribat* de Lemta ne disposait pas de tour vigie mais était flanqué de quatre tours aux angles. Sa salle de prière se trouve au rez-de-chaussée, du côté sud. Son entrée, très simple, est constituée d'un arc en plein cintre outrepassé trapu et d'accès direct.

VII.3 SOUSSE

Reprendre la route côtière jusqu'à Sousse.

Fondée au IIe/IXe siècle av. J.-C. par les Phéniciens afin de servir de point d'attache pour leurs bateaux de commerce en Méditerranée occidentale, Sousse connut à l'époque romaine un essor remarquable et se distingua comme l'une des principales cités d'Afrique. Aucun fait marquant n'est signalé à l'époque vandale ni byzantine, tout comme à la première période musulmane. Devant la suprématie qu'exerçait la marine byzantine sur la Méditerranée occidentale et face à l'anarchie qui régnait en Ifriqiya tout le long du IIe/VIIIe siècle, les musulmans choisirent de se retrancher à l'intérieur du pays alors que Sousse, formée de quelques hameaux, vivait sous la protection de son *ribat*, sorte de fortin qui servait de poste de guet et de refuge à ses habitants. Au IIe-IIIe/d. IXe siècle, les Aghlabides parvinrent à pacifier le pays et à s'assurer la maîtrise de la mer. Ils choisirent Sousse afin de leur servir de base navale et Ziyadat-Allah Ier la dota en 205/821 d'une casbah qui engloba le *ribat* et l'arsenal où stationnait une garnison militaire; le tout fut entouré d'un rempart. C'est ainsi que Sousse servit de point de départ pour la conquête de la Sicile en 211/827, ce qui raviva la lutte entre Aghlabides et Byzantins, d'où une série d'incursions dont les sources historiques se font l'écho. Ce danger incita les premiers princes aghlabides à renforcer l'infrastructure défensive de leur base, cible des attaques les plus percutantes.

Une nouvelle casbah fut édifiée par Abou Abbas en 229/844 puis, quinze ans plus tard, Abou Ibrahim Ahmed entoura la ville d'une enceinte en pierre de taille. Sousse profita depuis d'une paix relative qui favorisa son développement. D'une base à vocation militaire, elle se rehaussa au rang des plus grandes villes de l'Ifriqiya et servit de principal débouché maritime à Kairouan.

L'artisanat s'y développa et notamment le tissage d'étoffes fines, fort appréciées à l'étranger. Le problème de son approvisionnement en eau potable fut résolu par l'aménagement de la *sofra*, ancienne citerne romaine transformée en prison à l'époque aghlabide. Une canalisation amène l'eau des environs jusqu'à l'intérieur des murailles. La fondation de Mahdia par le calife fatimide el-Mahdi, en 304/917, la relégua au second plan; Sousse souffrit énormément lors du siège imposé par le Kharijite Abou Yazid en 333/945. Néanmoins, elle avait pu se relever grâce à la place de choix qu'elle occupait dans la géographie économique de l'Ifriqiya. Tout au long de son histoire et selon les fluctuations politiques, Sousse se développa tantôt en rapport direct avec son arrière-pays, tantôt en rupture avec celui-ci, en se cantonnant principalement dans des activités maritimes.

La fin du IVe/Xe siècle et le début du Ve/XIe siècle furent notamment une période de grande croissance urbaine. Mais cette prospérité fut brusquement arrêtée à l'arrivée des Hilaliens qui ravagèrent le pays. Le sort de Sousse passa entre les mains de Jebara Ibn Kamel, chef arabe allié des Zirides. Coupée de son arrière-pays, elle se recroquevilla sur elle-même et ne put survivre que grâce à ses relations commerciales maritimes avec les autres ports méditerranéens. Comme plusieurs villes du littoral, elle fut annexée par les Normands de Sicile et demeura sous leur domination pendant quinze ans, jusqu'à l'avènement des Almohades en 555/1160.

Au VIIe/XIIIe siècle, la ville bénéficia d'une grande attention de la part des Hafsides qui la dotèrent de plusieurs monuments. Mais lorsque, au Xe/XVIe siècle, le sultan Moulay Hassan fit appel aux Espagnols pour l'aider à retrouver son trône, Sousse se souleva contre les envahisseurs; deux expéditions punitives l'endommagèrent sévèrement.

Les Turcs, en parvenant à pacifier le pays, récupérèrent la ville. Le XIe/XVIIIe siècle fut marqué par deux faits. A l'intérieur, Sousse fut profondément secouée par les luttes intestines qui mirent aux prises les frères Mohamed et Ali Bey de 1085/1675 à 1097/1686, puis Mourad III et son cousin Romdhane qui se réfugia à Sousse où il fut pourchassé et décapité en 1110/1699. A l'extérieur, Sousse participa, comme la plupart des villes côtières, à la Course qui sévissait alors dans toute la Méditerranée et fut à ce titre plusieurs fois l'objet de représailles de la part des Etats européens dont notamment la France et Venise. Au XIIe/XVIIIe siècle, lors de la rébellion d'Ali Pacha en 1140/1728, Sousse opta pour le camp de Hussein ibn Ali et fut le théâtre de plusieurs batailles, jusqu'à la victoire finale des Husseinites en 1170/1757. En reconnaissance, le bey Mohamed accorda à Sousse plusieurs droits et privilèges. Par contre, au XIIe/XIXe siècle, lors de la révolte menée par Ali ibn Ghdhahum, elle se rangea du côté des rebelles. Après l'échec de l'insurrection, le général Ahmed Zarrouk, envoyé du bey, exerça une répression impitoyable sur Sousse qui ne cessa de perdre de son importance jusqu'au débarquement des troupes françaises en septembre 1881. Elle n'était alors qu'une bourgade de 8 000 habitants.

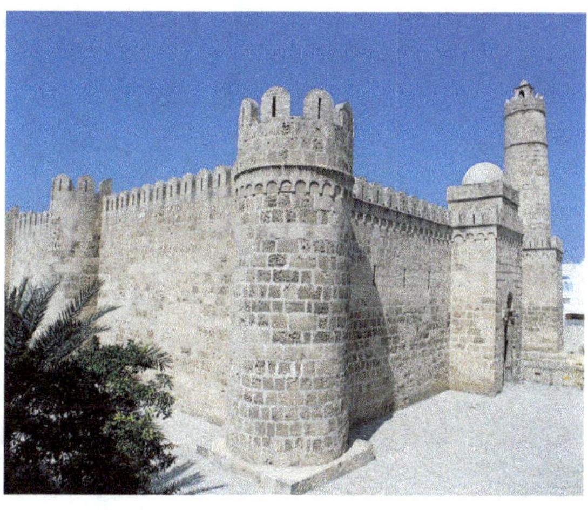

Le ribat, tour d'angle, Sousse.

VII.3.a **Le Ribat**

Laisser le véhicule au pied des remparts, avenue Mhamed Ali, et marcher une centaine de mètres en passant par la place des Martyrs. Entrée payante. Horaires: de 8:30 à 17:30 du 16 septembre au 31 mars et de 8:00 à 19:00 le reste de l'année. Parking sur la place.

Face à la Grande Mosquée se trouve le *ribat*. Cette forteresse-monastère fut sans doute fondée à la fin du Ier/d. VIIIe siècle, mais complètement réaménagée par Ziyadat Allah Ier au sein de la Grande Forteresse, *el-Qasr el-Kebir*, qu'il édifia en 205/821. Une garnison composée d'une cinquantaine de moines guerriers voués au *djihad* y résidait en permanence. Cette particularité confère à cet ouvrage militaire un double caractère, militaire et religieux, qui se traduit d'une façon manifeste dans l'austérité du bâtiment, l'exiguïté des chambres et le choix du plan.

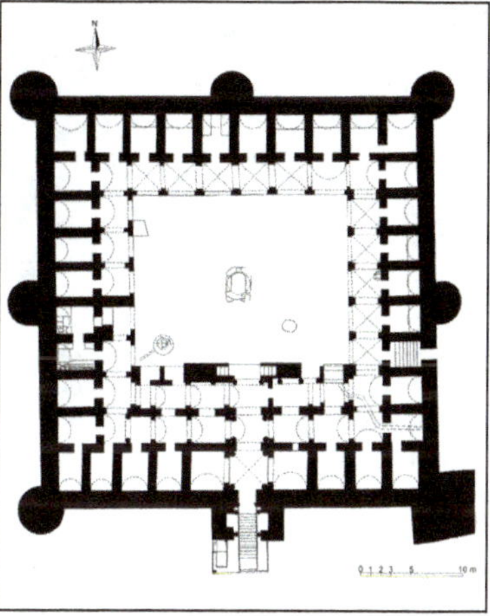

Plan du Ribat de Sousse.

Le *ribat,* de forme carrée de 36 m de côté, bâti en pierres, est pourvu aux angles de tours rondes sauf à l'angle sud-est où s'élève un minaret circulaire, de base carrée, d'une superbe beauté. Il s'inspire du prototype des minarets

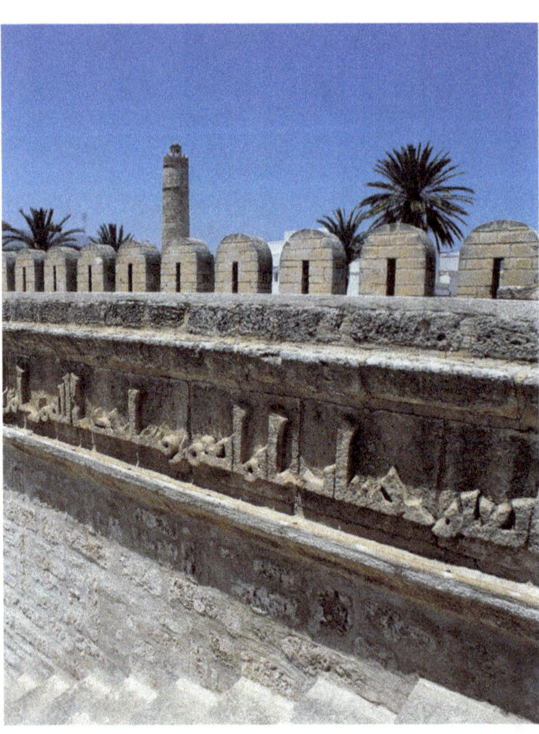

Grande Mosquée, inscription coufique mentionnant le nom de Moudam, Sousse.

abbassides qui s'est répandu au Maghreb à partir de la fin du IIe/VIIIe siècle. Au milieu des courtines figurent des tours semi-circulaires, exception faite du côté sud, où s'élève un porche rectangulaire qui précède l'unique entrée du fortin. Cet accès direct qui a précédé les entrées en chicane dans les bâtiments défensifs est apparu en Ifriqiya à partir du IIIe/IXe siècle. L'accès au bâtiment semble s'inspirer des entrées des palais abbassides d'Ukhaydhir et de Atshan qui ont beaucoup influencé l'architecture extérieure du *ribat* de Sousse —lequel, par ailleurs, constitue une reproduction du plan initial du *ribat* de Monastir, fondé par Harthama, auteur de plusieurs ouvrages militaires analogues se trouvant sur le front oriental.

Le porche du *ribat* est surmonté d'un dispositif de défense formé par un ensemble de mâchicoulis constitués par des fentes parallèles en pierre. Ces assommoirs sont surmontés par un édicule à coupole sur trompes, en pierre de taille, qui constitue le plus ancien spécimen de son genre qui nous soit parvenu; il permet d'étudier l'évolution de ce prototype de coupole venu d'orient et adopté par l'Infriqiya au IIe/VIIIe siècle, et qui atteignit sa maturité avec la coupole du *mihrab* de la Grande Mosquée de Kairouan (IIIe/IXe siècle). La coupole du *ribat* de Sousse constitue une étape intermédiaire qui se distingue par le passage direct de l'octogone à la calotte circulaire. Du porche, on accède à un vestibule carré couvert d'une voûte d'arête bien appareillée qui semble confirmer la survivance de certaines traditions byzantines et romanes. La cour centrale est entourée de quatre galeries dont les arcades reposent sur des piliers en pierre de taille et que couvre une série de voûtes en berceau. Les ailes nord et est, refaites en 1134/1722, sont couvertes en voûtes d'arête. Le rez-de-chaussée est constitué de 33 cellules exiguës, couvertes de voûtes en berceau faites en moellons. On accède au premier étage par un escalier qui débouche sur une allée desservant des cellules sur trois côtés; le quatrième côté est réservé à la salle de prière. Cette dernière est constituée de onze nefs et de deux travées. Le mur de la *qibla,* qui se confond avec le rempart d'enceinte, est percé d'archères: les fidèles peuvent ainsi se transformer à tout moment en guerriers pour défendre le *ribat*.

Nul trait ne peut exprimer d'une façon plus éloquente le caractère mixte du *ribat*: institution à la fois religieuse et militaire.

A la fin de la confrontation entre les deux rives de la Méditerranée et à la suite de l'évolution des techniques de guerre, le *ribat* a perdu son rôle militaire et gardé une vocation essentiellement spirituelle. Plusieurs *ribats* furent transformés en écoles où l'on professait les sciences religieuses; d'ailleurs, les plans des médersas en Tunisie s'inspirent parfaitement du type architectural des *ribats*.

VII.3.b **La Grande Mosquée**

A 100 m au sud du monument précédent.
Entrée payante. Horaires: de 8:00 à 13:00.

La Grande Mosquée de Sousse fut édifiée par le prince aghlabide Abou el-Abbas Mohamed en 236/851. Elle a la forme d'un quadrilatère (59 m x 51 m) et se compose d'une salle de prière précédée d'une cour. Cette dernière, plus large que profonde (41 m x 26 m), bordée de portiques sur trois côtés, date également de l'époque aghlabide. Le quatrième portique, situé au-devant de la salle de prière, est une adjonction qui remonte probablement au Ve/XIe siècle, mais elle fut complètement restaurée en 1085/1675. En haut de la façade du portique court une inscription coufique mentionnant le nom de Moudam, l'affranchi chargé par le prince de superviser les travaux. Cette inscription est la plus ancienne frise épigraphique décorant la cour d'une mosquée qui nous soit parvenue. Contrairement à la majorité des mosquées-cathédrales tunisiennes, celle de Sousse ne comporte pas de minaret; cette absence peut s'expliquer par la proximité de la tour vigie du *ribat*. Néanmoins, l'appel à la prière se faisait du haut de la tour d'angle nord-est qui est surmontée d'un édicule à coupole datable de l'époque ziride (V^e^/XIe siècle).

La salle hypostyle comporte 13 nefs et 6 travées. Avec la nef médiane, plus large que les nefs latérales, et la coupole devant le *mihrab*, elle reprend la disposition en T de la mosquée de Oqba, mais elle en diffère par son architecture. Les nefs sont couvertes non pas de plafonds mais de voûtes en moellons que renforcent des arcs doubleaux en plein cintre reposant sur des piliers robustes de plan en croix. Cette salle de prière semble être passée par trois étapes. Il est probable que Abou el-Abbas Mohamed ait procédé à l'agrandissement de l'oratoire de la casbah de Ziyadat Allah pour obtenir une salle à 13 nefs et 3 travées, couvertes de voûtes en berceaux. Les trois travées du fond, couvertes en voûtes d'arêtes, furent rajoutées par Ibrahim II en 247/862. Le *mihrab,* quant à lui, est d'époque ziride, comme l'attestent la décoration du cul-de-four par une série de niches à fond semi-cylindrique et la présence de bagues à inscriptions coufiques fleuries sur les colonnes qui

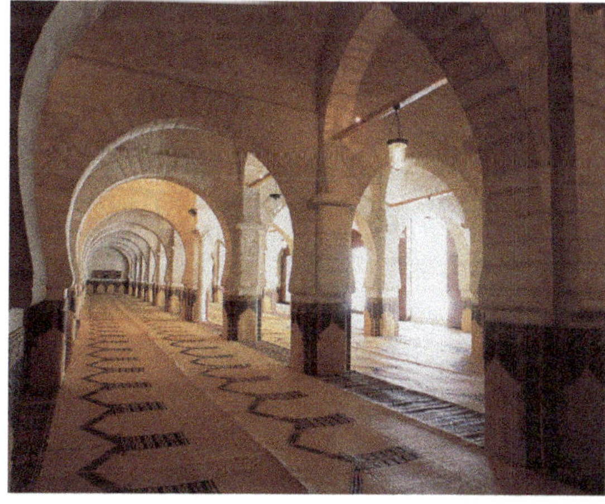

Grande Mosquée, salle de prière, Sousse.

Médersa el-Zaqqaq, cour, Sousse.

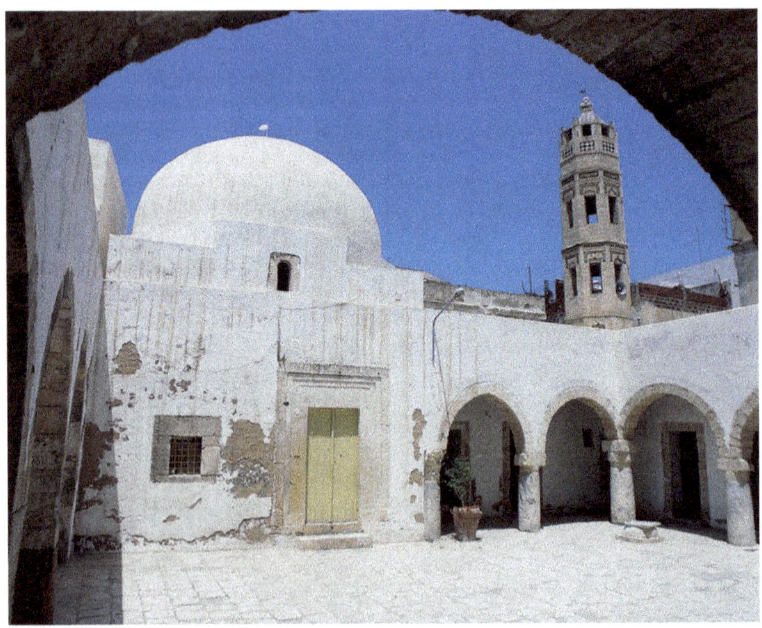

flanquent le mihrab. Ces motifs architecturaux et décoratifs sont hérités du répertoire ziride.
La salle de prière est surmontée au niveau de la nef médiane de deux coupoles. La coupole ziride, au-devant du *mihrab* actuel, est simple et austère; elle est surmontée d'une calotte hémisphérique posée directement sur un tambour carré. L'intérieur du dôme révèle l'emploi de trompes dénuées de tout décor et circonscrites de voussures reliées entre elles par des arcatures. La seconde coupole qui précédait le *mihrab* de Abou el-Abbas, située au niveau de la quatrième travée, partant du *mihrab* actuel, reprend le principe de la construction des dômes aghlabides de l'école de Kairouan. La calotte circulaire lisse coiffe un tambour octogonal sur trompes en coquilles s'inscrivant dans deux arcs reposant sur des petits piliers en saillie, eux-mêmes supportés par des corbelets. Des arcs outrepassés appareillés et dont le fond est percé d'ouvertures relient les trompes entre elles. Au-dessus se développe un bandeau épigraphique de style coufique. L'ensemble repose sur des tympans sculptés de décorations florales qui s'inspirent du répertoire décoratif kairouanais.

VII.3.c **Médersa el-Zaqqaq**

En sortant de la mosquée se diriger à gauche vers la rue Tazerka.

Il s'agit d'un complexe cultuel formé d'une médersa, d'une mosquée et d'une chambre funéraire. Le monument tire son nom de celui d'un homme pieux qui a vécu au cours du IVe/Xe siècle et qui aurait été inhumé dans sa propre maison; cette dernière fut aménagée à une époque ultérieure en une médersa. Une entrée couverte d'une voûte d'arête mène à une cour à portiques bordée de chambres pour étudiants sur trois côtés; la partie sud fut complètement détruite lors des bombardements de 1943. La coupole du mausolée, érigée à l'angle nord-est, date sans doute de l'époque husseinite (XIIe/XVIIIe-XIIIe/XIXe siècles). Intérieurement, le tambour carré porte aux angles des trompes en coquilles, inscrites dans des arcs polylobés. La calotte en tubes de poterie est une forme très fréquente dans la région du Sahel tunisien. A l'angle nord-ouest se dresse un minaret octogonal de type ottoman (XIIe/XVIIIe); il est formé de trois registres de niches plates pourvues d'arcs polylobés revêtus de carreaux de faïence. Il est datable du XIIe/XVIIIe siècle.

VII.3.d **Qoubba Bin el-Qhaoui**

Descendre la rue Sidi Bouraoui jusqu'au passage couvert de la rue Mustapha Rezam qui aboutit au monument. La Qoubbat Bin el-Qhaoui abrite le musée des Arts et Traditions Populaires de Sousse et de ses environs.
Entrée payante. Horaires: de 9:00 à 13:00 et de 15:00 à 17:30. Le dimanche seulement de 10:00 à 14:00. Fermé le vendredi. Toilettes.

Cet édifice fort curieux est datable du Ve/XIe siècle. Il s'agit vraisemblablement d'un monument funéraire qui abritait le tombeau d'une personnalité religieuse ou politique de la ville. Le porche d'entrée est formé d'une porte rectangulaire appareillée, surmontée d'une coquille inscrite dans un arc polylobé, s'ouvrant sur trois voussures outrepassées encadrées par une corniche en dents de scie. Des niches à fond plat ou semi-cylindriques meublent les écoinçons. A droite, 8 niches en forme de *mihrab* embellissent la façade du mur extérieur au-dessus duquel est érigée la coupole. Ce décor n'est pas sans rappeler celui de la façade latérale de la grande mosquée de Sfax d'époque ziride (fin IVe/Xe siècle).
L'intérieur de l'édifice est formé d'une salle carrée couverte d'une voûte à cannelures rayonnantes. Des trompes en coquilles à voussures établissent la transition entre la coupole et la base carrée. Elles sont reliées entre elles par des

Qoubba Bin el-Qhaoui, coupole à sillons en zigzags, Sousse.

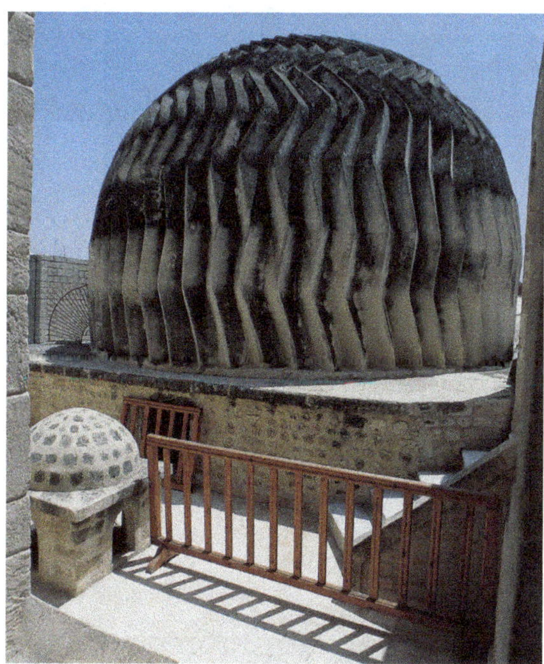

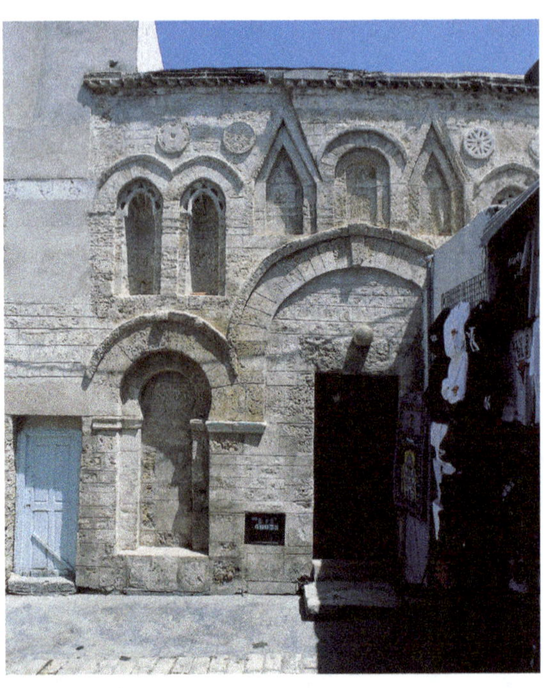

Mosquée Sidi Ali Ammar, façade, Sousse.

défoncements à triples voussures. On notera l'évidente analogie que présente cette coupole avec le monument funéraire appelé Qoubba des Banou Khourassan (V^e^/fin du XIe siècle). Extérieurement, la calotte est ornée de sillons qui s'élèvent en zigzags de la base au sommet. Ce décor évoque celui de certaines coupoles almoravides, notamment celle de la Qaraouiyine de Fès, celle de Marrakech, ainsi que la coupole de la mosquée de Sidi Marwan, à Bône, édifiée en 424/1033. Tout porte à croire qu'il s'agit d'un monument du Ve/XIe siècle, mais dont l'origine de certains éléments décoratifs, surtout les sillons en forme de Z, reste obscure. A une date relativement récente, très probablement au XIe/XVIIe ou au XIIe/XVIIIe siècle, un caravansérail a été ajouté à l'édifice; il fut complètement rénové au cours des années 80 et abrite actuellement le musée municipal des Arts et Traditions Populaires.

VII.3.e **Mosquée de Sidi Ali Ammar** (monument non ouvert à la visite)

A partir de la rue Mustapha Rezam, s'engager dans le Souk Rbaa, puis marcher vers la rue de Paris, en direction de la rue el-Mar, où est situé le monument.

Le *masjed* de Sidi Ali Ammar se distingue par sa façade sculptée qui rompt avec la sobriété de l'architecture soussienne de l'époque aghlabide. Il est constitué de deux registres:

— Le registre inférieur est formé de trois arcs outrepassés dont les derniers claveaux ne dépassent pas les abaques des piliers, ce qui constitue un premier indice de datation du monument de la fin du IVe/Xe siècle. L'arc central, plus élaboré que les autres et disposant d'une clef en saillie, coïncide avec la porte d'entrée.

— Le registre supérieur est formé de sept niches à fond plat ou semi-cylindrique; elles sont surmontées, soit d'arcs polylobés ou simples, soit de triangles. Des médaillons, comportant des motifs floraux et des étoiles à six branches, rappellent certains motifs du porche de la Grande Mosquée de Mahdia. L'ensemble est coiffé d'une moulure en dents de scie, déjà rencontrée dans la coupole du *mihrab* aghlabide de la Grande Mosquée de Sousse. Le décor de la façade de la mosquée de Sidi Ali

Ammar est très caractéristique du répertoire fatimo-ziride, déjà attesté dans la façade orientale de la Grande Mosquée de Sfax ainsi que dans la coupole ziride de la Grande Mosquée de Tunis. Tout semble prouver que cette mosquée fut édifiée entre le milieu du IVe/Xe siècle et le début du Ve/XIe siècle.

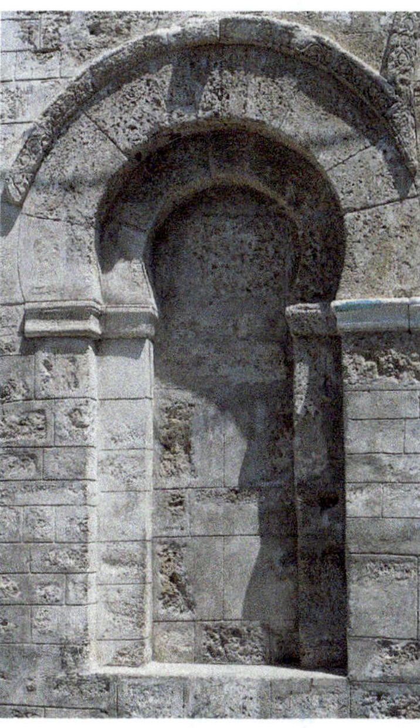

Mosquée Sidi Ali Ammar, détail d'une des niches à fond plat, Sousse.

VII.3.f **Mosquée Bouftata** (monument non ouvert à la visite)

Plus au sud, se diriger vers l'extrémité de la rue el-Mar qui se termine par un sabat ou passage couvert. La mosquée Bouftata est face à ce passage, dans la rue el-Maaser du quartier Bab Qibli.

Une belle inscription coufique sculptée en relief sur la façade de l'oratoire permet d'en attribuer la construction au prince aghlabide Abou Iqal el-Aghlab, qui

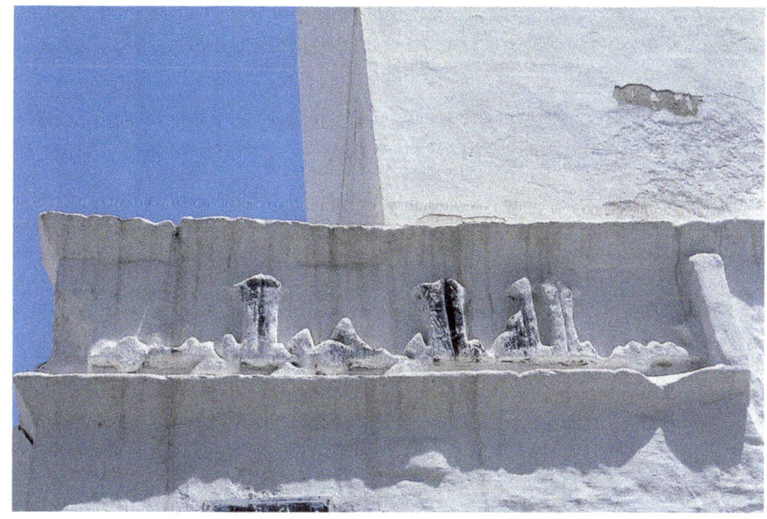

Mosquée Bouftata, inscription coufique sur la façade de l'oratoire, Sousse.

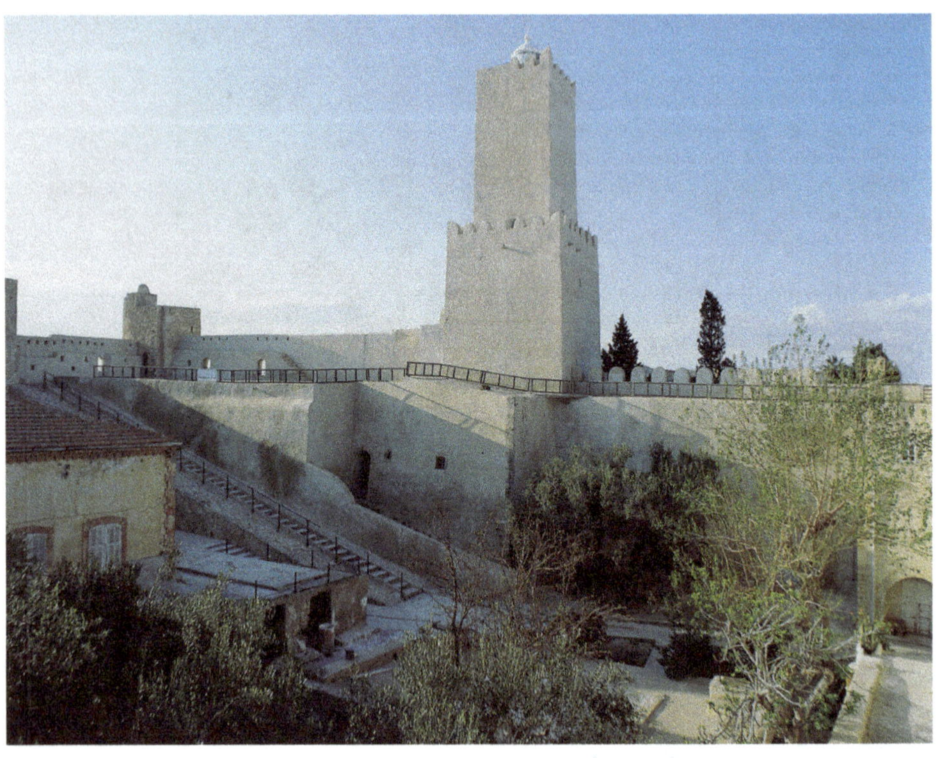

Casbah, vue générale, Sousse.

a régné de 223/838 à 226/841. L'oratoire est précédé d'une galerie voûtée en berceau dont la façade est défoncée par trois arcs outrepassés. Cette disposition est presque unique dans l'architecture ifriqiyenne de la haute époque.

La salle de prières, presque carrée (7,85 x 7,70 m), est divisée en 3 nefs et 3 travées; elle est couverte de voûtes en berceau qui supportent des arcs-doubleaux transversaux retombant sur des piliers cruciformes.

Le principe des oratoires à 3 nefs fut partout adopté dans le monde musulman de l'Atlantique jusqu'en Afghanistan sans qu'on puisse en suivre l'évolution historique. La mosquée Bouftata constitue un des plus anciens exemples qui nous soit parvenus. Cet oratoire, bien qu'il fût une fondation princière, est dépourvu de tout décor qui puisse distraire l'œil. Le choix d'une telle architecture austère semble ainsi refléter une politique officielle dans l'urbanisation de Sousse, marquée par un aspect défensif. L'architecte de cette mosquée paraît élaborer les formules qui vont être appliquées avec plus d'ampleur par l'architecte de la Grande Mosquée édifiée une dizaine d'années plus tard.

VII.3.g **La casbah et les remparts**

Revenir vers la rue souk el-Caïd que l'on remontera jusqu'à Bab el-Gharbi. Tourner à gauche sur le boulevard Maréchal Tito jusqu'au monument. Celui-ci abrite le Musée archéologique de Sousse.
Entrée payante. Horaires: de 9:00 à 12:00 et de 14:00 à 18:00 du 16 septembre au 31mars et de 8:00 à 12:00 et de 15:00 à 19:00 le reste de l'année. Fermé le lundi. Parking à l'entrée. Toilettes.

L'enceinte de Sousse, qui couvre une superficie de 32 ha et dont le périmètre dépasse 2,3 km, fut édifiée en 244/859 par le prince aghlabide Abou Ibrahim Ahmed. Bâtie en moellons et par endroits en pierre de taille, elle est couronnée de créneaux dont la forme arrondie perpétue une tradition byzantine. Le tracé des remparts semble reprendre le mur byzantin dont il subsiste quelques tronçons. L'enceinte était percée de trois portes: Bab el-Bahr (Porte de la Mer), Bab el-Qibli (Porte de la *Qibla*) et Bab el-Gharbi (Porte Occidentale). Trois autres portes furent aménagées plus tard: Bab Jedid (La Nouvelle Porte en 1280/1864) Bab el-Finga (Porte de la Guillotine) et Bab el-Jebli (Porte Nord) entre 1892 et 1895. A l'époque moderne, certaines parties des remparts ont été reprises afin de pouvoir accueillir des pièces d'artillerie. A l'angle sud-ouest se dresse la casbah qui fut édifiée, en 235/850, par le prince aghlabide Abou el-Abbas Mohamed; cette forteresse abritait la garnison militaire et le siège du gouverneur. La citadelle fut maintes fois remaniée, du IIIe/IXe siècle jusqu'à l'époque contemporaine, mais la partie la plus ancienne est certainement le *manar* de Khalaf, du nom de l'affranchi du prince aghlabide qui supervisa les travaux de fondation: elle remonte à la date de fondation de la casbah elle-même. Cette tour à signaux, de 30 m de hauteur, présente des analogies certaines avec le minaret de la Grande Mosquée de Kairouan dont elle s'inspire très nettement, et offre un exemple de la diffusion de l'école architecturale kairouanaise dans la région du Sahel. Formé de deux étages accessibles à partir d'un escalier aménagé dans l'épaisseur du mur, le noyau central était meublé par quatre chambres superposées, et couvertes de voûtes de différentes formes. Cette disposition, à aucun moment représentée auparavant dans l'art musulman, se retrouvera dans les minarets almohades. Remarquons que l'édification de la tour de Khalaf permet un meilleur contrôle du littoral maritime que celui offert par la tour du Ribat; en effet, alors que celle-ci se trouve à 27 m au-dessus du niveau de la mer, le niveau de la tour de Khalaf est à 77 m, permettant ainsi d'améliorer la portée du rayon visuel à plus de 13 km.

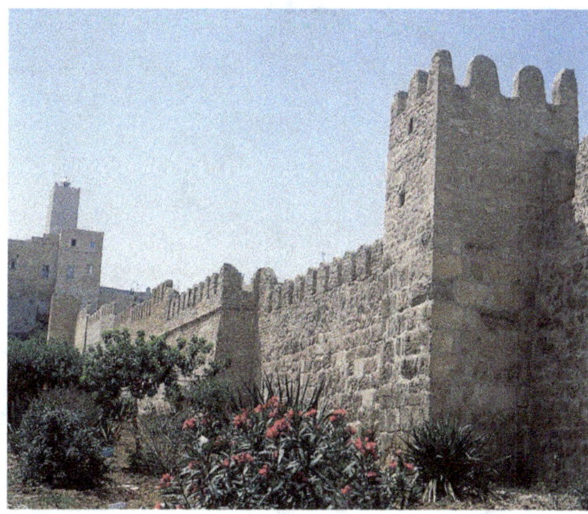
Remparts, Sousse.

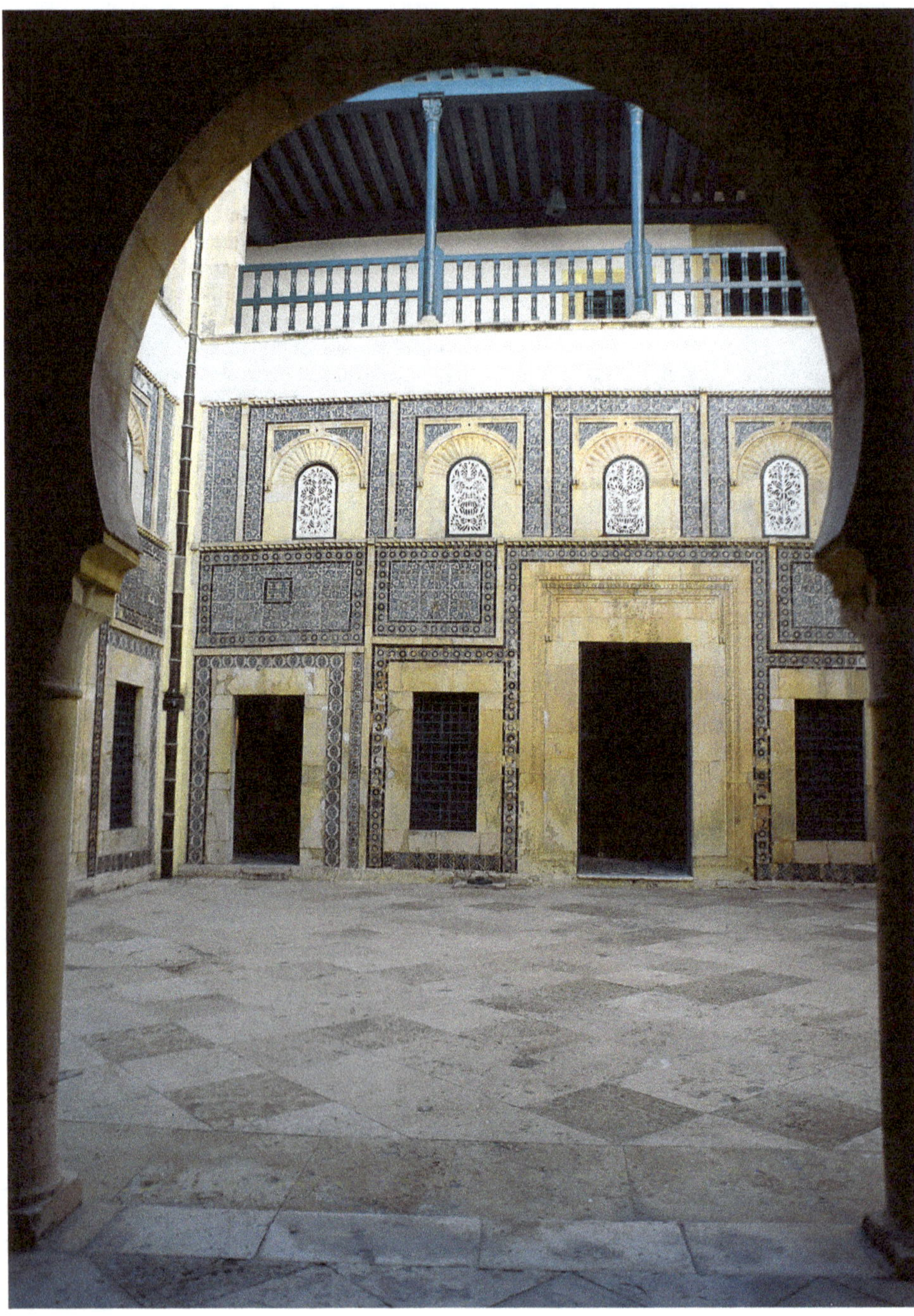

La porte du Levant

Ali Zouari

VIII.1 SFAX

VIII.1.a Musée de la casbah
VIII.1.b Café el-Diwan (option)
VIII.1.c Minaret Sidi Amar Kammoun
VIII.1.d Borj el-Nar
VIII.1.e Dar Jallouli, musée des Arts et Traditions Populaires
VIII.1.f La Grande Mosquée
VIII.1.g Les souks
VIII.1.h Fondouk des Forgerons
VIII.1.i Mosquée Sidi Bouchwaïcha
VIII.1.j Zaouïa Sidi bel-Hassen
VIII.1.k Les remparts

Le borj

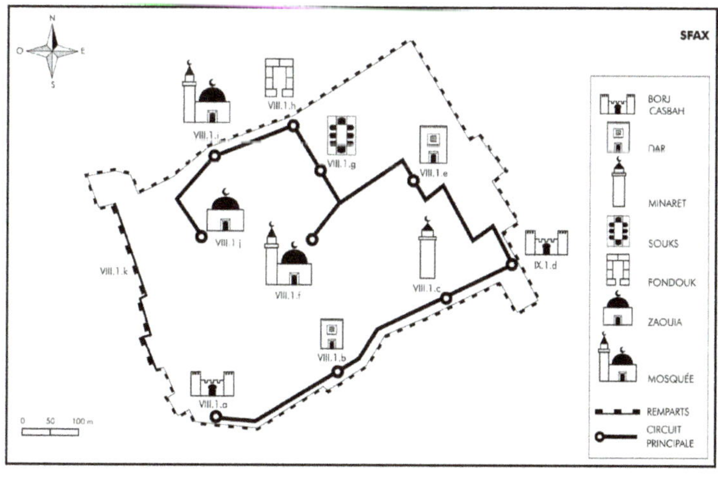

Dar Jallouli, patio, Sfax.

Remparts sud, vue générale, Sfax.

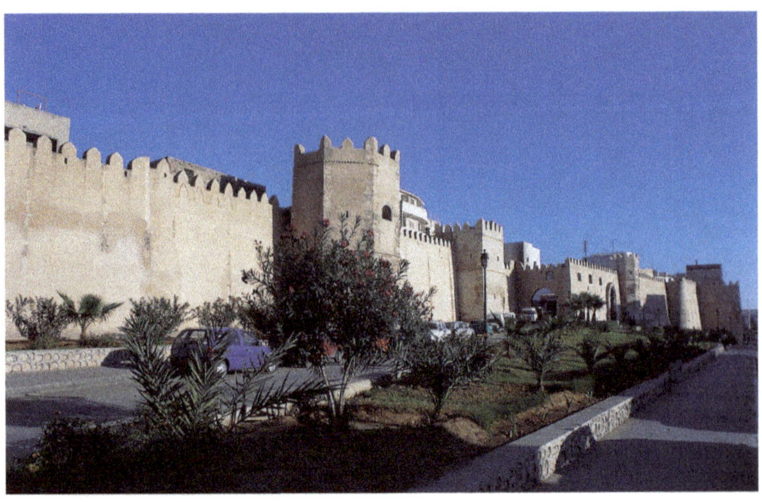

Sfax est située au confluent du Sahel et du Sud tunisien, au bord d'une rade calme ouverte sur la Méditerranée orientale. Cette position lui donne l'énorme avantage d'un rayonnement maritime et continental aisé, avec cependant une orientation bien plus marquée vers les pays d'Afrique et du Levant que vers le monde occidental. Pouvant entrer en contact avec l'Orient par mer et par terre, Sfax a pu, par cet avantage doublé d'un dynamisme propre, devenir pour la Tunisie la porte du Levant à chaque fois que les conjonctures politico-économiques le permettaient, comme Thyna, à l'époque romaine. Répondant à la vocation de leur ville, les Charfi, Sfaxiens prestigieux, ont établi au Xe/XVIe siècle des portulans pour les marins et les commerçants qui voulaient s'aventurer jusqu'à la mer Noire. Deux exemplaires de ces portulans se trouvent l'un à Oxford, et l'autre à la Bibliothèque Nationale de Paris.

L'activité commerciale de Sfax avec le Levant, épaulée par un intense trafic caravanier, se développe au XIIe/XVIIIe siècle. Son rythme commercial entraîna la création de fondouks et de souks qui sont distribués sur le flanc de l'artère principale de la ville. Cette artère relie la porte sud, Bab el-Jebli, à la porte nord, Bab el-Diwan. La première que Charles Lallemand qualifie de porte des Champs, composée d'un vestibule profond, donnait sur la place où stationnaient les caravanes. Bab el-Diwan, en forme de chicane, donnait directement sur le mouillage. Quoiqu'il en fût isolé avec la construction du faubourg dit des chrétiens au XIIe-XIIIe/d.m. XVIIIe, il resta une place très animée où changeurs, commerçants, portefaix, pêcheurs, bêtes de somme allant vers le port se mêlaient dans un mouvement intense.

L'accumulation de capitaux favorisa le développement de l'agriculture et de l'artisanat ainsi que l'extension de la vie urbaine. A l'extérieur des remparts, la zone des jardins s'étend en auréole autour de la cité. Le nombre de *borjs*, habitations estivales s'accroît. En ville, des monuments privés et publics sont reconstruits: le fondouk des Forgerons, agrandis: la Grande Mosquée, la mosquée Sidi Bouchwaïcha; restaurés et embellis: le Dar Jallouli, le mausolée Sidi Belhassen. Les remparts forment quant à eux l'objet d'une attention particulière.

Sfax, tout en continuant à utiliser les mêmes matériaux de construction et ses traditions architecturales, enrichit ses monuments, sans exagération, de *kadhal* sculpté, de bois peints et de carreaux de faïence de facture andalouse et turque. L'architecture de Sfax, sobre et équilibrée, traduit le goût de la mesure qui caractérise la vie de cette ville.

Aperçu historique

Vue d'avion, Sfax se présente comme une immense agglomération, plate et enserrée dans un tissu en toile d'araignée. Au centre se détache, en forme rectangulaire, la ville fortifiée ou médina. Sfax s'est limitée pendant plus de dix siècles à ce centre historique, qui était enveloppé d'une zone verdoyante de jardins, les *jnans*.

Le nom de Sfax en arabe, *Safaqus*, se compose, selon la croyance populaire, de *Safa*: le nom de l'écuyer du prince aghlabide fondateur de Sfax, et de *qus*: coupe. "Coupe la peau de bœuf en fines lanières" ordonnait le maître. Les lanières ont permis de délimiter la ville, comme Carthage bien avant avec Elyssa. En réalité, *Safaqus* est un mot berbère qui signifie le fossé, la ceinture, tout comme le nom de "Taphrura" ou "Taparura" à l'époque romaine, étape de commerce que Sfax a supplantée. Avec l'attribution de l'un de ces deux noms, Sfax et "Taphrura", à l'une et à l'autre ville, elle devient la ville protégée.

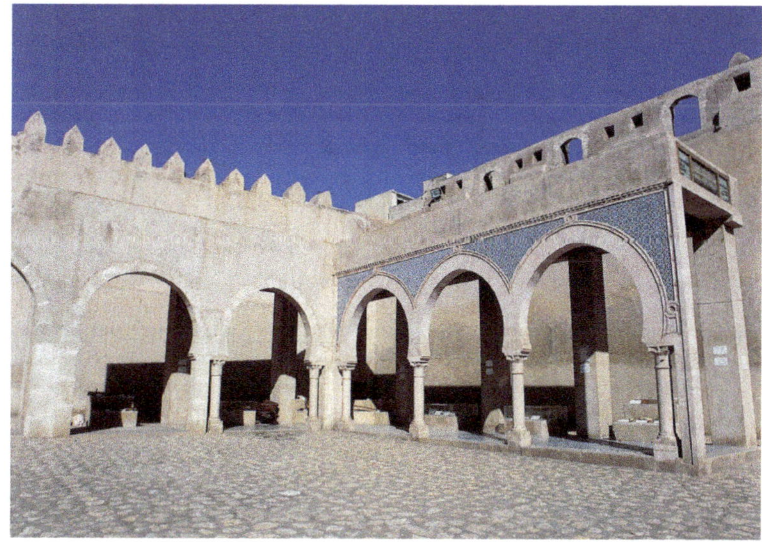

Musée de la Casbah, reconstitution d'une galerie, Sfax.

Au IIe-IIIe/d. IXe siècle, Sfax se limitait à une petite agglomération de commerçants et de pêcheurs agriculteurs, blottie autour d'un *ribat*. Elle entra dans l'histoire écrite avec la construction de ses remparts et de sa Grande Mosquée vers le milieu du IIIe/IXe siècle, sous le règne d'Ahmed ibn el-Aghlab. Le promoteur était Ali ibn Aslam el-Gibiniani, client des princes aghlabides, maîtres de l'Ifriqiya. Son petit-fils, Sidi Abou Ishaq, un grand soufi, donna son nom à un petit village situé à 30 km de Sfax. Son mausolée, visible de la route principale, se distingue par ses nombreuses coupoles.

Du IIIe/IXe au VIIe/XIIIe siècles, Sfax était le grand marché qui pourvoyait de ses huiles l'Italie, le Maghreb, l'Egypte et la Syrie. Sa forêt d'oliviers était qualifiée par les chroniqueurs arabes "d'unique" et de "délicieuse". A cette époque, Sfax était célèbre aussi par ses tissages, dont une certaine "moire princière fabriquée à partir des byssus des pinnes maritimes". Cette époque ne fut cependant pas de tout calme. Aux Ve/XIe et VIe/XIIe siècles, Sfax connut, coup sur coup, l'épreuve de l'invasion hilalienne, les déboires d'une indépendance éphémère (455/1063-492/1099) avec Hammou ibn Malil et la tourmente de l'occupation normande (543/1149-555/1160).

La résistance à cette occupation, dirigée par Abou el-Hassan el-Feriani et son fils Omar, a laissé sa trace dans la mémoire collective. L'un de leur descendant, Sidi Abou Bakr el-Feriani, dort pour toujours dans un petit mausolée situé au nord de la ville, à quelques mètres des remparts, au pied de la mosquée Sidi el-Lakhmi.

L'occupation normande a marqué un tournant dans l'histoire de Sfax. Les juifs, qui étaient actifs dans son commerce oriental, sentant que la Méditerranée était en train de basculer en faveur des Normands, quittèrent cette ville pour la Sicile.

Suite aux longues guerres dynastiques qui ont secoué l'Ifriqiya, à des épidémies et aux régressions économiques et démographiques qui s'ensuivirent, Sfax périclita. Au milieu du VIIIe/XIVe siècle, sa population se limita à 400 feux. Les Sfaxiens étaient alors d'après Léon l'Africain, tisserands, pêcheurs et marins commerçants. Quoique peu nombreux, ils restèrent actifs, et voguèrent jusqu'à la mer Noire.

Au XIe/XVIIe siècle, Sfax connut les prémices d'un redressement général. Plus active en la Méditerranée, elle entra dans des guerres d'escarmouche avec Malte. Le cheikh Ali el-Nouri (1052/1643-1117/-1706), savant éducateur et commerçant commanditaire, organisa la lutte contre les chevaliers de Malte. Il est jusqu'aujourd'hui considéré comme étant l'homme de la renaissance sfaxienne.

Au XIIe/XVIIIe siècle, Sfax s'épanouit. Son commerce avec le Levant renforça sa vocation de marché de distribution. Entre 1198/1784 et 1201/1787, Venise la bombarda à plusieurs reprises. A l'origine de ces événements, généralisés à la Tunisie côtière suite à l'intervention protectrice du bey de Tunis Hammouda Pacha, il y a la rupture d'un contrat de "nolis" par le capitaine d'un bateau vénitien que des commerçants sfaxiens avaient engagé pour un itinéraire Sfax-Alexandrie. A partir du XIIe/XVIIIe, Sfax va passer progressivement de statut de petite ville à celui de la deuxième ville du pays. Elle comptera sur sa dynamique propre pour développer et organiser son économie, grâce au travail soutenu, à l'épargne, et à l'investissement de son

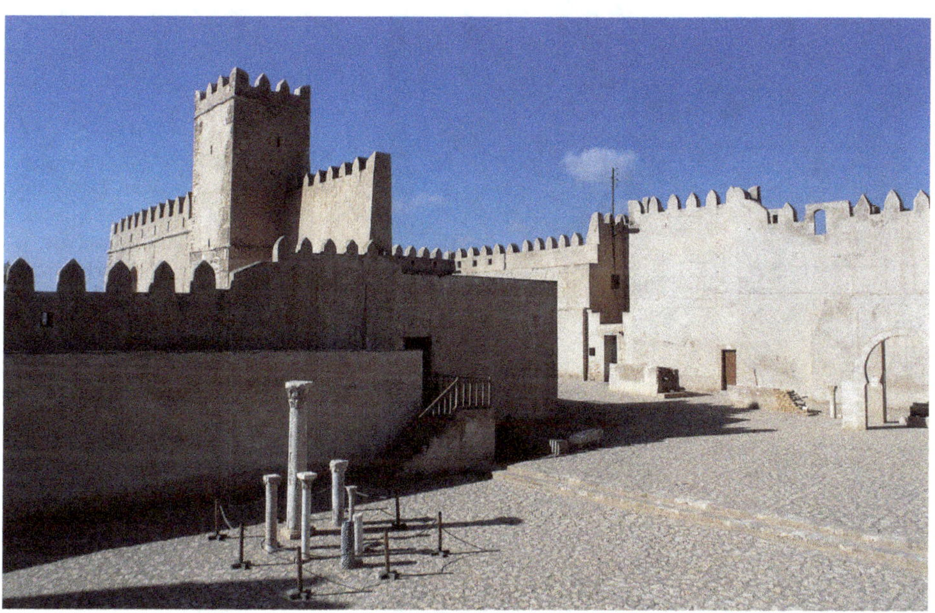

Musée de la Casbah, tour de garde, Sfax.

peuple. Cela lui permettra de devenir une capitale régionale, le port de la steppe et du sud, réputé très actif en Méditerranée. À partir de 1239/1824 commence l'installation de chrétiens et de juifs à Sfax. Le commerce de la ville s'oriente alors et de plus en plus vers l'Occident. En 1881, en dépit d'une résistance farouche à l'occupation française, elle succomba et fut soumise à une lourde indemnité de guerre. Les sacrifices qu'elle endura étouffèrent pour un moment son dynamisme économique. Sous le Protectorat, elle se développa à l'extérieur des remparts. Sa forêt d'oliviers connut un nouvel essor. Ces mouvements ne s'arrêtent pas avec l'Indépendance. Sfax sacrifie aujourd'hui ses jardins et son agglomération se développe à leurs dépens. Un ensemble historique reste cependant: la médina. Ce centre historique est le cœur battant du grand Sfax. Projection limpide de onze siècles de vie et de civilisation, elle conserve son passé et le déborde.

VIII.1 SFAX

VIII.1.a Musée de la casbah

Pénétrer dans la médina par Bab el-Casbah, avenue Ali Belahouane. Le musée est à gauche sur la petite place.
Entrée payante. Horaires: de 9:30 à 16:30. Fermé le lundi. Toilettes.

La casbah de Sfax est une citadelle monumentale qui occupe l'angle sud-ouest des remparts. Les documents administratifs de

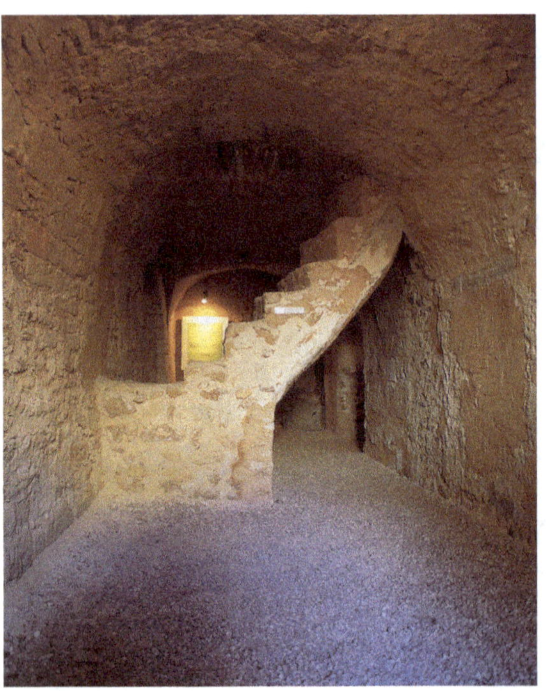

Musée de la Casbah, ancienne mosquée, Sfax.

l'époque ottomane la qualifient aussi de *qal'a* ou de forteresse, *ksar,* les textes européens la qualifient quant à eux de château-fort. Construite sur un point élevé, elle contrôlait la ville qui s'étend à ses pieds, mais aussi la mer qui battait son flanc au moment de son flux. A son emplacement, il y avait un *ribat* dont une partie de sa mosquée est encore visible. Ce *ribat* existait déjà au IIe-IIIe/ d. IXe siècle. Ce qui en reste dénote une architecture austère qui s'apparente à celle qui a prévalu en Ifriqiya à l'époque aghlabide.

La naissance de la casbah nous reste inconnue. Son évolution a suivi les besoins administratifs, politiques et militaires de la ville. Siège du gouverneur de Sfax à certains moments, siège du commandement militaire par la suite, la casbah a subi d'importantes transformations qui restent en effet imprécises si on veut saisir leurs jalons au niveau architectural. Les deux inscriptions de la façade, datées de 1092/1681 et 1150/1738, font seulement état de restaurations. Les vestiges aghlabides, zirides et ottomans se croisent ou se superposent. Cela se manifeste clairement dans sa grande salle formée d'une juxtaposition de cellules, dans ses deux tours de garde, sa mosquée et celle du *ribat*. L'architecture de la casbah, massive et austère, a pour élément principal l'arc légèrement brisé.

Débarrassée de ses adjonctions tardives, ramenée à ses éléments structurels et restaurée, la casbah abrite depuis 1987 une exposition permanente sur l'architecture traditionnelle sfaxienne. Exposition didactique qui, en utilisant échantillonnages d'outils, de matériaux et d'éléments architecturaux reconstitués, de plans et de photographies, donne une idée précise sur les techniques, les constituants, les structures et la typologie de l'architecture locale.

VIII.1.b **Café el-Diwan** (option)

Prendre la rue située en face de l'entrée du musée, de l'autre côté de la place. Le café est sur la droite, 100 m plus loin. Horaires: tous les jours de 7:00 à 23:00.

Le café el-Diwan occupe une tour des remparts, de forme barlongue. Dominant la mer qui arrivait à ses pieds, on a dû, pour adapter sa défense aux techniques militaires modernes, remplacer les meurtrières par des embrasures à canons. C'est à ce rôle défensif constamment soutenu et adapté aux armes à feu qu'il doit sans doute son nom de tour du Plomb, Borj el-Rsas.

VIII.1.c Minaret Sidi Amar Kammoun

Dans la même rue, le monument se trouve à 100 m de Bab Diwan, dans la rue Borj el-Nar, sur la droite.

Ce minaret, exceptionnel par sa forme et sa décoration, faisait partie d'un mausolée construit en deux étapes, entre 1045/1636 et 1076/1666 par Sidi Amar Kammoun. La construction d'un minaret dans un mausolée, inconnue jusqu'alors à Sfax, ne s'explique que par le rôle défensif qu'il pouvait jouer. Ce mausolée, adossé au rempart sud, contrôlait effectivement, comme un *ribat*, la côte à une période où la Course chrétienne ciblait Sfax.
Abandonné à lui-même, puis détruit, il a finalement cédé son aire à une nouvelle mosquée. Le minaret historique, qui est resté intact, se dresse dans la cour du nouveau bâtiment, à droite de la porte d'entrée. De section carrée, haut de 9,30 m, ce minaret qui se rattache aux minarets maghrébins introduits par les Hafsides se termine par une plate-forme couronnée de merlons. Un lanternon écrasé s'y élève. Le décor du minaret respecte la symétrie et la superposition des zones nues et ornées. Il est à base de moulures, de dentelures et d'éléments architectoniques: arcatures, niches aveugles, médaillons étoilés, fenêtres géminées et calligraphie. Par sa forme, son décor riche et varié et son appareillage en pierre de taille qui produit un agréable effet d'esthétique, le minaret de Sidi Amar Kammoun se distingue de tous les minarets locaux. Quoique construit au XIe/XVIIe siècle, il illustre remarquablement la tendance architecturale à Sfax au bas Moyen Âge, que caractérise l'interférence entre d'anciennes traditions aghlabides et zirides et de nouvelles influences introduites à l'époque hafside à partir de l'Andalousie et du Maroc.

VIII.1.d Borj el-Nar

Toujours dans la rue Borj el-Nar, on accède au monument par une entrée sur la droite. Horaires: de 8:30 à 13:00 et de 15:00 à 18:00. Fermé le vendredi après-midi.

Le Borj el-Nar, littéralement forteresse du feu, tire son nom des signaux lumineux

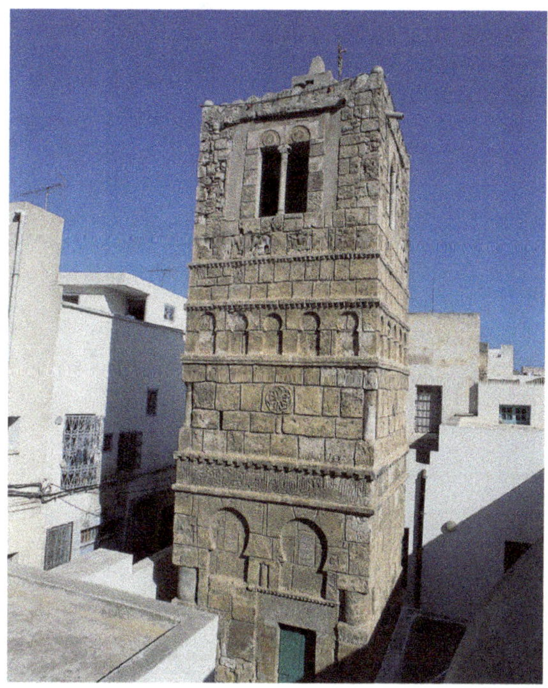

Minaret Sidi Amar Kammoun, Sfax.

qu'il transmettait. Situé à l'angle sud-est des remparts, il dominait le côté est de la ville. Cette forteresse, qui fait partie intégrante des remparts, représentait un maillon dans la chaîne des forts et *ribats* qui gardaient la côte de l'Ifriqiya et qui devaient, par le feu ou la fumée, transmettre, au besoin, les informations qu'ils recevaient ou voulaient donner. Le Borj el-Nar avait sans doute joué, pour la ville, un important rôle défensif, d'information et de guidage. Réaménagé et restauré, il loge depuis une quinzaine d'années l'Association de la sauvegarde de la Médina de Sfax. Il est actuellement formé d'une vaste aire, dominée par deux donjons en tronc de pyramide, occupant l'un l'angle sud-est, l'autre l'angle sud-ouest. Le Borj el-Nar médiéval était certainement différent. Des sondages partiels ont permis de découvrir à un niveau bien plus bas des escaliers, des pans de murs, et une cave intacte sous le donjon sud-est. S'agissait-il des restes de l'ancien Borj el-Nar ou d'un étage inférieur abandonné à la suite d'un changement fonctionnel ? Seule une fouille systématique serait déterminante. Le Borj el-Nar actuel semble tardif. Son architecture massive et austère traduit la fonction militaire qu'il a toujours eue. Les archives du gouvernement tunisien indiquent, autant que les voyageurs européens, qu'il était équipé de canons au cours des XIIe/XVIIIe et XIIIe/XIXe siècles.

VIII.1.e Dar Jallouli, musée des Arts et Traditions populaires

Suivre la rue Dar Essabai, puis la rue Driba jusqu'à la rue Sidi Ali Nouri; le musée est au numéro 5.
Entrée payante. Horaires: de 9:30 à 16:30. Fermé le lundi. Toilettes.

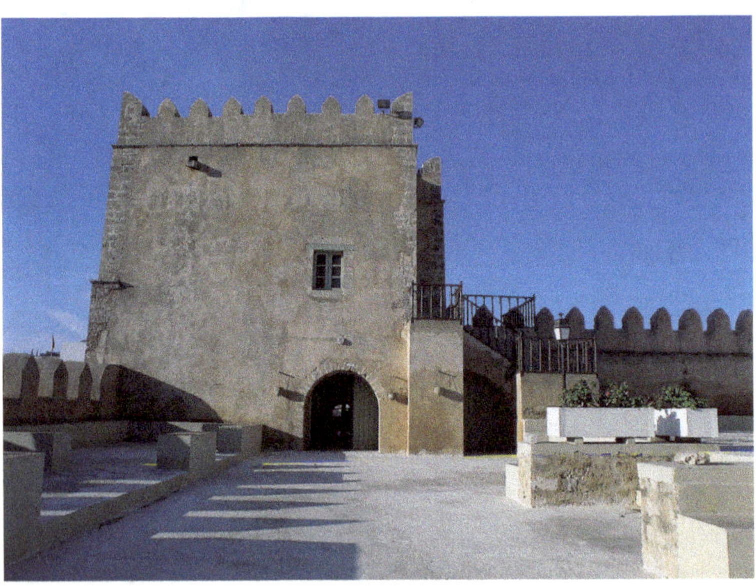

Borj el-Nar, tour d'angle, Sfax.

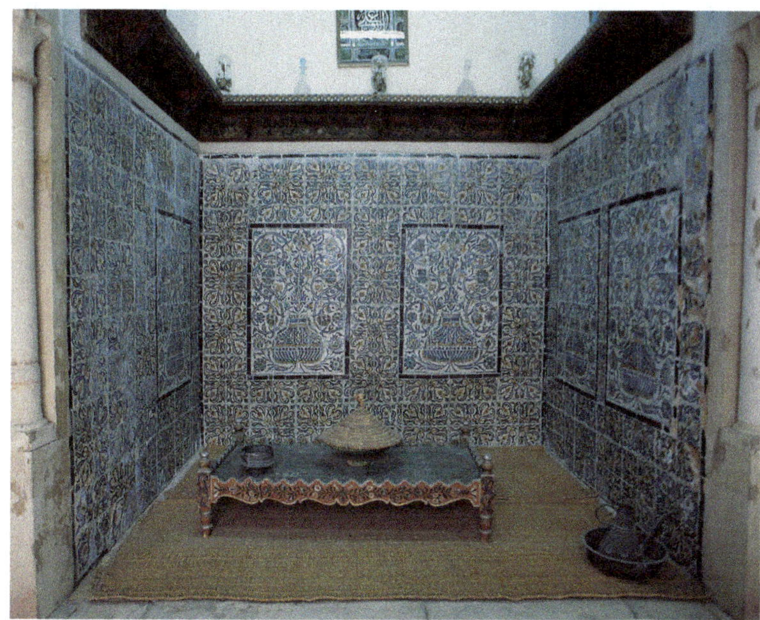

Dar Jallouli, qbou de la chambre en T à décor de céramique, Sfax.

Le musée des Arts et Traditions Populaires est situé dans un quartier qu'on appelait *houma el-Rigga*. Ce quartier doit son nom aux immigrants qui s'y sont installés au VIe/XIIe siècle, après avoir abandonné leur ville, *el-Rigga*, l'ancienne Bararus, située au voisinage d'el-Jem, à la suite de l'invasion hilalienne.

Le musée est logé dans une riche maison du XIe/XVIIe siècle. Elle porte le nom de ses anciens propriétaires, les Jallouli, qui étaient gouverneurs de Sfax, grands propriétaires et commanditaires. Le plan de la maison est classique: une entrée en chicane, une cour avec un portique, des chambres ordonnées tout autour et un étage servi par une galerie à balustrade en bois tourné. Ramassée mais équilibrée, sobre par rapport aux maisons bourgeoises de Tunis, cette maison est, au niveau de Sfax, la plus grande et la plus somptueuse. Elle se distingue par un riche décor en *kadhal* sculpté, en bois peint, en carreaux de faïence et en stuc ajouré. *Kadhal*, carreaux de faïence, fenêtres en stuc ajouré, *chamsa*, sont si bien agencés dans la cour qu'ils la rendent particulièrement impressionnante.

Le principe du musée s'appuie sur l'idée simple de rendre à cette maison son âme domestique par un ameublement traditionnel adéquat. Musée vivant, dit-on souvent.

Seaux mouillés du puits et de la citerne, portes des chambres grandes ouvertes permettant d'entrevoir un mobilier arrangé donnent l'impression d'une occupation familiale tranquille. Les chambres et leurs alcôves, la cuisine, la pièce à provisions sont si bien rangées et si propres

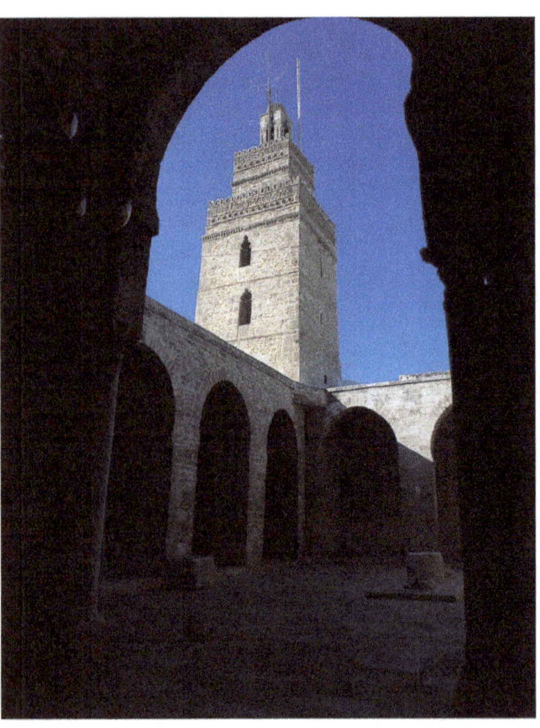

La Grande Mosquée, minaret, Sfax.

qu'elles laissent croire que la maîtresse de maison vient de passer. Le musée expose en plus, dans les chambrettes, les armoires murales transformées en vitrines, et dans les chambres du premier étage, des collections de divers objets: coiffes, bois ouvragés, costumes féminins et masculins, peintures sous-verre, etc. Le visiteur y trouve également la reconstitution de scènes de mariage, particulièrement la nuit des noces, *layl el-doukhla,* et le saut par-dessus le poisson, *el-tanguiz ʿala el-hout*. Cette exposition, variée et riche, donne une idée sur les autres aspects de la vie sfaxienne, sur l'esprit créateur du Sfaxien, et suggère les rapports qui existaient entre la maison et les souks, la vie domestique et la vie économique. La maison sfaxienne était une habitation, elle était aussi un atelier et un dépôt de marchandises. Les femmes y cardaient la laine, la filaient et la tissaient; les hommes, commerçants, artisans ou agriculteurs, tentés par la spécialisation, y emmagasinaient leurs produits. Le rapport militaire du sieur Raynaud de 1036/1627 ne conseillait-il pas aux canonniers de viser les maisons pour atteindre les Sfaxiens dans leurs richesses? Il voulait parler des huiles qui remplissent de grandes jarres dans les caves. Celles du musée, quoique équipées de ces poteries, sont fermées au public pour des raisons de sécurité.

VIII.1.f **La Grande Mosquée** (monument non ouvert à la visite)

Prendre la rue Sidi Khlil, la rue du Bey, le Souk Jemaa et enfin la rue de la Grande Mosquée où se trouve le monument.

La Grande Mosquée de Sfax, *el-Jama'el-Kebir*, occupe le centre de la médina, juste à l'intersection de l'artère qui relie Bab el-Gibli à Bab el-Diwan et l'artère médiane est-ouest. Construite en 244/859, elle a servi d'élément central urbain et religieux à la structuration de la ville. Entourée de souks, la Grande Mosquée est restée, jusqu'au milieu du XIIIe/XIXe siècle, le seul sanctuaire où se déroulait la prière communautaire du vendredi. Son privilège cultuel, son ancienneté, sa remarquable situation, son importance spatiale et architecturale et ses fonctions socio-éducatives lui ont assuré la vénération de tous les Sfaxiens.

L'architecture de la mosquée initiale, d'époque aghlabide, est devenue hypothétique suite aux rétrécissements de l'époque ziride et aux agrandissements de l'époque ottomane. Seuls subsistent de la mosquée originelle quelques éléments épars qu'on pourrait découvrir dans la salle de prière ou au minaret.

A l'époque ziride, du IVe/X^e^ au VIe/XIIe siècle, la mosquée connaît de nouvelles ordonnances, particulièrement au niveau de la façade orientale et du minaret. Un nouveau *mihrab* remplace l'ancien dans la salle de prière. De même facture que ceux de Mahdia et de Monastir, il fut doté d'un riche décor épigraphique et végétal adventice à en juger par le peu qui en reste. Abandonné et muré au XIIe/XVIIIe parce que devenu excentrique, il fut mis au jour récemment et observé en tant qu'élément archéologique.

Au XIIe/XVIIIe, la Grande Mosquée aboutit à sa forme actuelle. La salle de prière fut agrandie, en 1171/1758 puis en 1187/1774, d'une aile qui s'allonge à l'ouest sur les profondeurs réunies de la salle de prière et de la cour. Un nouveau *mihrab* central, décoré de cannelures, d'écriture coufique et rehaussé de vers commémoratifs du poète Ali el-Gourab, remplace le *mihrab* ziride. La mosquée aboutit ainsi à un plan original: une salle de prière en équerre enserrant une petite cour encadrée de portiques.

Ayant subi diverses influences, contraintes et interventions judicieuses, elle a fini par avoir des originalités qui suscitent l'étonnement, la curiosité et l'admiration. Sa façade orientale, unique, "est d'une étonnante ordonnance", dit Mme Sourdel. Elle est considérée par L. Golvin comme "la plus curieuse et la plus riche de l'époque ziride". Sur toute cette façade se déploie une succession de tympans surmontant portes et fenêtres. Cette ordonnance est obtenue par la répétition d'un même motif composé d'une porte ou d'une fenêtre avec son linteau, son tympan circonscrit de 3 voussures et d'un arc en relief, et de 2 niches en forme de *mihrab* le flanquant. Des inscriptions datées de 377/988 et 477/1085 en beaux caractères coufiques font état de travaux de restauration.

Le minaret est d'une grande valeur historique et archéologique. De même silhouette que le minaret de Kairouan, il est formé de deux tours superposées et d'un lanternon. Les parapets des deux tours sont garnis d'un décor varié combinant l'épigraphie, le géométrique et le végétal: palmettes, dentelures, listels,

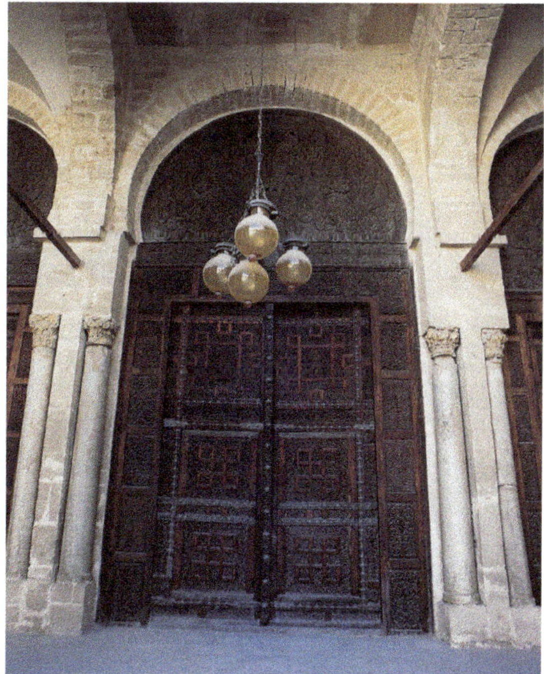

La Grande Mosquée, porte de la salle de prière, Sfax.

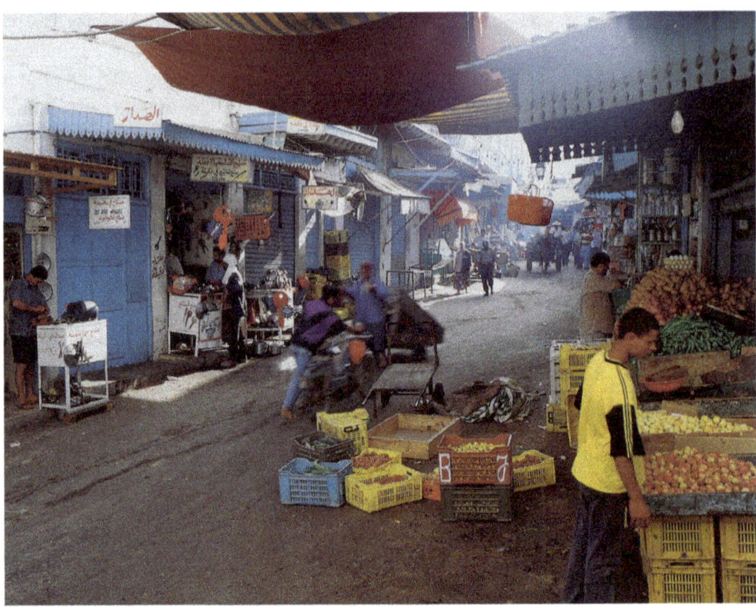

Un souk, Sfax.

oves et rosaces creuses. La plupart de ces éléments décoratifs, ainsi que les merlons découpés en fleurons en cinq lobes, rattachent “cette œuvre, si originale, dit G. Marçais, au style fatimide”.
Les 10 grandes portes à tympans en forme d'arc du *bahou* —les Sfaxiens prononcent *bhour*—, qui font communiquer la salle de prière avec la cour, sont exécutées avec raffinement par le maître menuisier Ahmed Chaabouni. Leurs vantaux à deux ou à quatre battants sont formés de médaillons sculptés, chacun ayant son propre décor, géométrique ou floral. La peinture polychrome qui les couvrait n'a laissé que de vagues traces. La Grande Mosquée de Sfax se distingue aussi des autres mosquées ifriqiyennes par un décor figuratif de réemploi. Ce décor est matérialisé dans la salle de prière par deux chapiteaux faisant face au *mihrab*. Chaque chapiteau est formé de feuilles d'acanthe et de quatre vautours. Sur la façade orientale, un panneau votif byzantin est occupé par deux paons affrontés de part et d'autre d'un panier d'où s'échappent des rinceaux chargés de feuilles, de grappes de raisins et d'oiseaux. Le martelage des paons et d'un vautour est-il volontaire ? Tout porte à croire qu'il y avait tolérance musulmane et un besoin de profiter des vestiges antiques à valeur esthétique.
La Grande Mosquée de Sfax, pour son riche répertoire architectural et artistique et son prestige religieux, est devenue une source d'inspiration. Pour ne donner qu'un exemple, le minaret de Sidi Bouchwaïcha copie celui de cette mosquée.

VIII.1.g **Les souks**

Traverser le passage couvert du souk des Etoffes, puis le souk Rbaa.

"Sfax a des souks très actifs", *aswaq nafiqa*, avaient écrit les voyageurs et géographes arabes du Moyen Âge. Les souks ne commencent à être signalés avec leurs noms ou leurs activités que bien plus tard, surtout à partir du XIIe/XVIIIe siècle. Les 30 souks que nous avons comptés, en nous appuyant sur des documents d'archives et sur les textes des voyageurs européens, occupent l'essentiel de l'espace économique de la ville qui comprend aussi les fondouks, les *oukalas*, et les *qaysariyas*. Cet espace formait une poche enserrée entre la Grande Mosquée au sud, le Bab el-Jibli au nord, et les quartiers résidentiels à l'est et à l'ouest. Cette poche n'est plus nette, les activités économiques l'ont débordée en envahissant dès le début de notre siècle les quartiers résidentiels.

Le souk est souvent défini comme étant une double rangée d'échoppes occupées par le même commerce ou par la même fabrication. Les Sfaxiens appliquent ce terme à divers centres économiques spécialisés, physiquement différents. C'est d'abord une rue ou une portion de rue, à ciel ouvert, faite d'une double rangée d'échoppes parfois superposées, une cave, *dahliz*, une boutique au rez-de-chaussée, *hanout*, un étage avec escalier et un balcon en encorbellement, *ghorfa*. Ces *ghorfas*, typiques, correspondaient à des ateliers de tissage. Sfax tissait la laine, le lin, le coton et la soie. Entre elle et le Levant, il y avait un échange régulier de matières premières et de produits finis. Ces ateliers perchés, qui contribuent au charme des souks, sont actuellement occupés par des cordonniers. A ces souks se greffent, souvent par une petite ruelle, des aires bordées de boutiques appelées *qaysariyas*.

Le souk peut être couvert par des voûtes en berceau soutenues par des arcs doubleaux. C'est le cas de souk *el-Kamour,* souk *el-Trouk,* souk *el-Raba'a;* ce dernier, le plus important de la ville, est le seul à fermer par deux portes. Il est formé par une artère principale nord-sud, traversée par une rue médiane est-ouest. Il s'est spécialisé dans la vente des chéchias et des tissages de laine. Aux XIIe/XVIIIe et XIIIe/XIXe siècles, ses rapports avec le Levant étaient permanents. Il s'oriente de plus en plus vers la vente des vêtements à caractère traditionnel.

Le souk correspond également à un enclos bordé de boutiques surmontées de

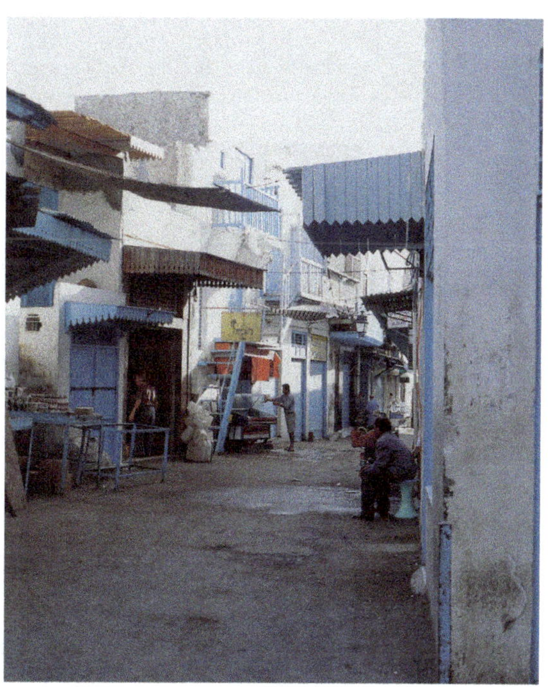

Un souk, Sfax.

ghorfas et ayant une seule entrée donnant sur une rue du souk. C'est le cas du souk du Filé, souk *el-Tou'ma*. Il peut aussi se présenter comme une aire plus ouverte et plus spacieuse mais ayant la même ordonnance. C'est le cas du marché du vendredi, souk *el-Joum'a*, que certains documents qualifient de marché des vieux objets, souk *el-Qach*. Ce souk, proche de la Grande Mosquée, était à l'origine un marché hebdomadaire. Il fonctionne aujourd'hui quotidiennement.

Comme dans le reste du monde arabo-musulman, l'ordonnance des souks dans l'espace urbain obéit à certains critères. Les souks à activités polluantes et bruyantes, telles la ferronnerie, la menuiserie, la boucherie, d'ailleurs liées au monde rural, sont rejetés du côté de la porte des champs, Bab el-Jibli.

Les souks gardent leurs noms, mais se convertissent; ceux qui s'attachent à leurs activités traditionnelles sont percés par des activités parasitaires. La médina de Sfax est plus active que jamais. Le moderne côtoie le traditionnel et s'associe à lui dans un mouvement d'adaptation naturelle.

VIII.1.h Fondouk des Forgerons

Le fondouk est dans la rue des Forgerons, à droite après le souk Rbaa.

Le terme fondouk, qui désigne un établissement à caractère plutôt économique, d'abord partagé entre l'Orient et l'Occident musulman, fut éclipsé de l'Orient à partir du IVe/Xe siècle par l'utilisation des termes *khan* et *oukala*.

Fondouk, *khan*, *oukala*, quoique ayant quelques différences architecturales, désignent le caravansérail composé essentiellement d'une vaste cour entourée de bâtiments et d'une hôtellerie. Les caravanes y faisaient halte. Les fondouks apparaissent très tôt à

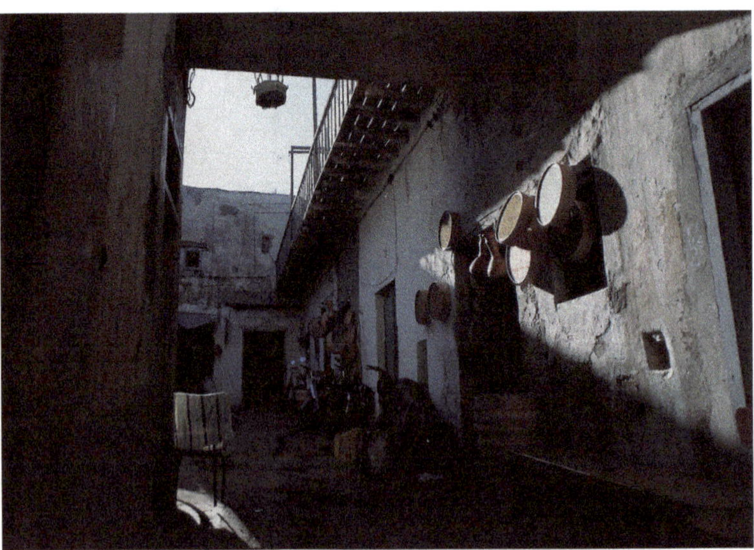

Fondouk des Forgerons, cour intérieure, Sfax.

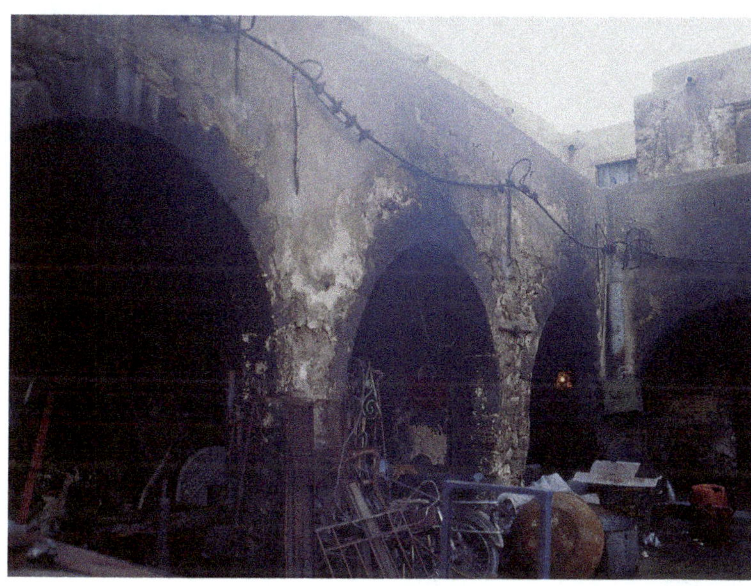

Fondouk des Forgerons, cour intérieure, Sfax.

Sfax. Ibn Hawqal, au IVe/Xe siècle, est le premier à nous signaler leur existence dans cette ville.

Situé à l'intérieur de la médina, à proximité de Bab el-Jibli et de la station caravanière, le fondouk des Forgerons tire son nom du souk où il se trouve. Son appellation est devenue plus significative depuis que la municipalité y a installé des forgerons et des chaudronniers.

Délabré à l'époque hafside, réaménagé et restauré au XIIe/XVIIIe siècle, il reste le seul témoin du quartier des fondouks, *Houma el-Fanadiq*, formé d'établissements semblables et très actifs au cours du XIIe/XVIIIe.

La forme du fondouk des Forgerons est classique. Un vestibule, ou *sqifa,* en couloir conduit à une vaste cour entourée de portiques sous lesquels ouvrent des magasins. Des escaliers, situés dans ce même vestibule, conduisent au premier étage formé de 25 chambres, les *ghorfas*. Le rez-de-chaussée était réservé aux animaux des voyageurs et à leurs marchandises, le premier étage jouait le rôle d'hôtellerie.

Le fondouk est construit selon les procédés de la maçonnerie traditionnelle basés sur des techniques séculaires, utilisant les matériaux locaux. Le grès coquiller importé de la région de Mahdia est utilisé en gros appareil pour réaliser des encadrements de portes, des arcs et des piliers. Compte tenu des matériaux disponibles, de la largeur des espaces à couvrir, de la façon d'aboutir à une meilleure régulation thermique, les couvertures sont réalisées en voûtes d'arêtes dans la *sqifa*, en solive de thuya pour les escaliers ou en charpente de bois léger pour les portiques. Ainsi, ce fondouk présente tous les types de couverture utilisés autrefois à Sfax.

Au fondouk des Forgerons, comme dans le reste des monuments historiques

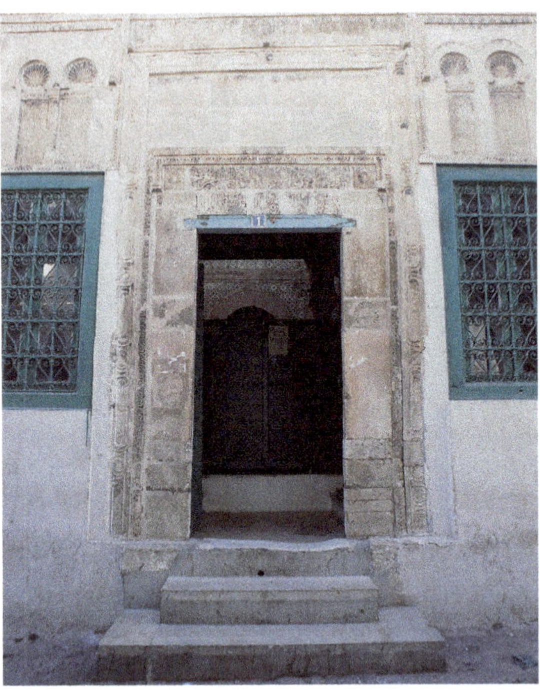

Mosquée Sidi Bouchwaïcha, entrée, Sfax.

sfaxiens, les pierres de taille, les arcs, les couvertures en ogives et les solives apparentes sont des éléments de la structure; ils sont aussi, dans ce type de monuments, les seuls éléments décoratifs capables d'attirer l'attention. Comparativement aux *khans* orientaux, le fondouk des Forgerons apparaît modeste, dépouillé de toute ornementation, plus proche des souks et des *qaysariyas* que des autres monuments.

VIII.1.i **Mosquée Sidi Bouchwaïcha** (monument non ouvert à la visite)

Le monument se trouve dans la rue des Forgerons, à laquelle on accède par la rue Abdelkader.

La mosquée, qu'on attribue à Sidi Bouchwaïcha, l'homme au toupet, se situe au nord de la ville, en face de Bab el-Jibli, la porte qui donne accès à des souks grouillants. Comme le suggère son surnom de Gardien de la Porte, *Chaouch el-Bab*, Sidi Bouchwaïcha était peut-être le gardien de cette porte stratégique qui devait être fermée à la tombée de la nuit. On est tenté de le désigner, aussi, comme étant le défenseur et le protecteur de la porte, surtout si on considère sa mosquée comme une sorte de *ribat*.

Cette mosquée se limitait à une petite salle de prière flanquée d'une cour. Elle s'est agrandie XIe-XIIe/f. XVIIe siècle au profit de cette cour et un oratoire mitoyen, tout en se dotant d'un minaret et d'une belle façade. La salle de prière est formée actuellement de deux parties communicantes, mais nettement distinctes. Celle du XIe/XVIIe siècle, quoique imitant l'ancienne salle dans l'utilisation de colonnes et de chapiteaux de réemploi, est plus élaborée; son *mihrab* est plus imposant, utilisant, en plus du kadhal sculpté, les carreaux de faïence.

Le minaret offre une belle perspective du haut du souk des Forgerons. Les vieilles gravures et cartes postales nous ont permis de suivre son évolution. Les travaux de restauration de 1964-1965 lui ont restitué sa forme originelle en deux tours superposées surmontées d'un lanternon à calotte lisse. Quoique tardif, il s'inscrit dans la pure tradition architecturale ifriqiyenne. Le minaret de la Grande Mosquée lui a sans doute servi de modèle.

La façade nord est soigneusement élaborée. Agrémentée par les fenêtres à ferronnerie en éléments spiralés, les *zlabias*, elle se distingue surtout par les encadrements en *kadhal* de la porte et des

fenêtres qui la flanquent. Les moulures en chaînettes, les denticules, les rosaces à trois pétales, les disques solaires à rayons retournés, harmonieusement agencés, constituent un bon mélange d'éléments d'architecture locale et de nouveautés mouradites. Deux inscriptions nichées, dans deux petites arcades géminées, surmontent de part et d'autre l'entrée. Elles font état de l'agrandissement de la mosquée en 1094/1683, mentionnent les cinq *mourabitoun* qui l'ont soutenue et le maître maçon qui a exécuté les travaux. Il s'agissait de Mohamed, fils du maître maçon Mohamed el-Kotti el-Ansari. Cette mention montre clairement que le métier de maçon, comme bien d'autres, passait du père au fils et d'une génération à une autre. Ce qui explique en définitive la pérennité des traditions architecturales à Sfax.
Les travaux de restauration ont mis au jour, à l'angle sud-est de la façade, la fontaine du *sabil* qu'on appelait suçoir, *massassa*. Il s'agit d'une grande jarre dans laquelle trempe un tube en cuivre dont on ne voit à l'extérieur que l'extrémité placée à niveau d'homme. Celui qui avait soif obtenait l'eau dont il avait besoin par aspiration. On attachait sur le plan religieux et social une grande importance à ces *sabils*, dont le but était d'obtenir, en désaltérant les assoiffés, la miséricorde divine.

VIII.1.j **Zaouïa Sidi bel-Hassen** (monument non ouvert à la visite)

Continuer dans la rue Abdelkader vers Bab Jabli et prendre à droite la rue Sidi bel-Hassen qui débouche sur le monument.

La zaouïa Sidi bel-Hassan (altération de Abou el-Hassan) donne sur la place

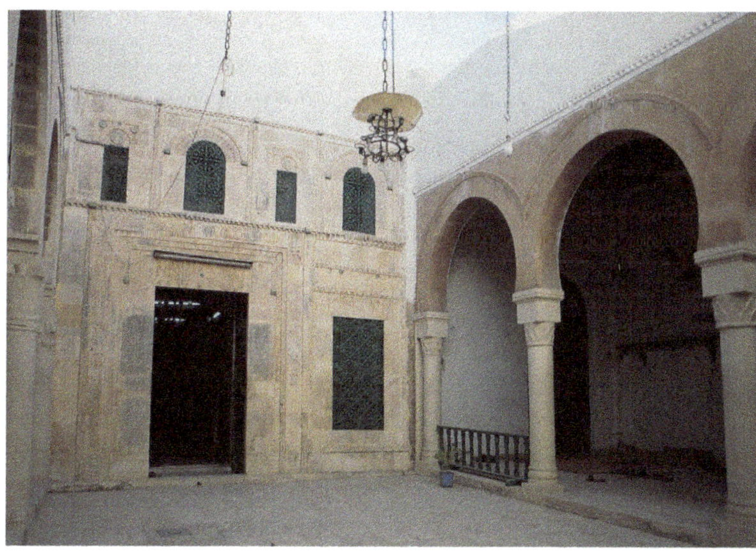

Zaouïa Sidi bel-Hassen, cour intérieure, Sfax.

Barberousse qui s'insère dans un centre économique très actif. Elle porte le nom de son fondateur, le cheikh Sidi Abou el-Hassan el-Karray, descendant de Sidi Ali el-Karray, saint patron de Sfax et initiateur de la confrérie *wafa'iya* que son père Maymoun avait importée d'Alexandrie. Sidi Abou el-Hassan, savant et éducateur du XIe/XVIIe siècle, a réussi à faire de sa zaouïa un important centre d'éducation et de culte où l'on psalmodiait des *mouwachahats* de sa composition, sortes de chants liturgiques adaptés au *malouf*. Les Sfaxiens, qui avaient vénéré Sidi Abou el-Hassan, vénèrent aujourd'hui sa zaouïa.

Celle-ci était à l'origine une maison privée.

Elle se compose actuellement d'un vestibule conduisant à un double portique qui ouvre sur le mausolée de Sidi Abou el-Hassan, d'une cour flanquée de deux autres portiques et d'une petite salle de prière dotée d'un joli *mihrab* encadré de *kadhal* sculpté et de carreaux de faïence.

Les inscriptions du vestibule, celles de la façade de la salle de prière et de la façade extérieure, datées respectivement de 1081/1671, 1113/1702 et 1174/1761, signalent les restaurations dont ils ont fait l'objet. Sur le plan architectural, ce fut là pour Sfax une époque charnière marquée par la fidélité aux anciennes traditions et l'ouverture à de nouvelles formes artistiques, véhiculées d'Orient par les Ottomans. Cette zaouïa illustre bien cette tendance. Tout en utilisant les matériaux de réemploi, colonnes et chapiteaux, ses bâtisseurs et restaurateurs ont usé de *kadhal* sculpté, signe à Sfax au XIIe/XVIIIe siècle d'une richesse matérielle liée à une prospérité économique. La façade de la salle de prière et la façade extérieure de la zaouïa, largement tapissées de ce matériau, font de tout ce monument l'édifice le plus intéressant sur le plan décoratif de Sfax. Au décor épigraphique qui se déploie sur les encadrements et les corniches à dents d'engrenage, s'ajoutent des motifs turquisants remarquablement agencés et largement utilisés: rosaces, médaillons à rayons tournés, polygones étoilés, chaînettes, cordes tressées, etc. Le disque solaire, *chamsa,* à rayons tournés, très répandu à Sfax, représente un "décor inexistant à Tunis" dit Fawzi Mahfoudh, mais qu'on "rencontre, ajoute-t-il, dans l'architecture civile cairote".

VIII.1.k **Les remparts**

Il est admis que les remparts de Sfax ont été construits en 244/859 sous le règne d'Ahmed Ibn el-Aghlab, émir de Kairouan. Ali Ibn Aslam el-Bekri, cadi de Sfax et homme lige des Aghlabides, les a érigés de ses propres moyens, ainsi que la Grande Mosquée, avec sans doute le soutien de ses maîtres. Ces deux monuments ont donné à la ville sa configuration de ville planifiée. Les remparts la délimitent en un quadrilatère légèrement déformé, de 600 m d'est en ouest, et de 400 à 450 m du sud au nord, totalisant un pourtour de 2 000 m.

Cette muraille, faite de courtines construites en fruit, est flanquée de 69 tours semi-rondes, barlongues ou à pans coupés, octogonales ou hexagonales. Ces tours, que les Sfaxiens appellent *borj*s ou *ribats*, jouent le rôle de contreforts et surtout d'organes de contrôle et de défense. La face sud est la plus fortifiée avec ses 22 tours. Dominant la mer, elle faisait face à l'horizon le plus dangereux. C'était par mer, en effet, que venaient les "infidèles": Byzantins, Normands, Chevaliers de Malte, Espagnols... qui étaient à cette époque les ennemis les plus à craindre. Tours et courtines se terminent par un parapet de créneaux et de merlons en arc légèrement brisé.

Ouvrage de défense, les remparts de Sfax obéissent aux principes des fortifications militaires. L'un des éléments de base de ces principes était de renforcer les forteresses d'angle. A Sfax, ces tours d'angle sont: la casbah au sud-ouest, le Borj el-Nar au sud-est, le Borj Mas'ouda au nord-est et le Borj el-Ksar, en appendice, au nord-ouest. Les Sfaxiens étaient conscients de l'importance de l'enceinte de leur ville qui les mettait à l'abri de toutes sortes de fléaux naturels ainsi que des razzias ou des tentatives d'incursions militaires. Ils ont exprimé ce sentiment par leurs dictons et aussi par l'attention et le soutien matériel qu'ils lui accordaient. Les biens de mainmorte, *waqf*s, fabuleux qu'ils lui ont légué, permettaient à son gérant, *wakil,* de l'entretenir, le restaurer et améliorer ses moyens de défense. Les embrasures de canons qui voisinent avec les archères témoignent de l'adaptation de la muraille à l'évolution des armes.

Construits au départ en briques crues, faites d'un mélange de plâtre, de chaux vive, de cendre et de sable, les remparts ont été repris au fil du temps avec des matériaux plus consistants. Il s'agit de moellons en calcaires extraits du sous-sol sfaxien liés par un mortier de chaux. Pour les chaînages, les maçons ont utilisé des rondins de bois d'olivier, de vigne ou de thuya enfouis dans les murs, et ils ont utilisé la pierre de taille en grès coquillier, importée de la région de Mahdia, pour les

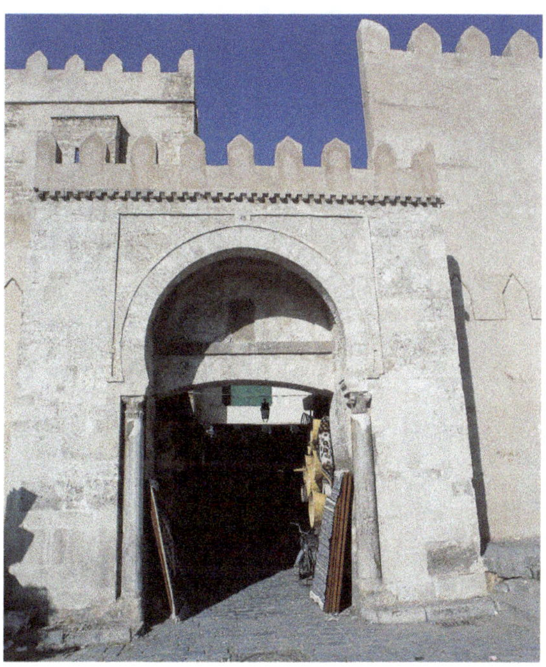

Les remparts, porte, Sfax.

chaînages d'angles, les harpes et les soubassements saillants de quelques tours. Ce mode de construction a toujours été observé pour assurer les modifications et les restaurations que nécessitait la défense de la ville, pendant les grands moments militaires.

Les remparts de Sfax expriment la permanence séculaire de traditions architecturales, de mode de construction et d'éléments décoratifs dont la corniche et la dentelure. Leur bon état de conservation a permis aux spécialistes de l'architecture musulmane de mieux comprendre le système de fortification de l'Ifriqiya pendant le haut Moyen Âge.

LE BORJ

Ali Zouari

Sfax avait de beaux vergers, appelés *jnans*, plantés de toutes sortes d'arbres fruitiers et de plantes odoriférantes, selon une géométrie qui tenait compte de l'espace, du sol, des espèces et de la proximité de l'habitation. Ces jardins, entourés de haies de cactus, constituaient une campagne verdoyante, la *ghaba*, qui entourait la ville. Au dire d'el-Bekri, géographe du Ve/XIe siècle, cette campagne, faite essentiellement d'oliviers, était parsemée de *qsars*. De ce mot, à signification nuancée, nous retenons celle d'habitation fortifiée. Cette campagne régresse entre le VIIIe/XIVe siècle et le Xe/XVIe siècle, pour des raisons militaires, épidémiques et à cause des reculs économiques et démographiques. Elle se reconstitue surtout à partir du XIe/XVIIe siècle avec la stabilité politique. Au XIIe/XVIIIe siècle, elle retrouve son ancienne forme et ne cesse alors de se développer. Les voyageurs européens en étaient émerveillés. Les descriptions qu'ils nous ont laissées insistent sur un océan de verdure ponctué de taches blanches. Ces dernières n'étaient autres que des habitations secondaires, de petites dimensions, qu'ils ont appelées, comme les Sfaxiens eux-mêmes, *borj*, littéralement tour ou forteresse, contrairement à Mahmoud Magdich, chroniqueur sfaxien du XIIe/XVIIIe, qui a préféré utiliser le mot *ksar*, comme son prédécesseur el-Bekri. Les plus anciens *borjs* qui nous sont restés remontent au XIe/XVIIe siècle. Ils représentent le type le moins évolué du *borj* sfaxien. Massifs, de superficies réduites (20 à 30 m^2 à la base), ils prennent la forme d'une tour en tronc de pyramide, haute avec ses deux étages de 6 m à peu près. Avec leur parapet, leurs archères et leurs bretèches qui surmontent la porte d'entrée ou renforcent un coin du parapet, ils sont conçus pour résister aux razzias des tribus indisciplinées qui vivaient aux alentours dans une époque où le gouvernement n'arrivait pas à assumer la sécurité du pays. Ils servaient aussi de retranchement pour mieux résister aux envahisseurs. Les *borjs* étaient dépourvus de toilettes et de cuisines. Leurs occupants satisfaisaient leurs besoins naturels et assuraient leurs préparations culinaires à l'extérieur, dans des cabanes de branchages d'oliviers, *kib*. Ces habitations, qui appartenaient aux gens de la ville, n'étaient occupées que pendant la saison chaude. Le Sfaxien y cherchait la fraîcheur, les fruits du *jnan*, les bonnes odeurs du jasmin, de la marjolaine, du basilic... et s'en délectait. C'était aussi pour la famille l'occasion et le lieu adéquat pour constituer ses provisions de fruits secs: amandes, pistaches, figues et raisins secs, et de sous-produits d'orge et de blé dur en toutes sortes de farine, de couscous et de blé concassé. Le retour à la ville s'accomplissait au début de l'automne, avant les grandes pluies.

Le *borj* évolua progressivement à partir du XIIIe/XIXe siècle, suite à une meilleure sécurité, à la poussée démographique et au développement économique et social. De résidence secondaire, il devient, pour de nombreuses familles nanties et moins nanties, une résidence permanente. Une cour découverte, le *houch*, communiquant avec l'extérieur par un vestibule, la *sqifa*, une étable, *rwa*, une cuisine et de nouvelles chambres lui furent accolées. L'une de ces chambres, *bayt el-sahra*, est indépendante de la vie domestique. Ouvrant sur la terrasse, orientée vers les vents doux du sud-est, elle était destinée, comme son nom l'indique, aux veillées, en particulier à celles du maître et de ses invités. Elle jouait, parfois, le rôle de réserve pendant les années de bonne récolte. Le *borj*, ainsi conçu et agrandi, joua un

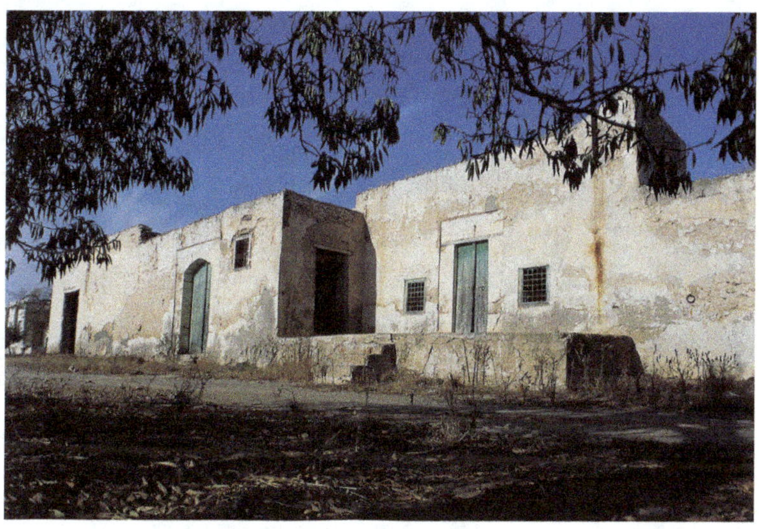

Borj aux alentours de Sfax.

important rôle dans la conquête de nouvelles terres et l'extension de la *ghaba* et aussi dans la création d'oliveraies dans les profondeurs de la steppe. Meules de paille et de branchages d'oliviers, chiens de garde, bêtes de trait stabulé sous les arbres, charrette au repos font partie de l'environnement familier du *borj*. A l'intérieur, les greniers maçonnés, *hri,* et souterrains, *matmoura,* soulignent en plus sa fonction rurale ainsi que le souci du Sfaxien de se prémunir contre les disettes des années de sécheresse. Les *borjs* des familles bourgeoises enrichies par le commerce ou l'exploitation terrienne étaient plus élaborés, agrémentés à l'intérieur d'éléments décoratifs empruntés à la maison citadine. Portiques dans la cour, plafonds et armoires peints, devants de lit en bois ouvragé, gais mais sobres et reposants, dénotent d'un penchant pour un raffinement équilibré.

Ainsi, le *borj*, minuscule à son départ, finit par se présenter à l'œil émerveillé des voyageurs comme une masse architecturale dominée par les crêtes de majestueux palmiers. Le *borj* prototype n'a pourtant pas disparu. Il constituait soit le noyau central du *borj* évolué, soit un logement indépendant, occupé par des familles démunies.
L'évolution qui a marqué le *borj* à partir du XIIIe/XIXe siècle n'a pas entamé le lien ombilical qui attachait la campagne à sa ville. "Près de sept mille jardins entourent Sfax, a écrit Charles Lallemand en 1890. Chaque soir, après les affaires faites, ajoute-t-il, l'heureux bourgeois sfaxien regagne, au trot de son cheval, de son mulet ou de son âne, le beau jardin au milieu duquel habite sa famille".
La campagne sfaxienne est aujourd'hui disloquée: les *borjs*, à quelques exceptions, sont abandonnés. Les Sfaxiens vivent dans des villas ou dans des appartements modernes.

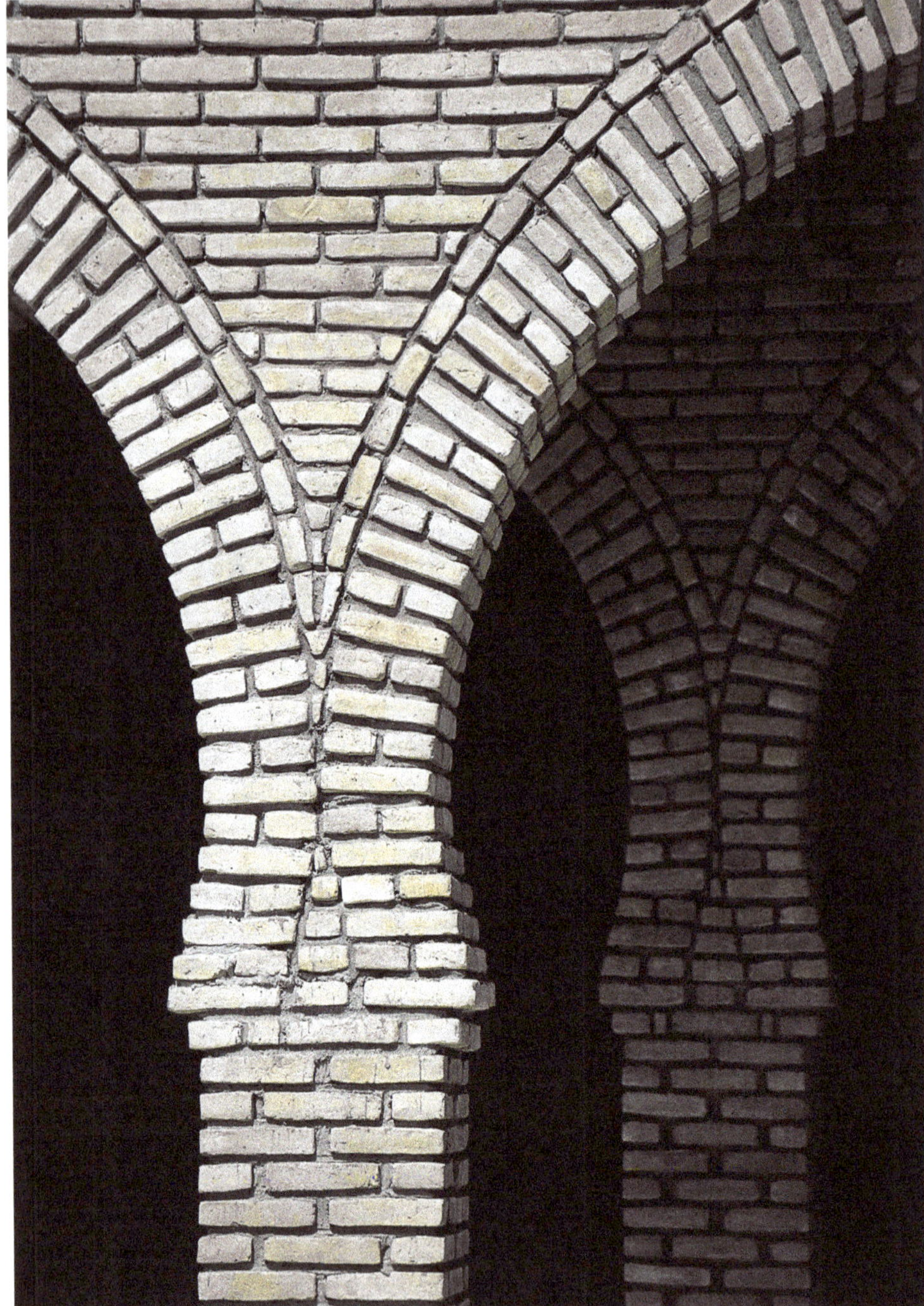

Les stations caravanières

Kadri Bouteraa, Ali Zouari

Ier Jour

IX.1 GAFSA

IX.1.a La casbah
IX.1.b Dar el-Longu
IX.1.c Dar el-Charif (option)

IX.2 CHÉBIKA

IX.2.a Salle de la clepsydre

IX.3 TAMERZA

IX.3.a Mosquée Sidi Touati

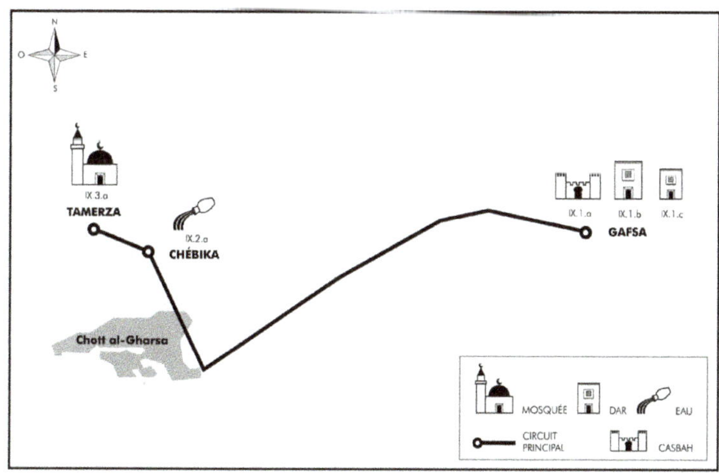

Architecture en briques pleines, Tozeur.

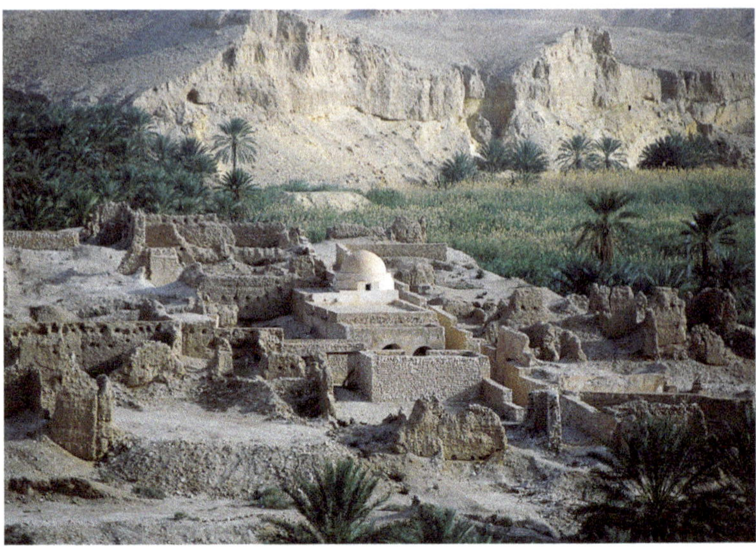

Ancien village de Tamerza.

Le Jérid, abréviation de Pays du Palmier, *Blad el-Jerid*, est connu pendant le Moyen Âge sous le nom de *Qastiliya*. Groupant des oasis à cultures étagées de plaines formées par Tozeur, Nefta, Dégache, el-Hamma et de montagnes telles Chébika, Midès, Tamerza, il forme avec la région de Gafsa, l'oasis la plus septentrionale de la Tunisie, une zone de contact entre la Tunisie clémente de la dorsale et du Tell et la Tunisie désertique.

A un niveau maghrébin, cette zone fait partie d'un vaste couloir de passage naturel, qui s'étire de l'extrême sud marocain à l'oasis de Siwa, au sud de l'Egypte. Ibn Khaldoun la qualifie de zone des palmiers, *iqlim el-nakhl*. Ainsi situées, ces oasis ont joué le rôle d'entrée au Sahara vers l'Afrique noire —d'où le qualificatif de porte du Sahara donné à Gafsa— et au Proche-Orient par Gabès. L'origine de ces centres d'eau et de verdure reste nébuleuse. Les voyageurs arabes les considèrent comme éternels et attribuent leur fondation à des héros ou à des divinités de la mythologie arabo-musulmane ou libyque. Des histoires imaginaires les présentent comme étant au départ des affûts utilisés par les chasseurs d'animaux assoiffés. Plus acceptable est la thèse de Gautier qui fait remonter leur origine au néolithique (3 000 av. J.-C.).

Le Jérid entra dans l'histoire avec la construction par les Romains d'un *limes* destiné à contenir "aux marges du monde méditerranéen les populations mouvantes des nomades". La chute de l'Empire libéra les frontières et entraîna des vagues de Berbères chameliers, les premiers groupes arabes de l'occupation, et plus tard des tribus hilaliennes. Plus effective avec la soumission du Maghreb à l'islam dès le Ier/VIIe siècle, la libération des frontières va permettre aux caravanes de mieux fonctionner et aux oasis de prospérer. Kairouan, engagée dans le commerce africain et maghrébin, en fait son appendice. Le couloir sub-égyptien fonctionne merveilleusement bien. Les caravanes de pèlerins et de marchands, grossies par ceux qui venaient d'Andalousie et d'Algérie, stationnaient au Jérid et faisaient leur jonction avec les caravanes tunisiennes au niveau de Gabès. Des caravanes de marchands empruntaient dans le sens inverse le même couloir pour commercer avec l'Algérie méridionale et les confins du Maroc, en transitant par Tébessa.

Le commerce caravanier, très lucratif, permettait aux oasis d'écouler leurs produits agricoles: les dattes d'une transparence ambrée, les *deglet el-nour*, les fruits secs, les épices... et les produits artisanaux, particulièrement les tissages de laine et de soie et aussi des verreries et des poteries. D'après el-Bekri, ces produits arrivaient jusqu'en Andalousie et en Égypte. La prospérité économique a permis l'émergence de pouvoirs locaux forts et animés de velléités autonomistes. Ils ont abouti, pendant les moments de faiblesse du pouvoir central, à l'installation de principautés, politiquement et économiquement puissantes, notamment celles des Banou Yamloul à Tozeur et des Banou Khalaf à Nefta. Le commerce caravanier se ralentit dès la moitié du XIIIe/XIXe siècle, mais ne disparaît que bien plus tard. Ray, voyageur anglais arrivant à Sfax en 1294/1877, a dû céder le passage avec la foule à deux caravanes, l'une chargée de dattes arrivant de Tozeur et l'autre chargée de tissus anglais partant pour Tébessa, via Tozeur et Nefta. Celle-ci "devait revenir, dit-il, chargée de dattes". Toutefois, le ralentissement du grand commerce caravanier, l'avilissement des prix agricoles et la déchéance de l'artisanat textile entraînent la décadence du Jérid après une longue période de prospérité.

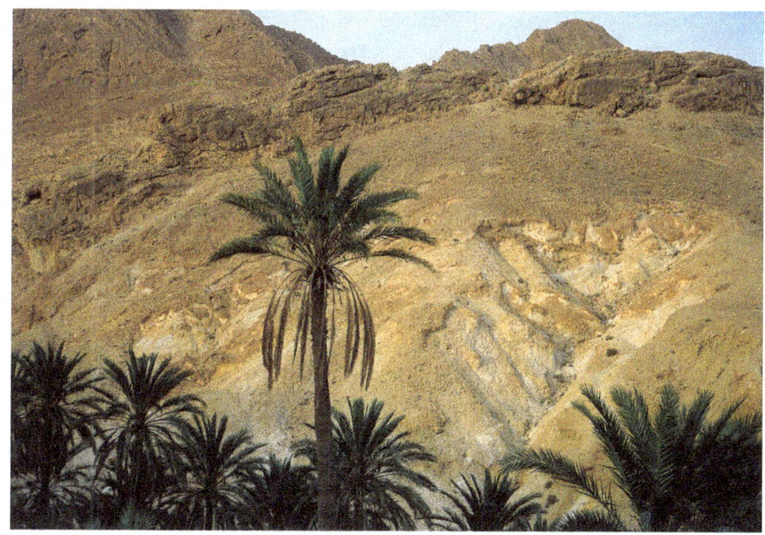

Oasis de montagne, Chébika.

Les Jéridis, pétris des brassages ethniques, et mûris par les passages caravaniers, sont aussi le produit d'une nature rude par ses chaleurs torrides et clémente par ses eaux murmurantes et ses verdures ombragées. Eloquents et poètes mais aussi résistants et judicieux, ils ont produit une architecture reflétant leur nature. En utilisant le pisé, le bois de palmier et la brique, tous tirés de leur environnement, ils ont pu construire des monuments agréables par leurs riches décors qu'ils ont orientés de manière à créer des zones d'ombre et à lutter contre la chaleur. En effet, en dotant sa maison d'un patio à hauts murs, de parapets élevés et de petites fenêtres semblables à des meurtrières, le Jéridi pouvait ainsi tamiser l'air chaud, suspendre ses régimes de dattes, ombrager des espaces et protéger sa vie intime.
Le matériau de construction le plus apparent et le plus utilisé reste la brique blonde, fabriquée dans des fours primitifs chauffés au bois de palmier et posée en appareil réticulé; elle permet aux maçons de revêtir les façades de riches décors inspirés de l'environnement, de la calligraphie et des tissages. Elle donne ainsi à l'architecture du Jérid toute son originalité. L'architecture religieuse ajoute d'autres particularités. Les minarets avec leurs lanternons, *jamour*, dotés de quatre coupoles, sont uniques dans le monde arabo-musulman.

IX.1 GAFSA

Gafsa, héritière de la Capsa romaine, a donné son nom à une civilisation qui a fleuri dans sa région, au néolithique. Située à un carrefour de passages naturels, elle a pu véhiculer les hommes entre le Tell et le Sahara et diriger les caravanes maghrébines, transitant par Tébessa et le Jérid, vers l'Egypte par Gabès. Grande et forte au IIe siècle, bien protégée par ses remparts, elle fut élevée au rang de municipe puis de colonie. Les Byzantins l'ont dotée de puissantes fortifications et ont fait d'elle une capitale de la Byzacène. Conquise définitivement par les Arabes en 78/698, elle a gardé pendant plus de deux siècles son aspect de ville antique et des traces de sa latinisation et de sa christianisation.
Les chroniqueurs arabes du haut Moyen Âge sont unanimes à dire que ses remparts, construits en pierres, sont solides et bien conservés, et que ses rues sont dallées. El-Bekri au Ve/XIe siècle, plus précis, nous dit que Gafsa "était bâtie sur des portiques de marbre dont on a bouché les arcades avec de fortes cloisons construites de moellons". Le *Kitab el-Istibsar*, dont l'auteur est inconnu, ajoute que Gafsa portait le nom de *haniyya*, sans doute à cause des arcades, *hanaya*, qu'elle avait.
Gafsa est restée, jusqu'aux alentours du VIe/XIIe siècle, une ville dynamique et prospère. Elle le devait à ses produits agricoles et artisanaux, ainsi qu'à son activité caravanière. Son oasis, ses champs et ses cultures, *mazrou'at*, arrosés par les cours d'eau, les oueds, qui sont alimentés par les deux grandes sources: *el-'Ayn el-Kebira* et *el-Tarmid*, jaillissantes à l'intérieur de la ville, et par l'oued Bayyach, produisait selon ces chroniqueurs des dattes aussi grosses que des œufs de pigeons, des olives, des figues, des pommes, des raisins, des pistaches et d'autres fruits. Les pistaches, "aussi grosses que des amandes, meilleures que celles de *Bled el-Cham*", la Syrie, étaient vendues dans toutes les régions de l'Ifri-

qiya et exportées vers l'Andalousie, Sijilmassa et l'Egypte. Plus élogieux, le *Kitab el-Istibsar* décrit avec précision ses sources d'eau et son oasis "où sont dispersés, dit-il, 18 *manzil* appelés *qura's:* hameaux". Cette oasis était entourée d'un rempart, appelé *Sour el-Ghaba*, percé de quatre portes, *Abwab el-Durub*, surmontées de tours habitées. "A Gafsa, finit-il par ajouter, on fabrique des couvertures, des châles, des turbans de laine, des ustensiles en poterie fine, éclatante de blancheur, appelés *rihiyyas*, des verreries et des ustensiles exceptionnels et d'autres bien dorés. Ses habitants, conclut-il, sont aisés". Pourtant Gafsa, qui d'après tous ces témoignages était riche, l'était sûrement moins que Tozeur. L'impôt que payait Gafsa, égal à 50 000 dinars selon el-Bekri, ne représentait que le quart de ce que payait Tozeur.

Gafsa va être durement éprouvée par des événements épisodiques brutaux, relatifs à ses choix politiques. Se sentant à l'abri par les distances qui l'éloignaient du pouvoir central et attachée à ses anciennes traditions d'obéissance à Kairouan, d'obédience abbasside, Gafsa ouvrait ses portes aux dissidents ou se déclarait indépendante, sous les impulsions de familles puissantes, à chaque moment d'affaiblissement du pouvoir central. Cette attitude lui occasionnait de dures représailles.

Suite à l'effondrement ziride, elle s'est déclarée indépendante sous la bannière des Banou Rand en 566/1171, jusqu'au moment où le calife almohade Abou Ya'coub les délogea en 575/1180. En 580/1185, elle ouvrait ses portes aux Majorquins Banou Ghaniya, en lutte contre les Almohades. El-Mansour la punit en 582/1187 en rasant ses remparts et en réduisant les propriétaires terriens en colons partiaires sur leurs propres terrains. En 795/1393, Abou el-Abbas, en réprimant une nouvelle révolte, dévasta sa palmeraie. Dans des moments de répit, les murs de Gafsa furent réédifiés, mais à

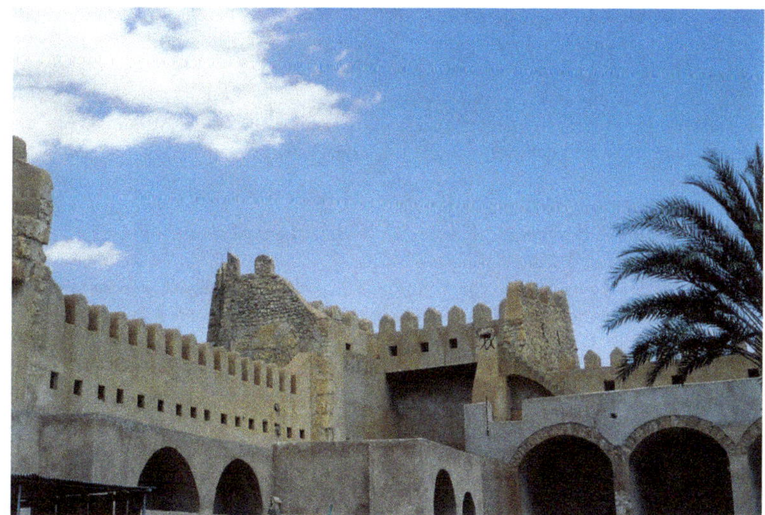

La casbah, chemin de ronde, Gafsa.

nouveau détruits au début du IXe/XVe siècle. Elle fut alors dotée d'une nouvelle casbah, dont il ne reste d'ailleurs qu'une partie.

Durement éprouvée, Gafsa avait déjà perdu au VIIe/XIIIe siècle son éclat. El-Hamawi, au VIIe/XIIIe siècle, tout en copiant ses prédécesseurs quant à sa production agricole, précise qu'elle était une petite ville. Léon l'Africain, au Xe/XVIe siècle, s'il rappelait que la ville s'était repeuplée, ne manqua pas de relever la pauvreté des édifices, des habitants et l'insalubrité de l'endroit.

Mêlée aux événements inhérents aux instabilités de l'époque ottomane et victime d'exactions fiscales, Gafsa tomba encore plus dans le déclin. La ville et ses monuments furent encore plus touchés à l'époque coloniale par des rajouts et des transformations. Compacte, elle ne garde de ses anciennes splendeurs romaines et médiévales que les bassins de rassemblement des eaux, appelés improprement piscine romaine, des colonnes, des chapiteaux éparpillés dans les demeures et lieux de culte, et quelques mosquées.

La Grande Mosquée de Gafsa est excentrique, contrairement à la planification normative des médinas qui accorde à la Grande Mosquée une position centrale. Elle se trouve dans la partie sud de la ville, au voisinage des remparts qui n'existent plus. Le choix de placer la Grande Mosquée à côté des remparts sur un point élevé lui accordait le rôle d'une forteresse de contrôle et de défense, comme un *ribat*. C'était le cas, dans le Jérid, de la mosquée Sidi Mezhoud à Nefta et de la mosquée d'el-Ayyacha.

La mosquée originelle, probablement aghlabide, a connu des agrandissements dont le plus important eut lieu au début du IXe/XVe siècle. Il a englobé le passage qui séparait les remparts des constructions intérieures. Cette opportunité a permis de conserver un pan de remparts, incorporé à la mosquée et correspondant actuellement à son côté sud. Cet agrandissement est perceptible, car ses travées n'ont pas la même direction que celles de la partie ancienne.

A la façade orientée à l'est est accolé un petit mausolée attribué obscurément à Sidi Sahib el-Waqt, dit le maître des heures. S'agissait-il du responsable qui, en utilisant le cadran solaire, déterminait les heures de l'appel à la prière ?

Le minaret, qui copie maladroitement les minarets hafsides, est sans intérêt historique. Il a remplacé, après la Première Guerre mondiale, l'ancien minaret qui était, d'après la seule photographie qui est restée, de section octogonale et datant probablement de l'époque mouradite.

L'époque ottomane nous a cependant légué quelques belles maisons: Dar el-Smaoui, Dar el-Longu, Dar el-Qaroui… Semblables à celles de Tunis, de Sfax et de Kairouan, elles sont dotées d'une *driba*, d'un patio et de plafonds peints. Ces maisons témoignent que Gafsa, comme ville intermédiaire, a été influencée par des familles immigrantes.

IX.1.a **La casbah**

Avenue Habib Bourguiba. Le monument est situé entre le Gouvernorat et le Palais de Justice.

La casbah, qu'on désigne aujourd'hui par fort, *borj,* occupe l'angle sud-ouest de la médina. Elle s'intégrait aux remparts, aujourd'hui disparus, par ses angles nord-est et sud-ouest. A défaut de textes et de fouilles archéologiques systématiques, il

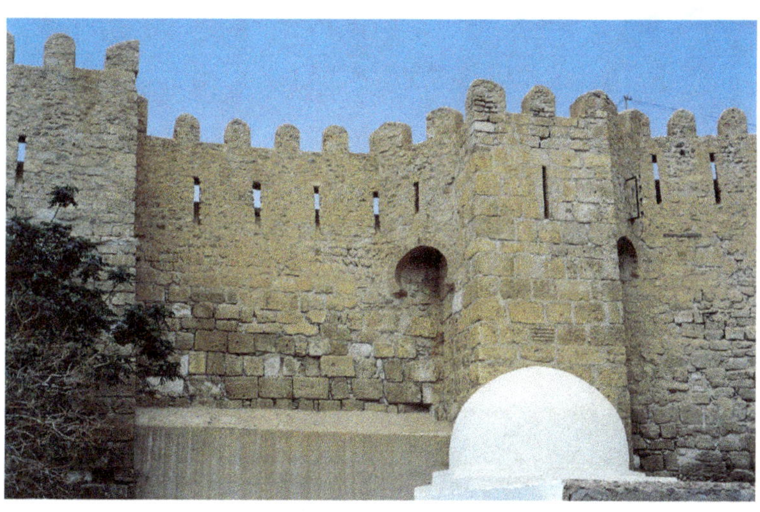

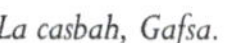

La casbah, Gafsa.

est impossible de dater sa fondation. L'on sait toutefois que le patrice Salomon édifia, à côté des thermes, une forteresse importante qui est, sans doute, l'ancêtre de la casbah actuelle, d'autant plus que les vestiges de ces thermes lui sont accolés et se trouvent à un niveau inférieur. Ces thermes supportent actuellement la petite mosquée de Sidi Salah. Il semble que cette mosquée était plus importante au VIIe/XIIIe siècle et avait pour nom la mosquée des Apôtres, *jama' el-Hawariyin*.

La forteresse byzantine, remaniée dès l'occupation arabe et adaptée aux besoins défensifs de Gafsa et de sa région, se transforma en la casbah. Matérialisant la force de l'ordre et de l'autorité suprême, cette citadelle avait également été utilisée par les dissidents, souvent étrangers à la ville, comme base pour tenir tête au pouvoir central et bien tenir la ville en main. En tant que telle, la casbah subira les contrecoups de l'indiscipline de la ville vis-à-vis du pouvoir central: priver Gafsa de sa citadelle c'était la soumettre et la maîtriser. En 582/1187, l'Almohade Abou Ya'coub Youssef a rasé ses remparts pour la punir d'avoir soutenu Ibn Ghaniya. Les Hafsides les ont reconstruits et ont restauré la casbah, puis ils ont tout détruits au début du IXe/XVe siècle, toujours pour des raisons d'indiscipline. Abou Abdallah Ibn Abou Hafs, lors d'une de ses campagnes, poussa jusqu'à Gafsa et réédifia sa casbah au-delà de ses anciennes limites.

Entretenue à l'époque ottomane, cette forteresse était considérée, jusqu'à la fin du siècle dernier, comme "l'une des plus belles de Tunisie".

A l'époque coloniale, elle souffrit de transformations et d'amputations. Les logements des soldats, la salle d'entraînement et la mosquée hafside disparurent. Il n'en reste actuellement que deux murs flanqués de tours barlongues et semi-rondes, percées d'embrasures à canons et portant des merlons arqués de type aghlabide. Créneaux et merlons jouent le rôle de parapet au chemin de ronde, encore bien visible. Ces murs nous

Dar el-Longu, plafond en bois peint, Gafsa.

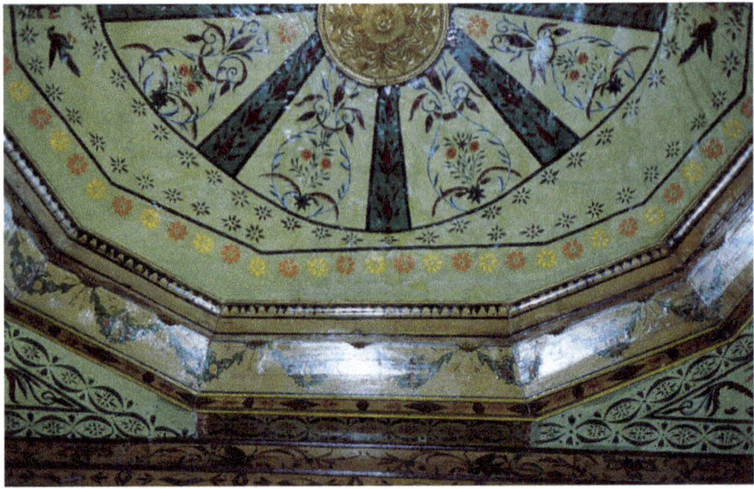

donnent également une idée sur leurs techniques de construction. Leurs soubassements sont en pierre de taille, contrairement aux parties hautes qui sont construites en moellons.
Le peu qui est resté de la casbah reflète très mal le rôle qu'avait joué ce monument et la place qu'il avait occupé dans la vie et l'architecture militaire tunisiennes pendant plus de mille ans.

Beau point de vue sur l'oasis qui pâtit de la proximité des oasis de Tozeur et Nefta, plus réputées.

IX.1.b **Dar el-Longu**

Dans la médina, derrière le musée national de Gafsa. Horaires: 8:30 à 12:00 et de 15:00 à 18:00. Fermé le lundi

La maison traditionnelle de Gafsa, comme partout ailleurs en Tunisie, est à cour centrale. Un vestibule simple ou coudé permet d'y accéder. Sur la cour, dépourvue de portiques, ouvrent la cuisine, les caves appelées *makhzen* à Gafsa, et les chambres d'habitation. Celles-ci, longues et étroites, sont ainsi adaptées à la longueur du bois de palmier et aux voûtes croisées. Chaque chambre est équipée à ses extrémités de deux estrades maçonnées servant de lit, surmontant, l'une une resserre à provisions, l'autre, la plus haute, une chambrette.
C'est essentiellement sous les Husseinites c'est-à-dire au XIIe/XVIIIe, avec l'élite administrative et militaire et souvent à l'aide de maîtres maçons sfaxiens, dont Mohamed Kammoun, que la maison gafsienne va prendre l'allure d'une demeure bourgeoise, imitant celles de Tunis et des grandes villes côtières. Chambres en T, cours à portiques, plafonds peints, encadrements en *kadhal* y sont adoptés.
Des maisons comme Dar el-Smaoui et Dar el-Qaroui calquent, même dans les détails, les maisons sfaxiennes.

Dar el-Longu est une maison intermédiaire. Le gouvernement, l'ayant achetée à ses anciens propriétaires, les Bakir, l'a cédée en 1881 à son représentant à Gafsa, le caïd Ahmed Ben Hassan Ben Abderrahman el-Longu. Sa famille, d'origine turque, avait assuré des fonctions militaires et caïdales dans cette ville. Les premiers propriétaires de Dar el-Longu avaient suffisamment de moyens pour se permettre une maison relativement somptueuse dont ils ont choisi l'emplacement au cœur de la ville, à proximité des piscines romaines. Un portique équipé de banquettes, sur lequel ouvre une grande salle, ayant peut-être servi d'écuries, donne accès à un vestibule en chicane. Tout autour de la cour s'ordonnent la cuisine et des dépendances, une pièce de réception et trois chambres à *qbou*, flanquées de chambrettes, *maqsoura*, toutes couvertes en voûtes croisées. Chaque chambre surmonte une cave à entrée indépendante située dans la cour, jouant le rôle de resserre, *makhzen*. Des escaliers placés dans le vestibule mènent à l'étage. De l'architecture typiquement gafsienne, Dar el Longu a retenu le patio dépourvu de portiques, les voûtes croisées, et les caves. À Tunis et aux villes côtières, elle a emprunté les chambres à *qbou* et les plafonds peints. Ceux-ci se trouvaient à l'étage et imitent les plafonds peints italianisants de Tunis, s'écartant ainsi de Dar Smaoui dont les plafonds, imitant ceux de Sfax, sont de facture andalouse. Mohamed Kammoun, qui a assuré les travaux en 1233/1818 selon l'inscription fixée sur la voûte de l'une des chambres, a dû renoncer à certaines dispositions architecturales de sa ville pour satisfaire l'attachement des propriétaires à certaines formes de l'architecture traditionnelle de Gafsa et aussi un certain penchant pour l'architecture tunisoise, dont le miroitement chatouillait leur orgueil bourgeois. C'est peut-être dans cette perspective que se place l'oratoire, *masjed*, intégré à la masse de cette maison, mais ouvrant sur la rue.

Il semble que l'apport d'Ahmad el-Longu se soit limité à des aspects purement décoratifs.

IX.1.c **Dar el-Charif** (option)

Rue Mohamed Khadouma. Horaires: d'octobre à mai, de 8:00 à 12:00 et de 15:00 à 17:00, de juin à septembre de 8:00 à 13:00. Parking face à l'entrée. Toilettes.

Le Dar el-Charif, situé au nord-est de la médina, a appartenu au juif Moshé avant de devenir la propriété de Hadj Othman el-Charif, grand propriétaire terrien. Le passage de juifs dans cette maison y a laissé sa trace. Sur la couverture en voûte croisée de la chambre, qui occupe le côté sud de la cour, une inscription en écriture hébraïque est encore visible, mais elle est restée jusqu'ici sans lecture. En outre, sur les piédroits des entrées des trois

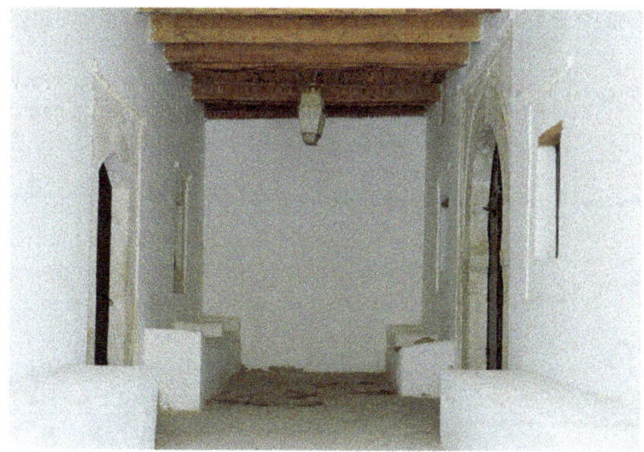

Dar el-Longu, vestibule, Gafsa.

Dar el-Longu, détail de la porte, Gafsa.

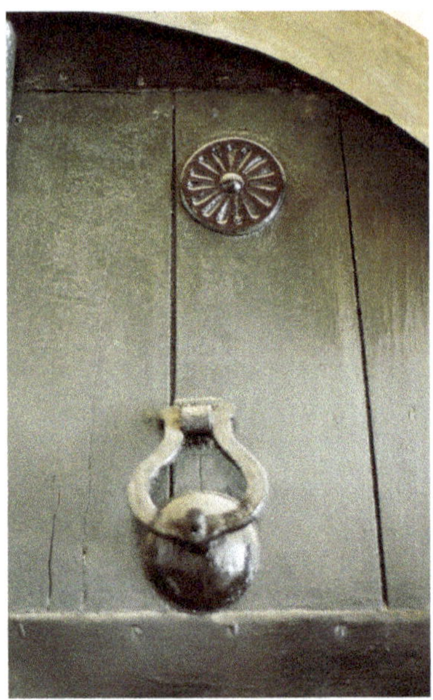

chambres d'habitation est incisée, dans le plâtre, cette invocation *zwiga* en hébreu également en écriture hébraïque: "Que Dieu protège celui qui occupe cette chambre de tout mal".

Le Dar el-Charif a été construit en 1130/1718 par le maître maçon Mohamed Kammoun, comme le signifie sa signature qu'accompagne cette belle formule: "Ô vous qui êtes entrés et sortis, sachez que le soulagement suivra l'embarras et que la richesse s'épuisera et la jeunesse vieillira".

Mohamed Kammoun a construit également Dar el-Moufti en 1130/1718 et Dar el-Longu une année plus tard. Les maîtres maçons sfaxiens, parmi lesquels Mohamed Kammoun et Mahmoud Mrad, tout en exécutant leurs ouvrages de commande, religieux ou domestiques, le plus souvent riches, ont orienté l'architecture de Gafsa dans le sens de celle de Sfax. Le Dar el-Charif, le Dar el-Smaoui, le Dar el-Moufti... sont les répliques de maisons sfaxiennes bourgeoises.

Comme à Sfax, un vestibule, *sqifa*, conduit à la cour autour de laquelle s'ordonnent les communs et trois chambres d'habitation. Deux d'entre elles sont oblongues et étroites, l'autre, la principale, est en forme de T. Son *qbou* profond, embelli de carreaux de faïence, est flanqué de deux chambrettes, *maqsoura*. L'architecture, la maçonnerie, le décor, sont un mélange de fond sfaxien et d'influences andalouses et turques. Le style gafsien ne s'y rencontre qu'en éléments épars.

Le Dar el-Charif, comme presque toutes les maisons sfaxiennes, est pourvu d'un étage. Des escaliers placés dans le vestibule y conduisent. Evitant l'aération par la rue, les fenêtres de l'étage comme celles des chambres du rez-de-chaussée, ouvrent sur la cour.

IX.2 CHÉBIKA

Prendre la route de Tozeur. À el-Hamma, sans entrer dans le village, se diriger à droite et s'engager sur une piste carrossable de 53 km en direction des oasis de montagne. Se renseigner préalablement auprès de la Garde Nationale sur l'état des routes, car s'il vente la piste peut être impraticable.

Au fur et à mesure que l'on s'approche de Chébika, les paysages deviennent impressionnants et prennent des couleurs changeantes selon le moment de la journée et des saisons.

Chébika s'accroche à mi-hauteur à peu près de sa montagne, occupant une plateforme qui lui permet de dominer l'oasis et la gorge de son oued. Le village serait l'antique ad-Speculum, poste romain de défense sur la voie Tacape-Theveste, Gabès-Tébessa. Construite en pierre et pisé couleur terre, elle s'intègre à son environnement. Chébika est actuellement abandonnée au profit de constructions banales établies sur les pentes. Le tissu du village historique, en échiquier, rappelle celui de Tamerza. La rue axiale, à laquelle se greffent les rues médianes, aboutit à la place du marché.

IX.2.a **Salle de la clepsydre**

Le monument est situé au-dessus de l'unique buvette du village. Pour le visiter, demander les clefs à la buvette. Toilettes à la buvette.

Dans la palmeraie, remonter le cours de l'oued jusqu'à la cascade, puis monter au sommet des collines environnantes pour admirer le paysage et la vue sur le village abandonné.

Au voisinage de la Grande Mosquée se dresse une construction à couverture voûtée. Elle serait la reconversion de l'ancienne entrée en chicane de Chébika, en forme de vestibule profond, fermant par deux portes opposées. La porte intérieure étant obturée, le vestibule est devenu une salle oblongue, dans laquelle on avait installé la clepsydre et où se tenait le préposé qui en avait la responsabilité. Cette horloge à eau lui permettait d'assurer une distribution équitable des eaux d'irrigation aux propriétés du village dans l'oasis. Cette salle est équipée sur sa longueur d'une banquette adossée au mur ouest. Sur l'autre côté, faisant face à cette banquette, se trouve un défoncement en arc, pratiqué dans le mur. Sa plate-forme était utilisée comme banc par le préposé. Lui faisant face, deux clepsydres en forme de jarre devaient êtres suspendues au-dessus d'un vaste creux maçonné destiné à recevoir l'eau de cet instrument qu'il fallait remplir dès qu'il se vidait. La clepsydre se vidait, selon el-Bekri, toutes les quatre heures. Lorsqu'une part, qui correspond à un certain nombre de vidage, est consommée, le préposé à la clepsydre ou son adjoint souffle dans un cor pour alerter le deuxième adjoint se trouvant dans l'oasis. Celui-ci ferme alors un canal d'irrigation appelé *seguia* et en ouvre un autre, mettant ainsi fin à un tour d'eau, et entamant un autre.

IX.3 TAMERZA

En prenant la direction de Tamerza, la piste se transforme en route goudronnée.

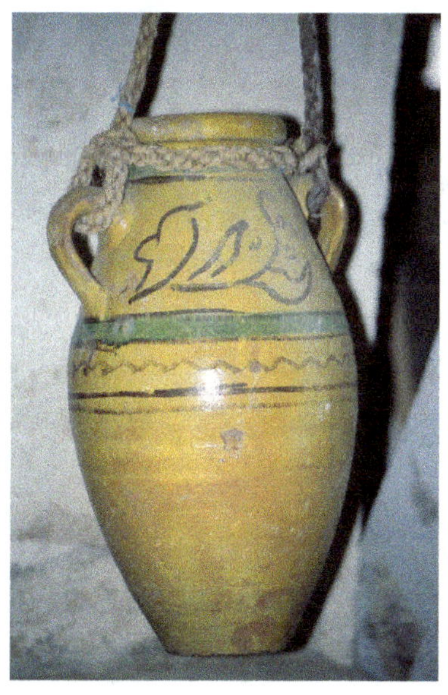

Clepsydre, Chébika.

Tamerza

Tout au long de la route, d'impressionnants paysages se succèdent: canyons, échappées vers le chott au loin, vues sur les oasis. À 2 km de Tamerza, faire une halte et visiter la Grande Cascade située 100 m plus loin en contrebas. L'itinéraire à suivre est clairement indiqué.

Tamerza s'accroche aux flancs d'un gigantesque canyon dans lequel se déversent d'abondantes chutes d'eau, vitales pour cette oasis de montagne. Son agriculture, et depuis peu ses activités touristiques, en dépendent.

Mosquée Sidi Touati, Tamerza.

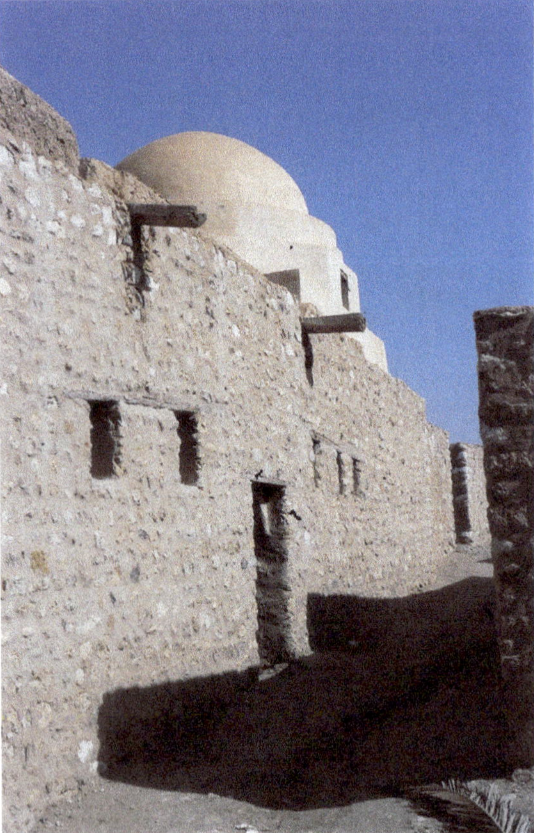

Le site de Tamerza, si bien protégé par la nature, serait celui de l'antique ad-Turres, ouvrage défensif romain et siège épiscopal à l'époque byzantine. L'histoire de Tamerza à l'époque musulmane nous reste inaccessible. Toutefois, les dimensions restreintes de ce village-oasis, sa structure et ses monuments nous autorisent à dire qu'il a vécu sur sa défensive. La rue principale, axiale, se coude à l'est et se termine par un passage couvert, un *sabat* obscur, où se greffe un dédale de chemins qui finissent par se disperser dans la montagne. Cet artifice avait pour but de leurrer l'ennemi et de le surprendre. Abandonnée pour un nouveau village, Tamerza se réduit de plus en plus à l'état de ruine. Le mausolée Sidi Touati nous montre que Tamerza avait ses particularités architecturales comme la Grande Mosquée, appelée aussi mosquée Sidi el-Abid, qui se trouve à l'extrémité est de la rue axiale de ce village.

IX.3.a **Mosquée Sidi Touati** (monument non ouvert à la visite)

Le monument est dans le vieux village abandonné de Tamerza qui se trouve au bord du lit d'un oued asséché. Traverser le nouveau village en direction de Midès. Quitter le véhicule au début de la pente qui mène à l'hôtel Tamerza Palace. Le monument fait l'angle des deux premières rues, à l'entrée du village.
Toilettes au café République.

Située à l'entrée de Tamerza, au commencement de la rue axiale, la mosquée Sidi Touati est formée d'une salle de prière, celle du mausolée où repose le saint, et de chambres réservées au séjour des visiteurs.

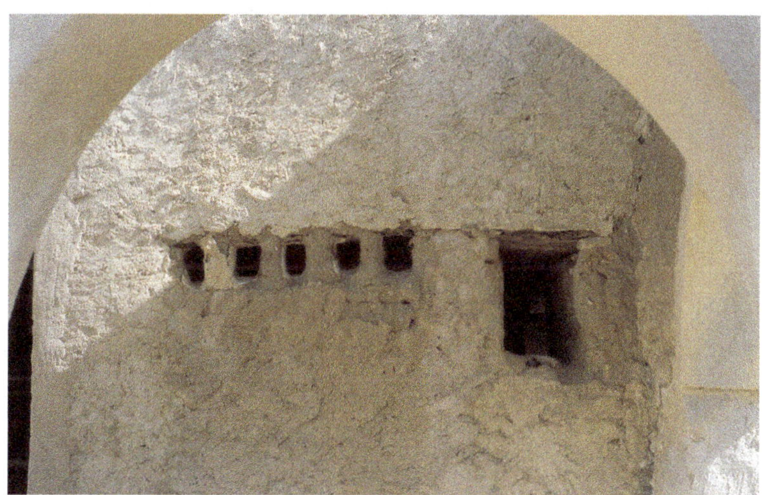

Mosquée Sidi Touati, Tamerza.

La salle de prière se distingue par l'orientation de son *mihrab* vers l'est, contrairement aux normes musulmanes. On ne peut trouver une explication à cette anomalie que si on rapproche cette mosquée des églises. En était-elle une à son origine, ou a-t-elle copié l'une d'elles? On peut se poser ces questions si on retient les témoignages d'el-Tijani, voyageur du VIIIe/XIVe siècle. Les Arabes, d'après lui, ont toléré pendant longtemps les églises au Jérid. Ils y ont même autorisé la construction d'une mosquée auprès de chacune d'elles.

La couverture de la salle de prière, en bois de palmier, est supportée par des arcs reposant sur des chapiteaux dentelés en briques et des colonnes en troncs de palmiers taillés octogonalement. Un coussin de bois d'abricotier, jouant le rôle d'amortisseur, sépare chaque chapiteau de sa colonne, tous les deux de natures différentes. L'utilisation du bois de palmier comme support était la plus répandue au Jérid. Elle a peu a peu reculé devant l'utilisation de la brique et de la pierre. Ainsi les colonnes en bois de palmier de la mosquée Sidi Touati représentent un spécimen rare dans cette région. Leur forme octogonale est encore plus rare. Résulte-t-elle d'une influence étrangère?

Les piliers orthogonaux nous portent au XIIe/XVIIIe qui a vu l'introduction d'Italie de ce genre de pilier, mais en marbre. Leur utilisation, aussi bien dans l'architecture religieuse que domestique de Tunis, a gagné un peu plus tard l'intérieur du pays. Le mausolée, d'une architecture différente de la salle de prière, est sans doute plus récent. Son intérêt réside dans sa coupole de forme ovoïdale. Cette forme rappelle celle de Sidi el-Kharassani à el-Mahassin et de Sidi bel-Abbes, à Nefta. Ce genre de coupole, inexistant, sinon rare en dehors du Jérid, relève, selon certains historiens, de l'art oriental. On le trouve particulièrement en Perse, au Yémen et en Egypte.

La promenade jusqu'à Midès vaut le détour. L'oasis et le vieux village sont très pittoresques.

CIRCUIT IX

Les stations caravanières

Kadri Bouteraa, Ali Zouari

2ème Jour

IX.4 TOZEUR
- IX.4.a Dar Ben Azzouz
- IX.4.b Mosquée Bled el-Hadhar
- IX.4.c Zaouïa Sidi el-Lakhmi

IX.5 DÉGUÈCHE
- IX.5.a Mosquée Ouled Majid
- IX.5.b Zaouïa Sidi el-Kharassani

IX.6 KÉBILI

Le tissage
Les oasis de montagne dans le Jérid

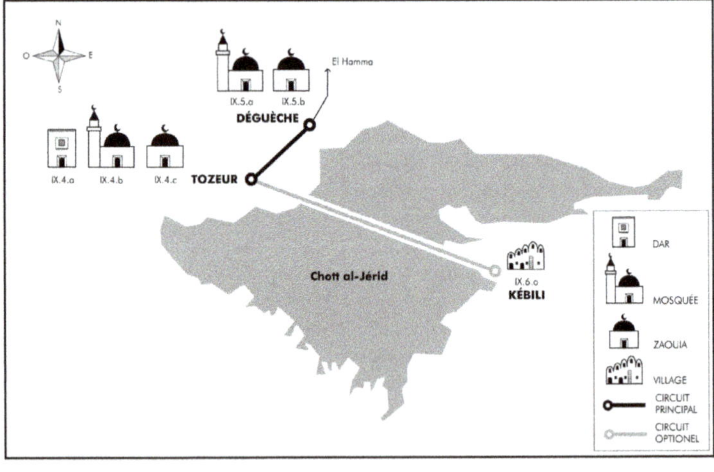

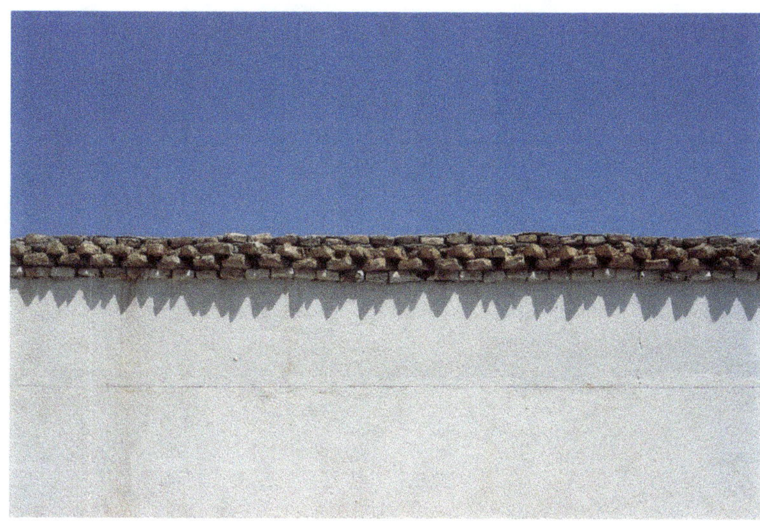

Corniche en briques, Tozeur.

IX.4 TOZEUR

Reprendre la route de Chébika, direction Tozeur, en passant par el-Hamma.

Le nom de Tozeur vient du latin Thusorus, nom que les Romains lui ont attribuée alors qu'elle n'était pour eux qu' une citadelle sur le *limes* qui devait contenir les populations berbères nomades. Les Arabes, conduits par Hassan Ibn Nou'man, en l'occupant en 73/693, trouvèrent une ville latinisée, christianisée et influente. Sa reddition rapide lui a épargné des représailles. D'après el-Tijani, les conquérants ont respecté les églises et ont construit à côté de chacune d'elles une mosquée. Les ruines de ces églises étaient encore debout au moment de sa visite à la région.

Dès l'occupation, les nouveaux maîtres ont attribué à Tozeur un deuxième nom également d'origine latine: Qastiliya, de Castella, la citadelle. Chef-lieu de tout le Jérid, Tozeur partagera avec lui ce nouveau nom, jusqu'au XIIIe/XIXe siècle à peu près. Depuis ce moment, les documents officiels et les relations de voyage ne parlent que de pays des palmiers, *Bled el-Jerid*.

La population de Tozeur, faite d'un fond romain auquel se sont greffés les groupes arabes de l'occupation et des fractions berbères, perdra son équilibre au VIe/XIIe siècle avec l'invasion hilalienne qui fut suivie de troubles souvent sanglants.

Les chroniqueurs arabes du haut Moyen Âge nous la présentent comme la principale ville du Jérid, opulente et active, et nous parlent avec admiration de ses remparts construits de pierres et de briques, de ses souks nombreux, de sa mosquée bien construite, de ses larges faubourgs et de sa luxuriante oasis qui produit les meilleures dattes et les plus abondantes de toute l'Ifriqiya. "Elle libère quotidiennement, dit au Ve/XIe siècle el-Bekri, 1

Dar Ben Azzouz, patio, Tozeur.

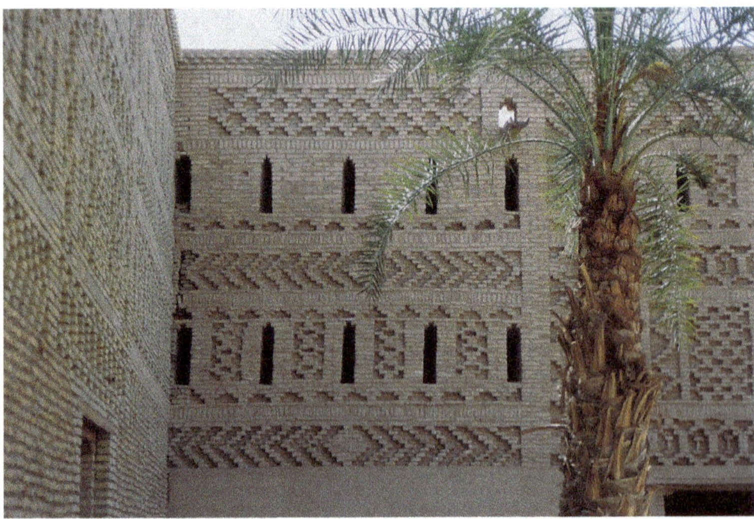

000 chameaux chargés de dattes". Sa richesse lui venait de l'exportation des dattes et des produits de l'artisanat, essentiellement celui du tissage de la laine et de la soie.

Opulente et lointaine, Tozeur, comme le reste du Jérid, fut convoitée par des dissidents en révolte contre le pouvoir central ou animés, sous l'ambition de familles puissantes, de velléités d'indépendance. Les Majorquins Banou Ghaniya, disputant le pouvoir aux Almohades, font de Tozeur et de Gafsa jusqu'en 582/ 1187-583/1188 leur base d'attaque. Entre 732/1332 et 792/1390, les Banou Yamloul ont pu, quoique avec des coupures forcées par le pouvoir central, devenir les potentats de cette ville, ne reconnaissant que pour la forme leur allégeance aux souverains hafsides.

En dépit de ces convulsions, parfois sanglantes, et des exactions fiscales, Tozeur a continué à briller de son éclat jusqu'au milieu du XIIIe/XIXe siècle. El-Tijani en dresse un tableau fascinant. D'après lui, les habitants de Tozeur occupent essentiellement l'oasis où les habitations sont plus grandes et plus belles que celles de la ville. Emerveillé par le spectacle que lui offrait un observatoire situé au point de rassemblement des eaux, il nous le décrit ainsi: "Les foulons s'y rassemblent et étendent leurs tissus colorés et toutes sortes d'objets décorés, à tel point que tout l'espace se trouve couvert. Le spectateur a l'impression de se trouver dans un paradis aux fleurs épanouies et aux ruisseaux libérés". Les "ruisseaux libérés" n'étaient autres que les cours d'eau s'échappant de l'oued et que nourrissent les sources ainsi que les canaux d'irrigation, *seguia,* de l'oasis. Le système d'irrigation, judicieux, permettait à chacun d'avoir équitablement sa part d'eau et au pouvoir son dû fiscal. Dans ce partage qui se base sur la mesure du temps, on utilisait les *qadus*: clepsydres rudimentaires en poterie qui se vidaient huit fois par jour.

Tozeur actuelle présente des quartiers modernes et des quartiers anciens, particulièrement celui de Zebda et d'Ouled el-Hadef. Les rues de celui-ci, tortueuses et couvertes, en tronçons, par des voûtes épaisses, débouchent sur des placettes. Les façades des maisons, des zaouïas et des mosquées sont parées de beaux revêtements de briques réticulées.

R. Brunschvig, interprétant les témoignages des géographes du Moyen Âge et ceux de Léon l'Africain au Xe/XVIe siècle, est enclin à penser que Tozeur médiévale se trouve à Bled el-Hadhar, situé légèrement au sud de Tozeur actuelle: "C'est là, à l'intérieur d'une petite mosquée, dit-il, qu'on peut admirer un beau *mihrab*, daté de 590/1194, construit sous les Almohades, ou plutôt par Yahya Ben Ghaniya".

IX.4.a **Dar Ben Azzouz**

Dans la rue de Kairouan, passer par le sabat *Lalla Ajila qui aboutit au Dar Ben Azzouz.*

Située au sud-est de l'ancien quartier el-Hawadif, Dar Ben Azzouz porte le nom de ses anciens propriétaires: les Ben Azzouz. Famille de notables de Tozeur, elle a souvent donné des cadis à cette ville. En dépit des transformations, d'ailleurs légères, qui l'ont touchée, essentiellement au niveau de l'entrée, cette maison reste, avec le Dar Ben Rhouma, située dans le quartier Zebda, l'une des plus représentatives de l'habitat traditionnel au Jérid. Tous les éléments distinctifs de l'architecture oasienne de cette région s'y trouvent: bois de palmier pour les couvertures, brique réticulée sur les façades de la maison et des chambres, fenêtres en lucarnes pour tamiser l'air chaud, plafond élevé pour faciliter l'aération et suspendre les régimes de dattes et chambres étroites à la mesure de la longueur du bois de palmier. Le vestibule, *sqifa*, conduit à une cour aux murs élevés, entourée de trois chambres. La hauteur des murs a l'avantage de créer ici et là, selon la position du soleil, des zones

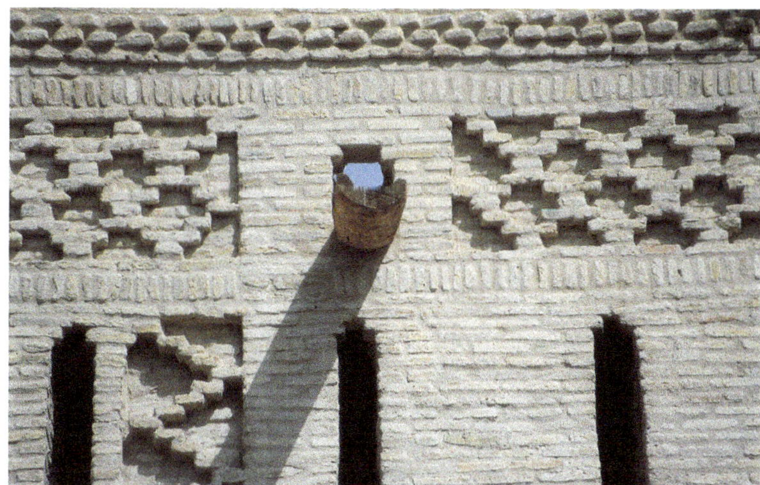

Dar Ben Azzouz, gouttière, Tozeur.

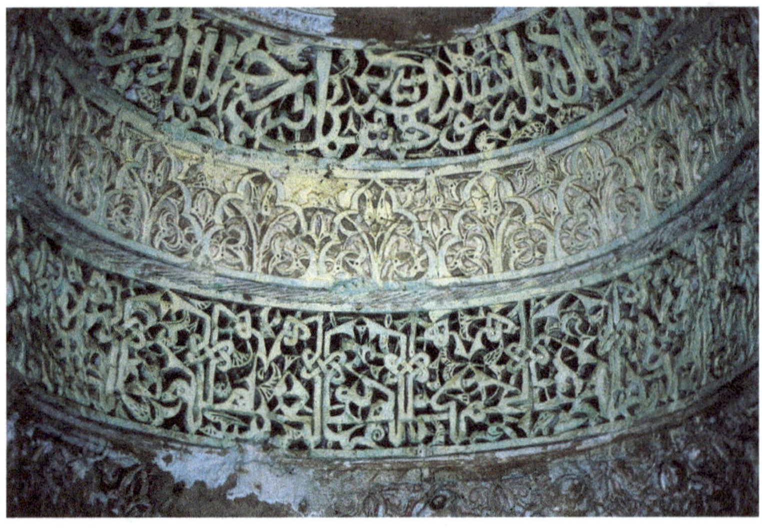

Mosquée Bled el-Hadhar, détail du mihrab, Tozeur.

d'ombre indispensables dans cette région, soumise pendant presque six mois à de fortes chaleurs. Des escaliers placés au vestibule conduisent à un étage composé d'une chambre et d'un cabinet d'aisance. Presque indépendant, il est destiné essentiellement à recevoir les hôtes auxquels on veut donner une certaine liberté et qu'on veut, en même temps, écarter de la vie familiale. D'autres escaliers placés dans la cour conduisent aux terrasses. Celles-ci, à parapet élevé, jouent un grand rôle dans le déroulement de la vie jéridienne. On s'y rend la nuit pour goûter à la fraîcheur nocturne du climat saharien.

IX.4.b **Mosquée Bled el-Hadhar** (monument non ouvert à la visite)

Prendre l'avenue Abou Kacem el-Chebbi, puis la première rue à gauche avant l'hôtel Continental. Après le pont d'accès à l'oasis, le monument se trouve à droite, face à l'école du même nom.

La mosquée de Bled el-Hadhar, quartier central de l'ancienne ville de Tozeur, occupe le site d'une ancienne église byzantine dont les vestiges sont apparents au côté est de la salle de prière. Désignée jusqu'au VIe/XIIe siècle par la Grande Mosquée de Tozeur, elle fut pour cette qualité et jusqu'à cette date à peu près remarquablement entretenue. Parce qu'elle reflète, en plus d'un point, la Grande Mosquée de Kairouan, elle est devenue à son moment de splendeur un modèle suivi par tout le Jérid. Par exemple, le minaret de la mosquée d'Ouled Majid, copie magistralement son minaret.
L'essaimage des activités économiques de ce quartier aux faubourgs, accompagné d'un déplacement humain, a amoindri l'intérêt qu'on portait à cette mosquée.

Fortement endommagée, elle fut réaménagée une première fois en ne retenant que ses principaux éléments, c'est-à-dire le tronc du minaret, une partie du mur de la *qibla*, le *mihrab*, le parterre de la cour et la citerne. L'architecture ainsi perturbée a induit en erreur de nombreux historiens, concluant que la base du minaret, construite en pierre de taille, est d'époque byzantine et que la salle de prière actuelle est d'époque médiévale. Toutefois les textes d'Ibn Chabat et des sondages archéologiques accomplis en 1970 ont permis d'écarter ces points de vue et de conclure que la mosquée médiévale, en excellent état au VIe/XIIe siècle, suit le plan de la Grande Mosquée de Kairouan et que le minaret, construit en pierre de taille jusqu'au lanternon, fut ajouté au VIIe/XIIIe siècle. Ibn Chabat soutient qu'il se trouvait en excellent état à son époque, c'est-à-dire au IXe/XVe siècle. Ce minaret fut tronqué plus tard. Sur sa base fut construit au courant du XIIIe/XIXe siècle un nouveau corps en brique.

Une inscription en caractères maghrébins précise la date de sa fondation (595/1199) et mentionne le nom de son fondateur, Ali ibn Ghaniya el-Mayorqui (le Majorquin).

Balade très agréable dans le quartier Ouled el-Hadef, à l' architecture caractéristique.

IX.4.c La zaouïa Sidi el-Lakhmi (monument non ouvert à la visite)

A 400 m du monument précédent, sur la droite.

La zaouïa Sidi el-Lakhmi porte le nom du cheikh Abou el-Hassan el-Ribi'i el-Lakhmi el-Qayrawani. Ce savant kairouanais avait élu domicile à Sfax où il fut enterré. Educateur apprécié et célèbre à travers toute l'Ifriqiya et au-delà, les étudiants

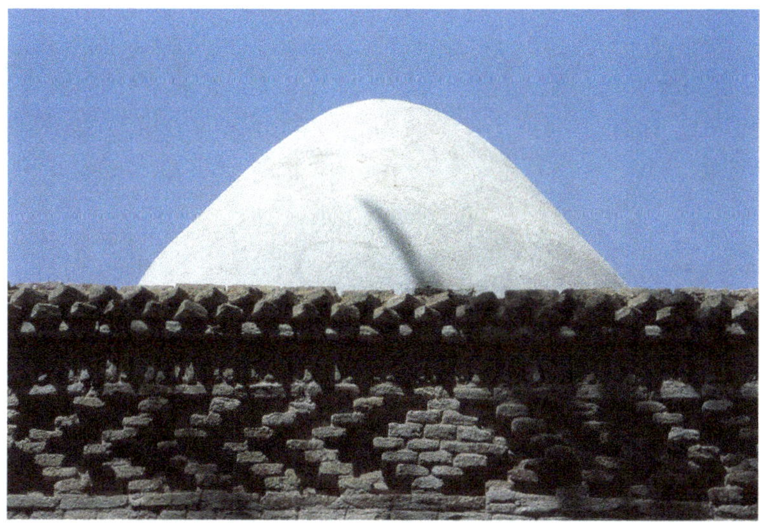

Zaouïa Sidi el-Lakhmi, coupole ovoïdale, Tozeur.

affluaient à ses cours. L'un d'eux, Abou el-Fadhl el-Nahwi, s'illustra dans sa ville, Tozeur, comme un éminent grammairien d'où son surnom de grammairien: el-Nahwi. Il choisit l'emplacement de son tombeau à côté de la zaouïa, dédiée à Sidi el-Lakhmi, par fidélité et reconnaissance à son illustre maître.

La zaouïa comprend une mosquée et une chambre funéraire qui ne fait en réalité que simuler celle du cheikh el-Lakhmi, enterré à Sfax. La mosquée est de conception primitive, à l'image de la première mosquée de l'islam, c'est-à-dire celle du Prophète Muhammad à Médine. Elle correspond à une cour, pourvue d'une arcade ouverte, jouant le rôle de salle de prière. Le *mihrab*, un simple défoncement dans le mur, est orienté —sans doute par une mauvaise appréciation—, vers l'est, comme d'ailleurs toute la mosquée, plutôt que vers le sud-est qui est l'orientation exacte vers la *qibla*.

La chambre funéraire est accessible de la cour par une toute petite porte. Cette chambre, de forme carrée, est couverte d'une coupole ovoïdale construite en goulots de poteries et assise sur des trompes triangulaires qui tronquent sa base d'une manière qui la rend octogonale.

Toute la zaouïa, abandonnée, tombe en ruine. Alignée sur l'architecture religieuse ancienne du Jérid dans sa conception et ses matériaux de construction, ce monument se trouve rehaussé par un riche décor en brique, encore très visible. Celui des encadrements des fenêtres, qui sont de forme allongée, est particulièrement élégant et raffiné.

IX.5 DÉGUÈCHE

10 km à l'est de Tozeur.

Déguèche est l'altération du vocable Taqyus, qu'on appliquait sur quatre bourgades ou ksour, fortifiées de remparts. Il s'agit de: Déguèche, Ouled

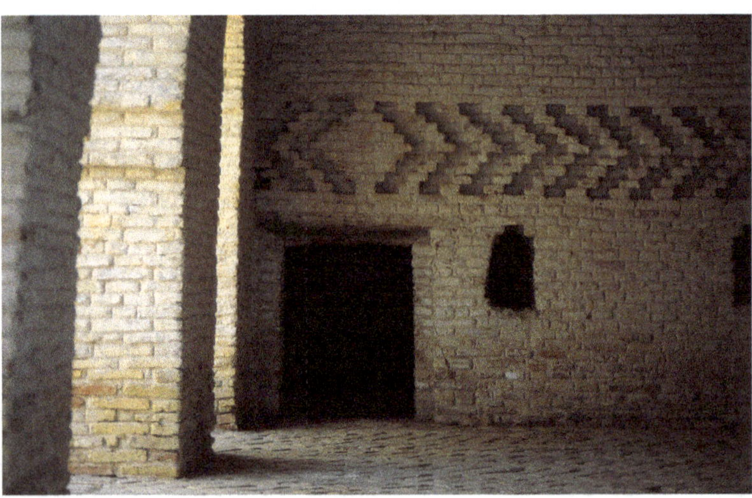

Zaouïa Sidi el-Lakhmi, entrée de la chambre funéraire, Tozeur.

Majid, Kriz et Sdeda. "Ces ksours sont si proches l'un de l'autre, dit *Kitab el-Istibsar*, que leurs habitants peuvent se parler de leurs places". El-Idrissi cite Taqyus comme une ville située entre el-Hamma et Gafsa, "belle ville, dit-il, bien peuplée. Elle produit le henné, le cumin, le carvi et divers légumes. Ses palmiers donnent d'excellents fruits". Ses dattes de grande qualité restent encore aujourd'hui les plus appréciées en Tunisie et les plus demandées pour l'exportation. L'ancienne Déguèche est, avec el-Hamma, l'une des rares oasis qui utilisaient la pierre au lieu de la brique dans la construction. Ce matériau est extrait de carrières environnantes.

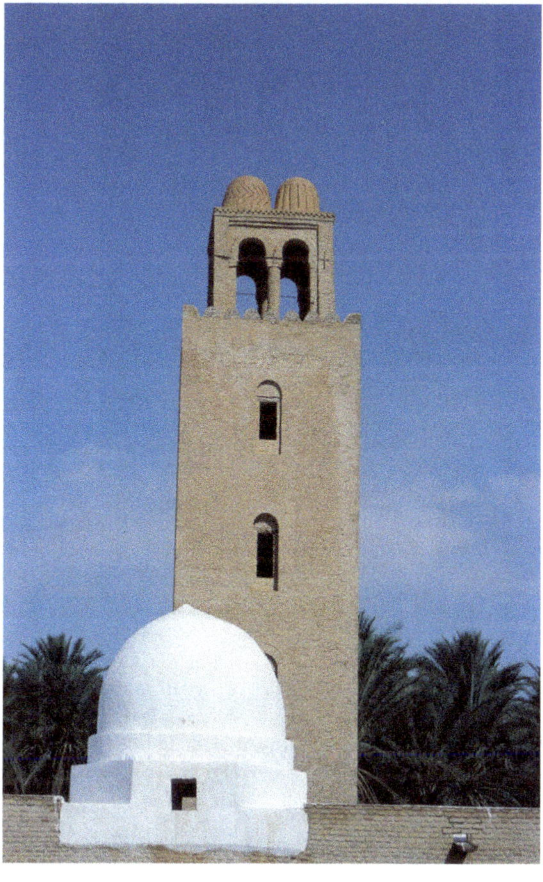

Mosquée Ouled Majid, coupole et minaret, Ouled Majid.

IX.5.a **Mosquée Ouled Majid** (monument non ouvert à la visite)

Lieu-dit Ouled Majid, dans l'oasis.

Ouled Majid est l'une des bourgades, ksour de l'agglomération de Taqyus qu'el-Idrissi, chroniqueur du VIe/XIIe siècle a signalé. Elle est actuellement abandonnée pour un nouveau village établi au bord de la route goudronnée. La bourgade historique se trouve au nord de l'oasis. Elle garde encore des maisons presque entières, avec leur couverture en tronc de palmiers, leurs portes et même l'eau qui n'a jamais cessé de couler à l'intérieur.

La mosquée, située au nord-est de cette agglomération, est sur le plan architectural l'une des plus importantes du gouvernorat de Tozeur, quoiqu'elle ne s'écarte pas structurellement des mosquées du Jérid, toutes inspirées de la mosquée de Bled el-Hadhar. Elle ne diffère des autres mosquées que par la faible profondeur de sa cour, dont le portique se limite à un seul côté. La tendance à rétrécir la cour entre le minaret et la salle de prière sera suivie par de nombreuses mosquées postérieures, ce qui prouve que la mosquée d'Ouled Majid est devenue un prototype, comme ce fut le cas, avant elle, de la mosquée de Bled el-Hadhar.

La mosquée d'Ouled Majid comprend une salle de prière et une cour dotée, à

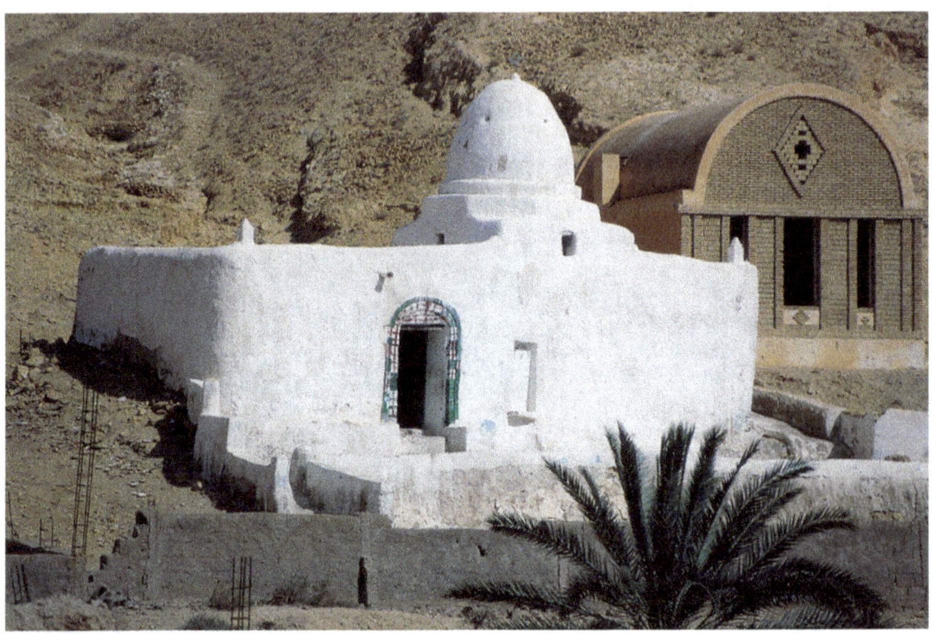

Zaouïa Sidi el-Kharassani, Déguèche.

son côté nord, d'un portique double. Au milieu de ce côté se dresse le minaret.
Le minaret, situé au milieu du côté nord est le plus ancien de tous les minarets du Jérid. Il a le mérite de nous conserver la forme du minaret de la mosquée de Bled el-Hadhar, qui a disparu, mais que nous connaissons grâce à la minutieuse description que nous a laissée Ibn Chabat. Ce minaret à base carrée présente un tronc élevé à plus de 2 m construit en pierre de taille. Le reste du corps est en briques. Son lanternon, *jamour*, que porte sur chaque côté une arcade géminée, est coiffé de quatre coupoles cannelées. Les cannelures sont régulières dans deux de ces coupoles, striées sur les deux autres. Le lanternon à quatre coupoles, spécifique au Jérid, est unique dans le monde musulman.

IX.5.b **Zaouïa Sidi el-Kharassani** (monument non ouvert à la visite)

Située sur la route Tozeur-Kebili, à 1 km de Ouled Majid, la zaouïa Sidi el-Kharassni se trouve à la sortie du village d'el-Mahasin, agglomération oasienne groupant plusieurs villages dont Sdada et Kriz.

Le mausolée Sidi el-Kharassani est le monument historique le plus important de cette agglomération. L'homme qui a donné son nom au mausolée nous reste inconnu faute de documents épigraphiques et hagiographiques le concernant. Il serait un homme de l'époque hafside si on se fie à un vague renseignement d'el-Tijani. Toutefois, la tradition orale retient de lui l'image d'un saint, *wali*, qui avait le

don d'ouvrir la voie du mariage aux vieilles filles qui le sollicitaient.
Situé à l'est de la route, ce mausolée se cramponne au flanc d'une colline au pied de laquelle coulaient les sources qui alimentaient l'oued des sept puits, actuellement desséché. Ce monument est formé de deux salles: celle du tombeau, couverte d'une coupole ovoïdale, et une salle commune, de peu d'intérêt, couverte de bois de palmier, réservées aux visiteurs. L'originalité du mausolée réside dans les cippes en forme de pain de sucre qui surmontent les quatre coins de sa terrasse et les quatre coins de l'enceinte de l'espace extérieur sur lequel il donne. Ces cippes sont les copies des cippes funéraires qui font l'originalité des cimetières du M'zab algérien. Ainsi le mausolée Sidi el-Kharassani, par sa coupole de forme rare et ses cippes, représente l'exemple accompli des monuments analogues parsemés ici et là à travers le Jérid. Il témoigne de l'influence de l'architecture funéraire du M'zab et sans doute du passage des Kharijites ibadites dans la région. Nous pouvons même supposer que celui qui dort dans le mausolée est un Kharijite ibadite. Ce qui nous porte à l'admettre, c'est que le kharijisme ibadite s'est répandu au Jérid au haut Moyen Âge, qu'il a fortement imprégné sa vie sociale et que le mausolée, considéré comme un tombeau, copie exactement les tombeaux du M'zab, région kharijite ibadite, et cela en dressant aux quatre coins de sa terrasse quatre cippes piriformes.

IX.6 KÉBILI

Chott el-Jérid
Le Chott el-Jérid, comme les autres chotts limitrophes du Sahara maghrébin, correspond à une dépression approfondie par l'érosion éolienne et dont le niveau est inférieur au niveau de la mer. Anciennement occupé par un lac qui s'est asséché depuis des millénaires, il se présente au voyageur comme une immense étendue se déployant en une terre grisâtre, mamelonnée et couverte de touffes végétales desséchées. Ce n'est que l'apparence d'un mirage. Le Chott el-Jérid était jusqu'à une date récente un piège dans lequel s'enlisaient tous ceux qui s'y aventuraient sans guide.
Les chotts ont, de ce fait, retenu l'attention et inspiré la crainte. Un petit temple, situé au nord du Chott el-Jérid, protégeait ceux qui entreprenaient de le traverser. Le voyageur qui revenait sain et sauf se sentait obligé d'offrir un sacrifice aux dieux du temple.
Les chroniqueurs et voyageurs arabes n'ont pas manqué de citer les chotts, insistant sur leurs dangers. Boueux, instables, ils ont englouti selon eux des individus, des caravanes et des armées entières. Abou el-Hajjaj les considérait comme étant l'une des curiosités les plus étonnantes du monde. Une route goudronnée construite par l'armée tunisienne vers 1970 a permis dès lors de raccourcir le voyage entre le Jérid et Kébili.

LE TISSAGE

Naceur Baklouti

Le tissage et la tapisserie sont pratiqués en Tunisie depuis des temps immémoriaux. Au siècle de Périclès déjà, les sources grecques vantaient les tapis de Carthage. Ceux tissés vraisemblablement à Kairouan parvenaient jusqu'à Bagdad, comme tribut payé par les émirs aghlabides à leurs suzerains abbassides. On sait qu'au Ve/XIe siècle, on cultivait à Gabès le mûrier pour l'élevage du ver à soie; la ville a certainement abrité un centre de tissage de la soie. A la même époque, les nomades hilaliens favorisèrent le développement de l'élevage ovin et partant celui du tissage de la laine, si bien que des particularismes régionaux et ethniques s'affirmèrent. Il n'existe pas une ville, pas un village, pas une zone rurale qui n'ait son produit spécifique.

Ainsi en est-il des couvertures de Testour, village du nord, de fondation andalouse, qui sont remarquables par le mariage du décor géométrique et floral et par l'emploi des fils de soie de couleur dans la trame du tissu.

Jeune femme tissant.

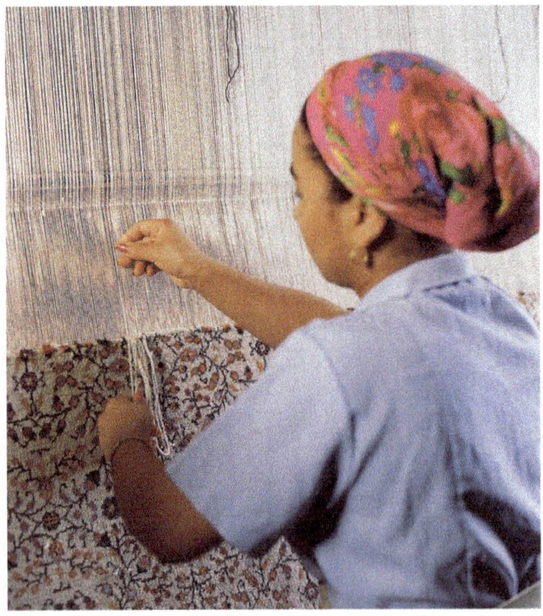

Kairouan, Bizerte, la Ksiba dans le Sahel, produisent des tapis de haute laine à points noués, tissés sur métier vertical à haute lisse. Le plus fameux est celui de Kairouan; d'inspiration anatolienne, il comporte un champ central hexagonal, bordé de bandes parallèles à motifs floraux stylisés. Ce champ est la projection du *mihrab* des mosquées sur le tapis dans une convergence entre l'architecture religieuse et l'art de la tapisserie. Aujourd'hui la fabrication de ce genre de tissage se généralise à travers le pays; le tapis type de Kairouan se perfectionne et s'améliore pour être largement commercialisé et exporté sous contrôle de qualité par estampillage.

Un autre tapis de haute laine à texture moins serrée était tissé par l'artisan, le *reggam*, un artisan ambulant qui offrait ses services dans les villages et les douars. Le *gtif*, aux couleurs chaudes et au décor géométrique compartimenté comme celui des Hammama et des Mhedhba, rehaussait le mobilier de tente des nomades et celui de certaines demeures bourgeoises, notamment à Sfax.

Plus au sud, à Oudref, Matmata et Toujane, les femmes tissent des tapis ras, *mergoum*, décorés de motifs losangés, polychromes. Les couvertures de Gafsa, sans envers ni endroit, se distinguent par le recours à une bichromie rouge et bleu et par son décor zoomorphe et anthropomorphe stylisé.

Sur un métier rudimentaire, composé de quatre piquets fichés par terre, la femme bédouine tisse les bandes de tente, des coussins décorés, des sacs de charge et autres tapis-couvertures, *heml*.

LES OASIS DE MONTAGNE DANS LE JÉRID

Ali Zouari

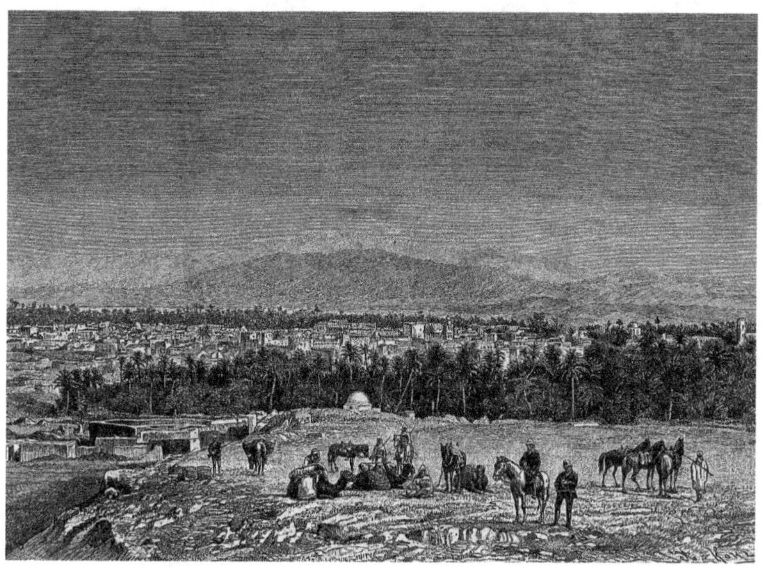

Oasis de Gafsa, gravure du xixe siècle.

Les oasis de montagne du Jérid furent longtemps désignées par ksour, comme c'était le cas pour les villages de la région de Gafsa, signalées sous ce vocable par les chroniqueurs arabes. Ceux-ci, à l'exception de *Kitab el-Istibsar* (VIe/XIIe siècle), ont ignoré ces oasis-villages peut-être pour le peu d'intérêt qu'elles offraient.

Petites, perchées, elles vivaient en autosuffisance, dans un équilibre entre production et population. Cet équilibre s'est rompu dès l'exploitation des mines de phosphate de la région de Gafsa. Les habitants de ces oasis ont alors quitté leur montagne pour travailler dans les mines. Le mouvement d'émigration s'est accentué par la suite pour d'autres raisons. Dépeuplées, souvent désignées par "villages abandonnés", elles connaissent un regain de vie grâce au tourisme, mais dans de nouveaux villages.

Les villages historiques, pour la plupart en ruine, offrent au visiteur une architecture religieuse et domestique caractéristique. La Grande Mosquée est ainsi appelée non parce qu'elle est la plus ancienne ou la plus importante et que sa position centrale définit l'espace urbain comme dans les médinas, mais bien pour la distinguer des autres lieux de culte, car elle est la seule à assurer, le vendredi, la prière du prône, selon le rite sunnite orthodoxe.

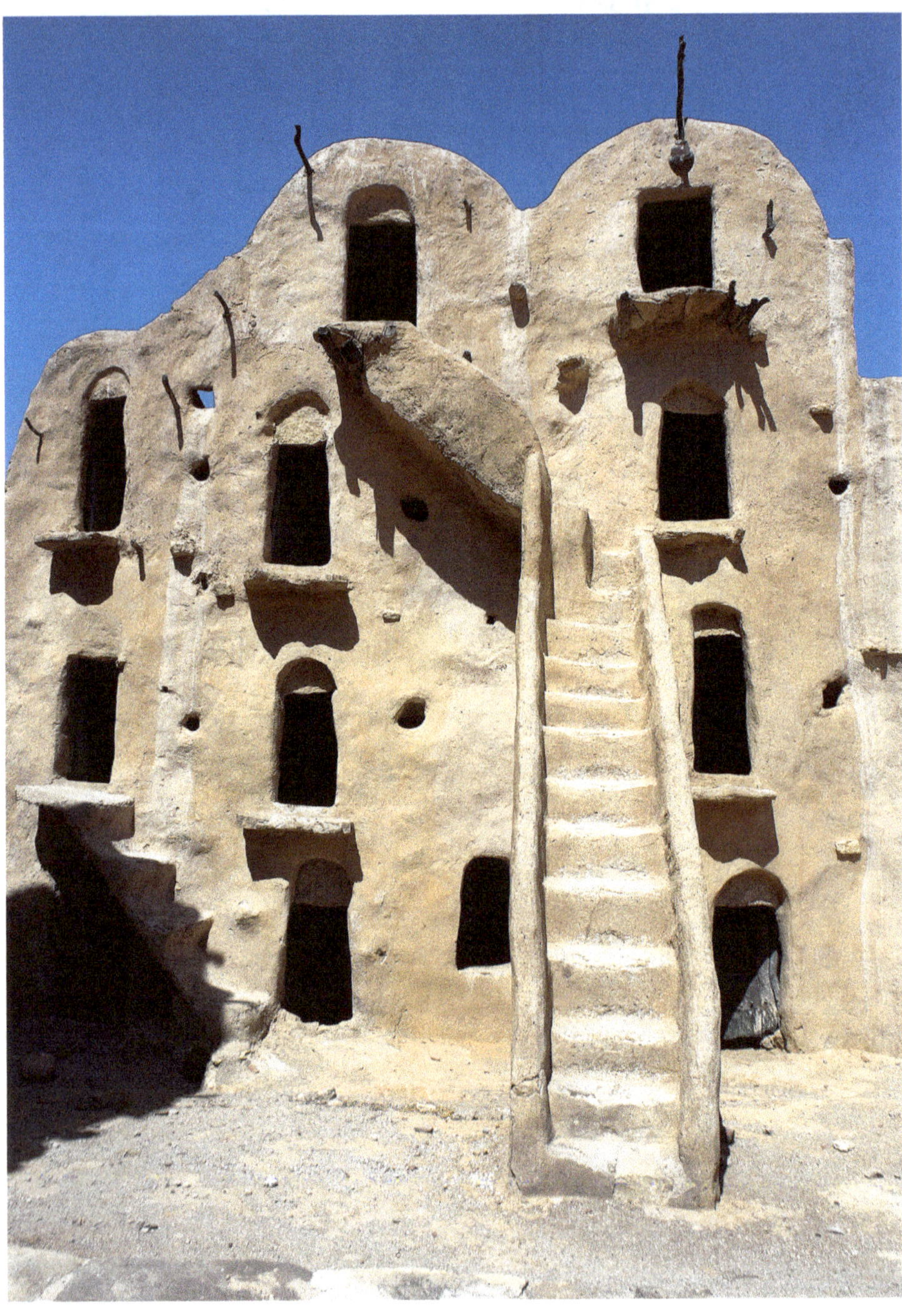

Vers le pays des *ksour*

Naceur Baklouti

1er Jour

X.1 GABÈS

X.1.a Médersa Sidi Boulbaba
X.1.b Houche Khraïef
X.1.c Souk de Jara

X.2 MATMATA

X.3 TAMEZRET

X.4 TAOUJOUT

X.5 TOUJANE

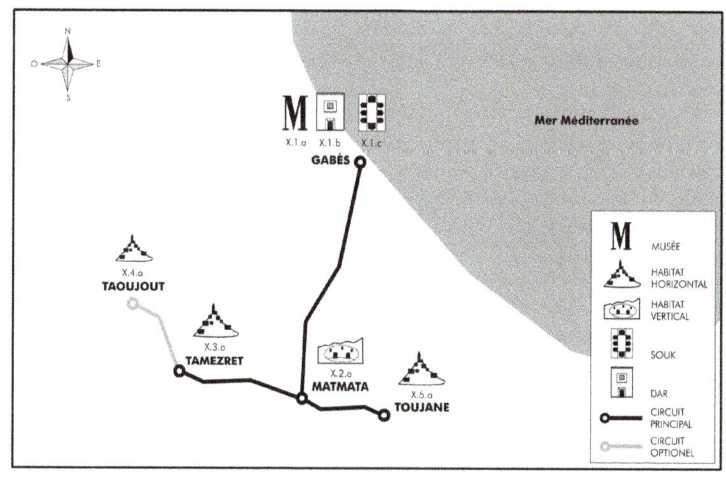

Ksar Ouled Soltan.

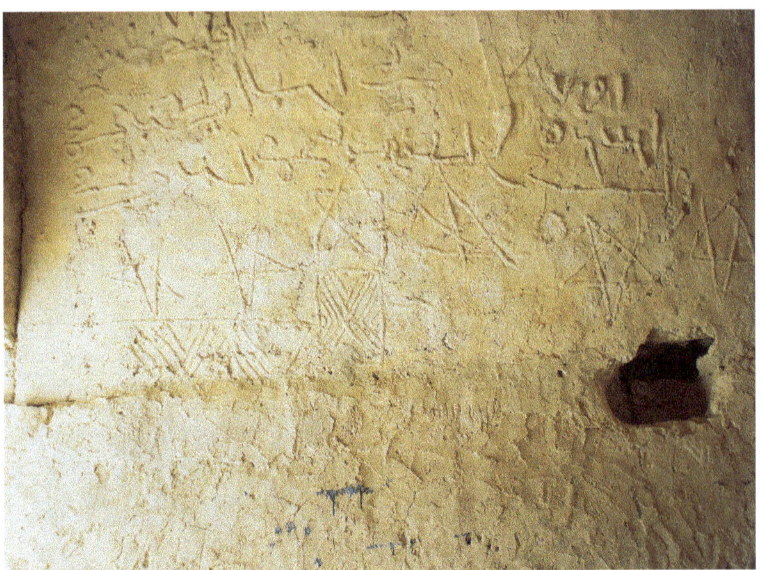

Graphisme berbère et inscription arabe, Douiret.

Dernière cité historique avant le pays des ksours, Gabès est située dans une région oasienne qui connut depuis la préhistoire une présence humaine continue. Cette permanence est due en grande partie à l'existence de sources d'eau qui irriguent les oasis, favorisant une agriculture étagée si bien décrite par l'historien latin Pline l'Ancien au Ier siècle.

Ayant prouvé son efficacité, ce système culturel perdure encore, nonobstant l'épuisement patent des ressources hydriques et les retombées du développement industriel que connaît la ville depuis plusieurs décennies.

Gabès est une ville étalée qui connaît une expansion urbaine fulgurante. Aux noyaux historiques, caractérisés par leur tissu urbain dense et homogène, se sont agglomérés dès la fin du XIXe siècle et surtout à partir de 1956, date de l'indépendance de la Tunisie, de nouveaux quartiers spontanés ou volontaires. C'est évidemment dans les noyaux historiques tels que Jara et Menzel ou à leurs limites que nous rencontrons les monuments musulmans les plus notoires, dont le mausolée du compagnon du Prophète Abou Loubaba el-Ansari et le Houche Khraïef. Ces édifices portent l'empreinte de l'architecture mouradite du XIe/XVIIe siècle qui se distingue par sa noblesse et son austérité.

Loin d'être confiné dans et autour de sa palmeraie, Gabès a toujours été une ville ouverte sur la montagne toute proche, recevant son trop-plein démographique et y trouvant en contrepartie refuge pour ses habitants en période de troubles. C'est que le Djebel, pays des *ksour* et des villages troglodytiques, commence à moins d'une trentaine de kilomètres vers le sud-ouest et se prolonge en forme de croissant jusqu'en Libye. Cette région est originale par les communautés résiduelles

qui l'ont depuis longtemps occupée, tout en conservant leurs vieilles traditions en matière d'habitat et d'agriculture.
En parcourant les lacets des routes et les sentiers de montagne, on est étonné par les bosquets d'arbres cultivés dans les hautes vallées. Les eaux de pluie ruissellent sur les versants qui forment autant d'impluviums naturels, et sont retenues par de petits barrages en pierre et en terre. Ces barrages, appelés *jesser,* régularisent le débit d'écoulement des eaux, permettant d'entretenir des palmiers, quelques oliviers, des figuiers, et en année pluvieuse, on peut même semer. L'habitat de montagne, entièrement ou partiellement troglodytique, est marqué par la diversité de ses formules qui varient selon la nature du relief. Dans sa partie septentrionale, la chaîne de Matmata présente l'aspect d'un massif qui vallonne à perte de vue. Quelques villages en occupent les cuvettes; c'est le cas de Matmata, Hadège, Techine... où les habitations sont creusées en profondeur dans les formations argilo-sableuses du massif. A l'ouest, sur les mamelons du Dahar, plateau relativement fertile dont le versant ouest, en pente douce, rejoint les oasis du Nefzaoua et la cuvette du Grand Erg, nichent trois villages, Tamezret, Taoujout et Zeraoua aujourd'hui abandonné, avec des habitations construites en dur, comportant une ou plusieurs pièces excavées dans le flanc de la montagne. Plus au sud, le relief devient accidenté, le flanc est de la montagne, celui qui regarde vers la mer, est plus abrupt. Là, tels des nids d'aigles, les villages sont perchés sur les crêtes et les pitons rocheux, déployant leurs rangées d'habitations sur plusieurs paliers. A Douiret, Chénini, Guermessa, les habitations sont semi-troglodytiques, comportant une partie construite en dur qui devance une autre creusée dans la couche tendre de la montagne, selon un plan en enfilade. Ce dispositif est couronné par la citadelle, *qal'a,* ou le grenier collectif, *ksar*, qui surplombe aussi bien le village que les vallées qui l'entourent. Les cellules d'engrangement, *ghorfa*s, sont construites sur plusieurs niveaux, épousant dans les ksour de crêtes les méandres des escarpements; en montagne et en plaine, elles sont disposées autour d'une cour centrale. Dans cette région du Sud tunisien au climat aride, la tradition de constituer des réserves alimentaires pour les années de vaches maigres était une nécessité impérieuse. Le mode de vie des habitants, qu'ils fussent éleveurs occupant la plaine ou arboriculteurs montagnards, leur imposait le besoin de préserver leurs récoltes et leurs biens précieux de toute déprédation: la fondation du *ksar,* grenier collectif fortifié et surveillé par un gar-

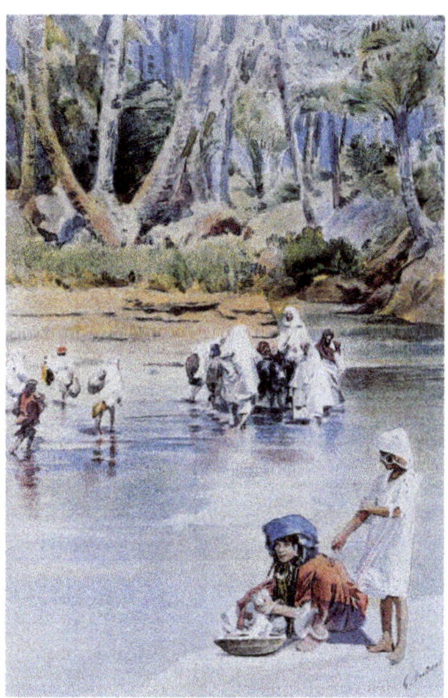

Oued Gabès, aquarelle du XIXe siècle.

dien permanent, répondait à cette exigence. Le *ksar* était aussi le point de ralliement des membres des différentes fractions de tribus, réunis après leurs incessantes pérégrinations. En ces occasions, les liens se resserraient, les échanges s'intensifiaient: la vie sociale était à son paroxysme. Le *ksar* reste même aujourd'hui le symbole de la cohésion du groupe et de son affirmation identitaire.

X.1 GABÈS

Ce sont vraisemblablement les Phéniciens qui ont fondé dans la Petite Syrte la ville de Tacape, aujourd'hui Gabès, véritable porte du Sud-Est tunisien, sur un site sans doute occupé auparavant par les Libyques, nom porté par les anciens habitants du pays. Très vite, cette cité-comptoir prit une importance militaire et commerciale que lui permettait sa situation sur l'axe des grands trafics maritimes et sahariens. Jusqu'au XIIIe/XIXe siècle, les routes des caravanes qui venaient de Tombouctou et d'Agadès au Niger transitaient par Ghadamès, aujourd'hui en Libye, pour aboutir à Gabès.
Au milieu du VIIe siècle, Tacapes, ville intégrée à l'Africa romaine puis à l'Empire byzantin, devint Qabis, cité arabo-musulmane relevant du pouvoir central installé à Kairouan. Sous les Aghlabides au IIIe/IXe siècle, et les Fatimides, au IVe/Xe siècle, elle vécut une période de stabilité politique qui a généré une brillante civilisation, marquée surtout par le nombre et la splendeur de ses monuments. A ce sujet, les textes sont intarissables. Le géographe Ibn Hawqal parle au IVe/Xe siècle d'une cité ceinte de remparts entourés d'un fossé, et pourvue de plusieurs souks. Au VIIIe/XIVe siècle, le voyageur el-Tijani ajoute que Gabès est entourée d'un rempart en gros appareil, élevé par les anciens, et compte de vastes faubourgs où se tiennent la plupart de ses souks. Les textes parlent aussi, dans un langage laudatif s'il en est, des monuments qui y furent érigés, tels la Grande Mosquée, la citadelle, la casbah, les caravansérails et le fameux phare qui annonçait aux caravanes venant d'Orient leur arrivée en ville.
Mais, dès le Ve/XIe siècle, suite à l'affaiblissement du pouvoir ziride et l'arrivée concomitante de bédouins venus de Haute-Égypte, une longue période de troubles va s'installer pour affecter la ville dans son organisation urbaine et sa vie sociale. Elle ne s'en relèvera que des siècles plus tard sous les Mouradites, une dynastie d'origine turque du XIe/XVIIe siècle.
Auparavant, Gabès, cette ville si prospère, qu'Ibn Khaldoun qualifia de métropole maritime, sombra dans les ténèbres de l'histoire puisque, mystérieusement, rien ne subsiste des monuments tant vantés par les chroniqueurs et voyageurs arabes. C'est la légende qui vient alors relayer l'histoire. La mémoire collective rapporte que jadis, quand l'ordre et la sécurité régnaient, les bêtes transportaient en toute confiance légumes et fruits jusqu'au marché de la ville sans être accompagnées, puis retournaient à la palmeraie avec les revenus de la vente dans leurs bissacs. Un jour, l'argent fut volé et, subissant le courroux de Dieu, la ville fut détruite de fond en comble et ses vestiges servirent à la construction des quartiers du nouveau Gabès. Lorsqu'elle reprend ses droits, l'histoire nous raconte qu'au Xe/XVIIe siècle les habitants ont abandonné leurs demeures pour aller s'installer aux abords de la palmeraie, créant ainsi de nouveaux noyaux urbains au tissu apparenté à l'urbanisme arabo-musulman: Jara, Menzel, Chénini...

Le timide redressement du XIe/XVIIe siècle, conséquence d'une relative stabilité, est marqué par la rénovation ou l'édification de plusieurs monuments dans un style à la fois noble et sobre. L'architecture mouradite de Gabès se distingue par une austérité née du recours au gros appareil en pierre de taille qui orne les façades, et l'agencement discret des éléments architecturaux que rythment les voûtes, les coupoles et les arcs brisés et outrepassés, souvent supportés par des colonnes et des chapiteaux de réemploi, dans une scansion qui alterne les courbes et les droites.

L'oasis de Gabès

L'oasis de Gabès enveloppe la ville d'un calice, coiffé du panache majestueux de ses palmiers colorés d'un vert vif et foncé. Sur cette terre brûlée, la cité est un don de l'oasis. Parce qu'elle est située sur la côte, celle-ci produit des dattes de moyenne qualité mais elle se distingue par la diversité de ses produits et surtout la pérennité des techniques agraires et d'irrigation qui y sont adoptées depuis plusieurs siècles. Divisé en deux bras, l'Oued Gabès, alimenté par plusieurs petites sources, répand à travers la palmeraie fraîcheur et fécondité grâce à un réseau de saguias qui répartissent la quantité d'eau impartie à chaque parcelle selon sa superficie. Les parcelles sont entourées de palmiers, d'arbres fruitiers comme le grenadier, et de vigne; elles sont divisées en planches réservées aux cultures maraîchères et fourragères et surtout au henné qui donne trois récoltes par an. Dès les prémices du printemps, les ceps de vignes enchevêtrent leurs sarments en guirlandes inextricables entre les palmiers et les grenadiers, donnant aux cultures étagées de l'oasis un aspect d'exubérance saisissant. Aujourd'hui, l'affaiblissement du débit de l'oued, les retombées de l'industrie chimique installée à proximité, ainsi qu'un urbanisme pernicieux risquent de ronger cette magnifique palmeraie, en dépit des efforts fournis par les autorités.

X.1.a **Médersa Sidi Boulbaba**

Le monument est à la sortie de Gabès, en direction de Matmata. Descendre l'avenue Béchir Dziri où sont situés l'Office de l'Artisanat et les PTT, puis tourner à droite après le pont et remonter vers la mosquée du Sidi Boulbaba: le musée des Arts et Traditions Populaires et le mausolée sont en face de la mosquée.
Entrée payante. Horaires: de 9:30 à 16:30 du 15 septembre au 31 mai et de 8:00 à 13:00 et de 15:00 à 18:00 de juin à septembre Fermé le lundi. Parking. Toilettes.

Installée sur une butte élevée qui surplombe le cimetière et le quartier d'habitations qui lui sont adjacents, la médersa Sidi Boulbaba offre au regard sa masse imposante par la sobriété de son gros appareil. Autour d'une vaste esplanade aménagée, le monument côtoie le mausolée du compagnon du Prophète Abou Loubaba el-Ansari et fait face à une grande mosquée construite il y a une vingtaine d'années, remarquable par son haut minaret revêtu de pierre de taille et son porche à colonnes et arcades. En même temps qu'elle accueillait les étudiants auxquels cet enseignement était dispensé, elle assurait leur hébergement.
La médersa Sidi Boulbaba, qui doit son nom à la proximité du mausolée, fut fondée en 1103/1692 sous le régime du souverain mouradite Mohamed Pacha.
Après deux séries de marches, on accède au monument par une porte mise en

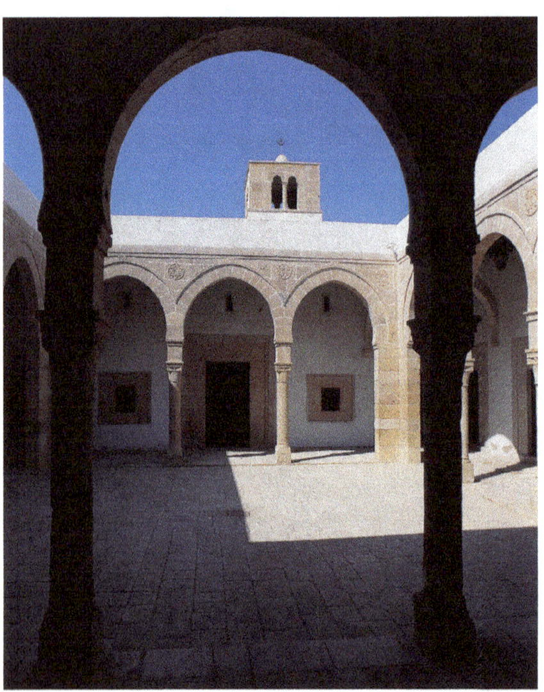

Médersa Sidi Boulbaba, patio, Gabès.

valeur par un encadrement en pierre taillée dans le calcaire, seule ornementation de la façade quasi aveugle. Cette porte est rehaussée d'un arc en fer à cheval dont les voussures retombent sur des piédroits en pierre. A l'instar des maisons traditionnelles, l'entrée de la médersa est en chicane. Sur le mur de fond du premier vestibule, un panneau en carreaux de faïence surplombe une banquette en maçonnerie. Sur ce panneau, un poème est inscrit, glorifiant Abou Loubaba et livrant la date de sa mort. Le second vestibule donne sur une cour centrale à ciel ouvert, entourée d'une galerie à arcades et à colonnades en calcaire. Les arcs à claveaux sont légèrement brisés, et les colonnes, très élancées, sont surhaussées par des socles, des chapiteaux de type hafside, des abaques et des impostes. Les écoinçons portent des étoiles à six branches champlevées; cette figure représente dans l'iconographie musulmane le sceau de Salomon. Par ses dimensions et ses proportions, la cour centrale de la médersa inspire un profond sentiment de quiétude.

Sur trois côtés ouvrent par des portes basses à battant unique les cellules oblongues d'habitation, couvertes de voûtes en berceau, alors que le côté qui fait face à l'entrée est occupé par la salle de prière. On pénètre dans cette salle par une porte droite à encadrement en pierre de taille, avec de part et d'autre deux fenêtres symétriques également encadrées et à grille en bois ouvragé. Elle est en outre couverte d'une série de voûtes croisées entourant une coupole centrale supportée par quatre colonnes et autant d'arcs en pierre. Dans un des angles, une ouverture permet d'accéder au minaret. De même facture, celui-ci est peu élevé; il comprend deux parties: la partie inférieure est construite en maçonnerie de moellons; la seconde, plus riche, est bâtie en pierre de taille et comporte sur les quatre côtés des fenêtres géminées, séparées par des colonnettes. Le tout est surmonté d'une calotte légèrement pointue. A la médersa a été ajouté, vraisemblablement à une date ultérieure, un espace réservé aux ablutions, comprenant une courette avec portique et des latrines; le portique communique avec une maisonnette accolée à la médersa et ouvrant directement sur l'extérieur. Cette demeure, avec ses deux chambrettes exiguës, a abrité pendant des années le maître d'école, c'est le Dar el-Meddeb.

Restaurée plusieurs fois, notamment dans les années 60 puis au début des années 80, la médersa *mouradiya* Sidi Boulbaba est aménagée actuellement en musée des

Arts et Traditions Populaires, ouvert au public en 1984. Désormais, ce monument fait partie d'un ensemble cultuel formé, outre la médersa, par le mausolée et la mosquée qui leur fait face.

X.1.b **Houche Khraïef**

Dans la rue Ferjani Mnaja, située dans le quartier du Vieux Menzel.
Espace d'animation culturelle. Restauration en cours lors de la rédaction des textes. Toilettes.

Le *houche* désigne littéralement la cour de la maison, mais la langue vernaculaire, usant d'une métonymie courante, l'attribue à la demeure entière, réservant le mot *dar*, terme communément utilisé, à la chambre. Situé dans un des noyaux historiques de la ville de Gabès, le vieux *manzal*, el-Menzel el-Qadim, caractérisé par son tissu urbain dense et serré, le Houche Khraïef a été vraisemblablement édifié au début du siècle dernier. Quoique se rapprochant des habitations traditionnelles locales à caractère oasien semi-rural, surtout par ses soubassements en gros appareil de réemploi, il s'en distingue par son élégance, son architecture plus élaborée, et ses matériaux de construction relativement riches. Il s'inscrit aussi dans une tradition arabo-méditerranéenne: celle des grandes demeures à cour centrale, conçues pour abriter des familles de type patriarcal élargi.
L'entrée du Houche Khraïef était certainement protégée par un passage couvert, *sabat;* en témoigne la naissance d'arcs encore visibles qui en flanquent la porte. Celle-ci est rehaussée d'un encadrement en pierre de taille, le *kadhal* local, et comporte un vantail unique pourvu d'un portillon. Le vestibule donne accès à une vaste cour centrale, entourée d'une galerie circulaire à arcs légèrement brisés et outrepassés, supportés par des colonnes taillées dans le calcaire, et des chapiteaux de type hafside. L'ampleur de ce patio aux dimensions assez courantes dans cette région oasienne, en dépit du maillage urbain serré, laisse penser qu'un tel espace a dû servir à des tâches qui prolongent les activités

Médersa Sidi Boulbaba, décor géométrique d'inspiration berbère en kadhal, Gabès.

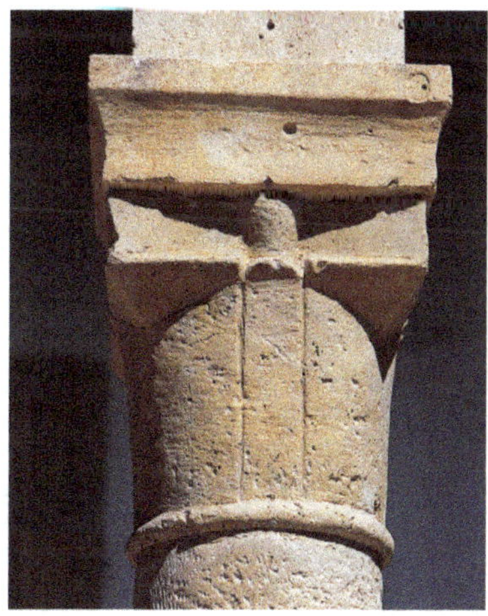

Médersa Sidi Boulbaba, chapiteau hafside, Gabès.

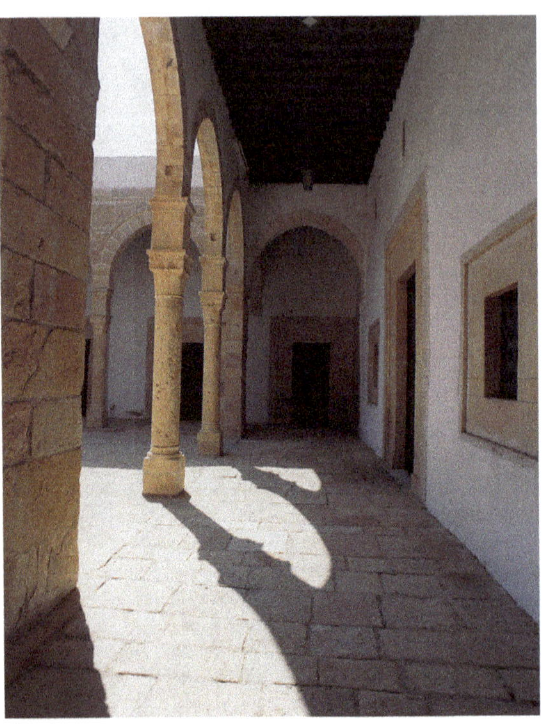

Médersa Sidi Boulbaba, péristyle à colonnade en calcaire, Gabès.

agricoles comme le séchage du henné ou des folioles de palmes destinées au tressage des couffins, chapeaux et éventails.

La cour centrale est aussi bien un puits de lumière qu'un régulateur thermique. Elle représente aussi un espace de distribution entre les différents espaces. Sur les trois côtés sud, nord et est s'ouvrent par des portes à deux vantaux, encadrées de pierre de taille, les pièces d'habitation. La chambre principale comporte, comme dans les grandes demeures des médinas de Tunis et de Sfax, un défoncement central, espace privilégie, flanqué de deux chambrettes latérales.

On sait grâce aux contrats de vente, échelonnés sur plusieurs dates, que le système de copropriété a bouleversé l'architecture originelle de cette grande demeure, entraînant le morcellement de l'espace habitable, pour en faire une sorte d'*oukala* louée à la pièce. Les travaux de restauration entrepris par l'Etat ont permis de restituer la forme première tout en aménageant de nouveaux espaces compatibles à la nouvelle affectation du *houche* à des activités culturelles.

Les services sur le côté ouest étaient auparavant formés d'une cuisine, une chambre à provisions, des latrines, des magasins...; deux magasins ouvraient directement sur la rue. Aujourd'hui, toute cette partie, totalement effondrée, est réaménagée en une vaste salle d'exposition.

La couverture des bâtiments du Houche Khraïef est en terrasse avec des plafonds en bois de palmier ou en bois ordinaire, mêlant les techniques locales de construction aux techniques connues ailleurs en Tunisie. La méthode gabésienne consiste à disposer un ensemble de solives en stipes de palmier refendus sur les chaînages des murs, puis un plancher de nattes en roseaux ou en hampes de palmes; par-dessus, un lit de sable et un mortier de chaux viennent couvrir le tout. Les travaux de réfection ont permis de remplacer le bois de palmier par du bois importé; toutefois, on a pu conserver par endroits quelques témoins de cette technique.

De par sa configuration, ses techniques et les matériaux de construction utilisés, le Houche Khraïef est un condensé de l'architecture traditionnelle où se mêlent des éléments communs à la Tunisie et à d'autres pays qui appartiennent à la même aire culturelle.

X.1.c **Le Souk de Jara**

Situé dans l'avenue Habib Bourguiba, à proximité de la Grande Mosquée.

Jara est l'un des noyaux historiques de Gabès. C'est le quartier névralgique de la cité: l'essentiel des activités économiques, notamment commerciales, s'y trouve concentré. Comme la plupart des marchés traditionnels des villes à caractère rural, créés à l'époque coloniale, le souk de Jara est formé d'une enceinte rectangulaire, entourée sur les quatre côtés d'une galerie à arcs de plein cintre portés par des piliers en pierre; dans cette galerie circulaire ouvrent les boutiques. Les vieilles cartes postales du début du siècle montrent la foule grouillante qui fréquentait la place du marché où se mêlaient hommes, bêtes et divers produits. Aujourd'hui, le souk de Jara, avec ses deux grandes portes arquées qui donnent sur la rue principale, s'est spécialisé dans la vente du henné, des épices les plus rares, des légumineuses, des tissages traditionnels et autres articles en vannerie de folioles de palmes, le tout offert au regard des curieux sur des étals bigarrés, au charme si pittoresque.

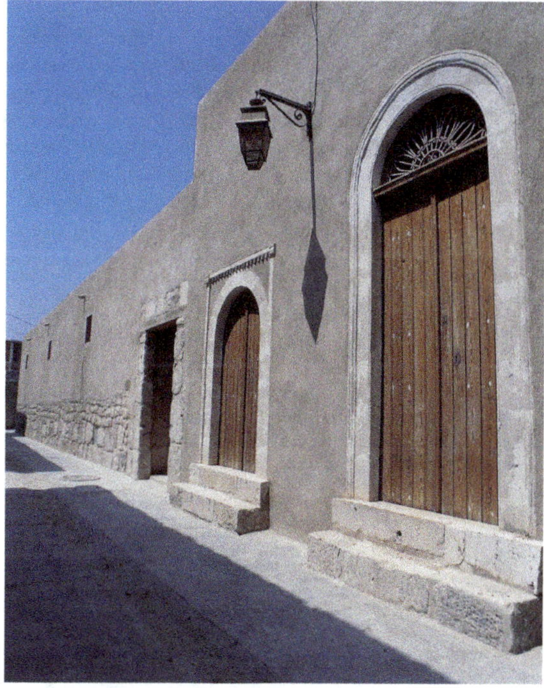

Houche Khraïef, façade, Gabès.

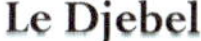

Le Djebel

Pays de montagne, pays du Djebel Demmer, le pays des *ksour,* ce plateau saharien aux rebords abrupts qui surplombent la plaine côtière de la Djeffara, a de tout temps exercé sur l'homme du Sud tunisien un pouvoir de séduction auquel il a difficilement échappé. Voulait-il s'y réfugier, fuyant la plaine conquise par le bédouin éleveur de chameaux et de moutons, ou aimait-il tout simplement s'y adonner à une arboriculture impensable ailleurs. Toujours est-il que l'histoire nous apprend que la montagne est occupée depuis les âges les plus reculés; en témoignent des grottes et des abris sous roche comme Insefri et Taguet H'med, découverts sur les rives des oueds de la région de Ghomrassen. Cet habitat d'époque protohistorique est rehaussé par des peintures rupestres qui racontent l'épopée de la lutte de l'homme pour sa survie.

Certes les Carthaginois, marins invétérés comme leurs ancêtres phéniciens, se sont peu intéressés à l'intérieur du pays; mais la civilisation punique a tout de même laissé quelques traces indélébiles, comme les tombes découvertes au début du XXe siècle. N'oublions pas par ailleurs que Carthage a entretenu des relations commerciales avec le Soudan par Ghadames et le Sahara. A cette époque antique, ce sont les Romains qui ont le plus marqué la région, notamment par les installations

militaires, urbaines et hydrauliques qu'ils y ont érigées. Le *limes,* ligne de défense jalonnée de fortifications telles que Ksar Tarcine et Ksar Ghilane, fut aussi une installation administrative qui a permis certes de refouler les Berbères zenata, grands chameliers, vers le désert et de réglementer leurs déplacements en direction du nord, mais aussi de favoriser l'émergence de noyaux urbains satellites. Dans la plaine d'el-Farch, sur la route qui relie Tataouine à Ghomrassen, le fort de Tlalet fut le centre d'une agglomération importante.
La pénétration romaine ne se fit pas sans difficultés: les sources historiques parlent volontiers de révoltes des tribus berbères jalouses de leur autonomie et de leur liberté de mouvement. Une résistance peut-être encore plus farouche fut d'abord opposée aux conquérants arabes mais, tantôt versatiles tantôt décidés, les Berbères en général s'avérèrent prêts à recevoir la religion et la culture musulmanes. Désormais, ils appartiennent à l'ère culturelle arabo-musulmane. Ayant sans doute participé aux soubresauts et aux révoltes survenus sous les différentes dynasties qui ont gouverné le pays, les Berbères du Sud tunisien furent rudement confrontés aux bédouins Beni Hilal et Soleym, arrivés massivement d'Arabie après un séjour en Haute-Égypte au Ve/XIe siècle. La vie pastorale envahit alors la plaine, poussant les autochtones à s'accrocher davantage à leur montagne et à leur vie d'arboriculteurs, alors que la langue berbère résista dans quelques îlots résiduels à l'arabisation généralisée. Les militaires français ont tenté au XIXe siècle de mettre à profit le clivage ethnique pour parfaire l'occupation du sud, mais cette

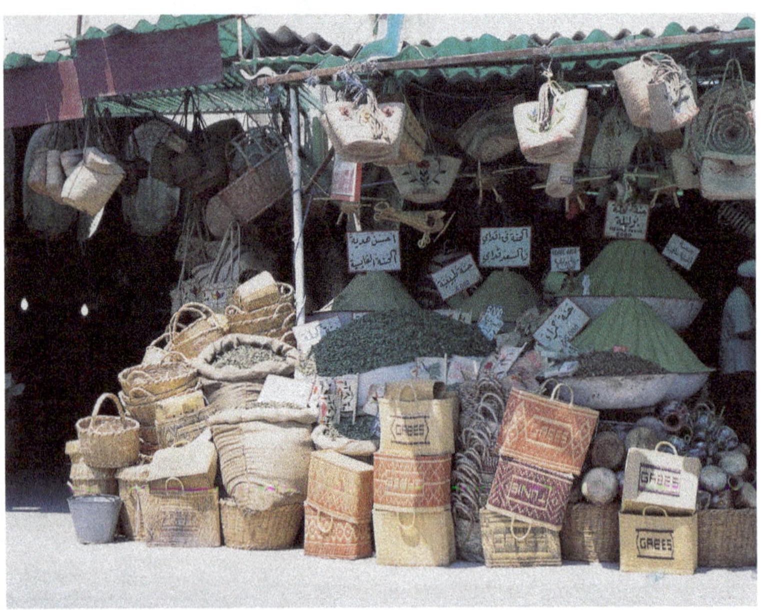

Souk de Jara, boutique de vannerie et de henné, Gabès.

politique, qui donna quelques résultats ailleurs, n'eut guère de succès. En effet, Arabes et Berbères avaient depuis des siècles tissé des liens de clientèle et de parenté, si bien que l'appartenance à une ethnie, peu discernable d'ailleurs, tomba dans l'insignifiance; en témoigne l'histoire du *ksar,* du reste peu connue. Cette institution à la fois économique, sociale et accessoirement militaire, commune à tous les pays du Maghreb de la Libye au Maroc, est très ancienne. Le Ksar Zenata ou Ksar el-Qadim, probablement le plus vieux *ksar* encore visible de la région, date du Ve/XIe siècle, et s'apparente à l'architecture militaire aghlabide. Les *ksour* doivent leur existence à l'adoption d'un mode de vie partagé entre le semi-nomadisme et une agriculture saisonnière. Au départ citadelle et en même temps grenier collectif fortifié surplombant les villages de crêtes, le *ksar* descendit progressivement vers la plaine et fut adopté aussi par les bédouins pasteurs.

Les deux derniers siècles virent une prolifération du nombre des *ksour,* due certainement à l'uniformisation des modes de vie. Ce n'est qu'à partir de la seconde moitié du siècle en cours que cette institution, étant donné le déclin de l'économie pastorale et l'effort de sédentarisation soutenu par l'Etat, commence à être battue en brèche, si bien qu'aujourd'hui quelques *ghorfas* seulement sont encore utilisées, alors que bon nombre de *ksour* sont totalement désaffectés. Conscient de l'importance archéologique de ces monuments, l'État a entrepris depuis quelques années d'en restaurer quelques-uns, dans l'espoir de les voir de nouveau en service, pour le tourisme ou comme espaces culturels.

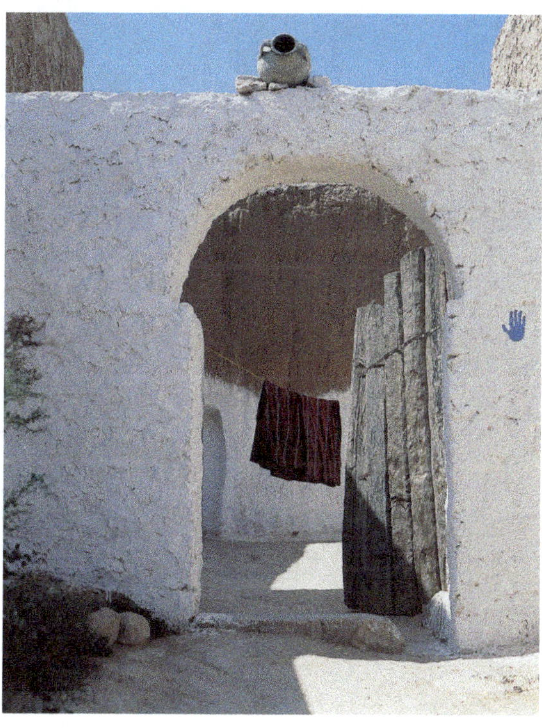

Habitat troglodytique vertical, porte en bois de palmier, Matmata.

X.2 MATMATA

Suivre les indications routières direction Matmata, via Nouvelle Matmata.
Toilettes au café Abdou.

L'occupation de la montagne procède beaucoup plus d'un fait économique et de géographie humaine qu'elle ne répond seulement à des préoccupations d'ordre purement défensif. Il s'agissait, dans une région à climat sec, de trouver des moyens de subsistance, de pouvoir s'implanter sur le sol et de s'accrocher à un terroir: la montagne permettait tout cela.

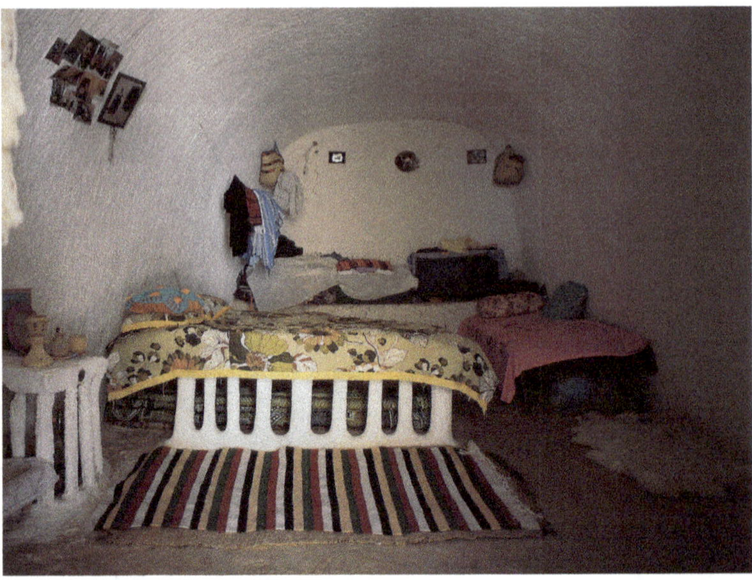

Habitat troglodytique vertical, chambre à coucher, Matmata.

Les Matmatiens ont fondé leur actuel village, voilà environ deux siècles, sur un massif argilo-limoneux, après s'être établis sur le sommet de la montagne. Du coup, ils se rapprochaient des zones agricoles, formées par une multitude de vallées encaissées, et ils adaptaient leur habitat à la nature et à la forme du relief, exploitant les possibilités que celui-ci offrait. L'habitat de montagne est le résultat de la convergence du travail de l'homme et de celui de la nature. Ici, la forme de l'habitation est déterminée autant par des facteurs naturels que culturels, où l'histoire avec ses courants et son balisage du temps a peu de prise. C'est une architecture spontanée, s'il est permis de dire, qui a l'avantage de s'intégrer au site et de respecter l'environnement. Elle est aussi remarquable par sa stabilité: le modèle ne change que très peu, même dans son aménagement intérieur.

À Matmata, la demeure a l'aspect d'un puits creusé sur une profondeur atteignant parfois plus de 10 m. On y entre par un couloir souterrain, en pente douce et légèrement coudée, afin d'éviter les regards indiscrets. Un élargissement de ce tunnel sert d'abri au chameau ou à tout autre animal. De là, on débouche sur une sorte de cour centrale circulaire, large d'environ 8 m, parfois moins, parfois plus, au milieu de laquelle est aménagée une fosse destinée à recueillir les eaux usées; une quantité de sel y est versée périodiquement pour des raisons évidentes d'hygiène. C'est là aussi qu'ouvrent la cuisine et les chambres d'habitation, creusées latéralement à un premier niveau. Ces pièces ont un plafond en carène, ce qui empêche les éventuels éboulements; les parois sont blanchies à la chaux, alors que le sol est couvert d'un enduit de gypse, ce qui assure une luminosité suffisante, puisque ces chambres n'ont d'autres

ouvertures que les portes en bois de palmier. Au second niveau, un ou deux greniers aménagés sont pourvus à leur sommet d'une ouverture qui permet d'y verser grains, olives ou autres légumineuses sans avoir à les enliser à partir de la cour. Dans quelques demeures, les chambres sont rehaussées par un ameublement fixe, très original: là, des étagères accolées aux murs sont faites d'une espèce de treillis fabriqué avec des branches d'oliviers et des hampes de palmes enduites d'argile et de gypse. Cet ensemble à claire-voie permet un rangement discret et recèle une valeur décorative et esthétique indéniable.
Réputées isothermes, c'est-à-dire tièdes en hiver et fraîches en été, les habitations matmatiennes souffrent cependant des éboulements pendant les années de fortes pluies; c'est pour cela que dans quelques-unes d'entre elles, les parois à risque du puits central sont soutenues par des murettes en pierre. Aujourd'hui, la prolifération des constructions en dur est en train de changer la physionomie du village. Seul un plan d'aménagement qui réglemente l'activité architecturale et urbanistique est capable d'endiguer le mal; mais le troglodytisme saura-t-il résister à l'évolution du temps?

X.3 TAMEZRET

Prendre l'unique route pour Tamezret. La route est en mauvais état, surtout entre Tamezret et Taoujout. Toilettes disponibles dans les trois cafés du village.
Très belle vue depuis la terrasse du café berbère, en haut du village.

Beau paysage lunaire et vallonné complètement sauvage qui s'arrête avec le village de Taoujout.

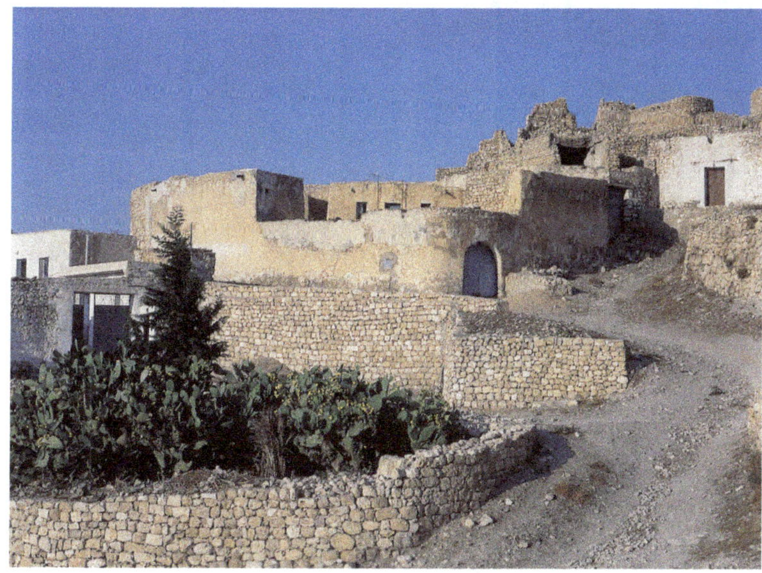

Vue du village de Tamezret.

Tamezret

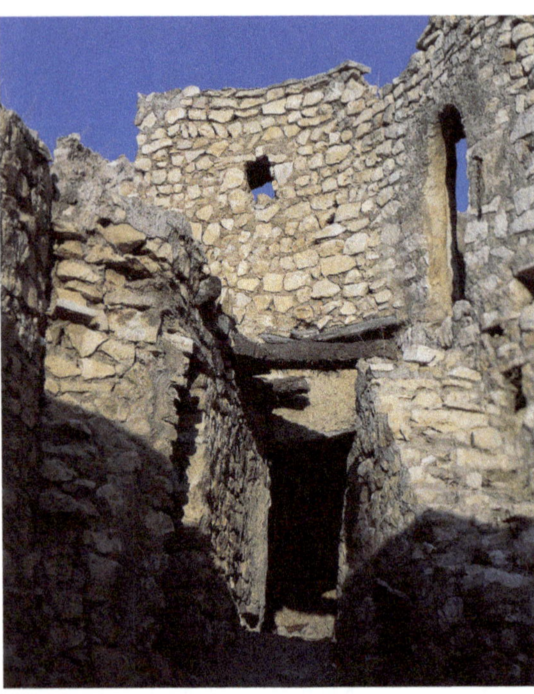

Construction en appareillage de pierres, Tamezret.

Avec Taoujout, situé au nord, et Zerawa, aujourd'hui abandonné, à l'ouest, Tamezret constitue la troisième composante d'un ensemble de villages dont l'organisation urbanistique et architecturale est quasi identique. Ces agglomérations sont installées sur des mamelons, à l'ouest du massif des Matmata, là où le relief finit par s'adoucir, les vallées deviennent moins encaissées, et où le Dahar commence à déferler ses interminables étendues. C'est là que les habitants de Tamezret font paître leurs maigres troupeaux d'ovins et de caprins, et qu'ils sèment en année pluvieuse, exploitant la partie cultivable du plateau.

D'abord cantonné à la butte qui forme le noyau historique du village, Tamezret est descendu en contrebas, vers d'étroites élévations qui surplombent les basses vallées environnantes. Du coup, le centre du village, avec ses dimensions urbaine et sociale, s'est trouvé déplacé; alors qu'il occupait naguère le sommet, matérialisé par la mosquée et le café probablement plus récent, une place au pied du mamelon s'y est, maintenant, substituée.

L'habitat à Tamezret est ordonné selon une localisation ethnique: cinq quartiers, plus ou moins délimités par des ruelles ascendantes, sont occupés, chacun, par un ensemble de groupes de même lignée jadis étanches et homogènes. À l'intérieur de ces divisions, les maisons sont adossées au versant du relief, à des niveaux différents, sans paliers intermédiaires. Les différents éléments, chambres d'habitation, cuisine, grenier ou pièce à provisions... sont disposés autour d'une cour à laquelle on accède par un vestibule précédé d'une grande porte surmontée d'un arc, qui peut laisser passer un animal de charge; ce qui tranche avec les portes intérieures, basses et étroites. Certaines demeures possèdent, selon l'importance de la pente, un second niveau, desservi par des escaliers raides qui partent de la cour; elles comportent aussi souvent que possible une ou plusieurs pièces excavées dans la roche. Les murs sont construits avec de la pierre liée par un mortier de plâtre; à l'intérieur, ils sont couverts d'un enduit du même matériau; à l'extérieur, ils sont nus, ce qui donne au village l'aspect rustique qui le distingue. Les plafonds sont en terrasse et rarement en voûte; ici, le bois de palmier est le plus utilisé; mais aujourd'hui, de plus en plus, on lui préfère la dalle de béton. Au-dessus de quelques maisons, de gros

silos à grains, tressés en sparterie d'alfa, sont posés sur ces terrasses.
Tamezret représente un type particulier de village de montagne, différent des agglomérations perchées sur les crêtes du Djebel Demer et caractérisées par l'organisation de leur habitat en paliers tel celui de Chénini et de Douiret, distinct aussi des bourgades qui occupent les cuvettes du massif de Matmata et dont l'habitat est entièrement enfoui sous le sol comme à Matmata et Techine... Ici, les constructions sont agglutinées autour d'un mamelon, formant un ensemble compact et serré; c'est dire la diversité des formules d'habitat de montagne dans le Sud tunisien et l'ingéniosité avec laquelle l'homme a pu s'adapter aux possibilités naturelles. C'est aussi dévoiler la richesse de cette culture dite berbère dont on a beaucoup parlé et dont on connaît peu de choses.

X.4 TAOUJOUT

L'ordonnance de l'habitat, la forme de l'habitation ainsi que les techniques architecturales adoptées à Taoujout sont semblables à celles notées à Tamezret. Il s'agit d'un village juché sur un mamelon, réservant le point culminant à la mosquée, visible de loin par son minaret, et aux vestiges d'un ancien *ksar,* terme qui désigne ici un lieu fortifié, dominant les vallées et le plateau. Mais à Taoujout, point de division ethnique des quartiers: des ruelles grimpent jusqu'au sommet et desservent des habitations adossées au flanc de la montagne. Ces demeures sont construites en pierre liée avec du plâtre, comprenant des communs et des chambres d'habitation organisés autour d'une cour à ciel ouvert. Une pièce ou plus est souvent excavée, ce qui rattache ce type de mai-

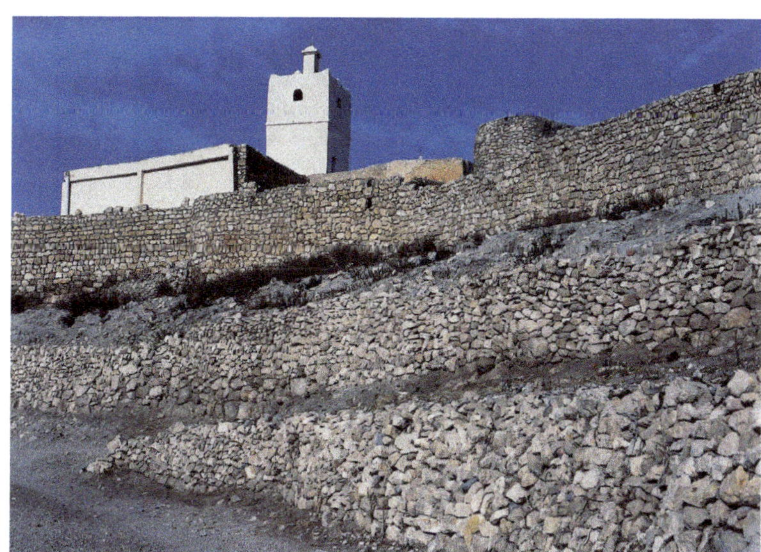

La mosquée, Taoujout.

son à l'ensemble de l'habitat partiellement ou totalement troglodytique de cette partie du Sud tunisien.

X.5 TOUJANE

On prendra soit une piste de montagne de Toujane (l'usage d'un véhicule tout-terrain est recommandé), soit la route allant vers les villes de Nouvelle Matmata et de Beni Zolten. Un café se trouve à l'extrémité du village.

Le nom de Toujane est devenu aujourd'hui un terme générique qui évoque trois unités urbaines, représentant autant d'étapes dans l'histoire de l'occupation de l'espace dans cette zone de montagne formée par les rebords sud-est du massif de Matmata, en face de la plaine de la Djeffara et de la côte. D'abord l'ancien village dont on parle encore comme d'un souvenir lointain, perché sur un piton du Djebel Toujane non loin du Djebel Zembayet, connu pour son importante source d'eau qui déferle de ses versants. Sur ce site inexpugnable, seuls quelques vestiges de murs indéfinissables sont encore visibles, mais l'on sait qu'une citadelle se juchait sur cette crête; les habitants appellent cette installation "*mrah el-qasr*", c'est-à-dire le parcours du *ksar.* Plus bas, mais sans véritable rupture, commence le Toujane actuel, un village plus récent, adossé aux flancs de la montagne qui forme à ce niveau une sorte de crique, percée par l'oued; à partir de là, la vallée s'élargit, et l'on entrevoit déjà la Djeffara. Carrément en plaine, un nouveau hameau est apparu, voilà plus de vingt ans, dans la vallée de l'Oued Troumane: Dkhilet Toujane. Si l'on n'a pas pu remonter au-delà de deux siècles pour situer le déperchement de Matmata, ici, à en croire une inscription qui semble dater la fondation de la mosquée du village, on peut avancer que l'apparition du Toujane actuel remonterait à environ quatre siècles, mais que l'abandon total du site perché se situerait bien plus tard.

Les quelque 1 100 habitants de ce village, aujourd'hui à moitié déserté, continuent à vivre selon un mode de vie traditionnel fondé économiquement sur une arboriculture de montagne, surtout d'oliviers, quelques labours dans les dépressions, et un élevage d'appoint; ils exploitent aussi des champs d'alfa qui sert à la fabrication de la sparterie, notamment ces grands contenants à grains appelés *kambout* ou *rouniya.*

L'habitat à Toujane est organisé en gradins sur les versants de la crique. Une route traverse l'agglomération et la relie à Banu Zelten et à Mareth. Les habitations sont construites en pierre nue liée par un mortier de plâtre. Elles sont couvertes en terrasse par des toits en bois d'olivier ou de thuya qui a l'avantage d'être imputrescible, sauf les greniers où les plafonds sont remplacés par des voûtes munies d'orifices destinés à verser le grain à ensiler. L'expérience a montré que ce type de couverture empêchait la prolifération d'insectes nuisibles à la conservation des céréales. Quelques maisons possèdent une ou deux pièces excavées dans le flanc de la montagne, mais toutes sont organisées sur un ou deux niveaux autour d'une modeste cour, étant donné l'exiguïté de l'espace disponible. Il peut aussi arriver que, par le jeu des héritages, la maison soit divisée en deux voire en trois demeures plus ou moins indépendantes, avec toutefois une entrée principale unique.

La mosquée, d'une blancheur immaculée, découpe ses contours sur le fond fauve de la montagne. Cet oratoire est sans doute l'un des plus anciens installés dans le Djebel: l'inscription en relief, sur le mur qui fait face à la

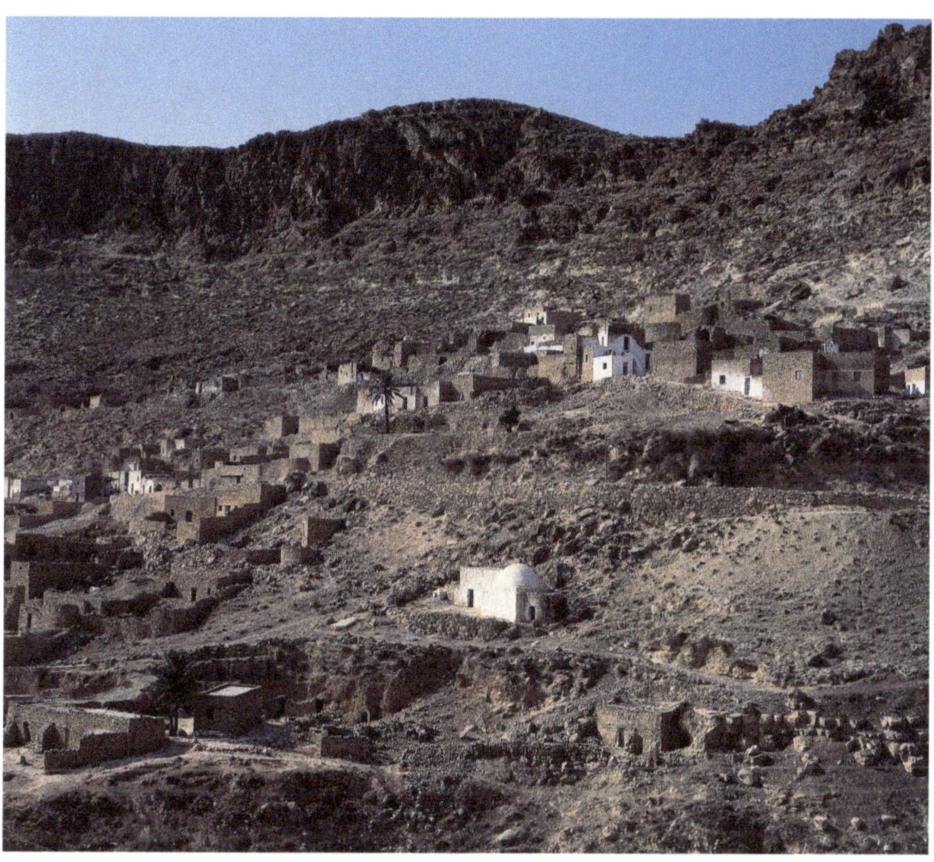

Village en gradins, Toujane.

porte d'entrée, indique une date probable de fondation en 1004/1596. Il se compose de trois étroites travées parallèles au mur de la *qibla*, en direction de la prière, et trois autres perpendiculaires, couvertes de voûtes portées par des piliers en maçonnerie et des arcs en plein cintre. Rehaussé de deux colonnettes et encadré de pierre taillée cernée de dentelures, le *mihrab* se distingue par son bombage accentué. Deux marches adossées au soubassement d'une fenêtre à large embrasure servent de minbar.

Toujane représente un type particulier d'habitat de montagne. C'est un village déperché qui occupe les deux versants d'une crique, de part et d'autre d'une percée faite par le lit de l'oued. Ses habitations sont construites selon une formule originale, suivant un plan à cour centrale avec des pièces excavées. C'est aussi l'exemple d'un habitat qui exploite les possibilités offertes par la nature, qui apporte des réponses adéquates aux exigences du mode de vie.

Vers le pays des *ksour*

Naceur Baklouti

2ème Jour

X.6 CHÉNINI (de Tataouine)

X.7 DOUIRET

X.8 KSAR AOUADIDE

X.9 KSAR ZÉNATA

X.10 KSAR OULED SOLTAN

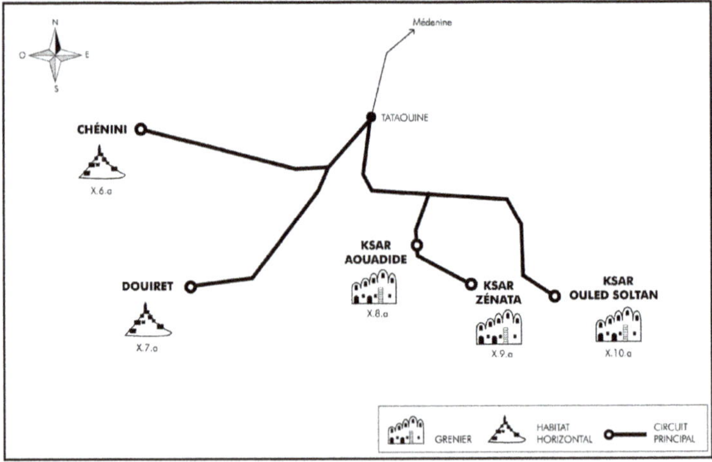

X.6 CHÉNINI (de Tataouine)

Redescendre vers Médenine, puis prendre la route de Tataouine. 2 km au sud de Tataouine, tourner à droite. La route est goudronnée sur 18 km jusqu'au nouveau village de Tataouine, au pied du piton où se dresse le village de Chenini.
Parking. Toilettes.

Au sud-ouest de la ville de Tataouine, chef-lieu de la région, un village troglodytique zénète (les Zénatas constituaient une grande tribu berbère au passé prestigieux), Chénini, occupe avec son *ksar*-citadelle le sommet d'une montagne au relief abrupt et déchiqueté, tournant le dos à la plaine. Enserré à l'est par la plaine du Farch et à l'ouest par le plateau du Dahar, le Djebel Démer se rétrécit à cet endroit, et sa morphologie devient irrégulière.
Déjà installés dans l'ancienne Chénini, située sur l'un des contreforts du Djebel face au Farch et non loin de la mosquée encore visible dite des Sept Dormants, les Zénètes auraient construit le *ksar*-citadelle vers la fin du VIe/XIIe siècle, ce qui correspond à un peu plus d'un siècle après l'arrivée des premières vagues de nomades hilaliens, venus de Haute-Égypte. C'est vraisemblablement à partir de cette époque que le village actuel s'est formé en contrebas, faisant face au Dahar, ce plateau qui comporte une frange cultivable et quelques pâturages.
Comme dans les autres villages pitonniers qui jalonnent le Djebel Démer, le *ksar* de Chénini surplombe les lignes d'habitation: il est juché sur la crête et se compose de plusieurs cellules d'engrangement, *ghorfa*, superposées et desservies par des ruelles étroites dont le tracé épouse la forme du relief. Aujourd'hui désaffectée, cette forteresse doublée d'un grenier collectif tombe en ruine. Plus bas, le village se développe sur plusieurs rangées, occupant les deux versants de la crique que forme la montagne; au centre du palier supérieur, une mosquée relativement récente incruste sa masse blanche.
Les demeures de Chénini sont du type troglodytique latéral, à plan en enfilade. Chacune d'elles comprend une ou plusieurs chambres d'habitation excavées dans la couche limoneuse et tendre du flanc de la montagne. Les pièces ouvrent par des portes en bois de palmier sur une cour dallée à ciel ouvert, qui ceint la cuisine, les

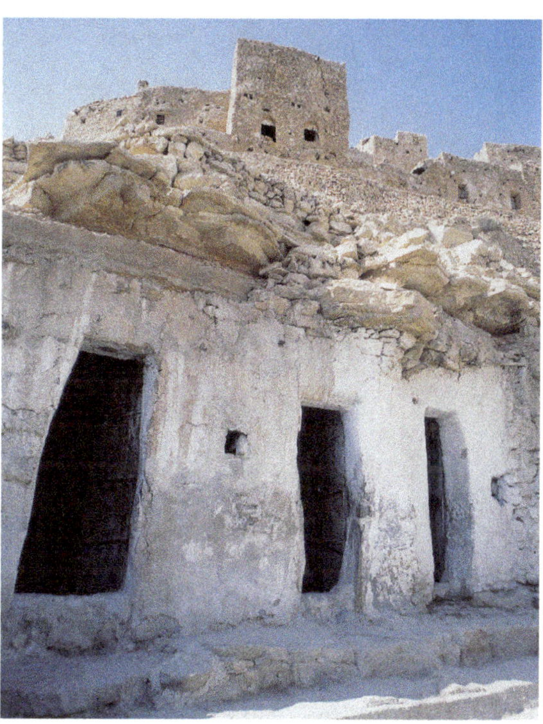

Habitat troglodytique, Chénini.

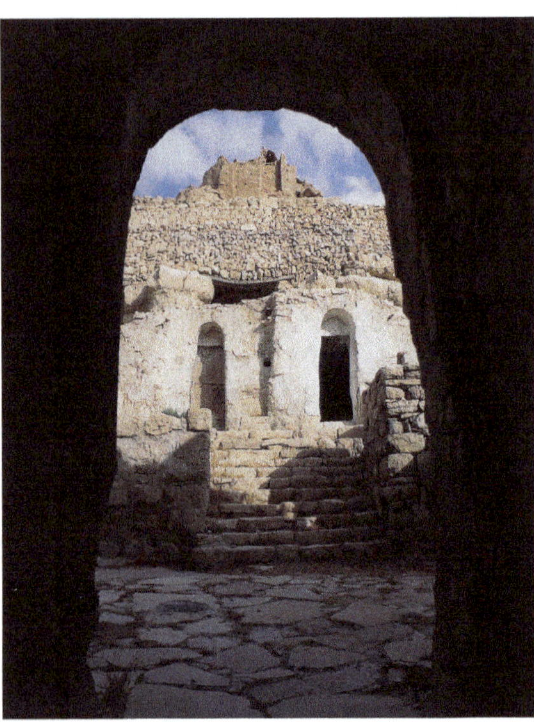

Entrée d'habitat excavé, Douiret.

latrines, l'étable..., le tout étant construit en dur. Quelques maisons comportent au dessus de l'entrée un grenier couvert en terrasse ou en voûte, qui remplace les *ghorfas* du *ksar* tombé en désuétude.

X.7 DOUIRET

Retourner à Tataouine et prendre la direction de Remada jusqu'à Ksar Ouled Debbab. Prendre à droite la route goudronnée jusqu'au village moderne de Douiret et continuer durant 1 km par la piste jusqu'au village ancien. Buvette.

Le panorama sur les collines désertiques environnantes est extraordinaire.

Douiret est un village de montagne situé sur l'une des buttes du Djebel Démer, à une altitude qui approche les 400 m; il est distant de plus de 20 km de la ville de Tataouine en direction du sud-ouest. Dans cette partie de la montagne, le relief est accidenté et entrecoupé de vallées relativement larges.

Sur l'origine du village, la tradition orale rapporte une légende semblable à celle qui relate la fondation de Carthage. Voilà environ cinq ou six cents ans, un saint homme appelé Dhouieb Ben Kenana, venu du Maroc, prêchant la bonne parole ou tout simplement commandité par le pouvoir central de Tunis pour mater quelque révolte, s'est allié à une tribu de la région. Il y prit femme et, voulant s'y établir, demanda qu'on lui octroyât un terrain que pourrait couvrir une peau de chameau. On le lui accorda, et à l'instar de la princesse Elyssa, fondatrice de Carthage, il découpa cette peau en très fines lanières de façon à circonscrire toutes les terres qui vont de la montagne jusqu'à l'oued. Ce marabout, surnommé le Conquérant, *Ghazi*, aurait donc fait souche dans cette région et serait l'ancêtre des Douiris.

De toute manière, dans cette partie de la Tunisie, où l'histoire se confond avec la tradition, on sait peu de choses sur les dates et les origines des villages qui jalonnent la chaîne de montagne. Mais l'on est sûr, par contre, que Douiret connut à la fin du siècle dernier une relative prospérité due à sa position en tant que relais sur la piste caravanière reliant Gabès à Ghadamès, et à l'intérêt que lui portèrent les autorités coloniales. Peu d'années après l'occupation du sud, Douiret devint le siège du Bureau des Affaires Indigènes, c'est-à-dire le bureau de renseignements; en 1912, le village devint le chef-lieu du califat des Jebalia, autrement dit une circonscription administrative qui groupe les habitants du Djebel. Mais avec la création de la ville de Tataouine, quelques années plus tard, la marginalisation progressive de Douiret s'amorça. Le nouveau centre administratif accueillit le B.A.I. ainsi que le marché hebdomadaire des tribus de la région, d'autant plus que le commerce caravanier commença à s'essouffler. Le coup de grâce fut porté à ce prestigieux village à la fin des années 60: les Douiris, du reste connus pour leur émigration surtout vers la capitale, entreprirent de descendre définitivement pour s'installer dans une nouvelle cité construite dans la vallée; ainsi abandonné progressivement, l'ancien village finit par péricliter.

Le site de Douiret est couronné par son *ksar*-citadelle qui surplombe les lignes d'habitation échelonnées suivant les courbes de niveau. Représentant un lieu de refuge sûr pendant les périodes d'insécurité, les murailles de l'ancienne forteresse, doublée d'un grenier collectif, dominent le paysage, alors que les habitations sont disposées en paliers.

La maison douirie est une demeure troglodytique latérale à plan en enfilade, comprenant une partie construite qui en devance une autre creusée. En forme de couloir, le vestibule donne accès à une cour dallée de pierre brute, dans laquelle ouvrent la cuisine et les latrines bâties en pierres sèches, tout comme les murs d'enceinte, ainsi que l'étable et la remise à outils, construites en dur. Cette partie de la maison est surmontée d'un grenier formé de plusieurs cellules voûtées. L'existence d'un espace réservé à l'ensilage des récoltes, faisant corps avec le reste de l'habitation, marque une étape dans l'histoire du village: elle signifie l'abandon du *ksar*-citadelle, grenier tribal collectif, difficilement accessible, et l'adoption d'une nouvelle formule, celle du grenier de famille. Les chambres d'habitation sont excavées dans les parties friables de la falaise, qui alternent avec les couches dures; c'est assurément ce qui a déterminé l'organisation linéaire du village. Des portes en bois de palmier protègent ces vastes pièces blanchies à la chaux; au fond: une resserre à provisions.

Salle de prière de la mosquée du Palmier, Douiret.

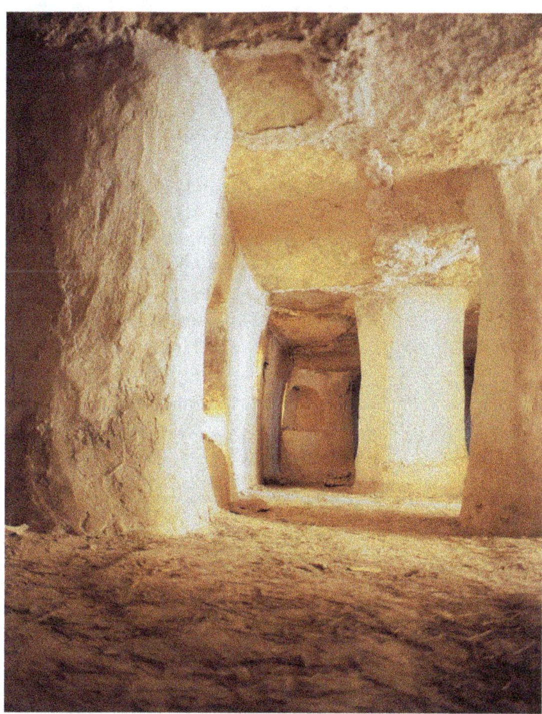

Douiret

Grenier collectif, cour intérieure, Ksar Aouadide.

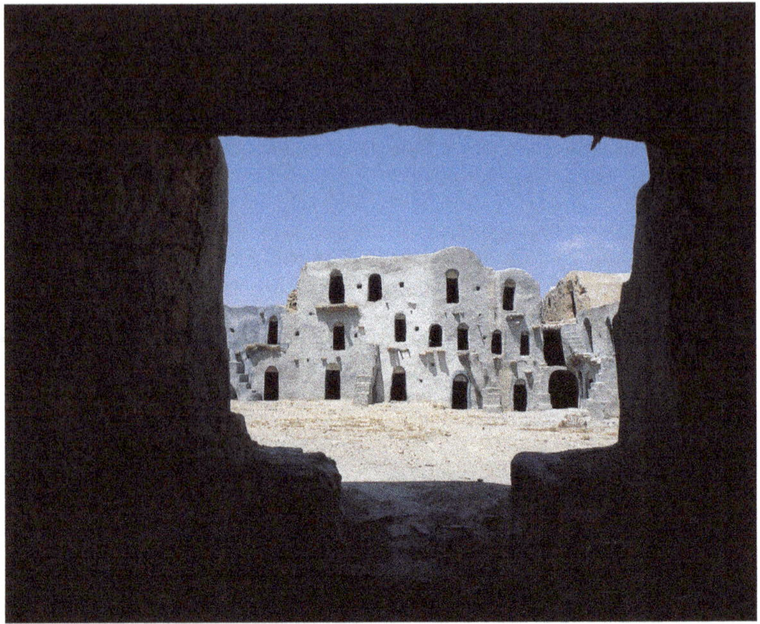

En arrivant à Douiret, venant de Tataouine, on est intrigué par la masse blanche d'une mosquée badigeonnée à la chaux, qui se détache sur le fond ocre de la montagne: c'est la mosquée du palmier, Jama' el-Nakhla. Ce sanctuaire comprend en fait deux parties. La plus ancienne est creusée dans le flanc de la falaise; des piliers réservés aident à supporter le plafond bas formé par de gros rochers plats, alors que deux défoncements dans la paroi de la *qibla* forment le *mihrab* et le *minbar*. Accolée à la première, la seconde partie de la mosquée est plus récente; elle est construite en dur avec des matériaux modernes et comporte un minaret et une salle de prière couverte en voûte.

En contournant le palier sur lequel Jama' el-Nakhla est juché, on est surpris de voir, blottie au fond d'une crique, une autre mosquée en partie cachée par un immense figuier; c'est cet arbre qui a donné son nom au sanctuaire: Jama' el-Karma. Creusé entièrement dans la montagne, ce dernier est remarquable par son système simple mais combien ingénieux de collecte des eaux pluviales qui ruissellent du versant raviné de la falaise.

Douiret, cette étrange cité berbère, au passé si énigmatique, offre aujourd'hui son architecture certes délabrée, mais qui porte l'empreinte indélébile d'une histoire méconnue et combien mystérieuse qui a vu tour à tour des groupes humains aux origines et aux traditions si différentes s'affronter et s'assimiler. Ce sont de telles vicissitudes qui ont contribué à l'élaboration d'un art architectural singulier qui exploite les possibilités offertes par la nature sans l'agresser.

X.8 KSAR AOUADIDE

Depuis Tataouine, prendre la route goudronnée en direction de Mastouria jusqu'à l'indication de la piste sur la droite. Celle-ci mène d'abord à Ksar Aouadide puis à Ksar Zenata ou Kedim.

Le Ksar Aouadide est classé parmi les *ksour* de montagne, c'est-à-dire ceux fondés par des fractions de tribus semi-nomades qui vivaient dans les vallées tout en pratiquant une transhumance pastorale, et qui ont adopté la tradition des sédentaires montagnards d'ensiler leurs récoltes dans des greniers collectifs fortifiés.

Les Aouadides constituaient une fraction de la grande tribu des Oudernas, grands nomades qui parcouraient la plaine de la Djeffara, le long du Djebel Abiedh, et fréquentaient ses premiers rebords.

Leur *ksar* surplombe la vallée de l'Oued Maztouriya qui traverse le Djebel. A cet endroit, un hameau, né voilà plus de vingt ans autour d'une modeste palmeraie clairsemée, ne cesse de se développer, accueillant les populations jadis perchées ou en semi-nomadisme: il s'agit de Maztouriya, située à une dizaine de kilomètres au sud de Tataouine, sur la route de Dhehiba.

Le Ksar Aouadide est construit en grosses pierres brutes pour les soubassements et en moellons pour le reste des murs, selon le plan type des *ksour* de montagne. C'est un quadrilatère formé d'environ 160 cellules d'engrangement entassées les unes sur les autres sur deux et trois niveaux, autour d'une cour centrale. L'entrée est en légère saillie, créant une sorte de

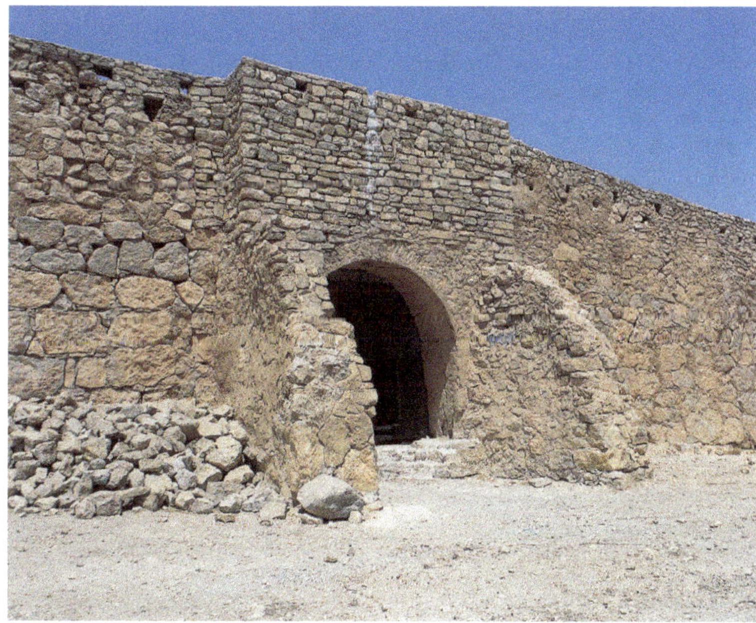

Grenier collectif, porche à deux contreforts, Ksar Aouadide.

porche souligné par deux contreforts qui encadrent l'arcade de la porte; l'intrados de l'arc porte une inscription en relief où apparaît une date: 1913, mais est-elle celle de la fondation ou d'une simple rénovation ? Le couloir d'entrée, formant vestibule, est couvert en bois d'olivier; il est pourvu de deux banquettes en maçonnerie, surmontées d'arcs de décharge; et de là part l'étroit escalier qui mène à la terrasse. De part et d'autre de l'entrée ouvrent sur la cour ce que furent l'atelier du forgeron et celui du menuisier. Dans les quatre angles sont aménagés des couloirs d'accès aux cellules. Ces dernières sont voûtées, étroites et oblongues. Certaines d'entre elles comportent une partie élevée supportée par des arcs et ayant sa propre voûte. Parfois, l'espace intermédiaire, réservé par les voûtes de deux *ghorfas* accolées, forme une cachette, *khammala*, dans laquelle on peut dissimuler les objets précieux, et à laquelle on accède par une étroite ouverture aménagée à l'intérieur de la cellule.
Au cours des dernières années, le Ksar Aouadide fut l'objet d'une profonde restauration. Son bon état de conservation et son aspect achevé le destinent à une réaffectation dans les domaines culturel ou touristique.

X.9 KSAR ZÉNATA

Les Zénatas constituent l'une des grandes tribus berbères qui ont peuplé en des temps immémoriaux le Maghreb, tout comme les Hentatas, les Masmoudas et les Sanhajas..., et représentent le substrat autochtone de la population actuelle de cette contrée. Les historiens affirment que les Libyques, cités par les sources grecques et latines, en sont les ancêtres. À la veille de la conquête arabe, les Zénatas occupaient une partie du nord de la Libye, de l'Est algérien et du Sud tunisien. Ils étaient soit agriculteurs soit seminomades chameliers.
Le *ksar* qui porte leur nom est probablement le plus ancien des greniers fortifiés de la région: n'est-il pas appelé aussi le vieux *ksar, el-Qasr el-Qadim*. Malgré son état de délabrement avancé, il est solidement ancré à une plate-forme calcaire, *rosfa,* sur une hauteur du Djebel, à une altitude légèrement supérieure à 500 m. De son site quasi imprenable, il surplombe une rangée de grottes d'habitation aujourd'hui abandonnées, et domine par sa masse imposante, totalisant une superficie de 2 500 m^2, la vallée de l'oued et la petite palmeraie de Maztouriya. Non loin, en contrebas pour l'un et à peu près à la même hauteur pour l'autre, le Ksar Aouadide et le Ksar Dghaghra.
Une inscription à l'entrée et une autre dans l'une des cellules situent l'existence du *ksar* à la fin du Ve/XIe siècle, ce qui correspond à une quarantaine d'années après l'arrivée des bédouins hilaliens d'Arabie après un séjour en Égypte. Existe-t-il une corrélation entre la fondation du *ksar* et cet important apport humain qui a accéléré l'arabisation du pays? La geste hilalienne, chef-d'œuvre de la littérature orale, nous rapporte les péripéties mouvementées de ce contact à la fois douloureux et passionné, qui a mis face à face des héros fameux tels que la mystérieuse Jazya, Dhiab et Bouzid du côté hilalien et Khalifa et Saada, et bien d'autres du côté zénatien. L'enjeu de ce combat était cette bonne terre d'Ifriqiya qui a fini par ouvrir les bras à ces vaillants guerriers venus d'ailleurs, qui ont certes imprégné le pays de leur culture, mais qui ont réus-

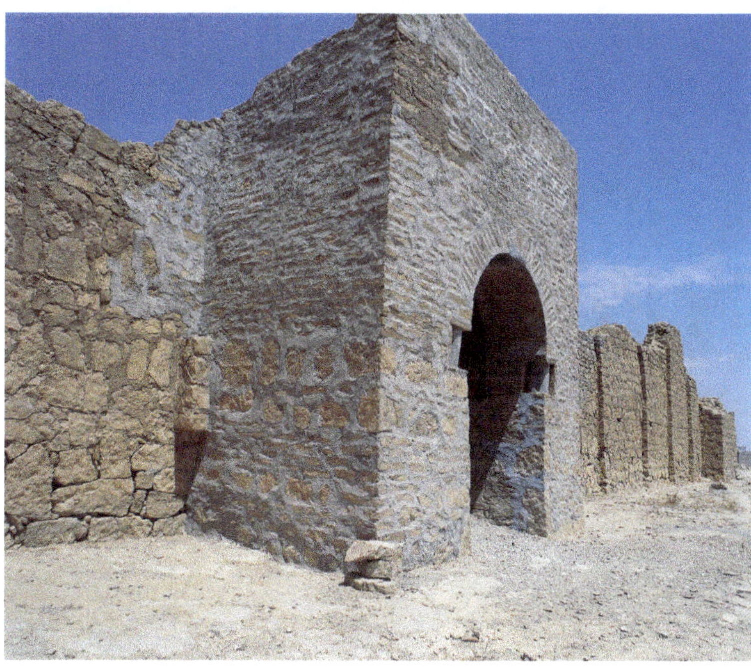

Grenier-citadelle, entrée à porche voûtée, Ksar Zenata.

si aussi à coexister avec leurs hôtes berbères et à se fondre dans l'ensemble de la population.

Le Ksar Zénata se distingue par son entrée monumentale, en forme de porche voûté, probablement surmontée jadis d'une tour de guet. Les cellules, au nombre dépassant la centaine, sont disposées sur deux niveaux autour d'une vaste cour centrale. Néanmoins, des sondages ont permis de découvrir les vestiges d'autres cellules à l'intérieur de la cour. Les *ghorfa*s du Ksar el-Qadim sont plus grandes que celles connues dans les autres greniers. Au premier niveau, leur profondeur peut atteindre 4 m, la largeur 3 m et la hauteur plus de 3 m; ce qui permet de les compartimenter. Quelques-unes sont pourvues d'une sorte d'alcôve élevée, portée par des arcs et une voûte. Un tel agencement suggère que ces pièces ont dû servir aussi de lieu de séjour. Les voûtes des alvéoles du *ksar* portent un décor en plâtre exécuté en relief et composé de signes apparemment hétéroclites où l'on retrouve le motif de la main, la roue solaire, des palmiers stylisés, des étoiles à cinq ou à six branches, des motifs géométriques et même des embarcations !

Le Ksar Zénata pose une énigme difficile à déchiffrer. Il est assurément le plus ancien des greniers-citadelles connus. On pense que sa vocation première n'était pas seulement d'ordre économique (ensilage des grains) mais, étant donné la forme de son architecture —notamment l'épaisseur des murs de la façade principale qui atteint plus d'un mètre—, l'existence probable

Cour intérieure, vue sur les ghorfas, Ksar Ouled Soltan.

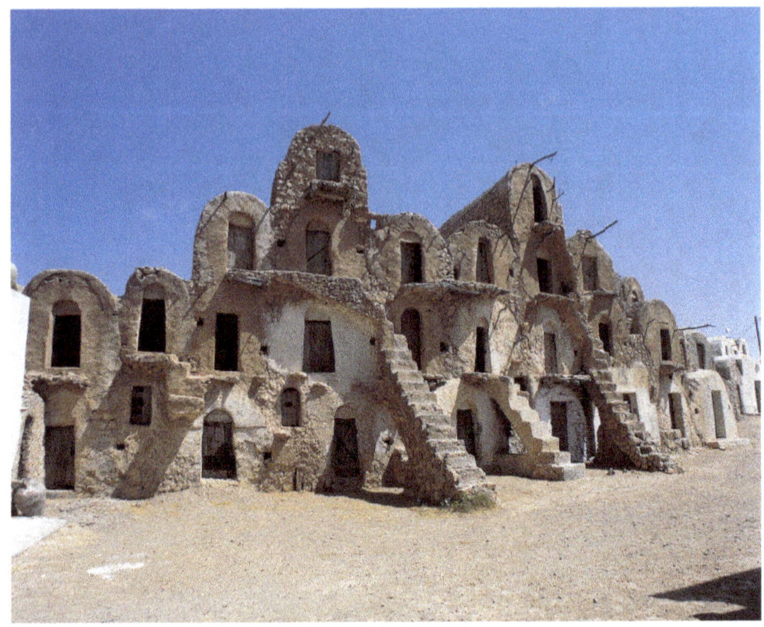

d'une tour de guet et le tracé de son enceinte en léger zigzag, il a certainement rempli une fonction importante de défense. A-t-il joué ces deux rôles de façon simultanée ou l'une a-t-elle relayé l'autre? On ne peut trancher. Le Ksar el-Qadim est sans doute le résultat d'un syncrétisme culturel évident, c'est-à-dire d'une combinaison cohérente d'éléments pris à des époques différentes dont l'agencement répond aux exigences du moment.

X.10 KSAR OULED SOLTAN

Revenir sur la route de la Mastouria et, à 5 km de Tamelset, prendre la route qui monte sur la gauche. Buvette.

Les Ouled Soltane sont une fraction de tribu bédouine sédentarisée. A l'instar des montagnards Jebaliya qui occupaient les crêtes et les pitons, ils ont fini par construire leur propre grenier collectif. Celui-ci est situé sur une éminence à 20 km au sud-est de Tataouine dans la partie sud du Djebel Abiedh. Au-delà, on entrevoit de loin les vestiges de trois villages piétonniers, Tazeghdanet, Beni Oussine et Techout, pourvus de greniers-citadelles, tombés aujourd'hui en ruine. Plus accessible, le ksar des Ouled Soltan est venu les remplacer.

Il s'agit d'un ensemble de cellules d'engrangements, *ghorfa*s, voûtées, plus de 300, empilées les unes sur les autres sur trois ou quatre niveaux autour de deux cours centrales communiquant par un passage couvert. La première, celle du

fond, serait âgée de plus de quatre siècles, alors que la seconde, nettement plus récente, aurait été construite à la veille du Protectorat, en 1881.
Les alvéoles d'ensilage sont profondes et compartimentées, ce qui permet de conserver diverses denrées telles olives, grains... Elles sont protégées par des portes basses en bois de palmier, qui ferment par des verrous à chevilles en bois; pour ouvrir, la clé, également en bois, doit effacer les chevilles. Ce système ingénieux est courant dans cette région. Des escaliers très raides adossés aux murs ou en porte-à-faux permettent d'accéder aux *ghorfas* des étages. Pour atteindre celles qui ne sont pas ainsi desservies, on se contente de quelques pierres plates saillant de la maçonnerie, ou tout simplement de barres en bois fichées dans le mur. D'autres barres fixées au-dessus des portes permettent, en tirant sur une corde, de soulever les contenants à grains, couffins ou sacs, destinés à être conservés dans les *ghorfas* supérieures. Des cachettes ménagées dans les voûtes des cellules accolées sont accessibles par de petites portes qui ouvrent à l'extérieur, dans la cour.
Bien que partiellement désaffecté, le Ksar Ouled Soltan continue d'attirer les habitants de la région, qu'ils soient montagnards ou hommes de la plaine, si bien qu'il constitue aujourd'hui le noyau d'un embryon de village qui s'est progressivement constitué autour de sa double enceinte; une mosquée, de construction récente, est venue consacrer cette naissance. Ce *ksar* auquel un effort de restauration est périodiquement consenti, s'est converti en espace culturel, abritant l'une ou l'autre manifestation du festival annuel des *ksour*.

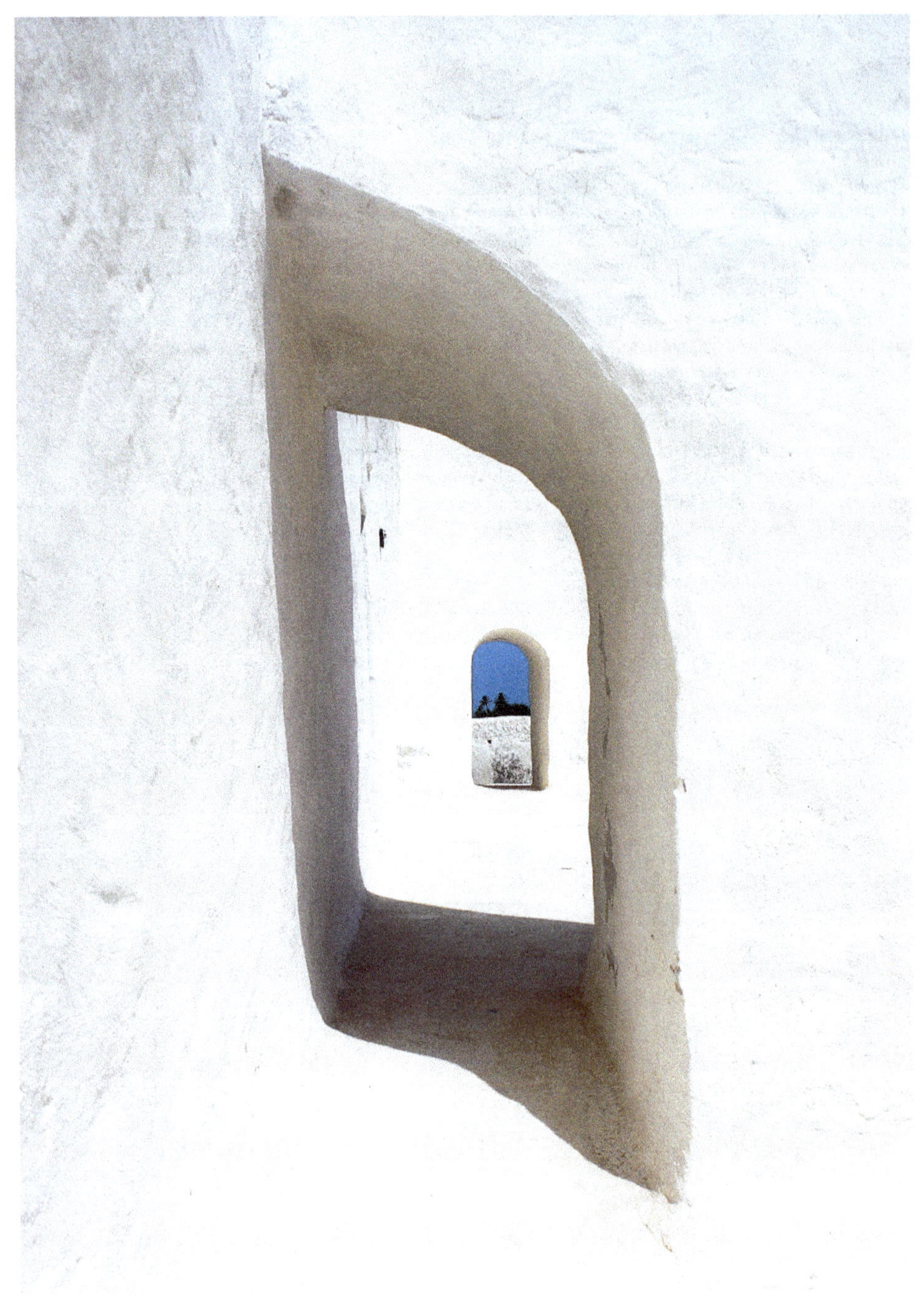

L'Architecture ibadite

Aziza Ben Tanfous

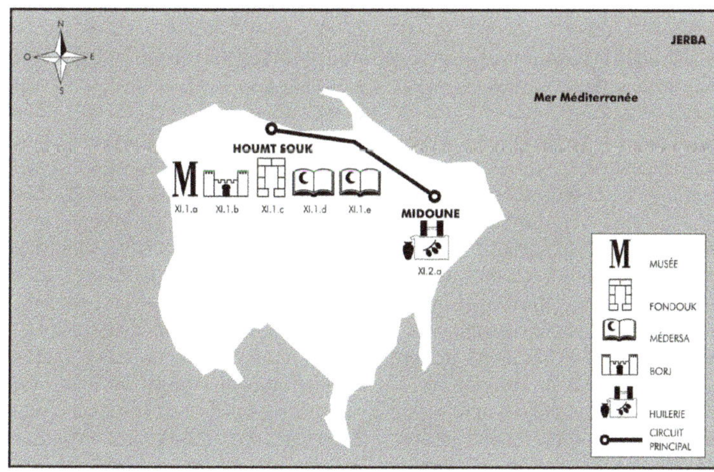

Contrefort d'une mosquée, Jerba.

Située au niveau de la zone semi-désertique du continent africain, l'île de Jerba aurait pu n'être qu'un morceau de Sahara sablonneux émergent au large du golfe de Gabès, mais sa rencontre avec l'homme lui a forgé un autre visage. L'île des Lotophages d'Homère, ou "l'île des hauts fonds", devint Girba à l'époque romaine, d'où son nom actuel; c'est une grande et belle île dont la position stratégique en Méditerranée est très importante. Située approximativement à mi-distance entre Ceuta (Sebta) au Maroc et Alexandrie en Égypte, Jerba avait une arboriculture très florissante et même de la vigne; elle produisait des fruits de toutes sortes; ses ateliers de poterie fournissaient de grosses jarres servant à l'exportation de l'huile d'olive. Ses habitants fabriquaient de l'huile d'olive, des étoffes de laine et des toiles de coton très appréciées. Dans l'Antiquité, ses installations côtières traitaient le murex, une variété de coquillages qui sécrète la pourpre, teinture très prisée par les souverains de l'époque, car elle colorait leurs vêtements d'apparat. Les pêcheries de la côte fournissaient du poisson varié. D'importants comptoirs jalonnaient le littoral: Méninx au sud, Tipaza sur le site d'Ajim, Haribus près de Guellala et Ghizen sur la côte nord.

La tradition locale fait intervenir, à cette époque, l'arrivée d'une communauté juive réfugiée de Jérusalem vers le milieu du VIe siècle av. J-C, qui trouva là un milieu favorable à l'épanouissement de sa foi. Passant aux mains des Romains après la prise de Carthage, Jerba connut un essor encore plus considérable dont témoignent la taille de la cité de Méninx qui devint la capitale de l'île et la construction d'une chaussée qui relie l'île au continent. L'île donna même naissance à deux empereurs, Vibius Galus et son fils Volusianus. L'épisode vandale n'ayant pas laissé de traces, l'île a continué à accueillir les religions car à la fin du règne de Justinien, elle abritait un solide évêché chrétien, dans la cité de Girba qui semble avoir supplanté Méninx comme capitale de l'île.

Conquise par les Arabes en 273/887, l'île paraît avoir vécu en dehors des événements qui ont eu pour théâtre le continent proche. Ce n'est qu'avec l'avènement de l'ibadisme qui intéressa lentement l'Occident musulman au IIIe/IXe siècle que Jerba fait parler d'elle. Il faudrait rappeler brièvement qu'au cours de la grande discorde (voir aperçu historique), les premiers partisans de Ali étaient les Kharijites. Ces derniers se donnèrent dès lors le droit de choisir un chef, qu'il fût ou non originaire de Quraysh, la tribu du Prophète, quand bien même il serait un esclave noir. Mais le kharijisme ne resta pas un; dès le début, il se scinda en plusieurs sectes et se répandit dans le monde musulman; l'ibadisme, une tendance modérée de ce mouvement, s'implanta au Maghreb. Il tire son nom de celui de son fondateur, Abd Allah Ibn Ibad el-Mourri, qui vécut à Basra en Irak vers la fin du Ier/VIIe siècle. Quand et comment l'île fut-elle pénétrée par ce mouvement? Il est difficile de répondre avec précision, mais il semble que la proximité de la Tripolitaine fut à l'origine du contact de Jerba avec le premier État ibadite, fondé au Maghreb en 140/758 par cinq missionnaires envoyés de Basra pour prêcher leur doctrine. Ce fut un État éphémère, mais il représentait la première application de la théorie politique ibadite du pouvoir collégial. Dans le même temps, Kairouan fut occupée par les Ibadites et

gouvernée par l'un d'eux, Abd el-Rahman Ibn Rustum. La Tripolitaine, l'Ifriqiya et l'Algérie orientale semblèrent pour un temps acquises à la nouvelle doctrine. Ibn Rustum, chassé de Kairouan en 143/761, se réfugia chez les Berbères et fonda Tahert en 161/778, près de l'actuelle Tiaret, dans le Sud algérien. Quelque temps après son installation, il institua un imamat qui restera dans sa famille jusqu'en 296/909 et auquel Jerba fut rattachée. Il s'agissait là d'une théocratie fondée sur le Coran et la Tradition dont l'imam devait être un pieux théologien contrôlé par des clercs; c'était un régime austère, puritain et égalitaire. Son fils Abd el-Wahab (171/788-208/824) fut désigné par un conseil mais il fut très vite contesté par une fraction des Ibadites qui se sépara des Rustémides, donnant naissance à deux mouvements schismatiques.
Il semble que pendant cette période de pénétration de l'ibadisme, Jerba fut plutôt un refuge pour ces groupes dissidents issus de l'opposition au pouvoir dynastique des Rustémides, à savoir les *Noukkariya* et les *Khalafiya*. Les "renieurs", *noukkar*, qui constituèrent l'une des principales branches de l'ibadisme, tirent leur nom de ce qu'ils refusèrent en fait de reconnaître le deuxième imam de Tahert; ils durent aussi leur célébrité à leur chef, le fameux Abou Yazid, "l'homme à l'âne" qui faillit compromettre l'existence du califat fatimide. Les *khalafiyya,* quant à eux, tirent leur nom de Khalaf Ibn el-Samh; le père de ce dernier fut d'abord vizir de l'imam Abd el-Wahab puis gouverneur de la Tripolitaine (195/811-207/823). A sa mort, les notables ibadites tripolitains choisirent son fils Khalaf, mais ce dernier ne fut pas reconnu par l'imam de Tahert, ce qui créa un schisme.

Les uns et les autres, qui prônaient des idées contre l'hérédité du pouvoir et pour l'élection du plus méritant, auraient bénéficié d'une bonne audience auprès de la population de Jerba. En 296/909, les Fatimides allaient mettre fin non seulement à l'émirat aghlabide mais aussi à l'imamat de Tahert, créant un grand et puissant royaume.
De petits groupements ibadites se reconstituèrent peu à peu dans le sud de l'Ifriqiya et en Tripolitaine. Ne pouvant plus recréer un imamat, ils adoptèrent la loi du secret en matière de foi pour échapper à la répression. A la fin du règne rustémide, Jerba était en majorité *noukkariyya*, et le cheikh Abou Messwer eut beaucoup de difficulté à créer la première école *wahabiyya* à Jerba. (Rappelons pour mémoire que cette appellation est donnée aux partisans du deuxième imam rustémide, Abd el-Wahab, dont il a été question plus haut.) Il fut le fondateur de Houmt Souk, appelée aussi Souk el-Khamis dans les sources. C'est à partir du IVe/X^e^

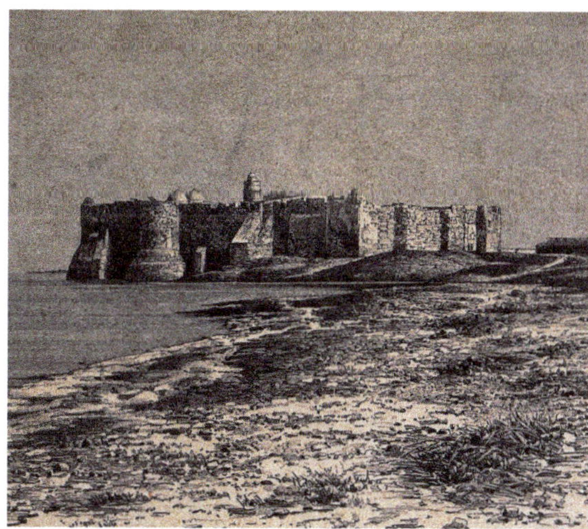

Borj el-Ghazi Mustapha, Jerba, gravure du XIXe siècle.

siècle que le wahabisme, ancré sur des bases solides, avait commencé à évincer le noukkarisme et une âpre lutte opposa les deux partis.

Au milieu du Ve/XIe siècle, apparut dans les tribus des Banou Yahrassen une forme nouvelle de gouvernement constitué par un conseil de reclus, *azzaba*, présidé par un cheikh, auxquels la vie entière de la communauté était soumise. Ce conseil était formé de douze personnes ayant chacune une fonction. Ils avaient fondé leur pouvoir sur la base de l'enseignement de la pensée ibadite.

Au VIe/XIIe siècle, l'île eut à soutenir une longue résistance contre les Normands; ceux-ci eurent à plusieurs reprises le dessus en jouant sur les dissensions internes et Jerba fut prise en 529/1135. Vers 544/1150, Mahdia, Sousse et Sfax, les villes du littoral, étaient aux mains des Normands et leur payaient tribut. Les populations se révoltèrent et elles furent libérées peu après par les Almohades. L'île fut prise une deuxième fois en 682/1284 par l'amiral Roger de Lauria; elle fut pillée et mise à sac. L'amiral fit construire une forteresse et la population dut payer un lourd tribut. Il razzia systématiquement les côtes ifriqiyennes. La domination chrétienne dura approximativement jusqu'en 735/1335; un soulèvement de la population, excédée par les exigences "de gouverneurs cupides", y mit fin. En 835/1432, Alphonse d'Aragon s'empara de l'île, mais sa domination fut de courte durée. En 924/1518, Hassan el-Wazzan, de retour d'un voyage en Orient, fut enlevé au cours de l'escale de Jerba par un pirate sicilien et emmené en Italie. Offert en présent au pape Léon X, Jean de Médicis, il fut converti au christianisme et reçut le nom de Jean Léon l'Africain. Il écrivit beaucoup mais la postérité le retint surtout comme l'auteur de la "Description de l'Afrique". Au Xe/XVIe siècle, l'île, devenue le repaire du célèbre corsaire Dragut, Dargouth Raïs, fut attaquée par l'amiral de Philippe II, Andréa Doria. Ce fut un désastre pour les Espagnols et l'apogée de la puissance turque en Méditerranée. Malgré la défaite turque de Lépante en 978/1571, l'île ainsi que le pays passent dorénavant, sous domination ottomane.

Au XIe/XVIIe siècle les deux tiers de l'île étaient gagnés par le wahabisme. Aux XIIe/XVIIIe et XIIIe/XIXe siècles, les *noukkariyyas*, cantonnés dans la zone orientale de l'île, se convertirent progressivement au malékisme, renforçant la mainmise du pouvoir central de Tunis. Le système des *azzabas* fonctionna au départ selon la vision que les premiers initiateurs avaient du pouvoir, mais son évolution présente une scission progressive entre les deux pouvoirs. Des dynasties de gouverneurs locaux se saisirent du pouvoir temporel, laissant aux *azzabas* l'exercice de la justice et de l'enseignement.

Le 28 juillet 1881, les troupes françaises occupèrent la grande forteresse, le Borj el-Kébir, tout comme elles avaient occupé le reste de la Tunisie. Depuis l'Indépendance, Jerba est redevenue l'île fascinante et mystérieuse, aux plages de sable blond, gorgée de soleil et de mer, parsemée de petites mosquées blanches aux formes curieuses, offerte au regard des curieux et pourtant ô combien secrète !

Fruits d'une longue tradition locale, les édifices de Jerba sont éparpillés à l'image de l'occupation de l'espace donnée par le Jerbien. Rompant, en effet, avec la cité classique qui avait longtemps fleuri près du littoral, ces insulaires, pour des raisons de sécurité, avaient reflué à l'intérieur de l'île, développant un habitat dispersé. Ils

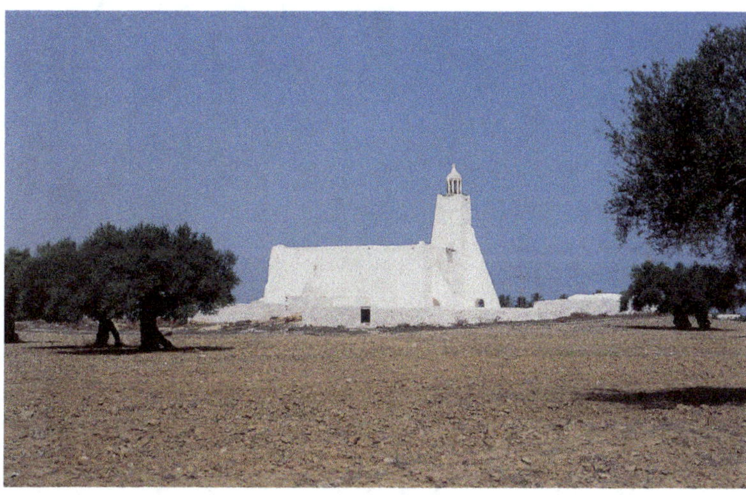

Mosquée rurale, Jerba.

ont, à partir du Moyen Âge, essaimé dans des exploitations agricoles, assurant leur autosubsistance. Dans ce type d'habitat, la mosquée occupe une place essentielle dans la vie communautaire. Elle en est le centre spirituel, bien que son implantation soit rejetée à la périphérie. Les sources attribuent à l'île 360 mosquées, presque une mosquée par jour, témoignant ainsi de la profonde piété de ses habitants et de leur dispersion. Ces monuments ont été, à la fois ou successivement, le lieu privilégié de la vie culturelle, administrative, militaire, voire politique de la population. Elles assuraient la formation des cadres nécessaires pour la direction de l'île d'une façon autonome. Elles relatent donc les moments forts de l'épopée ibadite qui a permis de maintenir cette île dans le giron de l'islam, malgré les pressions qui ont pesé sur elle durant les siècles troubles. Qu'elle soit religieuse ou à destination économique, l'architecture se caractérise par sa sobriété, son dépouillement et sa fonctionnalité. Rien n'y est gratuit. Elle est le reflet des préceptes égalitaires de l'islam rigoureux des premiers initiateurs de la doctrine ibadite. D'origine locale, la plupart des monuments sélectionnés portent cette marque que l'on retrouve même dans les monuments officiels créés à l'instigation d'un État central auquel l'île fut plus ou moins rattachée aux différentes époques de son histoire.

XI.1 HOUMT SOUK

XI.1.a Zaouïa Sidi Zitouni – Musée des Arts et Traditions populaires de Jerba

A l'entrée de Houmt Souk, avenue Abdelhamid el-Cadi qui débouche sur la route traversant la zone touristique.
Entrée payante. Horaires: de 9:00 à 16:00 du 16 septembre au 31 mars de, 8:00 à 12:00 et

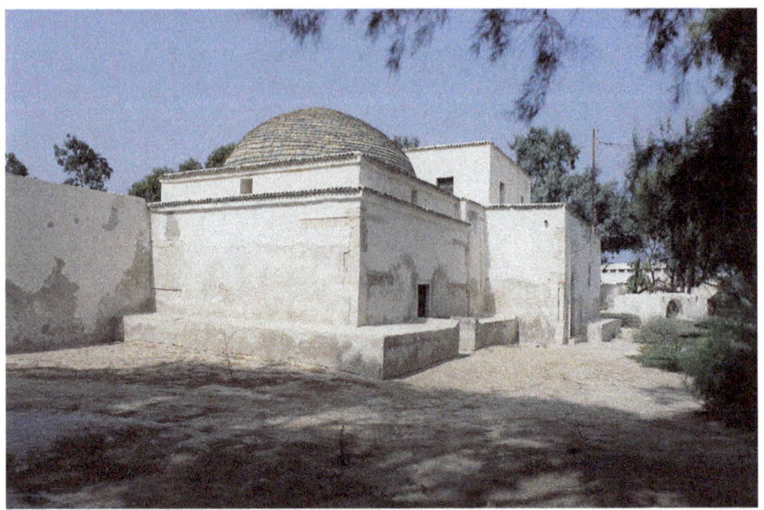

Sidi Zitouni, coupole à tuiles vernissées vertes, Houmt Souk.

de 15:00 à 19:00 le reste de l'année. Fermé le vendredi. Parking. Toilettes.

Le mausolée qui abrite le musée des Arts et Traditions Populaires de Jerba était, il y a deux décennies, le seul bâtiment religieux dans l'espace boisé qui borde les *menzels* de Houmt Taourit. Ce beau monument surmonté d'une coupole verte fut érigé par le gouverneur de l'île, Hamida Ben Ayed, au XIIe-XIIIe/f. XVIIIe pour glorifier l'œuvre du cheikh Abou Bakr Zeytouni, magistrat malékite qui, grâce à l'exercice de ses fonctions à Jerba, contribua au renforcement du malékisme dans l'île. Tuiles vernissées vertes à l'extérieur, décorations en stuc et carreaux de céramiques tapissant les murs intérieurs, plafonds en bois peints impriment ce mausolée de la marque officielle qui caractérise les monuments d'époque husseinite. En fait, ce monument se développe en deux bâtiments d'époques différentes. Le mausolée du XIIe/XVIIIe a été agrandi ultérieurement par la transformation, au XIIIe/XIXe siècle, du patio qui précède la salle du saint en une grande salle à haut plafond appelée *fnar* où avait lieu le culte d'un autre saint: Sidi Ameur. La deuxième construction, *Koubba el-Khayal* ou Dôme du Fantôme, ne porte aucune date mais semble plus ancienne. Elle est liée à la guérison miraculeuse de certaines maladies d'ordre psychique, selon la croyance populaire.
Le musée, aménagé en 1970, a tiré profit de la beauté de l'ensemble pour mettre en valeur son contenu qui présente quelques aspects de la vie traditionnelle des insulaires jerbiens, et ce à travers une collection de costumes de cérémonies où l'on perçoit, au-delà de l'unité apparente, beaucoup de diversité, fruit de l'apport de chaque localité —chacune tenant à se distinguer de sa voisine par la couleur, le port du vêtement ou alors par la forme de l'indispensable chapeau. Une collection de bijoux d'argent émaillé nous

raconte la belle époque où les artisans juifs de la Hara Kébira et de Houmt Souk faisaient de Jerba l'un des principaux foyers de l'orfèvrerie tunisienne. La reconstitution d'un atelier de poterie dans l'ancienne citerne désaffectée nous introduit dans le monde enfoui où l'artisan potier créait paisiblement ses multiples objets. Une galerie où sont exposés des objets vernissés de Guellala, et deux cours où se trouve une série de contenants de différents calibres et de formes variées, clôturent le thème de la poterie. La reconstitution d'une cuisine traditionnelle illustre l'utilisation de quelques pièces de vaisselle en terre cuite. Enfin une collection de boiserie complète l'ensemble, donnant une idée du mobilier qui était en usage dans les intérieurs des habitations jerbiennes.

XI.1.b **Borj el-Ghazi Mustapha**

Rejoindre la route du bord de mer et tourner à gauche vers le port dont l'entrée est marquée par le fort.
Entrée payante. Horaires: de 9:00 à 16:00 du 16 septembre au 31mars et de 8:00 à 12:00 et de 15:00 à 19:00 le reste de l'année. Fermé le vendredi. Parking. Toilettes.

Bien que protégée par les hauts fonds marins, Jerba peut être abordée à des endroits vulnérables. C'est pourquoi elle a dû, face aux dangers venant tant de l'extérieur que de l'intérieur, concevoir un système de défense qui englobe tout son territoire, lui permettant de sauvegarder son intégrité. Ce système comprend les forts, *borj*, construits à l'instigation du pouvoir central, aux points d'abordage.

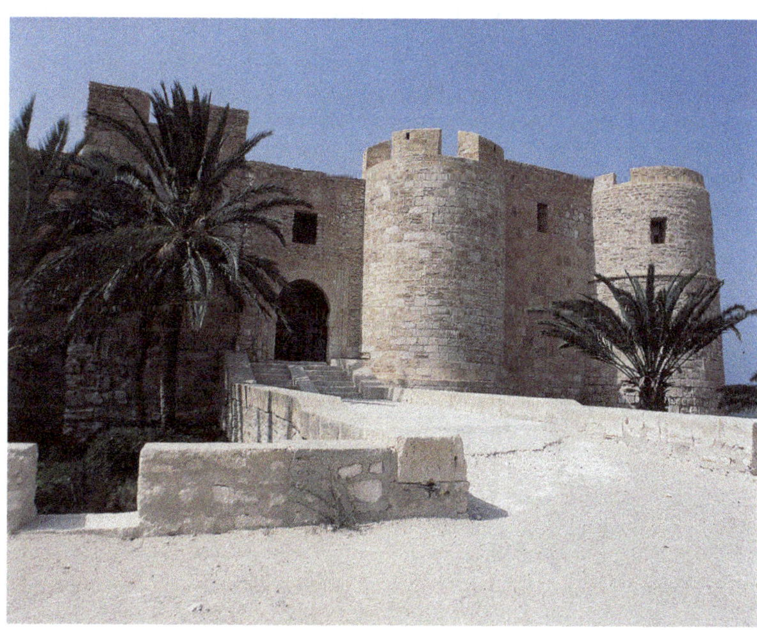

Borj el-Ghazi Mustapha, entrée et tours circulaires crénelées, Houmt Souk.

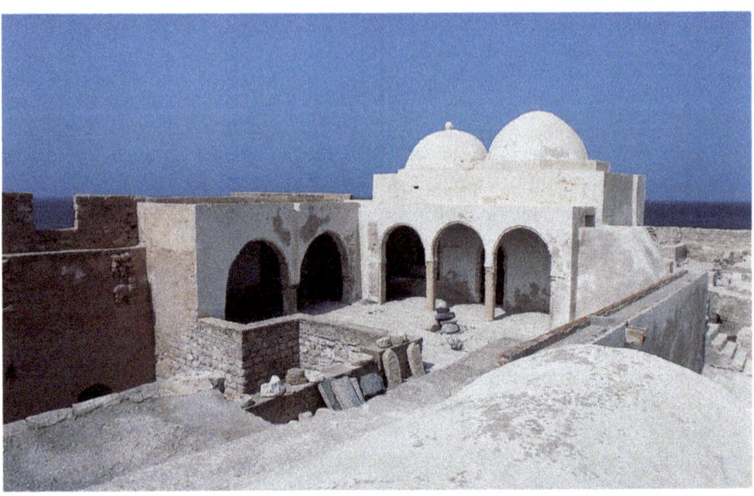

Borj el-Ghazi Mustapha, salle de prière surmontée de deux coupoles, Houmt Souk.

Ils étaient relayés par des postes de surveillance sous forme de lieux de culte qui jalonnent toute la côte et sont le fruit d'un engagement de la population. Cette première ligne était doublée au nord-est par une ligne de mosquées fortifiées; au troisième degré, des mosquées de quartiers dotées d'éléments de défense complétaient l'ensemble.

Le Borj el-Kébir ou Borj el-Ghazi Mustapha, situé au nord de Houmt Souk, constitue la pièce maîtresse de ce système. Il est le plus important par sa masse et par son rôle.

Construit au VIIIᵉ/XIVᵉ siècle à l'instigation du sultan hafside Abou Farès, le fort, dans sa configuration actuelle, est le résultat des restaurations entreprises par le gouverneur turc Ghazi Mustapha, suite aux dommages subis par le fort en 967/1560 lors de la grande bataille qui avait opposé une coalition européenne chrétienne aux troupes ottomanes commandées par Dragut. C'est à la suite de cette bataille décisive que Jerba entra sous l'obédience du sultan d'Istanbul. L'aspect de ce monument, unique par son style à Jerba, et son emplacement nous indiquent sa destinée. Il présente les caractéristiques des monuments militaires classiques, créés depuis le Iᵉʳ/VIIᵉ siècle et qui restèrent inchangés jusqu'à l'époque ottomane. Il a la forme d'un quadrilatère dont les murs extérieurs, très hauts, ont un mètre de portée en moyenne et sont construits avec de gros blocs de pierre taillée locale. La partie est et sud est dotée de cinq tours rondes et crénelées alors que la partie nord et ouest comporte quatre tours quadrangulaires. Ghazi Mustapha avait rajouté, à l'intérieur, des constructions qu'il avait jugées utiles pour la gestion de la place; ainsi des chambres, des écuries, une mosquée dont il ne reste plus rien ont été édifiées dans cet espace. Il finit son œuvre par la construction d'une salle de prière, précédée d'un portique et surmontée de deux coupoles blanches, destinée sans doute à être un mausolée. Le matériel dégagé par les fouilles des années 70 était de deux sortes: des vestiges d'époque romaine qui proviennent probablement de Meninx ou de Girba et un lot de céramiques de différentes époques et de diverses provenances.

XI.1.c **Fondouk el-Zaouïa**

Revenir vers les rues piétonnes de Houmt Souk. Le monument est situé dans la rue Moncef Bey (perpendiculaire à la rue de Bizerte), face à l'hôtel Marhala.

Selon la tradition, ce fondouk fut construit au XIIe/XVIIIe par le bey Hussein Ben Ali en même temps que la zaouïa de Sidi Jomni. Selon le plan classique des fondouk traditionnels, celui-ci est carré; il s'agit en somme d'une bâtisse à deux étages avec des pièces ouvrant sur des galeries qui entourent la cour. L'originalité des fondouk de Houmt Souk réside dans l'accès à l'étage qui se fait par un escalier qui part de la cour comme si l'on voulait économiser l'espace couvert et le réserver à un usage plus utile. Ce fondouk a deux escaliers qui se font face. Toutes les commodités se trouvent au rez-de-chaussée: citerne et latrines. Les couvertures sont de style local faites en berceaux, excepté pour les galeries: celle du rez-de-chaussée semble avoir conservé sa couverture d'origine réalisée en troncs de palmiers tandis que celle de l'étage est en bois. Elle provient d'une restauration du début du siècle, une mauvaise restauration plus récente avait dénaturé deux côtés de cette galerie, en la couvrant d'une dalle en béton. Aujourd'hui, les locaux du rez-de-chaussée servent presque tous d'entrepôts de marchandises (laines brutes ou en filés) tandis que ceux de l'étage sont occupés par des tisserands. L'intense animation qui y régnait autrefois, liée à l'activité commerciale et à l'hébergement, a cédé la place au calme d'une monoactivité complémentaire mais plus réduite.

XI.1.d **Médersa Sidi Jomni**

Dans la rue de Bizerte, tourner à gauche vers le café Fatou. Le monument est sur la petite place, au niveau de la station de taxis.

Fondée par les Mouradites au XIe-XIIe/f. XVIIe siècle, la médersa Joumniya est l'une des rares institutions créées par le pou-

Fondouk el-Zaouïa, galerie du rez-de-chaussée, Houmt Souk.

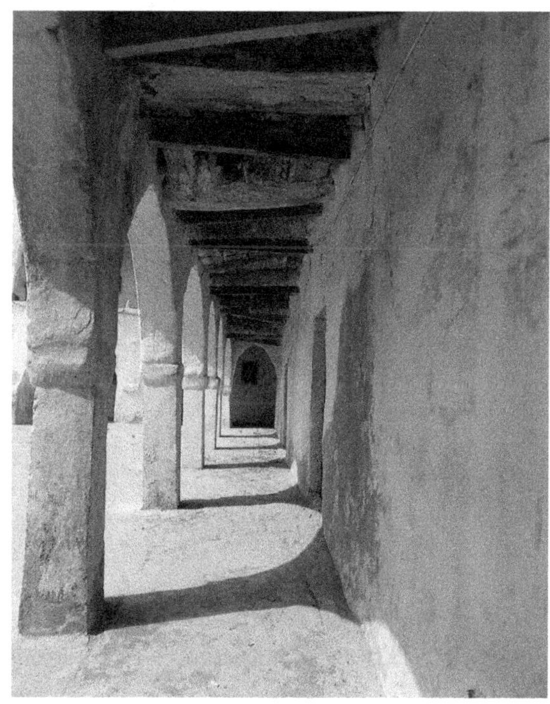

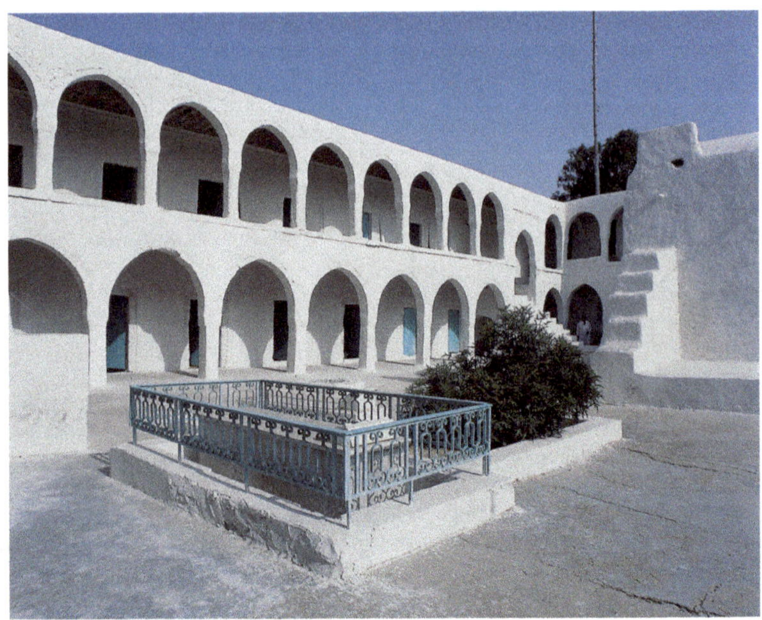

Médersa Sidi Jomni, cour, Houmt Souk.

voir central à Jerba. L'objectif était, dans le cadre d'une politique de centralisation du pouvoir, de répandre le rite malékite, rite de la majorité de la population du pays. Cette politique fut poursuivie et consolidée à l'époque husseinite par la construction du mausolée du cheikh Ibrahim el-Jomni en 1133/1721 et par les différentes fondations pieuses à son profit.

Monument d'allure plutôt citadine, il comprend la médersa entourée de tous les édifices dont elle tirait jadis les revenus: un hammam, deux fours à pain et trois fondouk. La médersa ouvre sur le sud-est et comprend un rez-de-chaussée et un étage. Par un vestibule rectangulaire, on accède à une cour carrée sur laquelle ouvre la salle de prière sur un côté, sur les trois autres côtés une galerie abritant l'entrée des cellules des étudiants. Un escalier qui part de la cour aboutit à la galerie de l'étage sur laquelle ouvre une autre série de cellules. La couverture des galeries repose sur des arcades et des piliers, les conduites des eaux pluviales sont intégrées dans les murs. De plan carré, l'oratoire est de dimensions modestes, sans minaret, telles les mosquées jerbiennes classiques; un simple escalier extérieur servait à l'annonce des heures de prière. L'intérieur est couvert de quatre voûtes portées par des arcs et des piliers; le mur de la *qibla* comprend deux *mihrabs* qui témoignent d'une extension plus tardive.

Le mausolée de Sidi Jomni occupe le coin nord-est du bâtiment et il est signalé à l'extérieur par son dôme couvert de tuiles vernissées vertes. La salle carrée, de belles dimensions, est couverte d'une superbe coupole construite en poteries cylindriques; elle est portée, grâce à une base circulaire, par quatre arcs taillés dans la pierre locale, l'ensemble repose sur quatre colonnes en marbre de réemploi, surmontées de chapiteaux corinthiens à trois niveaux de feuilles d'acanthe sculptées et ajourées. Le passage du carré au cercle a été effectué à l'aide de quatre trompes d'angle en forme de coquilles cannelées, encadrées de trois arcs circonscrits en pierres taillées. Entre les coquilles, des fenêtres carrées éclairent la salle, elles sont flanquées chacune de colonnettes surmontées de chapiteaux hafsides. La coupole est soigneusement décorée de motifs gravés sur stuc, représentant des cyprès et des rosaces. Ce monument montre l'introduction d'éléments architecturaux étrangers à l'île: la cour fermée, l'étage, ainsi que la décoration assez recherchée mais sans exclure la présence de la marque locale perceptible dans l'isolement de la salle de prière et la forme des arcs.

XI.1.e **Médersa Tajedit**
(monument non ouvert à la visite)

Depuis Houmt Souk, prendre la route de Midoune, puis prendre la piste de gauche située à 700 m après la borne du km 3.

Grande mosquée et médersa wahabites; le nom Tajedit, ou *Jadid* en arabe, veut dire nouveau. Cependant nous avons là un monument ancien dont la fondation, selon les témoignages oraux, remonterait au IIIe/IXe siècle. En fait, ce monument fut totalement remanié à une date fort ancienne tout en conservant une partie de la construction initiale. Les éléments de défense dont il est muni remonteraient au moins au Xe/XVIe siècle. Ce dont on est sûr, c'est que la médersa existait au IXe/XVe siècle puisque le cheikh Younès ibn Ta'arit Essidghiani, alors chef du conseil des wahabites, y avait enseigné. Située à Fatou, à l'est de Houmt Souk, cette médersa fait partie de la ligne de défense parallèle à la côte nord-est de l'île. C'est le type de monument multifonctionnel bien que l'enseignement et la défense aient été les principales sciences enseignées. Il est signalé au loin par sa blancheur éclatante et son haut minaret qui émerge de la vieille forêt d'oliviers qui l'entoure. Mosquée de campagne, elle affiche de loin ses éléments défensifs; ceinte d'une clôture percée de meurtrières rectangulaires, elle ouvre sur une vaste cour badigeonnée à la chaux grasse. Au milieu de cet enclos, la salle de prière est isolée des autres constructions qui donnent

Médersa Tajedit, minaret à lanternon, Houmt Souk.

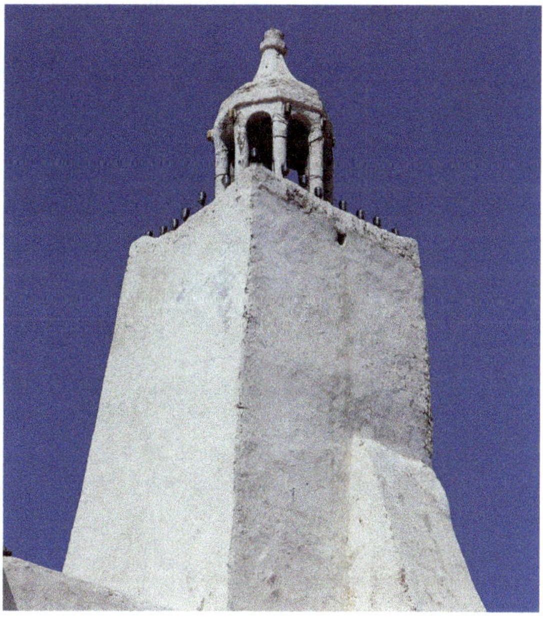

sur la cour, comme le *kouttab* surmonté d'une grande coupole, les chambres de service, et la salle d'ablutions. La mosquée de plan carré se dresse majestueusement au milieu de la cour. Ses murs s'évasent vers la base, lui conférant l'aspect d'une pyramide tronquée. La façade principale ouvre à l'est, un mâchicoulis construit en moellons, reposant sur un support en bois d'oliviers, protège la porte d'entrée; un deuxième mâchicoulis surmonte une porte secondaire sur la façade nord. Le minaret carré épouse l'allure générale de la mosquée en s'évasant vers le bas, son lanternon est surmonté d'une coupolette qui repose sur des arcades et des colonnettes en maçonnerie. Deux contreforts flanquent la façade sud, renforçant l'aspect pyramidal de l'ensemble. Les façades sont surmontées d'un mur défensif au-dessus du toit; les traces des anciennes meurtrières, bouchées ultérieurement, sont encore là pour nous rappeler le rôle qu'a eu à jouer ce monument pour la sécurité de l'île.
L'harmonie de l'ensemble réside dans la répartition des volumes dans l'espace délimité pour être occupé par des fonctions qui se complètent. Il faut noter enfin, à l'intérieur, la décoration sobrement gravée autour de la niche du *mihrab* représentant des motifs géométriques et floraux.

XI.2 MIDOUNE

XI.2.a **Huilerie de Midoune**

Au centre de Midoune, près du rond-point où se croisent les différentes routes pour Houmt Souk et la zone touristique.

A Jerba, les huileries traditionnelles étaient toutes souterraines, certainement

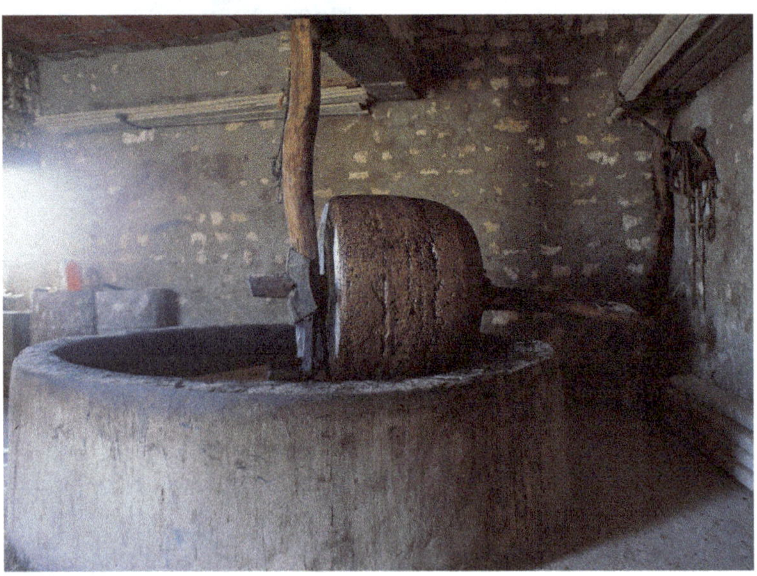

Huilerie, pressoir, Midoune.

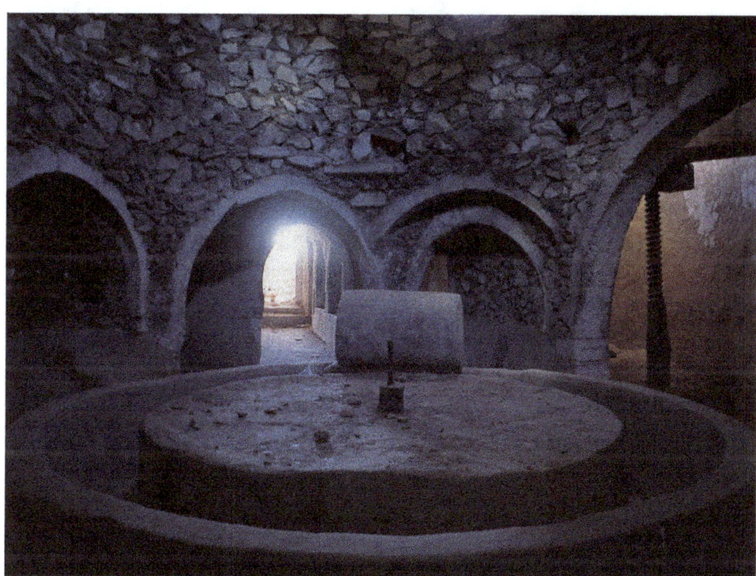

Huilerie, pressoir, Midoune.

pas pour des raisons de sécurité; il semble que le choix de ce type d'architecture se justifiait par des raisons d'ordre climatique: ces constructions enterrées créent un microclimat constant favorable à l'extraction de l'huile qui a généralement lieu pendant la saison froide. Les variétés d'oliviers cultivés à Jerba donnent des fruits dont l'huile fige à un certain degré de température, l'hiver.

La plupart des huileries ne peuvent être observées de l'extérieur car elles sont entièrement creusées dans la roche tendre, la couche dure leur sert de couverture; mais certaines, comme celle de Midoune, ont une architecture plus élaborée et une couverture construite. De l'extérieur, cette huilerie ne se distingue que par sa coupole blanche, précédée d'une voûte inclinée et flanquée de deux longues voûtes en berceau, le tout construit à fleur de sol. L'espace intérieur étant creusé, on y descend à l'aide d'un escalier, pour aboutir à un couloir sur lequel ouvrent les logettes qui servent d'entrepôts pour les olives. On accède ensuite à une salle circulaire qui contient le broyeur en son centre, les pressoirs sont placés à droite et à gauche. La coupole est percée de trous carrés à travers lesquels filtre une lumière très basse, tandis que les voûtes reçoivent les rayons solaires par des trous rectangulaires percés sur la face sud-est. Les logettes sont munies de trous circulaires à leur sommet, qui servent à verser les olives de l'extérieur. L'agencement de l'ensemble rythme l'espace dans un mouvement circulaire autour de l'élément central qu'est le broyeur de telle manière que l'on imagine l'animal tournant sous la coupole et continuant d'animer l'espace malgré son absence. Ce type d'huilerie a cessé de fonctionner depuis seulement quelques années.

LA POTERIE DE JERBA

Aziza Ben Tanfous

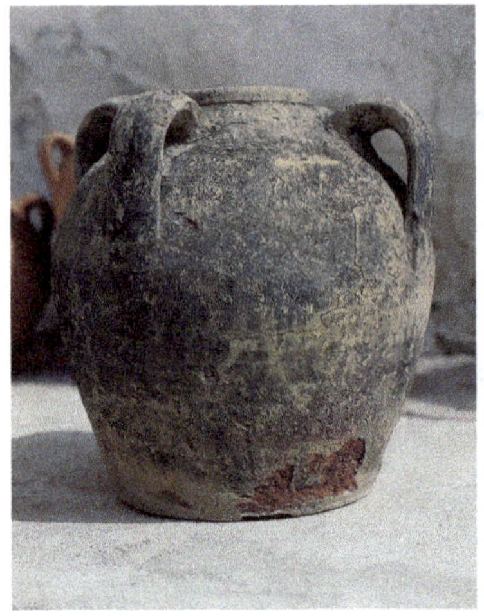

Jarre à quatre anses pour denrées alimentaires.

Durant des siècles, Jerba a été le seul centre de production de poterie tournée dans le Sud tunisien. A la faveur de ses relations commerciales avec la Méditerranée orientale, Jerba a dû connaître, dès l'Antiquité l'usage du tour. Elle devait sans doute produire sa vaisselle ainsi que les contenants de toutes sortes pour le stockage et le transport des différents produits de son agriculture. Au XIIe/XVIIIe et XIIIe/XIXe siècles, l'île payait sous forme de redevances en nature des contenants qui servaient à la conservation des produits destinés à l'armée du bey. Cet artisanat n'aurait pu s'implanter ailleurs qu'à Guellala, village entouré de plateaux qui recèlent de couches d'argile indispensable à cette activité.

Utilisant des outils très simples et un tour fait en bois d'oliviers, le potier jerbien façonne avec l'argile, difficilement extraite des entrailles de la terre, soit de la poterie rouge quand il pétrit la terre avec de l'eau douce, soit de la poterie blanche quand il utilise de l'eau de mer. Jerba s'était spécialisée surtout dans la fabrication de poteries de gros calibre. Ses jarres pansues, dont le façonnage nécessite plusieurs phases, peuvent contenir jusqu'à 300 litres. Elles étaient exportées partout en Tunisie où on les retrouvait garnissant les chambres à provisions des maisons traditionnelles et les greniers fortifiés du sud du pays où elles constituent l'une des conditions du bon ensilage de certains produits comme les céréales, les dattes et l'huile d'olive. Certaines sont décorées et utilisées à Jerba en guise de coffre à vêtements pour serrer les tissus de laine ou de soie.

La technique de la poterie vernissée, jadis très répandue à Jerba, a totalement disparu depuis plus d'un demi-siècle; les potiers actuels ne savent plus manier les oxydes qui jadis permettaient à leurs pères d'obtenir les trois couleurs utilisées pour décorer leurs pièces. Tombés en désuétude, les colorants de base constitués d'oxyde de plomb —auquel on ajou-

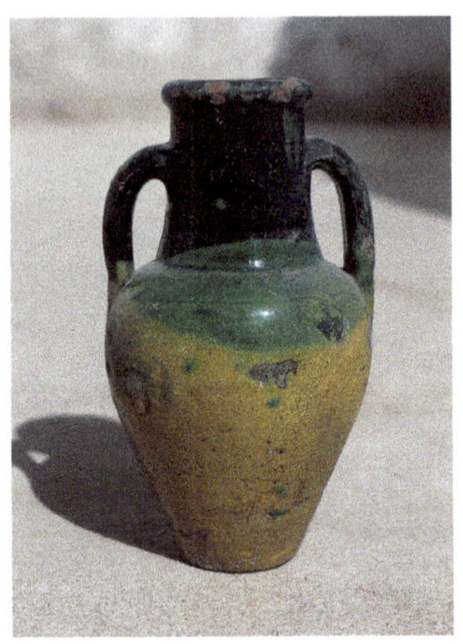

Jarre vernissée bichrome à deux anses et à large ouverture.

tait du cuivre pour obtenir le vert, de l'antimoine pour le jaune ou du manganèse pour le brun— n'existent plus que dans la mémoire de certains vieux potiers qui les évoquent avec nostalgie. La couleur la plus usitée était le vert: en plus de la vaisselle, elle colore les lampes de différentes tailles qui servaient pour l'éclairage des maisons, des mosquées ou des huileries. On prenait plus de soin pour décorer les ustensiles utilisés occasionnellement lors des cérémonies de mariage et autres: ce sont alors des plats et des coupes à pied qui peuvent, pour certains, contenir jusqu'à quinze kilos.

Vers les années 50, il y avait encore à Guellala près de 500 potiers; il n'en subsiste actuellement qu'une quarantaine. Comme pour d'autres centres de poterie qui ont fleuri autour de la Méditerranée, les maîtres artisans à Guellala sont en voie de disparition, mais avec le tourisme les marchands de poterie de Nabeul se sont multipliés.

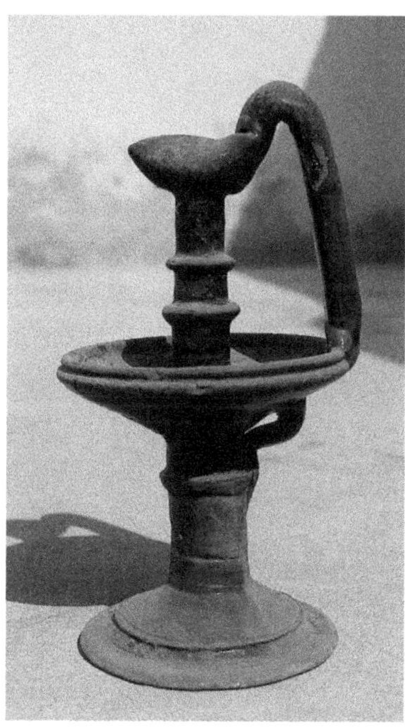

Lampe à huile vernissée à usage domestique.

GLOSSAIRE

Agha	Grade d'officier dans l'armée turque
Arrouch	(sg. 'arch), tribus
Attarine	Marchands de parfums, encens, plantes médicinales
Aula	Provisions
Azzaba	Conseil présidé par un cheikh
Bab	Porte
Bahou	Hall, préau au devant de la salle de prière, par extension entrée
Bahoussah	Juifs autochtones du Kef
Bala	Cimeterre; sabre large et courbé
Barrani	Étranger
Bayt	Chambre, maison dans certains cas (Bayt al-Hikma; tribunal)
Bey	Titre porté par les souverains vassaux du sultan (adj. Beylical)
Beylicat	Souveraineté du bey
Blaghgiya	Fabricants de babouches
Bled	En Afrique du Nord, pays, région, intérieur des terres, campagne
Borj	Fortin, désigne également une résidence secondaire entourée de jardins ou un palais de plaisance
Calife	Souverain musulman. Litt. "successeur" (du Prophète). Chef spirituel et temporel de la communauté musulmane
Califat	Désigne la charge ou le territoire soumis au calife
Casbah	Citadelle et siège du gouvernement
Chaouachis	Fabricants de chéchias
Chaouch	Planton, huissier, appariteur
Chamsa	Petite fenêtre surmontant une porte, souvent en claustra de plâtre
Chéchia	Couvre-chef en forme de calotte porté par les hommes
Cheikh	Vieillard, homme respecté pour son âge et ses connaissances. Chef de tribu ou de confrérie
Chérif	(pl. chorfa): Descendant du Prophète Muhammad
Chi'a	Parti, faction, par extension parti de Ali et de sa descendance
Cuerda seca	Technique céramique concernant la couleur des émaux
Dar	Maison
Darb	Ruelle ou impasse
Dahliz	Cave
Dey	Officier supérieur de la milice turque
Dhiaf	Invités
Diwan	Registre, puis bureaux et gouvernement
Djebel	Montagne, terrain montagneux
Djebeliya	Montagnards
Djihad	Guerre sainte menée pour protéger, défendre l'islam. Effort en vue du perfectionnement moral et religieux. Il peut conduire au combat "sur la voie de Dieu" contre dissidents ou païens. Ijtihad

	(même racine que djihad): effort d'interprétation personnel de la loi musulmane
Douars	Hameau
Driba	Premier hall d'entrée
Fnar	Phare
Fondouk	Terme particulier de l'Afrique du Nord pour désigner une hôtellerie où peuvent loger bêtes et personnes, magasin pour marchandises et centre de commerce, analogue au caravansérail ou au khan de l'Orient musulman
Foutouhat	Conquêtes musulmanes, litt. "ouvertures"
Ftur	Déjeuner, manger
Ghaba	Forêt
Ghazi	Combattant de la foi, organisé en ordre militaire dans l'empire ottoman. De ghaziya vient le mot razzia.
Ghazwa	Expédition militaire
Ghorfa	Cellule troglodytique servant à l'habitat ou à l'engrènement
Gtif	Tapis nomade
Guenariya	Balcon fermé par des panneaux de bois ajouré
Habous	Bien de mainmorte
Hadith	Litt. "dits". Tradition relative aux actes, paroles et attitudes du Prophète
Hadj	(fém. Hadja) Pèlerinage (à La Mecque). Un des cinq piliers de l'Islam. Par extension, désigne celui/celle qui a réalisé cette formalité
Hallab	Bol en céramique ou en terre cuite
Hammam	Établissement de bains maures (turcs)
Hara	Quartier, souvent usité pour désigner les quartiers juifs
Harka	Service
Harsh	Grès sablonneux
Hawanit	Sépulture punique
Heml	Tapis-couvertures
Hnaya	Aqueduc, arcades
Houch	Cour de la maison ou ensemble de la demeure
Houma	Quartier
Hri	Grenier
Imam	Personne qui dirige la prière dans une mosquée
Jadid	Nouveau
Jama'	Mosquée où l'on célèbre la prière quotidienne et la prière du vendredi
Jamour	Lanternon du minaret
Jesser	Barrage, pont

Kadhal	Pierre calcaire utilisée dans le pavage et les encadrements des portes et fenêtres
Kahiya	Grade militaire. Ce terme désigne également une fonction administrative
Kal'a	Citadelle
Kambout	Grand contenant à grains aussi appelé rouniya
Khammala	Cachette pour objets précieux, accolée à la ghorfa
Khan	Désigne d'une part un gîte d'étape sur les grandes voies de communication, d'autre part un entrepôt puis une hôtellerie (voir aussi fondouk) dans les agglomérations de quelque importance
Khawarij	Litt. "les sortants", musulmans qui ont, pour les Sunnites, quitté la juste voie
Khoutba	Sermon de la prière du vendredi
Kib	Cabane de branchages d'olivier, gourbis
Kibla	Direction de la Ka'ba (Litt. "cube"), temple de La Mecque devenu le centre du culte musulman, vers lequel se tournent les croyants en prière
Kitab	Livre
Klim	Kilim, tapis tissé
Koubba	Dôme, coupole, par extension monument élevé sur la tombe d'un marabout
Kouloughli	(kul uglu : "fils du serviteur"), désigne les enfants issus de père turc (serviteur du sultan) et mère autochtone
Kouttab	École coranique de quartier
Ksar	(pl. ksour), "place forte", lieu fortifié. Dans le Sud tunisien, désigne le grenier collectif. Signifie également palais
Ksiba	Petite casbah, nom propre d'un quartier à Bizerte
Makhzen	Entrepôt de provisions ou de marchandises (tribus Makhzen: celles qui soutenaient le Bey de Tunis); caves à Gafsa
Mawla	Maître
Mahris	Ribat
Manar	Phare
Manzil	Maison
Maq'ad	Lieu de repos
Maqsoura	Réduit se trouvant de part et d'autre du défoncement central de la chambre en forme de "T"
Masjed	Mosquée où l'on célèbre les prières quotidiennes, exceptée celle du vendredi
Massassa	Fontaine à suçoir
Matmoura	Grenier souterrain
Mazrou'at	Cultures agricoles
Meddeb	Maître d'école coranique, précepteur

Médersa	Ecole de sciences islamiques (théologie, droit, Coran, etc.) et lieu d'hébergement pour étudiants
Médina	Ville. En Afrique du Nord, partie ancienne d'une agglomération par opposition à l'extension européenne des villes
Menzel	Habitation jerbienne
Mergoum	Tapis tissé
Mhalla	Caravane chargée de la collecte de l'impôt
Midha	Salle des ablutions rituelles jouxtant les mosquées
Mihrab	Niche placée au milieu du mur de fond, dans les mosquées, et indiquant la direction de La Mecque
Minbar	Chaire d'une mosquée d'où l'imam adresse le sermon aux fidèles
Mourabit	(pl. mourabitoun). Religieux musulman, sanctifié par l'ascétisme, dont le tombeau est un lieu de pèlerinage (marabout)
Muezzin	Fonctionnaire religieux musulman, chargé d'annoncer du haut du minaret de la mosquée les cinq prières quotidiennes
Mouqarnas	Décor en stalactite
Mrah	Parcours
Mouwachahat	Mode musical arabe
Naqsh hadida	Sculpture sur plâtre, réalisée à l'outil de fer
Najd	Croissant Fertile
Noukkar	Signifie “Ceux qui renient”, nom singulier donné aux membres de la confrérie religieuse de la Noukkariyya
Noukkariyya	Confrérie religieuse
Naskhi	Litt. “copié”. Nom d'une des calligraphies les plus répandues de l'alphabet arabe
Oudha	Chambrée
Oudhou	Ablutions rituelles précédant la prière
Oued	Cours d'eau temporaire dans les régions arides
Oujak	Litt “chandron”. Se réfère au groupement le plus réduit (10 personnes) du corps de janissaires de l'armée turque qui s'alimentent du même chaudron.
Oukala	Lieu d'hébergement, caravansérail
Qadus	Clepsydre rudimentaire en poterie
Qal‘a	Citadelle
Qaysariya	Appellation réservée aux souks dans certains pays
Qallaline	Quartier de Tunis où était fabriquée de la poterie polychrome d'inspiration turque
Qbou	Défoncement central de la chambre en forme de “T”
Qoumach	Étoffes, tissus
Qdhibe	Carreau de céramique long et fin qui cerne les panneaux mureaux
Qarya	(pl. Qura‘), hameau

Raggam	Tisserand
Rahba	Place du marché
Rbat	Faubourg
Reconquista	Reconquête menée en Espagne par les chrétiens contre les musulmans
Ribat	Forteresse habitée par des moines guerriers
Rihya	Babouche
Rwa	Entrée à ciel ouvert dans les maisons de campagne
Rosfa	Plate-forme calcaire
Sabat	Passage voûté
Sabil	Fontaine
Sahan	Cour précédant la salle de prière dans une mosquée
Sakkajine	Nom d'un quartier de Tunis où s'effectuait le traitement du cuir
Senjak	Étendard, unité militaire
Seguia	Canal d'irrigation
Senia	Jardins à Tunis
Seniet	Jardins, vergers
Seraya	Sérail
Shamma'in	Fabricants de bougies
Simat al-Adham	Grande artère
Sqifa	Entrée de maison, souvent en chicane
Souk	Marché
Sour	Muraille
Sofra	Table basse
Sta	Maître maçon à Sfax
Taifa	Litt. "faction, parti". Désigne particulièrement les principautés indépendantes qui se formèrent sur les débris du califat omeyyade de Cordoue
Tariqa	Confrérie
Tourbet	Lieu funéraire privé, pratique architecturale introduite par les Turcs en Tunisie
Umma	Communauté
Wakil	Gérant
Wali	Saint
Waqf	Bien de mainmorte
Wouli	Saint homme
Zaouïa	Établissement religieux, sous l'autorité d'une confrérie, spécialement affecté à l'enseignement
Zlabia	Décor à volute employé dans la ferronnerie
Zellige	Petit carreau de céramique émaillée servant à la décoration de monuments ou d'intérieurs

PERSONNAGES HISTORIQUES

Abd Allah Ibn el-Habhab
Gouverneur du Maghreb sous le califat ommeyade de Damas. On lui attribue la fondation de la Grande Mosquée de Tunis en 113/732.

Abd el-Mou'min Ibn Ali
Calife almohade qui organisa à partir de sa capitale, Marrakech, la conquête de l'Ifriqiya au milieu du VIe/XIIe siècle et unifia l'Andalousie et l'ensemble du Maghreb.

Abdallah el-Torjman
Il s'agit de Anselme Turmeda, moine majorquin qui arriva à Tunis en 790/1388, abjura le christianisme et mourut dans sa ville d'adoption où se trouve sa tombe.

Abi Belhassan Chadli dit Sidi Belhassan (592/1196-656/1258)
Fondateur de la confrérie el-Chadhlia; il fut chassé par le sultan hafside et mourut en Egypte en 656/1258.

Abou el-Abbas Mohamed
Emir aghlabide, il régna de 226/841 à 241/856. Il édifia la Grande Mosquée de Sousse en 236/851.

Abou Fares (796/1394-837/1434)
Sultan hafside, il fit construire au VIIIe/XIVe siècle le fort de Houmt Souk.

Abou Ibrahim Ahmad
Emir aghlabide qui régna de 241/856 à 248/863.

Abou Ishak (677/1279-681/1283)
Souverain hafside; grand soufi, il donna son nom à un petit village situé à 30 km de Sfax. Son mausolée, visible depuis la route principale, se distingue par ses nombreuses coupoles.

Abou Saïd el-Beji ou Sidi Bou Saïd (550/1156-628/1231)
Saint personnage qui avait pour coutume de passer de pieuses retraites sur le promontoire dominant le Golfe de Carthage où il fut inhumé en 628/1231. Ce fut le point de départ du célèbre village de Sidi Bou Saïd.

Abou Samir Abid el-Ghariani
Professeur qui enseigna pendant vingt ans dans la médersa où il fut inhumé en 804/1402.

Abou Zakariya el-Hafsi (625/1228-646/1249)
Gouverneur du calife almohade à Tunis. Fondateur de la dynastie hafside, il fera de cette ville la capitale du nouveau royaume qu'il affranchit de la tutelle du calife marocain (626/1229).

Abou Zama'a Obayd Ibn Arqam el-Balaoui
Compagnon du prophète mort en 33/654 au cours d'une expédition militaire musulmane en Ifriqiya contre l'armée byzantine. On l'appelait également le barbier parce qu'il portait sur lui quelques cheveux du Prophète comme relique.

Ahmed Ibn el-Aghlab
Emir de Kairouan, il régna vers le milieu du IIIe/IXe siècle et fit entrer Sfax dans l'histoire écrite avec la construction de ses remparts et de sa Grande Mosquée.

Ali Pacha
Neveu du Bey Hussein Ibn Ali, il fomenta une révolte et prit le pouvoir de 1152/1740 à 1169/1756.

Ali Pacha II
Fils de Hussein Ibn Ali, il régna de 1172/1759 à 1196/1782.

Ali Tourki
Grec de Candie, converti à l'islam, il s'installa au Kef comme commandant de la place. Père de Hussein ben Ali, fondateur de la dynastie husseinite qui a gouverné la Tunisie plus deux siècles et demi.

Amor Ibn Salam el-Ayari dit Abada
Grand soufi qui vécut dans la première moitié du XIIIe/XIXe siècle; on lui doit la Zaouïa et le musée de Sidi Amor Abada.

Bachir Abou Loubaba el-Ansari
L'un des compagnons du Prophète. Sa dépouille repose dans le mausolée qui porte son nom à Gabès.

Banou Hilal et Beni Soleym
Tribus de bédouins d'origine arabe arrivés en Ifriqiya au Ve/XIe siècle, après un séjour en Haute Egypte.

Banou Khourassan
Dynastie fondée par Abdel Haq ben Khourassan, officier d'origine sanhajienne, envoyé à Tunis comme gouverneur des Beni Hammad d'Algérie.

Cheikh Ali el-Nouri (1052/1643-1117/1706)
Savant éducateur et commerçant commanditaire, il organisa la lutte contre les Chevaliers de Malte. Il est jusqu'au d'aujourd'hui considéré comme étant l'homme de la renaissance sfaxienne.

Cheikh Ibrahim el-Jomni (1037/1628-1134/1722)
Né à Joumna (actuelle Kébilie), il fit ses études au Caire et s'installa à Jerba où il s'adonna à l'enseignement.

Cheikh Ibrahim el-Riyahi (1180/1767-1266/1850)
Né à Testour, savant, poète, soufi et homme politique.

El-Beji el-Massaoudi (1224/1810-1309/1892)
Né à Tunis, il étudia à la Grande Mosquée. Il ordonna la construction d'un fort sur le Golf de Hammamet pour garder les côtes ifriqiyennes.

El-Mahdi
Chef spirituel des Fatimides, qui sont les descendants de Mahomet par Fatima sa fille. Ils se considéraient comme les seuls califes légitimes.

El-Mou'izz Ibn Badis (406/1016-454/1062)
Prince ziride, il faisait partie des Banou Hilal, "Fils du croissant de lune", nomades arabes qui avaient quitté leur Najd natal, dans la péninsule, depuis longtemps et avaient en partie émigré en Haute Egypte.

El-Wazir el-Sarrej (1069/1659-1148/1736)
Né et mort à Tunis. Homme de lettres, historien et poète de la première période husseinite.

Hammouda Pacha el-Husseini (1196/1782-1229/1814)
Fils de Ali Pacha II. Fit construire la caserne Sidi el-Morjani.

Hammouda Pacha el-Mouradi
Mohamed, dit Hamouda, fils de Mourad, renégat corse fondateur de la dynastie mouradite (1140/1631).

Hussein Ben Ali Tourki (1116/1705-1152/1740)
Agha des Spahis (grade dans l'armée turque), il instaura la dynastie husseinite qui garda le pouvoir jusqu'à la proclamation de la République en 1957.

Ibn Abi Dhiaf (1218/1804-1290/1874)
Né et mort à Tunis. Haut fonctionnaire, il nous a laissé un important livre sur l'histoire de Tunis.

Ibn Abi Dinar
Homme de lettres, historien et poète. Né à Kairouan, il vécut au XIe-XIIe/f. XVIIe siècle.

Ibn Khaldoun (732/1332-808/1406)
Homme de lettres, il marqua la pensée universelle en jetant les bases de la sociologie moderne.

Kharijite Abou Yazid
Appelé "l'homme à l'âne", il mena une révolte contre le calife fatimide. Il fut capturé et mis à mort en 335/947.

Mahrez Ibn Khalaf (339/951-412/1022)
Saint patron de la médina de Tunis; appelé *Sultan el-madina.*

Mohamed el-Sadok Bey (1275/1859-1299/1882).
Il promulgue une Constitution, *Destour,* en 1277/1861.

Moulay Hassan
Sultan hafside détrôné; il fit appel à l'aide de Charles Quint

Okba Ibn Nafi'
Chef des troupes de la conquête arabe, il fonda Kairouan en 50/670.

Qacem el-Zelliji
D'origine andalouse, Abou el-Fadhel Qacem, appelé Qacem el-Zelliji, vivait à Tunis dans la deuxième moitié du IXe/XVe siècle; il mourut en 895/1490 et fut enterré dans sa zaouïa où les immigrés andalous trouvaient réconfort et gîte.

Sidi Ammar el-Maaroufi
Pieux et lettré, il participa et trouva la mort dans la lutte contre les troupes conduites par Saint Louis sur Tunis.

Yahya Ibn Ghaniya
Prince almoravide s'étant rendu maître de l'île de Majorque. Il entreprit de soustraire le Maghreb à la domination almohade.

ORIENTATION BIBLIOGRAPHIQUE

AFRICAIN, L., *Description de l'Afrique*, 2 v., Paris, 1956.

BAKLOUTI, N., *Poteries modelées de Tunisie,* Tunis, 1990.

BAKLOUTI, N., *Tunisie,* "25 siècles de céramique", Paris, 1994, pp. 277-283.

BARRUCAND, M., *Urbanis-me princier en Islam*, Paris, 1985.

CHABBOUH, I., *Le Manuscrit*, Tunis, 1989.

COMBÉS, J. L., et LOUIS, A., *Les potiers de Jerba*, Tunis, 1967.

EL-BEKRI, A., *Description de l'Afrique septentrionale*, trad. de Slane, Paris, 1913.

LALLEMAND, Ch., *La Tunisie*, Paris, 1892.

LÉZINE, A., *Le Ribat de Sousse suivi de notes sur le Ribat de Monastir*, Tunis, 1956.

LÉZINE, A., *Mahdiya*, Tunis, 1968.

LISSE, P., et Louis, A., *Les potiers de Nabeul, étude de sociologie tunisienne,* Tunis, 1956.

LOUIS, A., *Tunisie du sud, Ksars et villages de crêtes*, Paris, 1975.

MAOUDOUD, K., *Kairouan*, Tunis, 1991.

MARÇAIS, G., *Manuel d'art musulman*, 2 v., Paris, 1926-1927.

MARÇAIS, G., *Architecture musulmane d'Occident: Tunisie, Algérie, Maroc, Espagne et Sicile*, Paris, 1954.

MARÇAIS, G. et GOLVIN, L., *La Grande Mosquée de Sfax*, Tunis, 1960.

PELLISSIER, E., *Description de la Régence de Tunis*, Tunis, 1980.

REVAULT, J., *Palais et résidences d'été de la région de Tunis*, Paris, 1974.

REVAULT, J., *Palais et demeures de Tunis, XVI*[e] *et XVII*[e] *siècles*, 2 vols., Paris, 1980-1983.

TERRASSE, A., *L'art hispano-mauresque des origines au XIII*[e] *siècle*, Paris, 1932.

TLATLI, S., *Djerba, l'île des lotophages*, Tunis, 1966.

VEUILLIER, G., *La Tunisie*, Tours, 1896.

AUTEURS

Naceur Baklouti
Né en 1946 à Sfax. Après des études de muséologie, il a monté plusieurs musées ethnologiques en Tunisie. Il a organisé des expositions diverses et fait des recherches sur les arts et la culture populaires, tels que: céramique, architecture et littérature. M. Baklouti est l'auteur d'ouvrages et articles traitant des sujets ci-dessus mentionnés. Aujourd'hui, il est responsable de l'Institut National du Patrimoine de Sfax.

Aziza Ben Tanfous
Née en 1942 à Tunis, Mme Ben Tanfous prit part à diverses expositions sur les arts et traditions populaires, en Tunisie et à l'étranger (France, Maroc, pays du Golfe, Canada). Elle a également participé à la publication de catalogues d'exposition et de livres collectifs tel que "Le costume féminin d'apparat" édité par la MTE en 1980.
Après avoir été conservateur au musée des Arts et Traditions Populaires de Jerba, Mme Ben Tanfous est actuellement conservateur au musée des Arts et Traditions Populaires de Tunis.

Jamila Binous
Née en 1939 à Tunis. Elle a étudié l'histoire et la géographie à l'Université de Tunis et l'urbanisme à l'Université de Tours (France).
Mme Binous est Directeur Conseiller auprès du Maire, Présidente de l'Association pour la Sauvegarde de la Médina de Tunis.
Elle a également été expert de l'Unesco (mission Sanaa "Ville Historique") en 1982; expert national pour le projet UNDP de reconstruction des sites historiques méditerranéens; membre du Comité International des Villes Historiques; co-auteur de la Charte Internationale des Villes Historiques (ICOMOS - UNESCO).
Mme Binous a pris part à divers congrès internationaux, écrit plusieurs articles et ouvrages tels que:
Tunis d'un monument à l'autre, Tunis, 1970.
Tunis, Tunis, 1985.
Les chefs d'oeuvres de l'artisanat tunisien, Tunis 1982.

Mounira Chapoutot-Remadi
Née en 1942 à Tunis. Agrégée de l'Université de Paris, elle est docteur d'État en Histoire Islamique Médiévale (Aix-en-Provence) et spécialiste du monde islamique au Moyen Âge en Égypte Mamelouk et Syrie Mamelouk (1248-1517).
Mme Chapoutot est membre fondateur puis Présidente de la Société Tunisienne des Historiens d'Université; invitée à l'Institut Français d'Études Arabes à Damas.
Mme Chapoutot organise également divers congrès internationaux et publie plusieurs articles et ouvrages tels que:
Être Mamelouk aux XIIIe et XIVe siècles (à paraître aux éditions de la Méditerranée).
Vie quotidienne des femmes en Égypte Mamelouk (à paraître chez Hachette).

Mohamed Kadri Bouteraa
Né en 1932 à Gafsa. Il étudie à l'École Nationale d'Administration à Tunis, puis le patrimoine, langue et civilisation arabe à l'Université Libanaise *(jami'a loubnaniya).* En

1966, il travaille à l'Institut National du Patrimoine à Tunis où il est inspecteur adjoint, inspecteur puis secrétaire général aux Monuments historiques.
M. Bouteraa participe à l'élaboration de la carte archéologique des sites et monuments urbains et est l'auteur de plusieurs publications dont: *El Mouhamdiya, bilad al Mouchir,* paru en 1995 aux éditions *Dar Carthage Lil Itissal* et d'articles sur la construction en tabia.

Salah Jabeur
Né à Paris, il étudie à Tunis et fait ses premiers pas en photographie en France. En 1981, il participe à plusieurs expositions en Tunisie et en France et s'installe en Tunisie en 1984 où il travaille comme photographe touristique, industriel et publicitaire. Salah Jabeur a publié *La mosaïque en Tunisie* paru aux éditions Alif en 1995, *La Tunisie vue du ciel* chez le même éditeur en 1996 et *La blessure de l'âne* paru aux éditions Script en 1998.

Mourad Rammah
Né en 1953 à Kairouan. Docteur en Archéologie islamique, il est le conservateur de la médina de Kairouan. En 1992, il reçoit le prix Agha Khan d'architecture, publie divers articles sur l'histoire de l'archéologie médiévale islamique en Tunisie et participe à différentes expositions sur l'architecture islamique. De 1982 à 1994, M. Rammah est en charge du département de Muséographie du Centre des Arts et des Civilisations Islamiques. Il est également directeur du Centre des Manuscrits de Kairouan.

Ahmed Saadaoui
Né en 1957 à Mahdia. Après ses études d'histoire à l'Université de Tunis, il étudie l'archéologie islamique à La Sorbonne. Il participe à différentes fouilles et enseigne l'histoire et l'archéologie à la Faculté de Lettres de La Manouba (Tunis).

Mohamed Tlili
Né en 1949 au Kef, il étudie l'histoire et l'archéologie à Paris et Rome et est diplômé du Centre de Conservation du Patrimoine Urbain et d'Architecture en Belgique. Membre de l'Institut National du Patrimoine, il est également directeur technique de l'Association pour la Sauvegarde de la Médina du Kef. M. Tlili a publié de nombreux articles sur l'histoire et le patrimoine du site et de la ville du Kef.

Ali Zouari
Né en 1935 à Sfax, a été directeur de recherches pendant de nombreuses années à l'Institut National du Patrimoine. Il a organisé le musée des Arts et Traditions Populaires de la ville de Sfax dont il a été conservateur ainsi que conservateur du Musée d'Architecture Traditionelle de Sfax (Musée de la Casbah). M. Zouari a été responsable de la restauration de divers monuments de la médina de Sfax, tels la Grande Mosquée, les remparts, etc. Ancien inspecteur pour la région Sud-Est du pays à l'Institut National du Patrimoine, il a publié divers articles et quatre livres sur la ville de Sfax.

Les Itinéraires-Exposition et guides thématiques de *Museum With No Frontiers (MWNF)* L'ART ISLAMIQUE EN MÉDITERRANÉE

Ce cycle international d'Expositions Musée Sans Frontières permet de découvrir les secrets de l'art islamique, son histoire, ses techniques de construction, son inspiration religieuse.

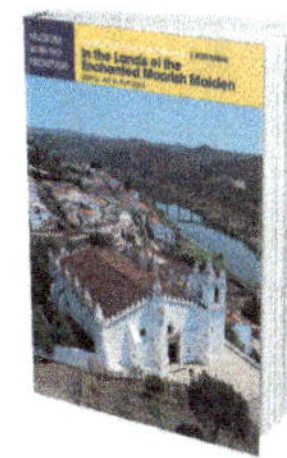

Portugal

PAR LES TERRES DE LA MAURE ENCHANTÉE.

L'art islamique au Portugal. *200 pages*

Huit siècles après la «Reconquête», les villages de l'ancien *Gharb al-Andalus* perpétuent la légende d'une belle princesse mauresque dont l'enchantement était invariablement rompu par un prince chrétien : le souvenir artistique de la présence musulmane au Portugal s'exprime aussi par une subtile symbiose avec les techniques constructives et les programmes décoratifs de l'architecture populaire régionale. L'exposition fournit au visiteur une vision claire de cinq siècles de civilisation islamique (califale, mozarabe, almohade, mudéjare). De Coïmbra aux confins méridionaux de l'Algarve, palais, mosquées christianisées, fortifications et centres urbains témoignent de la splendeur d'un passé glorieux.

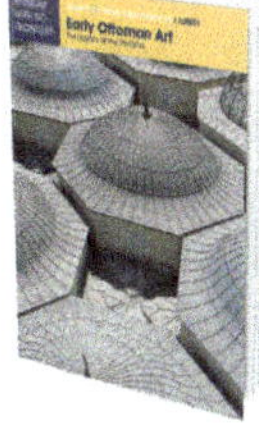

Turquie

GENÈSE DE L'ART OTTOMAN.

L'héritage des émirs. *252 pages*

Cette exposition privilégie les œuvres et les monuments représentatifs d'une époque majeure de l'Anatolie occidentale, véritable pont culturel et artistique entre les civilisations européennes et asiatiques. Aux XIVe et XVe siècles, la transition vers une société turco-islamique conduit les artistes des émirats turcs à élaborer les prémisses d'une brillante synthèse qui culminera dans un art ottoman extraordinairement productif.

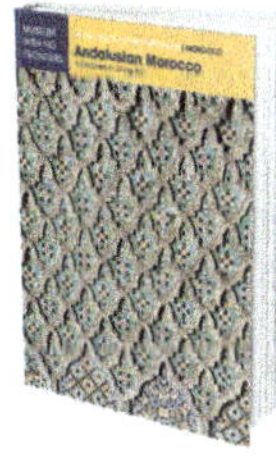

Maroc

LE MAROC ANDALOU.

À la découverte d'un art de vivre. *264 pages*

Dès le début du VIIIe siècle, l'islam marocain porte ses regards au-delà des colonnes d'Hercule et s'installe sur la péninsule Ibérique. Les deux rives partagent dès lors leur destin. De l'incessant mouvement d'échanges culturels, humains et commerciaux qui animera ce Maghreb extrême pendant plus de sept siècles naîtra l'un des plus brillants foyers de la civilisation musulmane, et un art authentiquement hispano-maghrébin qui a laissé des traces dans une architecture monumentale flamboyante, mais aussi dans un urbanisme et des traditions d'un raffinement extrême. L'exposition reflète la richesse historique et sociale de la civilisation andalouse du Maroc.

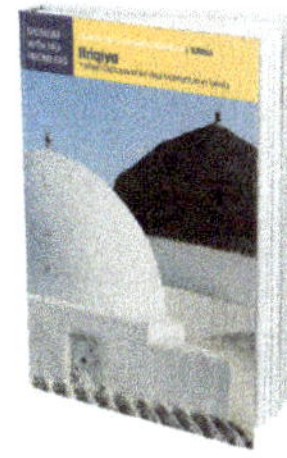

Tunisie

IFRIQIYA.

Treize siècles d'art et d'architecture en Tunisie. *312 pages*

Dès le IXe siècle, sans aucune rupture avec les traditions héritées des Berbères, des Carthaginois, des Romains et des Byzantins, Ifriqiya a été en mesure d'assimiler et de réinterpréter les influences de la Mésopotamie —à travers la Syrie et l'Égypte— et de l'Andalousie : une forme unique de syncrétisme abouti dont les témoignages abondent dans l'actuelle Tunisie, de la majesté des résidences beylicales de la capitale à la rigueur architecturale de l'ibadisme jerbien. *Ribat,* mosquées, médinas, zaouïas, *ksour,* et *ghorfas* jalonnent une terre pétrie d'histoire.

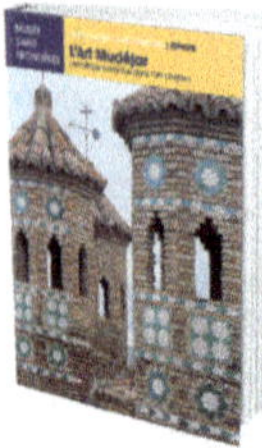

Espagne | Andalousie, Aragon, Castille La Manche, Castille et Léon, Extrémadure, Madrid
L'ART MUDÉJAR.
L'esthétique musulmane dans l'art chrétien. *318 pages*
L'art des Mudéjars (population musulmane restée en al-Andalus après la Reconquête) tient incontestablement une place singulière parmi toutes les expressions de l'art islamique : il est la manifestation visible d'une réelle cohabitation culturelle, d'une forme de compréhension entre deux civilisations qui, au-delà de leur antagonisme politique et religieux, vécurent une romance artistique féconde. Appliquant des schémas rigoureusement islamiques, les maîtres d'œuvre et artisans mudéjars, célèbres pour leur remarquable savoir-faire dans l'art de construction, ont bâti pour des nouveaux venus chrétiens d'innombrables palais, couvents et églises. Les œuvres sélectionnées, par leur variété et leur abondance, témoignent de l'exubérante vitalité de l'art mudéjar.

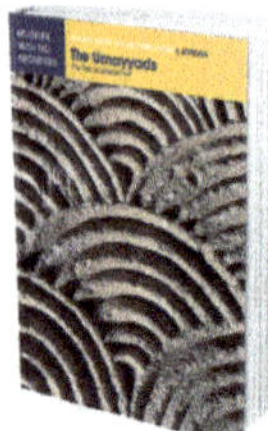

Jordanie
LES OMEYYADES.
Naissance de l'art islamique. *224 pages*
Après la conquête arabo-musulmane du Moyen-Orient, le siège de la dynastie omeyyade (661-750) fut transféré à Damas où la nouvelle capitale hérita d'une tradition culturelle et artistique remontant au moins aux périodes araméenne et hellénistique. La culture omeyyade a ainsi bénéficié du déplacement des frontières entre la Perse et la Mésopotamie, et entre les pays du monde méditerranéen : une situation propice à l'émergence d'un langage artistique novateur dans lequel le subtil métissage des influences hellénistiques, romaines, byzantines et persanes produit un ordre architectural et décoratif parfaitement original. À travers la diversité des oeuvres présentées, l'exposition fournit aussi l'occasion d'une intéressante réflexion sur l'iconoclasme.

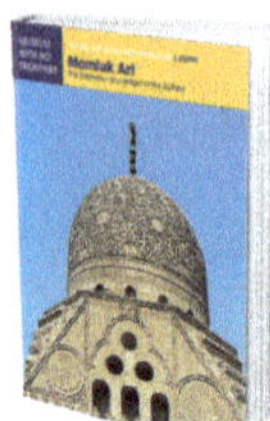

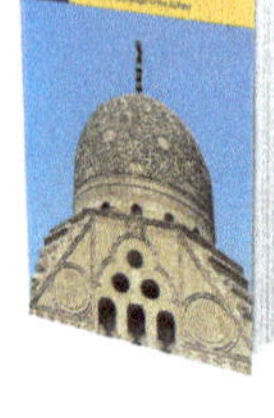

Égypte
L'ART MAMELOUK.
Splendeur et magie des sultans. *236 pages*
Sous la domination mamelouke (1249-1517), l'Égypte devient un opulent centre de passage et de routes commerciales. De grandes richesses arrivent au pays. Le Caire est l'une des villes les plus puissantes du bassin Méditerranéen, l'une des plus sûres et des plus stables. Des érudits du monde entier viennent s'y installer, attirant à leur suite disciples et étudiants. L'architecture et l'art décoratif mamelouks témoignent de la vitalité commerçante, intellectuelle, militaire et religieuse de la période. Caractérisées par une élégante et vigoureuse simplicité, dont la pureté des lignes approche les canons modernes, les œuvres sélectionnées entre le Caire, Rosette, Alexandrie et Foua représentent l'apogée de l'art mamelouk.

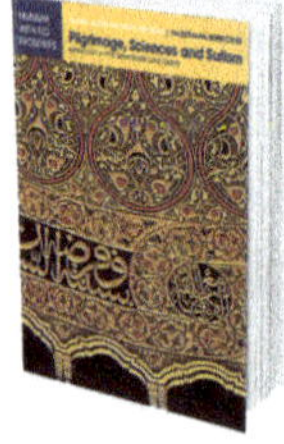

Autorité Palestinienne
PÈLERINAGE, SCIENCES ET SOUFISME.
L'art islamique en Cisjordanie et à Gaza. *254 pages*
Sous le règne des dynasties ayoubides, mamelouke et ottomane, d'innombrables pèlerins affluent en Palestine de tous les horizons du monde musulman, et ce fort courant de religiosité donne un essor décisif au développement de la pensée soufi à travers les *zawiyas* et les *ribats* qui se multiplient par tout le pays. Accueillant les plus grands érudits, de nombreux centres d'études jouissent d'un prestige considérable et favorisent l'épanouissement d'un art raffiné qui conserve encore aujourd'hui tout son pouvoir de fascination. Les monuments et l'architecture islamique proposés par l'exposition, reflètent clairement ces dimensions majeures de pèlerinage, de la science et du soufisme.

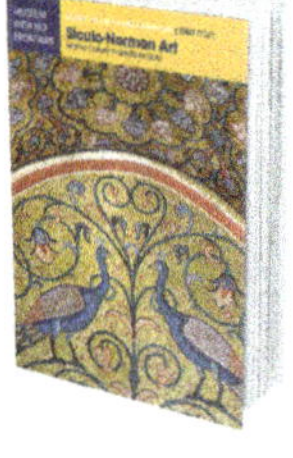

Italie Sicile
L'ART ARABO-NORMAND.
La culture islamique en Sicile médiévale. *328 pages*

Au centre de la Méditerranée, la Sicile est une terre de rencontres où diverses cultures se sont rencontrées et modifiées avant d'atteindre une nouvelle harmonie. Uniques dans le panorama européen, les réalisations architecturales arabo-normandes sont aussi relativement différentes de celles rencontrées dans le monde islamique. L'exposition les présente sous l'angle de leur unicité, et propose des codes d'interprétation permettant de les identifier. Le visiteur attentif n'en apprécie que mieux l'admirable fusion d'éléments issus des sphères culturelles byzantines, arabe et normande en œuvre dans cet art, aussi spécifique que raffiné.

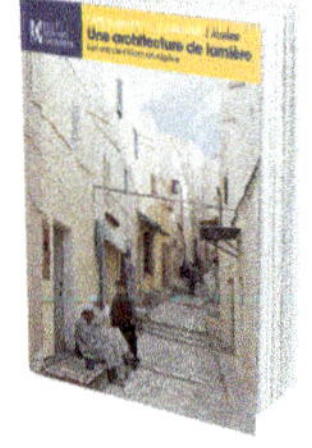

Algérie
UNE ARCHITECTURE DE LUMIÈRE.
Les arts de l'Islam de Algérie. *252 pages*

Le patrimoine artistique de l'Islam au Maghreb central est lié aux événements cruciaux qui ont marqué l'histoire de l'Algérie, depuis l'essor des mouvements religieux dissidents et le règne des grandes dynasties, en passant par le rôle des grands axes de commerce et de pèlerinage et jusqu'à la présence ottomane dans les cités du pourtour méditerranéen. La synthèse des influences arabe et berbère, africaine, andalouse et orientale a façonné des modèles artistiques et architecturaux qui s'expriment dans la pureté et l'harmonie de l'architecture ibadite, des mosquées almoravides et des palais ottomans sur la côte.

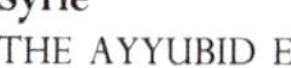

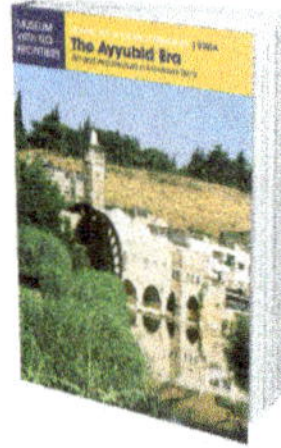

Syrie
THE AYYUBID ERA.
Art and Architecture in Medieval Syria. *288 pages*

Ce nouveau guide de voyage MWNF a été conçu peu de temps avant le début du conflit. Par conséquent, tous les textes se réfèrent à la situation antérieure à la guerre ; ils n'en expriment que davantage notre espoir de voir la Syrie, une terre témoin de l'évolution de la civilisation depuis les débuts de l'histoire de l'humanité, redevenir rapidement un lieu de paix, et le fer de lance d'un renouveau véritablement pacifique pour toute la région. Au cours des XIIe et XIIIe siècles, Bilad al-Cham est le fruit d'un programme stratégique de reconstruction urbaine et de réunification parfaitement élaboré. Au milieu d'une période d'instabilité et de fragmentation, l'Atabeg Nour al-Din Zangi sut imposer un leadership visionnaire pour rétablir les villes syriennes dans leur rôle de maintien de l'ordre et de la sécurité. Après sa mort, son plus brillant général, le Kurde Salah al-Din (Saladin), assuma le pouvoir et mena à bien l'unification de l'Egypte et de Cham en une force unique capable de reprendre Jérusalem aux Croisés. L'empire ayyoubide, en plein essor, poursuivit la politique de mécénat. Bien que d'une durée très brève, cette période a marqué la région d'une empreinte durable. Son esthétique architecturale immédiatement reconnaissable – d'une robuste et austère perfection – a survécu jusqu'à aujourd'hui.

www.ingramcontent.com/pod-product-compliance
Lightning Source LLC
LaVergne TN
LVHW010854110826
845149LV00005B/1401
9783902782403